"十二五"普通高等教育本科国家级规划教材

普通高等教育"十一五"国家级规划教材

面向21世纪课程教材

高等学校旅游管理专业系列教材

前厅与客房管理

（第四版）

刘　伟　编著

高等教育出版社·北京

内容简介

与第三版相比，本书进一步丰富了教材内容，使其更加完善、科学，并紧跟酒店业发展的潮流，引入酒店业新的管理方法与理念。

本次修改对教材内容结构进行了调整，补充和更新了酒店前厅与客房管理材料，并在各章加入了二维码即测即评与在线拓展材料、视频，使教材更加科学、先进、实用。

本书既可作为酒店管理专业本科生教材，也可作为行业培训教材使用。

图书在版编目(CIP)数据

前厅与客房管理／刘伟编著. --4版. --北京：高等教育出版社，2018.9（2021.9重印）

ISBN 978-7-04-049539-3

Ⅰ. ①前… Ⅱ. ①刘… Ⅲ. ①饭店-商业管理-高等学校-教材②客房-商业管理-高等学校-教材 Ⅳ. ①F719.2

中国版本图书馆 CIP 数据核字(2018)第052581号

Qianting yu Kefang Guanli

策划编辑 张 欣　责任编辑 张 欣　封面设计 杨立新　版式设计 马 云
插图绘制 于 博　责任校对 刘丽娴　责任印制 刁 毅

出版发行 高等教育出版社
社 址 北京市西城区德外大街4号
邮政编码 100120
印 刷 山东百润本色印刷有限公司
开 本 787mm×1092mm 1/16
印 张 26
字 数 610千字
购书热线 010-58581118
咨询电话 400-810-0598
网 址 http://www.hep.edu.cn
http://www.hep.com.cn
网上订购 http://www.hepmall.com.cn
http://www.hepmall.com
http://www.hepmall.cn
版 次 2002年8月第1版
2018年9月第4版
印 次 2021年9月第7次印刷
定 价 55.00元

本书如有缺页、倒页、脱页等质量问题，请到所购图书销售部门联系调换

物 料 号 49539-00

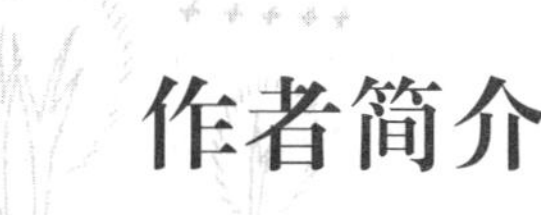

作者简介

刘伟(Email:weiliuw@163.com)，广州市优秀专家(享受政府特殊津贴)，教育部工商管理学科教学指导委员会、《中国饭店》杂志社等单位联合授予的“全国旅游院校最具影响力十大名师”，教育部旅游管理类专业教学指导委员会酒店管理学科组特聘委员广东金融学院教学名师，国际旅游与经济管理研究院院长、教授，在西北大学、华南理工大学、华南师范大学等院校担任客座教授和兼职教授。先后毕业和就读于浙江大学旅游系、西北大学旅游系以及南开大学、中山大学。

先后在瑞士洛桑酒店管理学院、加拿大多伦多大学等做访问学者，并在美国、法国、德国、荷兰等国考察其旅游与酒店业。曾任首届“中外酒店高峰论坛”大会特邀主讲嘉宾及大会主持、世界遗产解说国际委员会委员、中国翻译工作者协会会员、广东地区酒店总经理联谊会常务理事兼国内多家高星级酒店、度假村管理顾问。

还曾担任广州东方酒店管理培训中心副主任，广州才俊培训公司总经理、北京长实国际酒店管理公司(中美合资)副总经理、康城建国酒店(五星级)副总经理等职务。

应邀担任国际权威学术期刊美国康奈尔大学《康奈尔酒店管理季刊》(*Cornell Hospitality*

Quarterly)(SSCI)特邀审稿专家、英国《旅游管理》(*Tourism Management*)(SSCI)特邀审稿专家。还曾担任《中外酒店》(香港)杂志客座编委,《酒店职业经理人》《酒店培训服务》杂志编委,《酒店资源》(香港)杂志常务副总编等职。

学术成就:在商务印书馆、高等教育出版社、中国旅游出版社等国内著名出版社出版专著、译著、教材等40余部(其中主编、著作、译著30多部)。与田玉堂先生编著的《HCM国际酒店管理模式》《21世纪瑞海姆国际旅游度假村经营模式》等以先进的管理模式和超前的管理理念,在国内业界引起广泛影响并受到高度评价,被国内众多高星级酒店和度假村老总们收藏为案头必备的酒店和度假村经营宝典。所著《旅游学》(广东旅游出版社)等书被国内名校选定为"考研指定参考书"。此外,还在世界著名旅游学术刊物 *Tourism Management*(英国)等国内、外刊物、报纸上发表论文100余篇。

作者与瑞士洛桑酒店管理学院董事长 Marco Torriani 先生在一起(日内瓦)

(背景为 Torriani 先生亲自管理的欧洲最著名的商务酒店之一日内瓦文华东方酒店)

序

（译文）

刘伟教授所著《前厅与客房管理》对现代酒店管理做出了重要贡献。旅游者告诉我们，一家酒店所能提供的最重要的产品就是干净的客房。通常，酒店最先与客人接触的就是前台员工。前台员工要确保客人的预订信息准确无误，确保客人在酒店住宿有个良好的开始。本书向你提供了确保客人在你的酒店有一个愉快的住宿经历以及作为管理者进行有效管理所需要的知识和技能。

《前厅与客房管理》一书结构非常合理。它囊括了读者所期待的有关这一主题的所有内容，不仅如此，它还包括了其他章节的内容，而这些章节在其他前厅与客房管理的书中是不常见的。例如，有两章内容涉及客房定价问题和收益管理问题，有一章涉及酒店客房安全管理问题，还有一章则讨论了酒店管理中的沟通问题及宾客关系问题。如此优秀的教材结构组织得益于作者对现代酒店业的理解和把握。作者与国际酒店业保持着紧密的联系和良好的沟通，书中包括了这些国际酒店集团所采用的最新的管理理念和管理方法。通过阅读此书，读者在当今正经历着快速变化的酒店行业工作，将如鱼得水。

刘伟教授是一位经验丰富的教育家和作者。他对有效教育的理解，在这本书中得到充分体现。为了确保学生们能够实际应用书中的管理原理，作者在每一章都融入了很多案例。除此之外，他还在每章的开头，提出了“经理的困惑”，然后向包括国际洲际酒店集团、香格里拉酒店等在内的前厅经理、客房经理、房务总监、行政管家以及总经理们征集答案，酒店职业经理们对这些问题的答复，使读者们能够更为实际、更深入地了解酒店管理问题。

刘伟教授通过他的网站（刘伟酒店网），与大家分享他的酒店管理知识。该网站为大学老师和同学与酒店经理们交换思想和相互学习提供了很好的平台。大学师生们在这一网站上能够找到对他们非常有用的教学资源，同时也可以就本书学习中遇到的任何问题向作者及作为本网站顾问、具有丰富经验的酒店总经理们提问。最后，网站还使刘伟教授能够向大学老师和同学们提供酒店管理的最新趋势。该网站确实是致力于酒店教育的人的一件很好的作品，是一部优秀教材的最佳教学资源。

作为中国酒店管理专业的大学生，你们正在一个伟大的国家进入一个伟大的行业。酒店业为你们提供了不同的工作。如果你喜欢与数字打交道，你可以从事酒店收益管理或会计工作；如果你喜欢创新，酒店餐饮或事件管理可以为你提供创新的机会；如果你喜欢与人打交道，总台管理和销售可能是你喜欢的工作；对于喜欢细节的同学来说，客房管理可能是你喜欢的重要部门和领域。无论你喜欢做什么，你都可以在酒店找到适合你做的工作。事实上，北美及欧洲的酒店业已经成熟，增长缓慢，而中国的酒店业正处于繁荣发展时期，世界上没有一个比在中国从事酒店业更好的地方。中国对于训练有素的酒店经理人的需求是巨大的，作为中国从事旅游与酒店管理专业的大学生，你们的前程无比远大。在此，祝你们学习进步，事业成功！

最诚挚的祝愿

约翰·博文

美国希尔顿酒店管理学院 院长

休斯顿，德克萨斯州

Preface

The third edition of *Managing Front Office and Housekeeping* makes an important contribution to the advancement hospitality management. Travelers tell us the most important attribute a hotel can offer is a clean room. Often the first Persons to engage a guest are the front desk personnel. The front desk personnel have to make sure the guest's reservation details are correct and make sure the guest's stay starts well. This text provides you with the knowledge you will need to make sure you have the knowledge and skills to make sure your guests will have a good stay and you will be able to manage efficiently and effectively.

Managing Front Office and Housekeeping is well organized. It covers all of the topics that one would expect in a book on this topic. It also includes chapters not often found in front office and housekeeping texts. For example there are two chapters on pricing and revenue management, a chapter on security, a chapter on communication and one on guest relations. The excellent organization of the text is due to the author's understanding of the hotel industry. He is in close communication with the management of international hotels and has included the latest methods used by these chains in this text. The readers will be well prepared to work in today's rapidly changing hotel industry.

Professor Liu Wei is an experienced educator and author. His understanding of effective education is evidenced in the design of the book. To ensure students understand how to apply the principles in the text the author has in troduced many case studies in each chapter. He has also put a question at the beginning of each chapter called the "Manager's Dilemma." He then solicits ideas, responses, and answers from directors of the rooms division, front office managers, executive housekeepers, general managers and directors from international chains such as Shangrila and Intercontinental Hotels. The manager's responses to these questions provide the reader with practical insights into hotel management.

Professor Liu Wei shares his knowledge of hotel management on his website, www. LiuweiHotel. com. This website serves as a platform for college students and teachers to exchange ideas with hotel managers and to learn from each other. University instructors and students can find very useful teaching and learning resources on the website. They can also ask the author and the consultants of the website who are experienced hotel G. M. s any questions they have while studying this book. Finally, the website allows Professor Liu Wei to provide students and teachers with information on the latest trends in hotel management. This website is truly the work of someone who is dedicated to hospitality education. This is a great resource for a great book.

As students of hotel management in China, you are entering a great industry in a great place. The hotel industry offers a variety of jobs. If you like numbers you can practice revenue management or hotel accounting. For those that like creativity, food and beverage or event management provides an opportunity to be creative. If you like dealing with people, front office management or sales may be to your liking. For those that like attention to detail, housekeeping is an important area. No matter what you like to do, you can find a job in the hotel industry that fits your wants. The hotel industry in North America and Europe are mature with very slow growth. The hotel industry in China is booming there is not a better place in the world to be going into a career in the hotel industry. There is a great need for trained managers in China. Your future in this industry is great. I wish you much success in your studies and your career.

Best wishes.
John Bowen
Dean, Conrad N. Hilton College
Houston, Texas March 2011

第四版前言

承蒙广大读者及旅游院校师生的厚爱，《前厅与客房管理》一书出版后，以其丰富的内容、通俗的语言、前沿的理论、现代化的管理方法、实用的管理案例，得到大家的普遍好评，不仅国内旅游院校将其选用作本科生教材，许多高职院校也将本书用作其专业课教材——主要看重本书的实用性和先进性，而且北京、上海等国内众多的星级酒店及酒店管理知名培训机构也纷纷将其用作对酒店经理人员的培训教材。在本教材第四版出版之际，我们高兴地获悉，本教材连同其“姊妹”教材《前厅管理》(高等教育出版社)及《客房管理》(高等教育出版社)已为全国绝大多数旅游院校(系)选用作教材，总发行量已超过20万册。这使我们深感欣慰，同时也深受鼓舞，借此机会，我们对广大读者及旅游院校师生表示真心的感谢。

本书以其权威性，先后被评为教育部“面向21世纪课程教材”以及普通高等教育“十五”国家级规划教材、“十一五”国家级规划教材、“十二五”国家级规划教材。担任这门课程教学的老师和业界经理们对于这套教材普遍给予很高的评价。

一、《前厅与客房管理》《前厅管理》《客房管理》三本教材的关系

本人在高等教育出版社先后出版了三本有关酒店房务管理的教材，在此有必要对其写作背景及适用对象对大家做一介绍，以方便大家使用。

2005年11月，本人应浙江大学旅游学院及高等教育出版社(北京)的邀请，在杭州举办的“全国高校饭店管理教学研讨会”上，为来自全国数百所旅游院校近200名骨干教师做了有关“酒店房务管理”课程教学的讲座。会议期间，我们广泛征求了各旅游院校的意见，尽管大家对本书普遍给予很高的评价，但与此同时，担任这门课程教学的老师们也普遍反映这门课的教学存在一些困难和问题：很难在有限的时间内完成这门课程的教学任务。

确实，前厅和客房是酒店的两大核心部门，前厅管理和客房管理的内容十分丰富，本应是两门独立的课程，现在作为一门课去讲授，而很多院校的教学计划中分配的课时极为有限，大部分只有54个课时(每周3学时)，有的则只有36个课时(每周2学时)，很难完成教学任务，同时也不利于培养受业界欢迎的酒店管理人才，这种状况持续下去，将使业界需要与旅游院校的培养目标相去甚远，造成旅游院校毕业生不受业界欢迎，学生就业难的状况将越来越严重。为此，我们发放了近200份调查问卷，调查结果表明：绝大多数院校和老师都希望将“前厅与客房管理”分为“前厅管理”和“客房管理”两门独立的课程，以方便教学，同时提高教学质量。

针对这种情况，经与高等教育出版社研究，我们决定在保留《前厅与客房管理》的基础上，编写《前厅管理》和《客房管理》两本教材。前者主要针对旅游管理专业非酒店管理方向(专业)使用；后者，即《前厅管理》和《客房管理》，则主要针对酒店管理专业(方向)使用，以满足不同专业、方向的旅游院校的教学需求。考虑到专业教学的实际需要和旅游管理专业的培养目标，同时考虑到学校的教学计划和学时数的总量控制，在此，我们建议使用《前厅与客房管理》教材的非酒店管理专业(方向)周课时数为3个课时(总课时为54课时)；而酒店管理专业的《前厅管理》和《客房管理》每门课分别为每周2课时(总课时分别为36课时)。我们认为，这是一种可供各学校参考的、比较科学的教学计划。

二、本套教材的特点

本次修订继承前几版的特点。与已出版的同类著作和教材相比，本书具有以下特点：

1. 内容先进

本书在编写过程中参考了国内外最新研究成果，以及国际酒店集团管理的先进经验，充分体现了其先进性。教材的先进性还体现在其内容上，如时下最流行的酒店客房的收益管理；“主题客房”“新概念客房”特色客房设计；客房部个性化服务；客房贴身管家服务；客房部人力资源管理(其中“客房员工的激励”更符合酒店客房工作的特点,更具有针对性和实用性)；客房成本控制与预算管理；酒店客房设计与装修的发展趋势(包括“智能技术在客房设计与管理中的应用”)等都是本教材论述的重要内容。

教材的先进性还体现在计算机管理方面，教材自始至终基于计算机管理平台，这是它区别于其他同类教材的亮点之一。在此要特别感谢全球领先的“Opera 酒店管理系统”的支持。

另外，我国现行《旅游饭店星级的划分与评定》国家标准强调客房舒适度、绿色管理理念、安全管理、计算机等信息化管理，这些都已在本套教材中得到体现，充分体现了本套教材的先进性。

2. 案例丰富

本书使用了大量案例，有很多案例分析和案例点评，以求理论联系实际，增强可读性和实用性。

3. 侧重管理

近年来，虽然也出版了一些有关前厅部及客房部运作的书籍，但大多偏重于服务，有关前厅与客房管理的内容则论述较少。本书作为酒店管理专业本科教材，力图突出管理的内容，以体现大学本科教育的特点。当然，这并不意味着本书不涉及服务和操作的有关内容。因为其一，酒店前台和客房管理本身就是一门实操性很强的科学，操作程序和标准本身就体现着管理者的管理思想；其二，管理的对象是服务，没有服务，管理就无从谈起，就会成为空中楼阁；其三，旅游专业的本科生来自高中，没有学过这方面的课程，对酒店服务工作缺乏感性认识，如果在大学酒店管理的教科书中不涉及服务的内容，就会脱离实际，使他们难以理解酒店管理的“理论”。基于此，本书力图在管理与服务之间找到一个最佳结合点。

4. 实用性强

实用性一直是本套教材编写时追求的目标，而且从实际使用效果来看，也已经达到了这一目标。教材不仅得到了旅游院校老师们的喜爱，同时也得到酒店业界经理人员在教材的先进性与实用性方面的高度赞赏。很多酒店经理人员来信来电反映，通过学习本套教材，自己的经营管理水平有所提高；还有经理人员反映，通过学习这套教材，使自己当上了酒店房务部经理；也有不少经理更对本教材厚爱有加，不仅自己购买了本书，还为其部下购买，供他们学习、培训之用，这令作者十分感动。

三、本次修订的指导思想

（1）与时俱进，充分体现教材的先进性。包括先进的理念、先进的方法、先进的手段。

（2）使教材内容更加丰富和完善。

（3）在内容和形式方面，大胆创新，使其更适合于旅游院校的教学需要。

（4）把握酒店前厅与客房管理的发展趋势，增加酒店前厅与客房管理的前沿知识和理论。

（5）从语言的组织、案例的编排等方面，进一步增强教材的可读性。

（6）参照发达国家教材编写的成功经验，在编写体例上，与国际接轨。

四、本次修订的主要内容

（1）增加了部分章、节内容，并对几乎所有章节的内容做了进一步的补充和完善。

（2）在增加内容的同时，本次修订也删除了部分内容。随着通信技术的发展以及手机的普及，酒店已经很少有客人使用留言服务，为了体现教材的先进性，本教材注意与时俱进，本次修订时，删除了这部分内容。

（3）对部分章节的内容进行了调整，使教材从结构上和逻辑上更加合理。

（4）每章增加了案例，思考题中增加了案例分析，以培养学生分析问题、解决问题的能力。

（5）拍摄了二维码视频。为了更加“接地气”，更加直观地了解行业的动态和酒店经理人面临的问题与困惑，及其对这些困惑的解决方案，我们组织和邀请国内具有先进管理理念和管理水平的标杆酒店和度假村企业合作录制酒店管理视频，解决课堂教学与实践脱节的问题。学生能够“面对面”聆听和观看这些酒店经理人对酒店经营和管理中各种困惑的答复。这种做法无疑将使本书更加贴近读者，大大增强著作的鲜活性、可读性和实用性。

（6）引入国际先进的酒店管理软件。本版教材中，引入国际先进的酒店管理软件 Opera 系统，使得教学与未来酒店管理实践直接对接。

五、本教材的创新之处

与国内其他教材及本书第三版相比，本次修订不仅进一步丰富了教材内容，使其更加完善、先进、科学，紧跟酒店业发展的潮流，引入酒店业新的管理理念和方法，而且在以下方面进行了大胆创新。

（一）以“经理困惑”的形式，邀请饭店职业经理人参与教材编写

为了增强教材的鲜活性，提高学生的学习兴趣，我们在每章开头部分针对本章的主要内容，以“经理的困惑”的形式，提出酒店经理们所关心的与本章内容相关的问题，然后向全国高星级酒店的房务经理征集答案，最后，将答案和答复提供者的真实姓名、所在单

位及其数码工作照，一并附在该章的末尾。据出版社了解，这种做法在国内尚无前例，是一种创举，无疑将使本书更加贴近读者，大大增强了鲜活性、可读性和实用性，对于管理类图书而言，尤其值得称道。读者会从这些国内外高星级酒店及酒店集团的职业经理人对“经理的困惑”的答复中得到很多有益的启发。在此，要特别感谢这些来自洲际酒店集团、香格里拉酒店集团、华美达酒店集团、假日酒店、粤海酒店集团等酒店集团以及北京饭店、广州东方宾馆等国内著名饭店的房务经理和总经理们，他们将自己的知识和经验无私地奉献给各位读者。

（二）聘请国内著名酒店管理专家及职业经理人做顾问，建立饭店“前厅与客房管理”的学习网站

为了在旅游院校与饭店业界搭建平台，为“前厅与客房管理”课程提供立体化的教学资源，我们特别开通了专业的酒店管理网站：“刘伟酒店网”。网站设有行业资讯、酒店大论坛(经理的困惑 案例讨论 经验交流 你问我答)、房务新观察(前沿理论 新技术 新方法 房务新产品 特色客房 客房设计与装修 总统间巡礼)、房务经理人之家(成功人士追踪 房务经理人的成长道路 经理简介 权威数据发布 开业筹划指南)、招聘与培训、院校教学资源与服务(教学课件 教学案例 教学图库 房务管理试题 房务管理视频)等栏目，这些栏目丰富的内容构成本套教材强大的教学支持系统。旅游院校的学生也可以将其实习案例上传，并参与讨论，与业界经理人员实现互动。老师们也可在上面布置作业(如可要求学生上传实习案例,并对案例进行分析,根据上传案例的质量及案例分析的质量进行打分)，从而实现电子化教学，改变传统的教学模式，提高教学的效率和效果。

（三）在教材中加入二维码

学生通过扫描书中的二维码，就可以了解酒店经营管理更多的信息以及补充教学资源，可直接面对面观看由行业职业经理人专门为本教材制作的酒店热点问题管理视频。丰富了教材的表现形式，提高了学生的学习兴趣。

六、特别鸣谢

为了为“前厅与客房管理”课程提供教学资源，办好教学网站，我们特别聘请了包括美国、日本等国家和地区著名酒店管理专家、国际酒店集团和国内高星级酒店的职业经理人，以及国家旅游局饭店管理处负责人担任网站顾问。他们将与本书主编一起，负责回答旅游院校老师和同学们在“前厅管理”“客房管理”等课程教学中遇到的各种问题以及其他酒店管理问题。他们是：

张添：广州白天鹅宾馆总经理

彭建军：恒大集团副总裁，恒大酒店集团前董事长

李国华：保利酒店管理有限公司总裁

Leon Shi(时李铭)：美国饭店协会教育学院大中华区经理（AHLEI Country Manager, Greater China）

赵金林：美国佛罗里达州国际大学终身教授，酒店、餐饮、旅游管理学院研究生部主任、国际酒店协会(现国际酒店与餐厅协会)研究员，兼任北京第二外国语学院、天津商业大学、暨南大学、香港理工大学、东北财经大学、澳门城市大学的客座教授

崔震雄：AH&LA(美国饭店协会)CHA 总经理、CHE 高级教育导师认证。现职：台湾观光学院教授、中华旅馆经理人协会名誉理事长

Paul D. Hugentobler：General Manager，Intercontinental，Shenzhen（深圳华侨城洲际大酒店总经理）

Benoit Amado：General Manager，Grand Mercure Hongqiao Shanghai（法国雅高集团 上海虹桥美爵大酒店总经理）

高天明：南开大学客座教授，海航国际酒店管理有限公司前总裁、中国饭店协会副会长

徐桂生：重庆贝迪颐园温泉度假酒店（5星级）总经理（原南京金陵饭店国际酒店管理公司副总经理 九寨沟国际大酒店总经理）

张谦：广州从化亨来斯登酒店 总经理

夏国跃：原5星级杭州皇冠大酒店总经理，龙禧大酒店总经理，中国远洲酒店管理公司 CEO

陈浩：香港金麒麟国际酒店管理公司 副总经理，海德华美达大酒店 总经理（5星级）（原桂林假日宾馆总经理、香格里拉沈阳商贸饭店中方总经理）

张楠：金陵酒店集团高级顾问，原广州瑞银数码港酒店有限公司总经理兼广州日航酒店/Hotel Nikko Guangzhou（国际五星级）业主代表

唐伟良：全国旅游饭店星级评定委员会国家级星评员、恒大酒店集团副总裁、中国旅游饭店协会常务理事、国际金钥匙组织中国区副秘书长、美国饭店协会教育学院高级顾问、粤港澳酒店总经理联谊会副秘书长

魏文斌：深圳市旅游饭店业协会副会长、美国饭店协会教育学院广东区客座教授、香港理工大学酒店及旅游管理学院客座教授、2014年中国酒店业杰出总经理、2015年中国酒店业最佳总经理“五星钻石奖”获得者、香港美亚国际酒店管理有限公司高级顾问

赵焕焱：华美顾问机构首席知识官、中国智慧酒店联盟理事长、世界酒店总经理联盟荣誉顾问、维也纳酒店集团高级战略顾问、星程酒店集团首席咨询顾问、金光奖评委。任《中国酒店》副总编、《酒店评论》《饭店现代化》《中国饭店业》《饭店业》《酒店职业经理人》等编委

曾莉：广州从化碧水湾温泉度假村董事长兼总经理、广东温泉行业协会执行会长、中国旅游协会温泉旅游分会副会长

……

除了以上业内专家以外，我们还聘请并组织了由国内5星级酒店总经理、酒店管理公司 CEO、旅游院校教授及骨干教师组成的庞大的专业团队帮助大家一起学习酒店管理课程，他们为本教材的编写提出了很好的意见和建议，他们是：

余昌国：国家旅游局人事司副司长，国家级饭店星评员，中国旅游管理干部学院、北京旅游学院和上海旅游高等专科学校客座教授

周玲强：浙江大学旅游学院 教授、院长

王婉飞：浙江大学旅游学院 教授、所长

魏卫：华南理工大学旅游与酒店管理学院 教授

傅慧：中山大学旅游与酒店管理系 教授、主任

杨云：中山大学旅游学院 副教授

曲波：华南理工大学旅游与酒店管理学院 讲师、系副主任

皮平凡：广东商学院旅游与环境学院 教授 院长

李晓莉：广州大学中法旅游学院酒店会展系 系主任

郭淑梅：湖州师范学院旅游系 系主任

张瑛：中央民族大学管理学院 教授

傅晶：东北林业大学旅游系 教授

颜丽：济南大学旅游学院 教授

周晓梅：济南大学旅游学院 教授

冯郑凭：华南师范大学增城学院旅游系 副教授

黄慧玲：南阳师范学院旅游与环境规划学院 副教授

冯艳芳：南阳师范学院旅游与环境规划学院 副教授

周秋巧：浙江省台州学院 副教授

王宏伟：大庆波斯特酒店 房务总监

谷玉芬：渤海大学旅游学院 教授

对于上述职业经理人和酒店管理专家担任本网站顾问，我们表示由衷的高兴和真诚的感谢，感谢他们无私的奉献和对中国旅游教育事业做出的贡献。

本书在编写过程中，还曾得到国家旅游局副局长（原北京第二外国语学院院长）杜江教授、教育部旅游管理类专业指导委员会主任田里教授、教育部旅游管理类专业指导委员会副主任马勇教授、浙江大学旅游学院蒋丁新教授以及高等教育出版社相关编辑同志等专家、学者的指点、鼓励和支持，在此深表谢意。

在此，还要特别感谢美国希尔顿酒店管理学院院长 John Bowen 先生，他在百忙之中为本书提笔做序，并感谢他对本书的赞赏以及对中国学习酒店管理专业大学生们的期望与祝愿。还要感谢莫小诗同学，他为本书制作了课件，方便大家参考使用。

最后，我们再次真诚地期待教材能够继续得到广大读者的厚爱，并期望广大读者和旅游院校师生对本书提出建设性的意见和建议，使本书再次修订时，能够在内容和体系上更加完善，以便更好地满足旅游院校的教学需要。

刘伟

2017 年 12 月 28 日于

广东金融学院

（Email：weiliuw@ 163. com）

第三版前言

承蒙广大读者及旅游院校师生的厚爱，《前厅与客房管理》一书出版后，以其丰富的内容、通俗的语言、前沿的理论、现代化的管理方法、实用的管理案例，得到大家的普遍好评，不仅国内旅游院校将其选用作本科生教材（还有不少高职院校也将本书用作其专业课教材——主要看重本书的实用性和先进性），而且北京、上海等国内众多的星级酒店及酒店管理知名培训机构也纷纷将其用作对酒店经理人员的培训教材。在本教材第三版出版之际，我们高兴地获悉，本教材连同其“姊妹”教材《前厅管理》（高等教育出版社）及《客房管理》（高等教育出版社）已为全国绝大多数旅游院校（系）选用作教材，总发行量已近20万册。这使我们深感欣慰，同时也深受鼓舞，借此机会，我们对广大读者及旅游院校师生表示真心的感谢。

本书以其权威性，先后被评为“十五”国家级规划教材、“十一五”国家级规划教材和教育部“面向21世纪课程教材”。教授这门课程的老师对这套教材普遍给予了很高的评价，认为“教材编写内容详尽，理论功底扎实，作为教材使用十分得心应手，是一本很好的教材”，对于如此高的评价，本人感到诚惶诚恐，只有加倍的努力，付出更多的心血，将《前厅与客房管理》一书根据现代酒店管理发展的现状和趋势，编写得更加完善、更加符合旅游院校教学和培训的需要，才能对得起这套书的分量，对得起大家对它的厚爱。

在第二版前言中，本人提到为了进一步提高本书的编写质量，更好地为广大读者服务，我们非常期望得到广大旅游院校师生使用本教材的反馈意见。2005年11月，本人应浙江大学旅游学院及高等教育出版社的邀请，赴杭州参加“全国高校饭店管理教学研讨会”，并为来自全国数百所旅游院校近200名骨干教师做了有关《酒店房务管理》课程教学的讲座。会议期间，我们广泛征求了各旅游院校的意见，大家对本书普遍给予很高的评价，认为“是国内同类书中质量最好的”。我们感谢老师们的厚爱，也深知教材仍有很多不足之处，真诚地征求到他（她）们对教材的一些意见和建议，这些思想、建议都在新版《前厅与客房管理》中得到体现，在此，我们深深地对这些老师表示感谢。

另外，在这次研讨会上，我们也了解到老师们在教授这门课程时存在的问题：很难在有限的时间内完成这门课程的教学任务。确实，前厅和客房是酒店的两大核心部门，前厅管理和客房管理的内容十分丰富，本应是两门独立的课程，现在作为一门课去讲授，而且很多院校的教学计划中分配的课时极为有限，大部分只有54个学时（每周3学时），有的则只有36个学时(每周2学时)，这样就很难完成教学任务，同时也不利于培养受业界欢迎的酒店管理的合格人才，这种状况持续下去，将使业界需要与旅游院校的培养目标相去甚远，造成旅游院校毕业生不受业界欢迎，学生就业难的状况将越来越严重。为此，我们发放了近200份调查问卷，调查结果表明：绝大多数院校和老师都希望将《前厅与客房管理》分为《前厅管理》和《客房管理》两门独立的课程，以方便教学，同时提高教学质量。针对这种情况，经与高等教育出版社研究，我们决定在保留《前厅与客房管理》的基础上，编写《前厅管理》和《客房管理》两本教材。前者主要针对旅游管理专业非酒店管理方向(专业)使用；后者，即《前厅管理》和《客房管理》，则主要针对酒店管理专业(方向)使用，以满足不同专业、方向的旅游院校的教学需求。考虑到专业教学的实际需要和旅游管理专业的培养目标，同时考虑到学校的教学计划和学时数的总量控制，在此，我们建议使用《前厅与客房管理》教材的非酒店管理专业(方向)每周课时数最少为3个学时(总学时为54学时)；而《前厅管理》和《客房管理》每门课分别为每周2学时(总学时为36学时)。我们认为，这是一种可供各学校参考的、比较科学的教学计划。

一、本教材的特点

本次修订继承前几版的特点。与已出版的同类著作和教材相比，本教材具有以下特点：

1. 内容先进。本教材在编写过程中参考了国内外最新研究成果，以及国际酒店集团管理的先进经验，充分体现了其先进性。教材的先进性还体现在其内容上，如时下最流行的酒店客房的收益管理；“主题客房”、“新概念客房”特色客房设计；客房部个性化服务；客房贴身管家服务；客房部人力资源管理(其中“客房员工的激励”更符合酒店客房工作的特点,更具有针对性和实用性)；客房成本控制与预算管理；酒店客房设计与装修的发展趋势(包括“智能技术在客房设计与管理中的应用”)等都是本教材论述的重要内容。

教材的先进性还体现在计算机管理方面，教材自始至终基于计算机管理平台，这是它区别于其他同类教材的亮点之一。在此要特别鸣谢广州“千里马酒店管理系统”的支持。

值得高兴的是,《前厅与客房管理》(第二版)出版之时，正值我国新版《旅游饭店星级的划分与评定》(2010版)颁布实施之时，而新版国家标准中对客房舒适度、绿色管理理念、安全管理、计算机等信息化管理等的强调，都已在本版教材中得到体现，充分体现了教材的先进性。

2. 案例丰富。本教材使用了大量案例，有很多案例分析和案例点评，以求理论联系实际，增强可读性和实用性。

3. 侧重管理。近年来，虽然也出版了一些有关前厅部及客房部运作的书籍，但大多偏重于服务，有关前厅与客房管理的内容则论述较少。本教材作为酒店管理专业本科教材，力图突出管理的内容，以体现大学本科教育的特点。当然，这并不意味着本书不涉及服务和操作的有关内容。因为其一，酒店前台和客房管理本身就是一门实操性很强的学科，操作程序和标准本身就体现着管理者的管理思想；其二，管理的对象是服务，没有服务，管理就无从谈起，就会成为空中楼阁；其三，旅游专业的本科生来自高中，没有学过这方面的课程，对酒店服务工作缺乏感性认识，如果在大学酒店管理的教科书中不涉及服务的内容，就会脱离实际，使他们难以理解酒店管理的“理论”。基于此，本书力图在管理与服务之间找到一个最佳结合点。

4. 实用性强。实用性一直是本教材编写时追求的目标，而且从实际使用效果来看，也已经达到了这一目标。第二版教材不仅得到了旅游院校老师们的喜爱，同时也得到酒店业界经理人员在教材的先进性与实用性方面的高度赞赏。很多酒店经理人员来信来电反映，通过学习，使自己的经营管理水平得到提高；还有经理人员反映，通过学习，使自己当上了酒店房务部经理；也有不少经理不仅自己购买，还为其部下购买，供他们学习、培训之用，这令作者十分感动！

二、本次修订的指导思想

1. 使教材内容更加丰富和完善。

2. 在内容和形式方面，与时俱进，大胆创新，更适合于旅游院校的教学需要。

3. 把握酒店前厅与客房管理的发展趋势，增加酒店前厅与客房管理的前沿知识和理论。

4. 从语言的组织、案例的编排等方面，进一步增强教材的可读性。

5. 参照发达国家教材编写的成功经验，在编写体例上，与国际接轨。

三、本次修订的主要内容

1. 将全书分为“前厅篇”和“客房篇”，使得全书结构更为清晰。

2. 增加了部分章、节内容，并对几乎所有章节的内容做了进一步的补充和完善。

3. 对部分章节的内容进行了调整，使教材从结构上和逻辑上更加合理。例如，将第二版中的第8章“房价管理”与第9章“收益管理”合并为一章“房价与收益管理”。另外，考虑到总台的接待业务实际上就是销售的过程，所以将第二版中的第4章“总台接待与收银业务管理”与第5章“总台销售管理”合并为“总台接待与销售管理”，而将“收银业务管理”的内容独立成章。

4. 每章内容都增加了案例，思考题中增加了案例分析，以培养学生分析问题、解决问题的能力。

5. 每章内容都增加和完善了“补充与提高”板块，以扩大学生的知识面，加强对课文的理解。

6. 受学时的限制，压缩了部分内容。其中，部分压缩的内容并非不重要，而是基于学时有限、教材容量有限的考虑，这部分内容将在酒店管理专业（方向）使用的《前厅管理》及《客房管理》教材中予以保留。

四、本教材的创新之处及教学支持系统

与国内其他教材及《前厅与客房管理》（第二版）相比，本次修订不仅进一步丰富了教材内容，使其更加完善、先进、科学，紧跟酒店业发展的潮流，引入酒店业新的管理理念和方法，而且在以下方面进行了大胆创新。

1. 以“经理的困惑”的形式，邀请酒店职业经理人参与教材编写。为了增强教材的鲜活性，提高学生的学习兴趣，我们在每章开头部分针对本章的主要内容，以“经理的困惑”的形式，提出酒店经理们所关心的与本章内容相关的问题，然后向全国高星级酒店的房务经理征集答案，最后，将答案和答复提供者的真实姓名、所在单位一并附在该章的末尾。据出版社了解，这种做法在国内尚无前例，是一种创举，无疑将使本书更加贴近读者，大大增强教材的鲜活性、可读性和实用性，对于管理类丛书而言，尤其值得称道。相信，读者会从这些国内外高星级酒店及酒店集团的职业经理人对“经理的困惑”的答复中得到很多有益的启发。在此，要特别感谢这些来自洲际酒店集团、香格里拉酒店集团、华美达酒店集团、假日酒店、粤海酒店集团等酒店集团以及北京饭店、广州东方宾馆等国内著名饭店的房务经理和总经理们，他们将自己的知识和经验无私地奉献给各位读者。

2. 聘请国内著名酒店管理专家及职业经理人做顾问，建立酒店“前厅与客房管理”的学习网站。为了在旅游院校与酒店业界搭建平台，为“前厅与客房管理”课程提供立体化的教学资源，我们特别开通了专业的酒店房务管理网站:“刘伟酒店网”。网站设有**行业快讯**、**房务大论坛**(经理的困惑、案例讨论、经验交流、你问我答)、**房务新观察**(前沿理论、新技术、新方法、房务新产品、特色客房、客房设计与装修、总统间巡礼)、**房务经理人之家**(成功人士追踪、房务经理人的成长道路、经理简介、权威数据发布、开业筹划指南)、**招聘与培训**、**院校教学资源与服务**(就业与实习、直通总经理、直通房务经理、直通主编、教学课件、教学案例、教学图库、房务管理试题、房务管理视频)等栏目，这些栏目的丰富内容构成了本套教材强大的教学支持系统。旅游院校的学生也可以将其实习案例上传，并讨论，与业界经理人员实现互动。老师们也可在上面布置作业(如,可要求学生上传实习案例,并对案例进行分析,根据上传案例的质量及案例分析的质量进行打分)，从而实现电子化教学，改变传统的教学模式，提高教学的效率和效果。

为了办好这一教学网站，我们特别聘请了国内著名酒店管理专家、国际酒店集团和国内高星级酒店的职业经理人以及国家旅游局饭店管理处负责人担任网站顾问。他们将与本教材主编一起，负责回答旅游院校老师和同学们在“前厅管理”、“客房管理”等教学中遇到的各种问题以及其他酒店管理问题。他们是：

Paul D. Hugentobler：General Manager，Intercontinental，Shenzhen(深圳华侨城洲际大酒店总经理)

Benoit Amado：General Manager，Grand Mercure Hongqiao Shanghai(法国雅高集团上海虹桥美爵大酒店总经理)

高天明：海航国际酒店管理有限公司总裁，中国饭店协会副会长

徐桂生：重庆贝迪颐园温泉度假酒店(5星级)总经理(原南京金陵饭店国际酒店管理公司副总经理,九寨沟国际大酒店总经理)

张谦：粤海华驰国际大酒店总经理(4星级)

夏国跃：原5星级杭州皇冠大酒店总经理，龙禧大酒店总经理，中国远洲酒店管理公司CEO

陈浩：香港金麒麟国际酒店管理公司副总经理，海德华美达大酒店总经理(5星级)(原桂林假日宾馆总经理,香格里拉沈阳商贸饭店中方总经理)

余昌国：国家旅游局监督管理司饭店管理处处长，国家级饭店星评员。中国旅游管理干部学院、北京旅游学院和上海旅游高等专科学校客座教授

张楠：中国旅游饭店业协会理事，广州瑞银数码港酒店有限公司总经理兼广州日航酒店/Hotel Nikko Guangzhou(筹/国际五星级)业主代表

除了以上专家以外，我们还聘请并组织了由国内5星级酒店总经理、酒店管理公司CEO，旅游院校教授及骨干教师组成的庞大的专业团队，负责提供酒店前厅及客房经营管理案例，进行网上互动答疑等，成员包括：

魏卫：华南理工大学旅游与酒店管理学院教授、副院长

曲波：华南理工大学旅游与酒店管理学院讲师、系副主任

郭淑梅：湖州师范学院旅游系系主任

李晓莉：广州大学中法旅游学院酒店会展系系主任

张瑛：中央民族大学管理学院副教授

皮平凡：广东商学院旅游与环境学院副教授

傅晶：东北林业大学旅游系讲师

颜丽：济南大学旅游学院讲师

周晓梅：济南大学旅游学院讲师

冯郑凭：华南师范大学增城学院旅游系讲师

黄慧玲、冯艳芳：南阳师范学院旅游与环境规划学院讲师

周秋巧：台州学院讲师

王宏伟：大庆波斯特酒店房务总监

对于上述职业经理人和酒店管理专家担任本网站顾问，我们表示由衷的高兴和真诚的感谢，感谢他们无私的奉献和对中国旅游教育事业作出的贡献。

本书在编写过程中，曾得到国家旅游局副局长(原北京第二外国语学院院长)杜江教授、湖北大学旅游学院院长马勇教授、上海大学旅游系主任刘纯教授、浙江大学旅游学院蒋丁新教授以及高等教育出版社相关编辑等专家、学者的指点和帮助，在此深表谢意。

我们还要特别感谢美国希尔顿酒店管理学院院长 John Bowen 先生，他在百忙之中为本书提笔做序，并感谢他对本书的赞赏以及对中国学习酒店管理专业大学生们的期望与祝愿。

最后，我们再次真诚地期待教材能够继续得到广大读者的厚爱，并期望广大读者和旅游院校师生对本书提出建设性的意见和建议，使本书再次修订时，能够在内容和体系上更加完善，以便更好地满足旅游院校的教学需要。

刘伟

2011 年 5 月 28 日于

广东金融学院

(Email:weiliuw@163.com)

第一版前言

前厅部与客房部统称为酒店的房务部(Rooms Division)。前厅部不仅具有接待职能，而且具有销售职能，同时也是酒店的对客服务中心、与其他部门的联络中心和指挥中心，因此被称为酒店的“大脑”和“中枢神经”；而客房部则是酒店主要的营业部门，被喻为酒店的“心脏”。酒店可以没有餐饮部，但不能没有客房部。因此，前厅部和客房部在酒店具有极其重要的地位，并在酒店经营管理中发挥着重要作用，做好前厅部和客房部的管理工作，对于提高酒店的服务质量和经济效益具有重要意义。

与已出版的同类著作和教材相比，本书具有以下特点：

1. 内容新颖、全面、系统。本书在编写过程中参考了国内外最新研究成果，内容涉及前厅部及客房部服务和管理工作的各个领域。

2. 突出前厅与客房管理的内容。近年来，虽然也出版了一些有关前厅部及客房部运作的书籍，但大多偏重于服务，有关前厅与客房管理的内容则论述较少。本书作为旅游管理专业本科教材，力图突出管理的内容，以体现大学本科教育的特点。当然，这并不意味着本书不涉及服务和操作的有关内容。因为其一，酒店前台和客房管理本身就是一门实操性很强的科学，操作程序和标准本身就体现着管理者的管理思想；其二，管理的对象是服务，没有服务，管理就无从谈起，就会成为空中楼阁；其三，旅游专业的本科生来自高中，没有学过这方面的课程，对酒店服务工作缺乏感性认识，如果在大学酒店管理的教科书中不涉及服务的内容，就会脱离实际，使他们难以理解酒店管理的“理论”。基于此，本书力图在管理与服务之间找到一个最佳结合点。

3. 增加案例。本书使用了大量案例，以求理论联系实际，增强启发性、可读性。

本书作为“十五”国家级规划教材，在编写过程中，曾得到北京第二外国语学院院长杜江教授、湖北大学旅游学院院长马勇教授、上海大学旅游系主任刘纯教授、浙江大学旅游学院蒋丁新教授等专家、学者的指点和帮助，同时得到广州市财贸管理干部学院金玉阶、张维峰院长等领导同志的大力支持，在此深表谢意。

本书除可用作大学教材以外，也可用作成人院校等旅游专业大专教材，同时，还可作为酒店管理人员和服务人员培训用书。由于作者水平有限，书中难免存在一些不足之处，敬请读者不吝赐教。

作　者

2002 年 4 月于广州

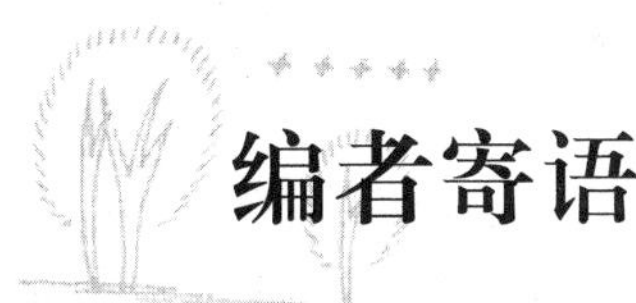

编者寄语

作为旅游管理和酒店管理专业的专业核心课程，学好“前厅与客房管理”这门课对于两个专业的学生而言，具有重要的意义。

针对广大读者和旅游院校师生在教学中关心的问题，在本书出版之际，有几点说明想与大家沟通。

一、关于使用对象

本书主要针对旅游管理专业、非酒店管理方向的本科类和高职高专类院校使用。同时，也可用作星级酒店培训及酒店员工自学用书。对于开设有酒店管理专业(或方向)的旅游院校，建议使用内容更为丰富的《前厅管理》与《客房管理》(高等教育出版社)。

本科类院校的培养目标是酒店的中、高层管理人员，教学时要在学生掌握房务部组织机构、工作程序和标准的基础上，强调管理理念、管理原理和客房经营管理的发展趋势。高职高专类院校的培养目标是酒店的基层管理人员和中层管理者，因此，要重点讲授客房部的工作程序、标准和管理方法。另外，无论是本科院校还是高职高专院校，都要着重培养学生分析问题、解决问题的能力。

二、关于课时安排

如前所述，房务部是酒店的核心部门，也是酒店经营主体，“前厅与客房管理”作为专业核心课程，建议最少课时数为每周 3 课时(总课时 54)。

三、关于教学方法

1. 实践教学法

“前厅与客房管理”是一门实操性很强的课程，对于这门课的学习，我们特别强调理论联系实际的学习方法。建议在学习之前，最好由老师带队先去当地的高级酒店参观一次，对现代化酒店以及酒店的前厅部和客房部有个感性的认识，为学好这门课创造良好的氛围和条件。另外，根据专业的性质和特点，在学习期间，还应安排适当的实习时间(可以安排在学期内,也可以安排在假期)，去酒店实习，实际了解酒店的运作与管理，并将所学知识运用于实践中去，对实习酒店房务管理问题进行诊断，并能对饭店提供管理咨询。

2. 实验教学法

21 世纪是信息社会，现代化酒店的管理基本上都已采用计算机管理，因此，“前厅与客房管理”必须增加实验教学的内容，购买国内先进的酒店管理软件，使学生能够在课堂上(或实验室)用计算机亲自模拟操作酒店客房房态控制、酒水管理、信息沟通、失物招领、成本控制等工作过程，了解和掌握客房管理的基本内容和管理方法。

3. 案例教学法

“前厅与客房”管理是一门实践性很强的课程，教师在教学过程中要多采用案例教学法，以激发学生的学习兴趣，同时，通过课堂案例讨论、课后案例分析，培养学生分析问题和解决问题的能力。

四、关于学习目标

学习“前厅与客房管理”课程，重点要掌握酒店前厅部与房务部工作的运作程序和操作规范，并在此基础上学习和掌握必要的管理方法和管理技术。

酒店行业是一个古老而又年轻的行业，最能体现与时俱进的特点，很多高科技产品、现代化的管理理念、管理技术、方法、手段都最先在酒店得到运用，因此，必须了解行业发展的现状和趋势，即要了解国内外先进酒店及国际著名酒店集团的管理理念和管理方法，又要有创新意识和创新精神。

五、教学支持系统

本书开发、使用、推荐以下教学资源作为本教材的教学支持系统。

(一) 刘伟酒店网

为了丰富教学资源，更好地为广大师生教学服务，我们开办了酒店管理网站：刘伟酒店网。聘请众多5星级酒店总经理、旅游高等院校的教授和骨干教师为大家提供教学案例、案例分析、问题讨论、网上互动答疑，等等。采用全方位、动态化、立体化教学模式，为广大师生提供丰富的教学资源和问题解决方案。另外，我们还特别设置了“院校资源”栏目，为使用本教材的旅游院校师生提供教学课件、检测试卷、酒店图片、前沿论文、参考资源、学科研究报告等。

除了设置顾问答疑栏目，聘请业内大咖们为大家答疑解惑以外，网站还设立了酒店管理“论坛”。欢迎广大学生和读者上传自己在酒店工作和实习案例，参与互动讨论。

(二) 酒店管理(PMS)系统

Opera 酒店管理系统(联系方式:13527656159)

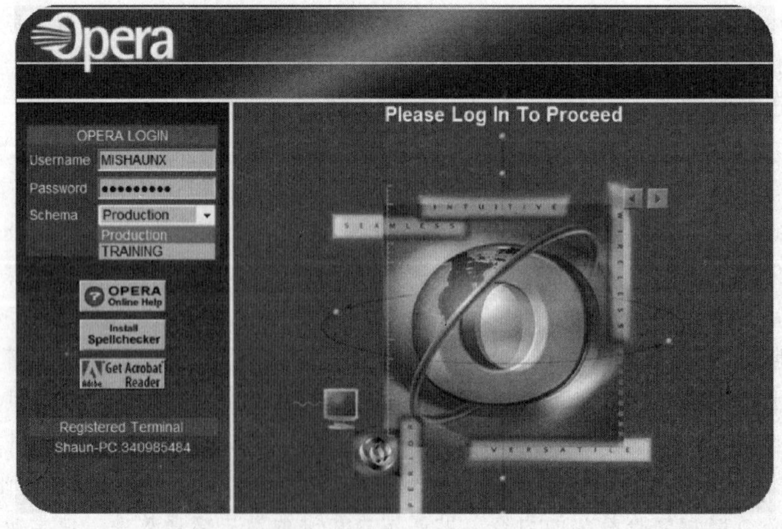

（三）酒店收益管理系统

我们向大家推荐使用上海鸿鹊酒店收益管理系统，这是目前国内最先进的酒店收益管理系统，并且有配套教材提供。(联系方式:18520651250)

刘伟

2017 年 6 月 28 日于

广东金融学院

（Email：weiliuw@163.com）

目　录

前　厅　篇

客 房 篇

前厅篇

第一章　前厅部概述

前厅部是酒店对客服务的“前台”，既是酒店的接待部门，又是销售部门(销售以客房为主的酒店产品)。它与客房部一起构成酒店的房务部门(rooms division)。通过本章之学习，应对酒店前厅部有基本的认识。

本章学习目的

★ 了解前厅部的地位、作用及主要任务。

★ 了解和掌握前厅部组织机构及其设置的原则。

★ 了解前厅部各班组的基本职能。

★ 了解前厅部各级管理人员的岗位职责与素质要求。

关键术语：前厅部　组织机构　作用　任务　大堂　前台

Key Words：Front Office / F. O.，Organization Chart，Roles，Tasks，Lobby，General Service Desk

经理的困惑

——前台接待处、问讯处、收银处：是分还是合？

陈娜是一家即将开业的酒店的前厅经理，她面临的首要任务是建立前厅部的组织架构。在她以前工作的酒店，总台接待部分为问讯处、接待处、收银处等，然而，她了解到现在有很多酒店都将这些岗位合二为一、合三为一。面对新的酒店，到底是该合，还是该分，她陷入两难……

第一节　前厅部的地位作用及主要任务

一、前厅部的地位和作用

前厅部(front office)是招徕并接待客人、推销客房及餐饮等酒店服务，同时为客人提供各种综合服务的部门。前厅部的工作对酒店市场形象、服务质量乃至管理水平和经济效益有至关重要的影响。

第一，前厅部是酒店的营业橱窗，反映酒店的整体服务质量。一家酒店服务质量和档次的高低，从前厅部就可以反映出来，有一位顾客曾经说道："每当我们走进一家旅游酒店，不用看它的星级铜牌，也不用问它的业主是谁，凭我们'四海为家'的经验，通常就可以轻而易举地'嗅'出这家酒店是否是合资酒店，是否是外方管理以及大致星级水平……"。正是从这个意义上讲，有人把前厅誉为酒店的"脸面"，这张脸是否"漂亮"，不仅取决于大堂的设计、布置、装饰、灯光等硬件设施的豪华程度，更取决于前厅部员工的精神面貌、办事效率、服务态度、服务技巧、礼貌礼节以及组织纪律性。

第二，前厅部是给客人留下第一印象和最后印象的地方。前厅部是客人抵店后首先接触的部门，因此，它是给客人留下第一印象的地方。从心理学上讲，第一印象非常重要，客人将一直带着这种第一印象来评价一个酒店的服务质量。如果第一印象好，那么即使在住宿期间遇到有不如意的地方，他也会认为这是偶尔发生的，可以原谅；反之，如果第一印象不好，那么，他就认为这家酒店出现这类服务质量差的事是必然的，酒店在其心目中的不良形象就很难改变，而且他还会对酒店服务横挑鼻子竖挑眼。此外，客人离开酒店时也是从前厅部离开的，因此，这里也是给客人留下最后印象的地方，而最后印象在客人脑海里停留的时间最长。最后印象的好坏，在很大程度上取决于前厅部服务员的礼貌礼节和服务质量，如果服务员态度不好，办事效率不高，就会给客人留下不良的最后印象，使其在客人住店期间为客人所提供的良好服务"前功尽弃"。

第三，前厅部具有一定的经济作用。前厅部员工的服务质量、工作效率和销售技巧，直接影响到酒店接待客人的数量和客人的回头率。

第四，前厅部的协调作用。前厅部犹如酒店的大脑，在很大程度上控制和协调着整个酒店的经营活动。由这里发出的每一项指令，每一条信息，都将直接影响酒店其他部门对客人的服务质量。因此，前厅部员工，尤其是接待员工作必须认真负责，一丝不苟，并经常联络和协调其他部门的工作 ，以保证酒店这部机器正常运转，提高酒店对客人的整体服务质量。

第五，前厅部的工作有利于提高酒店决策的科学性。前厅部是酒店的信息中心，它所收集、加工和传递的信息是酒店管理者进行科学决策的依据，比如在实施收益管理的酒店，管理者就是根据前厅部所提供的客人的预订信息来决定未来一个时期内房价的高低。

第六，前厅部是建立良好的宾客关系的重要环节。在市场经济条件下，顾客就是“上帝”，酒店是为客人提供食、宿、娱乐等综合服务的行业，酒店服务质量好坏最终是由客人做出评价的，评价的标准就是客人的“满意程度”，建立良好的宾客关系有利于提高客人的满足度，争取更多的回头客，从而提高酒店的经济效益，因此，世界各国的酒店都非常重视改善宾客关系。而前厅部是客人接触最多的部门，因此是建立良好宾客关系的重要环节。

二、前厅部的主要任务

前厅部的主要任务有：

1. 接受预订

接受客人预订是前厅部的主要任务之一。

2. 礼宾服务

礼宾服务包括在机场、车站接送客人，为客人提供行李搬运、出租车服务、邮电服务和问讯服务等。

3. 入住登记

总台不仅要接待住店客人，为他们办理住店手续、分配房间等，而且要接待其他消费客人以及来访客人等。

4. 房态控制

酒店客房的使用状况是由总台控制的。准确、有效的房态控制有利于提高客房利用率及对客人的服务质量。

5. 账务管理

账务管理包括建立客人账户、登账和结账等项工作。

6. 信息管理

前厅部要负责收集、加工、处理和传递有关经营信息，包括酒店经营的外部市场信息(旅游业发展状况、国内及世界经济信息、游客的消费心理、人均消费水平、年龄构成等)和内部管理信息(如开房率,营业收入,客人的投诉、表扬,客人的住店、离店、预订,以及在有关部门的消费情况等)。前厅部不仅要收集这类信息，而且要对其加工、整理，并将其传递到客房、餐饮等酒店经营部门和管理部门。

7. 客房销售

除了酒店营销部以外，前厅部的预订处和总台接待也要负责推销客房的工作。受理客人预订，并随时向没有预订的散客(walk-in guests)推销客房等酒店产品和服务。

三、前厅接待人员的注意事项

如前所述，前厅部是对客服务的集中地，是给客人留下第一印象的地方，直接影响酒店的形象，前厅接待人员在工作中应注意以下事项：

1. 礼貌待客

员工在酒店里与客人迎面相遇时应微笑问好、让客先行，必要时主动向客人提供帮助，对认识的客人要以姓氏或头衔称呼，对电话里的客人也同样对待。

广州从化碧水湾温泉度假村要求前台工作人员做到“五米微笑，三米问好，电话铃响三声内接，三分钟办好入住手续，五分钟办好退房手续，十分注意力放在客人身上”，取得了良好的服务效果。

2. 贯彻“首问制”

在客人眼里，每个员工都代表着酒店。因此，遇到客人寻求帮助时，如果不是自己职责范围的事，可以请客人稍候，帮助客人打电话联系相关的部门。

3. 规范行为举止

员工应遵守员工手册的礼貌规范，酒店应按礼仪标准培训员工的站立、手势、点头等动作。

4. 使用标准的服务用语

员工接电话时应一律按时段先英文后中文问好并报部门，接待时规范使用服务用语，以简洁明了的表达方法与客人进行沟通。

5. 做好交接班

建立特殊事情记录本，把本班无法完成的事情交代给下个班继续完成，确保对客服务的延续性。

第二节　前厅部的组织机构

一、前厅部组织机构设置的原则

虽然每家酒店因其规模、性质等的不同，应有不同的组织架构，但都应遵循以下原则。

（一）从实际出发

前厅部机构设置应该从酒店的性质、规模、地理位置、经营特点及管理方式等酒店的实际出发，而不能生搬硬套。比如规模小的酒店，或以内部接待为主的酒店就可以将前厅部并入客房部，而不必独立设置。

（二）机构精简

一方面，应防止机构臃肿、人浮于事的现象，尤其要注意“因事设人”，而不能“因人设事”“因人设岗”。另一方面也要注意“机构精简”并不意味着机构的过分简单化，出现职能空缺的现象。

（三）分工明确

应明确岗位人员的职责和任务，明确上下级隶属关系及信息传达的渠道和途径。防止出现管理职能的空缺、重叠或相互打架现象。

二、前厅部组织机构

酒店规模大小不同，前厅部组织机构可以有很大有区别。这表现在以下三个方面。

（1）大酒店管理层次多，而小酒店层次少。大酒店可能有前厅经理—主管—领班—服务员四个层次，而小酒店可能只有经理—领班—服务员三个层次。不过，21 世纪酒店管理的发展趋势是组织机构的扁平化，包括前厅部和客房部在内的酒店各部门将尽可能地减少管理层次，以提高沟通和管理效率，降低管理费用。

（2）大酒店组织机构内容多，而小酒店内容少。很多大酒店前厅部设有商务中心、车队等，而小酒店通常没有。

（3）大酒店前厅部很多职能分开，由不同的岗位负责，而小酒店则可能将其合二为一，甚至合三为一、合四为一。

考虑到酒店前厅部与客房部的联系甚为密切，大多数酒店都将其前厅部和客房部合二为一，称为“客务部”或“房务部”（rooms division）。也有的饭店考虑到前厅部的销售功能，将前厅部划归酒店的公关销售部，而将客房部设置为独立的部门。

大、中、小型酒店前厅部的组织机构可分别参照图 1-1、图 1-2 和图 1-3 进行设置。

前厅部组织机构的设置及定员会影响酒店的成本水平，在与酒店总经理协商后，前厅部经理要准备一份与酒店总体工资水平相一致的前厅部人工预算表。

三、前厅部各班组的职能

（一）预订处（rooms reservation）

预订处负责酒店的订房业务，接受客人以电话、传真、信函或口头等形式的预订；负责与有关公司、旅行社等提供客源的单位建立业务关系，尽力推销客房并了解委托单位接待要求；密切与总台接待处的联系，及时向前厅部经理及总台有关部门提供有关客房预订资料和数据，向上级提供 VIP 抵店信息；参与前厅部对外订房业务的谈判及合同的签订；制定预订报表（包括每月、半月、每周和明日客人抵达预报）；参与制定全年客房预订计划。

（二）开房处（reception/check-in/registration）

开房处又称接待处，通常配备有主管、领班和接待员。其主要职责是销售客房，接待住店客人（包括团体客人、散客、常住客人、预订客人和非预订客人等），为客人办理入住登记手续，分配房间；掌握住客动态及信息资料，控制房间状态；制定客房营业日报等表格；协调对客服务工作。

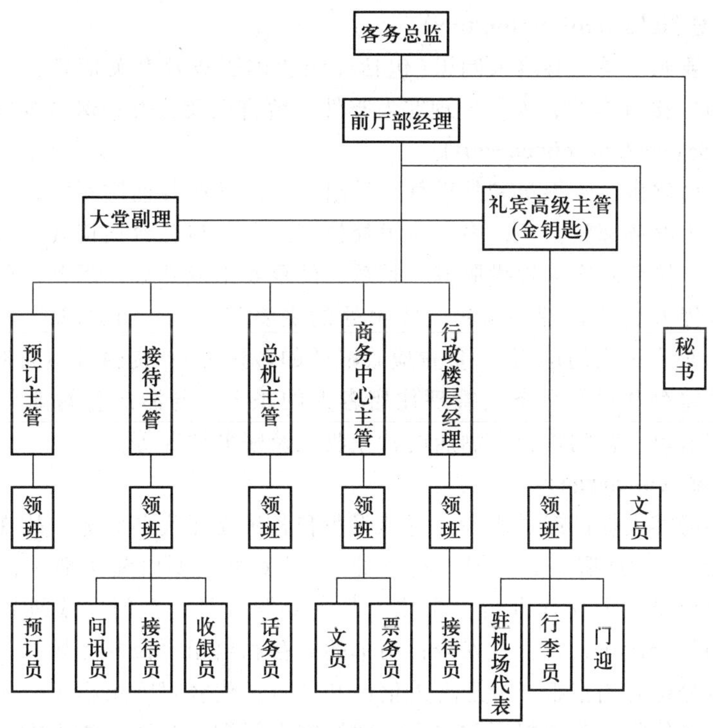

图 1-1　大型酒店前厅部的组织机构图

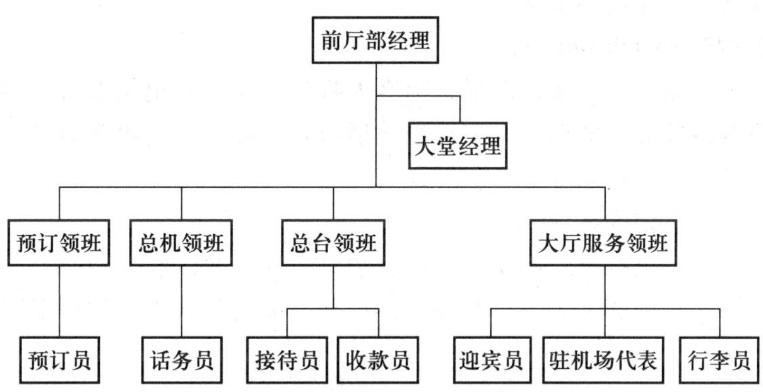

图 1-2　中型酒店前厅部的组织机构图

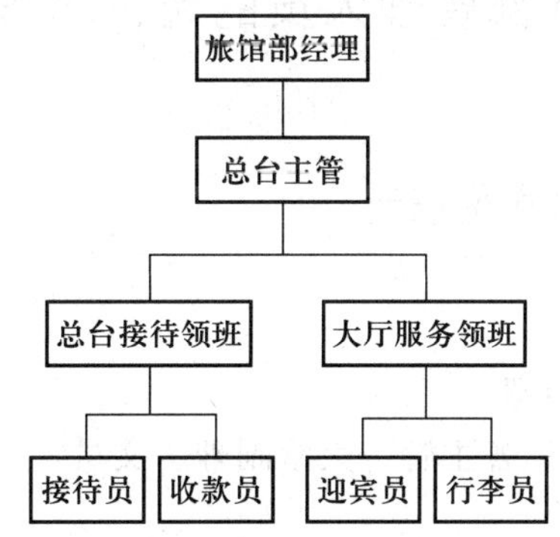

图 1-3　小型酒店前厅部的组织机构图

（三）问讯处（information/inquiry）

问讯处的主要职责是回答客人问讯（包括介绍店内服务及有关信息、市内观光、交通情况、社团活动等），接待来访客人，处理客人邮件、留言以及分发和保管客房钥匙。

（四）收银处（cashier/check-out）

收银处一般由领班、收银员和外币兑换员组成。因其业务性质所定，收银处通常隶属于酒店财务部，由财务部管辖，但由于收银处位于总台，与总台接待处、问询处等有着不可分割的联系，直接面对客人提供服务，是总台的重要组成部分，因此，前厅部也应参与和协助对前厅收银人员的管理和考核。收银处的主要职责是：办理离店客人的结账手续（收回客房钥匙、核实客人的信用卡、负责应收账款的转账等）；提供外币兑换服务；为住客提供贵重物品的寄存和保管服务；管理住店客人的账卡；与酒店各营业部门的收款员联系，催收、核实账单；夜间审核全酒店的营业收入及账务情况等。

（五）礼宾部（concierge）

礼宾部主要为客人提供迎送服务、行李服务和各种委托代办服务，故在一些酒店又称为“委托代办处”“大厅服务处”或“行李处”。礼宾部主要由礼宾部主管（金钥匙）、领班、迎宾员、行李员、委托代办员等组成。其主要职责是：在门厅或机场、车站迎送宾客；负责客人的行李运送、寄存及安全；雨伞的寄存和出租；公共区域找人；陪同散客进房和介绍服务、分送客用报纸、分送客人信件和留言；代客召唤出租车；协助管理和指挥门厅入口处的车辆停靠，确保畅通和安全；回答客人问询，为客人指引方向；传递有关通知单；负责客人其他委托代办事项。

（六）电话总机（switch board）

电话总机的主要职责是：接转电话；为客人提供请勿打扰电话服务；叫醒服务；回答电话问讯；接受电话投诉；电话找人；接受电话留言；办理长途电话事项；传播或消除紧急通知或说明；播放背景音乐等。

（七）商务中心（business center）

商务中心为客人提供打字、翻译、复印、装订、印名片、长途电话、传真、订票、网络以及小型会议室出租等商务服务，此外，还可根据需要为客人提供秘书服务。

第三节　前厅部管理人员的岗位职责与素质要求

一、前厅部管理人员的岗位职责

（一）前厅部经理

直接上级：房务总监/总经理。

直接下属：前厅部副经理、各主管、大堂副理、文员。

岗位职责：

（1）全面主持部门工作，提高部门工作效率和服务质量，力争最大限度地提高房间出租率。

（2）贯彻执行总经理下达的营业及管理指示。

（3）根据酒店计划，制定前厅部各项业务指标和规划。

（4）按照有关要求，制作未来一个星期、一个月或其他时间段的客房销售预测表。

（5）对各分部主管下达工作任务并指导、落实、检查、协调。

（6）组织主持每日主管工作例会，传达酒店例会工作要点，听取汇报，布置工作，解决难题。

（7）确保员工做好前厅部各项统计工作，掌握和预测房间出租情况、订房情况、客人到店和离店情况以及房间账目收入等。

（8）参与制定并最终提交前厅部员工的预算草案。

（9）负责前厅部员工的招聘和培训工作。

（10）在前厅部员工之间建立和发展良好的沟通体系。

（11）检查、指导前厅部所有员工及其工作表现（包括员工的仪容、仪表和制服的卫生情况），对前厅部的日常运作进行监管（包括预订、入住登记和结账离店等过程），保证酒店及部门规章制度和服务质量标准得到执行，确保前厅部各部门工作的正常运转。

（12）每月审阅各部门主管提供的员工出勤情况。

（13）对前厅部员工进行定期评估，并按照奖惩条例进行奖惩。

（14）与酒店其他部门经理之间建立良好有效的沟通与协调制度，以便为客人提供优质的服务。

① 与销售部的协调。每天与进、离店的团队协调配合，在团队到达前七天内及时了解该团队的具体要求，并通过销售部做好团队的善后工作。同时，参与对酒店客房及其他产品和服务的销售计划的制定。

② 与客房部及工程部的协作。确保大厅及公共区域的卫生状况良好，设施设备运转正常。

③ 与计算机部经理紧密配合，熟悉计算机程序，确保计算机的安全使用。

④ 就与顾客的账务纠纷与酒店财务总监及有关部门经理沟通。

（15）协助总经理处理发生在大堂的特殊事件。

（16）每日、每月批阅由大堂副理提交的客人投诉记录及汇总表，亲自处理贵宾的投诉和客人提出的疑难问题。

（17）密切保持与客人的联系，经常向客人征求意见，了解情况，及时反馈，并定期提出有关接待服务工作的改进意见，供总经理等参考决策。

（18）如总经理或其他管理部门要求，应履行其他义务。

（19）检查 VIP 接待工作，包括亲自查房、迎送。

（20）了解夜核情况。

（21）与社区或商务公司领导人保持良好的业务关系。

（二）前台主管

直接上级：前厅部经理

直接下属：前台领班

岗位职责：

（1）协助前厅部经理检查和控制前厅部的工作程序，全面负责前厅部的接待和问询等日常工作，督导员工为客人提供高效优质的服务。

（2）主持前厅部工作例会，上传下达，与相关部门做好沟通、合作与协调工作。

（3）随时处理客人的投诉和各种要求。

（4）每天检查员工仪表及工作情况。

（5）对员工进行培训并进行定期评估。

（6）下班之前与预订部核对当日及次日的房态。

（7）检查有特殊要求客人的房间并保证这些特殊要求得到关照。

（8）及时申领物品，保证前台有足够办公用品。

（9）协助大堂副理检查大堂卫生，陈列酒店介绍等宣传品，并在用餐时间，临时接替大堂副理的工作。

（10）按要求每月制作有关报表并送至公安部门。

（11）完成前厅部经理或其他管理部门所交给的任务。

（三）前台领班

直接上级：前台主管

直接下属：接待员

岗位职责：

（1）协助前台主管的日常工作。

（2）检查、督导前台员工按照工作程序和标准为客人提供优质服务。

（3）对客人的要求及投诉要尽最大努力答复并重视，遇不能解决的问题及时报告前台主管。

（4）确保入住登记单详细、准确、清晰、符合有关部门的规定。

（5）通知有关部门关于到店房、换房、VIP 房和特殊安排房等情况。

（6）每天检查和准确控制房态。

每日定时(9:00、16:00 和 23:00)根据客房部提供的房态表核对房态。

每天定时(12:00、17:00 和 22:00)认真检查已结账的房间是否已从计算机中销号；

如有换房或调价，应记录存档。

（7）详细记录交班事项，如有重要事件或需下一班继续完成的事情都应详细记录，并在交班时签上自己的名字。

（8）确保所有的信件、邮包和留言的发送、存放、记录存档无误。

每天 10:00、12:00、16:00、21:00，检查邮件、信件、留言；若发现有未送出的，应及时通知或检查留言灯。

（9）遇特殊情况，如客人不按期到达、延长住房日期、提前离店、客人投诉以及其他紧急事件，处理不了的要及时上报前台主管或大堂副理。

（10）完成前厅部经理分派的其他工作。

二、前厅管理人员的素质要求

前厅部被喻为酒店的大脑，作为前厅部管理人员必须具备较高的素质。根据前厅部的工作特点，前厅部管理人员通常应具备以下素质。

（1）头脑灵活，反应快。前厅部随时可能出现各种复杂的情况和事件，要求前厅部管理人员灵活妥善地加以处理。

（2）熟悉前厅部、客房部、销售部工作，略懂餐饮、工程、财务等方面的知识。

（3）具有高级英语水平，能用英语处理日常事务。

（4）了解市场状况，掌握酒店经营及管理动态。

（5）了解旅游景点及娱乐等方面的知识和信息。

（6）善于处理各类投诉。

（7）具有协作精神。

（8）善于交际，风度优雅、谈吐大方。

案例

像要爆发“第三次世界大战”
——谁之错？

一天傍晚，已经是前台中班员工快下班的时候了。前台在岗员工人数是常规数2名（1名领班,1名实习生）。前台后区办公室，前台主管还没有下班(按常规应该下班了，但是他还在做自己的事)。大堂上，大堂副理也还没有下班。前厅部经理已经下班了。值班经理(manager on duty,MOD)当天也是有的。礼宾部有5人，分别是领班，3名行李员(Bellboy)和1名门童(Doorman)。其他隶属前厅部的各部门都正常运作中。

突然，酒店大堂正门外的广场上来了3辆坐满宾客的大型巴士，是该酒店派去机场接一个会议团的(虽然按照预订,应该明天这个时候抵达,但是会议团当天临时变更计划,改了到达时间,也就是说,早到一天)，随后摩肩接踵的一大群人，毫无秩序可言地从大巴上下来，拥入大堂。乱哄哄、争先恐后地去前台做Check-in……

当时场景乱得一塌糊涂，然后在后区办公室里的前台主管得知了此事，赶忙从办公室冲去前台，帮忙前台员工一起做Check-in手续。

整个大堂，当时乱得就像要爆发“第三次世界大战”一样!!!

直至所有Check-in做得差不多为止……

各位认为，这种情况应该发生吗？如果你是前厅部经理，在第二天得知此事后，你会怎么想？你觉得哪儿出了问题，才会引发这样的事情呢？

本章小结

➢ 前厅部被喻为酒店的大脑，是酒店的中枢神经和对客服务的指挥中心，是酒店的营业橱窗，是给客人留下第一印象和最后印象的地方，因此，对于提高酒店服务质量和建立良好的宾客关系，具有重要意义。

➢ 前厅部的主要任务是销售客房，接待客人，为客人办理住店和离店手续，并为客人提供问讯服务、预订服务等各种综合服务。其工作目标是：为客人提供热情、高效的服务；控制好房态，提高客房利用率；建立良好的宾客关系。

➢ 前厅部的组织机构因规模、性质的不同而不同，但组织机构的设置要从实际出发，遵循机构精简、分工明确的原则。为了提高工作效率，减少部门之间的摩擦和矛盾，很多酒店将前厅部与客房部合二为一，通称为“房务部”，设房务总监。还有不少酒店考虑到前厅部的所具有的销售性质，将前厅部与销售部合二为一，统一划归销售部管理，这样可以统一客房分配、统一销售政策，减少部门摩擦，防止部门利益冲突和损害酒店利益以及客人利益的情况发生。

➢ 前厅部组织建设的一个发展趋势就是合并岗位，一专多能。传统的酒店都分设接待处、收银处、问讯处等岗位，但近年来，国内外很多酒店为了节省人力，压缩编制、精简员工，纷纷将上述岗位合二为一，甚至合三为一，由一个服务员既负责接待、又负责问讯，还负责收银工作。从而在很大程度上提高了工作效率，但同时也在一定程度上影响了对客服务质量，员工经常忙不过来，顾此失彼，达不到酒店对客服务标准，常常会引起客人的投诉。对于这种做法，各酒店应根据自己的实际情况来定，不能生搬硬套。总的原则是：既要提高工作效率，又要保证对客服务质量。

思考题

1. 前厅部的地位和作用表现在哪些方面？

2. 前厅部组织机构设置的原则有哪些？请画一张前厅部的组织机构图。

3. 简述前厅部各班组的职能。

4. 在你实习过的酒店里，你碰到过哪些员工之间发生的个性冲突？对于这些冲突，管理人员是怎样处理的？如果你是经理，你会以不同的方法处理吗？

5. 如果你曾在酒店前厅部工作过，谈谈酒店是如何对你进行培训的。一般而言，让员工接受良好培训对前厅部的工作有哪些帮助？

6. 举例说明前厅部与酒店其他部门的沟通、与客人的沟通以及与社会公众的沟通负有哪些责任。

即测即评

案例分析

一位前厅部经理的“检讨”

燕青是国际大酒店的前厅部经理，她刚开完一个管理会议，长长地出了一口气。今天的讨论主要集中在市场营销部存在的问题上。尽管这段时间前厅部的经营没出什么问题，她还是决定仔细地审视一下前厅部的工作，以防出现类似情况。在成本控制方面还有没有漏洞？员工在履行职责时的服务态度如何？她本人与其他部门的经理合作得好吗？这些只是她决定要检讨的几个大的方面的内容。

她把过去三个月的经营情况与自己所做的预测进行比较，结果发现有75%的预测是正确的。她还发现大部分时间，前厅部的劳动力成本被控制在了预算范围之内。但也有三次超过了预算额，当时有几位临时工没来上班，使她不得不请正式工加班而付给她们较高的加班费。

燕青感到有一个地方需要改进。最近，客人经常投诉她手下的两名员工。一个是总机话务员阿娜，她在接电话时，对客人很不耐烦，三言两语应付了事。阿娜已经在酒店工作了15年，最近一段时间，她待人缺乏礼貌，一改过去和蔼可亲的样子，她的热情礼貌和和蔼可亲曾为她多次赢得“杰出员工奖”。另一个是行李员马涛，这个月以来，他多次上班迟到。有一次竟然无故没来上班。问他的时候，他说以后再也不迟到了。

燕青还记得上个月与市场营销部之间发生的一件不愉快的事，这件事到现在为止还没有了结。当时，燕青告诉市场营销总监李得利，说一月份某个周末的客房已订满了，而实际上当天只有25%的开房率。这一小小的错误使得他失去了很大一笔佣金。最近，市场营销部还就有关情况向前台接待员做了调查。

尽管燕青认为她的管理工作做得相当不错，但她也愿意接受改进前厅部管理工作的任何建设性建议。她与总经理何雷先生进行了交谈，何先生希望部下能与酒店一起成长，他愿意以任何方式提供帮助。

你认为何雷先生会向她提哪些建议？

补充与提高

前台收银：归属财务部还是前厅部？

很多酒店前台实行“两部四岗”，即接待处、问讯处归属于房务部，结算处、外币兑换处归属于财务部。接待和收银是前台服务的两道主要工序，首尾呼应；其余两处应对宾客的不时之需，完善前者，职能划分无可厚非。但前台分属两部的最大局限性是：员工没有共同的直接上级，督导者越部管理又不现实，从而给沟通协调带来较大难度。具体而言，会造成无法准确把握工作时机。在各岗位的联动过程中，遇有棘手问题，需各自层层汇报、部门间达成共识。这样，处理问题的最佳时机或许已被错过，影响管理的灵活性。不同的班组会议、工作方式、交接习惯等，似一道无形的壁垒，成为信息集散的较大阻力。因此，应该将前台整体划归房务部管理。这就要求服务技巧和专业技术，财务作为一门专业技术，其本质是接待工作必要而有益的补充。这是将收银处和外币兑换处并入房务部的依据。如此，不仅能有效解决前述难题，还有助于员工的轮岗培训，实现人岗动态结合、一人适应多岗的目标，培养一专多能的复合型员工。在实践中，问讯、外币兑换的工作一般可由1人兼顾，将富余人员列为机动，闲时休息，忙时入岗，宽打窄用。

酒店经理人对“经理的困惑”的答复：Re：前台接待处、问讯处、收银处——是分还是合？

史燕平　北京饭店客务部经理

作为酒店对前台岗位的分工设置，要先考虑酒店规模大小，如果是大中型的建议分开设置，这样做虽然有些浪费人力，但更能做好有针对性、有效、快速的服务，发挥专业水准，工作当中的服务才能从容不迫、有条不紊。或可合二为一，就是把接待和收银合起来，单挑出问讯处由金钥匙担当。但这并不是说收银和接待的员工问讯业务就可以一无所知，也需要通过内部培训达到业务娴熟。问讯处员工可不设置夜班，夜班前台接待处员工及大堂副理可兼着问讯工作，毕竟夜里问讯的会少些，同时有电话问讯查人等可交给总机承担，分减前台办理手续时的工作量，来保证工作细致、顺畅进行，安全服务到位。

许雁醒　浙江海德华美达酒店前厅部经理

把问讯处、接待处、收银处合三为一的目的是为了提高前台的工作效率，为客人迅速优质地办理入住、退房，回答客人提出的问题等，也因此大大降低了人力的成本、培养出许多优秀的业务人才，对酒店的运营带来很多的好处。如果是新开业的酒店，到底该合还是该分，首先应该先看看员工的工作经验和业务操作水平。近几年，随着中国经济的迅速发展，有越来越多的企业家投资酒店，酒店业在短时间内遍地开花，对行业人员的需求量不断增加，使得许多应届的高校毕业生和转业人员加入酒店进行实习，占据了酒店相当大的比例，没有工作经验成了最大障碍，酒店经过严格的培训后上岗的实习生，仍不能在短时间内独立操作，更不用谈同时完成前台所有的工作项目；倘若上岗人员有一年或以上的接待(收银)实际操作经验，并且能够达到相应星级酒店标准的，完全可以合三为一。

第二章　预订管理

预订(reservation)是指在客人抵店前对酒店客房的预先订约。预订在得到酒店的确认后，酒店与客人之间便确立了一种合同关系。据此，酒店有义务以预先确定的价格为客人提供其希望使用且已得到酒店确认的客房。

预订是酒店一项重要业务，酒店一般都在其前厅部(或销售部)设有预订部，专门受理预订业务。对于酒店来说，这便于它提前做好一切接待准备工作，如人员的安排，设施设备的更新改造，低值易耗品及酒店食品、饮料的采购，等等。此外，通过预订，还可以使酒店提前占领客源市场，提高客房利用率。

前厅部的预订工作由预订部经理(主管)负责。为了实施对客房预订的控制，提高酒店的开房率和经济效益，预订部经理要与酒店市场营销部进行充分、有效的沟通，掌握预订规律，合理控制团队与散客的预订比例。

本章学习目的

★ 了解酒店预订的方式、种类和渠道。

★ 了解国际通行的几种酒店收费方式。

★ 了解预订业务，学会受理预订。

★ 了解超额预订及其处理的方法。

关键术语：预订　超额预订

Key Words：Reservation Overbooking

经理的困惑

——面对超订问题，两个主管相互掐架，前厅部经理该怎么办？

前厅部经理最近正在因为自己的两个主管相互掐架而苦恼。前台主管抱怨说，自从实施超订政策后，预订处接受预订的超订率总是偏高，为了他们的销售业绩拼命拉高超订，而“超爆”后总是由前台来收拾局面，安排客人转店，遭客人投诉不说，工作量还大大增加，整个前台意见很大。前厅部经理向预订处主管了解情况，他却说适度拉高超订是合理的，这才能最大限度保证开房率，保证客房营业效益，出现“超爆”也是可以理解的，而且总经理最近也因为连续满房表扬他们做得好，前台之所以抱怨是因为他们是固定工资，不思进取，巴不得超订越少越好。

两个部门矛盾的根源是什么？应该怎样解决两部门在超订问题上的矛盾与冲突？前厅部经理陷入了沉思。

第一节　预订的方式与种类

一、预订的方式

客房预订的方式多种多样，各有不同的特点，客人采用何种方式进行预订，受预订的紧急程度及客人设备条件的制约。

当前，客人的预订方式主要有以下几种：

（一）口头订房（verbal）

口头预订即客人（或其代理人）直接来到酒店，当面预订客房。它能使酒店有机会更详尽地了解客人的需求，并当面回答客人提出的任何问题。同时，也能使预订员有机会运用销售技巧，必要时，还可通过展示客房来帮助客人做出选择。

对于客人的当面口头预订，预订员应注意下列事项：

（1）客人的姓名要大写，不能拼错，书写应清晰，必要时可请客人自己拼写。

（2）在旺季，对于不能讲定抵达钟点的客人，可以明确告诉客人，预订保留到18:00。

（3）如果客人不能确定逗留的确切天数，也要设法说出最多和最少天数，并做标记。

（二）电话预订（telephone）

电话订房较为普遍，它的特点是速度快、方便，而且便于客人与酒店之间的沟通，以便客人能够根据酒店客房的实际情况，及时调整其预订要求，订到满意的客房。但由于语言障碍、电话的清晰度以及受话人的听力水平等的影响，电话订房容易出错，因此，预订员必须将客人的预订要求认真记录，并在记录完毕之后，向对方复述一遍，得到客人的确认。

在接受电话预订时，要注意不能让对方久等。因此，要求预订员必须熟悉本月、本季可提供客房情况，如因某种原因，不能马上答复客人，则请客人留下电话号码和姓名，待查清预订情况后，再通知客人是否可以接受预订。

（三） 互联网预订(Internet)

互联网是目前国际上最先进也最主要的订房方式。据迈点网调查(参见图 2-1)，国内酒店预订中已有超过 60%的预订是通过互联网实现的。

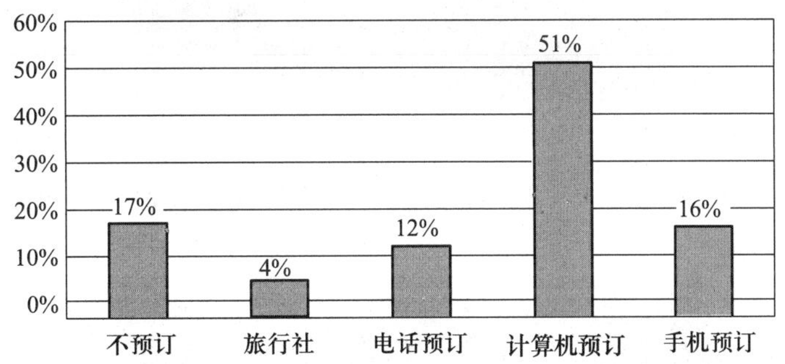

图 2-1 迈点网关于酒店预订途径的调查结果

为了扩大预订渠道，酒店除了在互联网上建立自己的网站以外，还应将自己的网页与国内外著名旅游酒店预订网站做友情链接，使客人能够更方便地接触到酒店的信息和预订服务。

互联网预订既可以通过计算机进行预订(参见图 2-2)，也可以通过智能手机预订(参见图 2-3)，其中通过手机预订因为方便、快捷，将成为未来人们出游时主要的酒店预订方式。

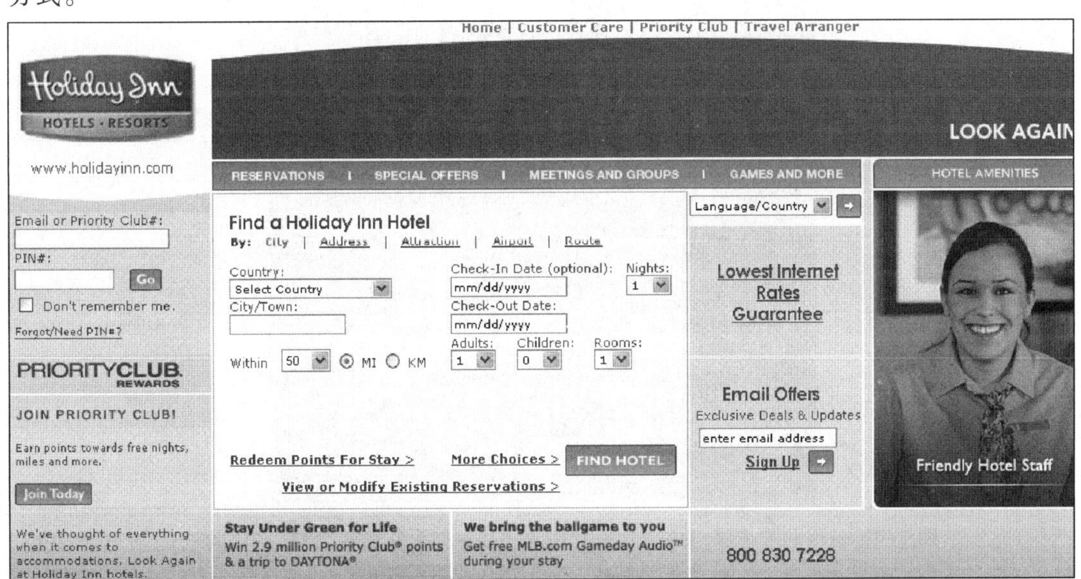

图 2-2 假日酒店(Holiday Inn)订房

图 2-3 手机预订

微信订房是一种非常重要的手机预订方式，酒店应通过各种方式和途径，推广其微信公众号(参见图 2-4)。

图 2-4 巴伐利亚庄园酒店巧妙地利用酒店住客向酒店索取 WIFI 密码的机会，引导客人扫描其二维码，关注其微信公众号(刘伟 摄)

（四）传真订房(fax)

一般为旅行社、团队等单位和组织所采用，是一种较为正式的订房方式，其特点是准确、规范，它可以将客人的预订资料原封不动地保存下来，不容易出现订房纠纷。随着通信技术的发展，传真订房已逐渐被更为先进、便利的互联网订房所取代。

（五）合同订房(contract)

酒店与旅行社或商务公司之间通过签订订房合同，达到长期出租客房的目的。

二、预订的种类

酒店在处理客人的订房时，一般分为非保证性和保证性两大类，前者又分为临时性和确认性预订两种。

（一）非保证性预订

1. 临时性预订(advance reservation)

临时性预订是指未经书面确认或未经客人确认的预订，通常酒店会与客人约定将客房保留到下午6点，如届时客人未到，该预订即被取消。

这类预订通常是客人在即将抵达酒店前很短的时间内或在到达的当天联系订房。在这种情况下，酒店一般没有足够的时间(或没有必要)给客人寄去确认函，同时也无法要求客人预付订金，所以，只能口头承诺。

2. 确认性预订(confirmed reservation)

确认性预订通常是指客人已经确认过但尚未支付预订金的预订。对于持有确认函来店登记住宿的客人，可以给予较高的信用，因为这些客人的地址已被验证，向他们收取欠款的风险比较小。

对于确认性预订，酒店依然可以事先声明为客人保留客房至某一具体时间，过了规定时间，客人如未抵店，也未与酒店联系，则酒店有权将客房出租给其他客人。

（二）保证性预订(guaranteed reservation)

保证性预订指客人保证前来住宿，否则将承担经济责任，因而酒店在任何情况下都应保证落实的预订。

保证性预订又分三种类型：

1. 预付款担保

预付款担保即客人通过交纳预付款而获得酒店的订房保证。假如客人预订住房时间在一天以上，并且预付了一天以上的房租，但届时未取消预订又不来入住，那么，酒店只应收取一天的房租，把余款退还给客人，同时，取消后几天的订房。如果客人在临近住店日期时订房，酒店没有足够的时间收取订金，则可要求客人使用信用卡做担保，预订客房。

2. 信用卡担保

除了支付预付款以外，客人还可用信用卡做担保预订酒店客房。这样，如果客人届时既未取消预订，也不来登记入住，酒店就可以通过发卡公司收取客人一夜的房租，以弥补酒店的损失。

3. 合同担保

这种方法虽不如预付款和信用卡那样被广泛使用，但也不失为一种行之有效的订房担保方式。它是酒店与经常使用酒店设施的商业公司签订合同，当公司的客户要求住宿时，公司就与酒店联系，于是酒店就为其安排客房，即使客人未入住，公司也保证支付房租，同时，房间也被保留一个晚上。

对于保证类预订，酒店无论如何要保证只要客人一到就为其提供房间或代找一间条件相仿的房间。在后一种情况下，酒店要代付第一夜的房费以及其他附带费用，如出租车费和到客人家里或办公室的电话费等，这就是所谓的“第一夜免费制度”。

第二节　预订渠道与酒店计价方式

一、预订渠道

了解客人的预订渠道对于促进酒店销售，提高开房率，具有重要意义。客人的订房渠道通常有以下几种：

（1）散客自订房。

（2）旅行社订房。

（3）公司订房。

（4）各种国内外会议组织订房。

（5）分时度假(timeshare)组织订房。

（6）国际订房组织订房。如国际著名的SUMMIT订房中心，该组织是全球最大的销售订房中心之一。

（7）网上订房中心(OTA)。随着互联网技术的发展和普及，国内外出现了网上订房中心，如国内的携程、艺龙等网站(参见图2-5)。这类订房在酒店销售中所占比重越来越大，呈逐年攀升的趋势。几乎每家大型酒店都与数十家订房中心签署了订房协议。实际上，因为存在管理成本问题，酒店并非签署的订房中心越多越好，所以，酒店应对订房中心定期梳理，淘汰一批，同时签约一些新的。

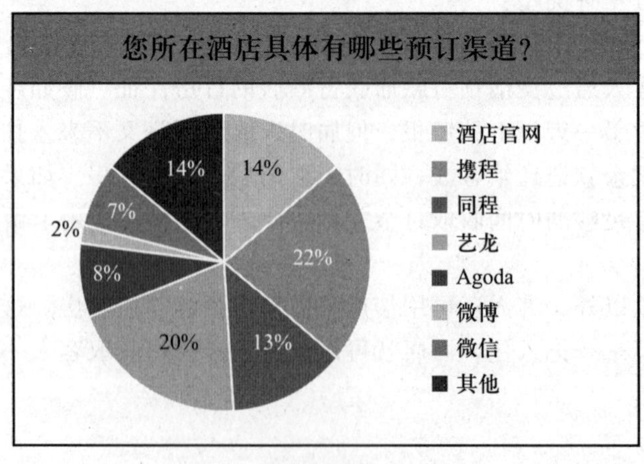

图2-5　某酒店客房预订渠道

二、国际酒店通行的几种计价方式

在国际酒店业，通常按照对客人的房费报价中是否包含餐费和包哪几餐的费用而划分为不同的收费方式(参见表 2-1)。

表 2-1　酒店计价方式

计价方式	特点
欧洲式 (European plan,EP)	只包括房费，而不包任何餐费的收费方式，为世界上大多数酒店所采用
美国式 (American plan,AP)	不仅包括房费，还包括一日三餐的费用，因此，又被称为“全费用计价方式”，多为远离城市的度假性酒店或团队客人所采用
修正美式 (modified American plan,MAP)	包括房费和早餐，除此而外，还包括一顿午餐或晚餐(二者任选一个)的费用，这种收费方式较适合于普通旅游客人
欧洲大陆式 (continental plan,CP)	包括房费及欧陆式早餐(continental breakfast)。欧陆式早餐的主要内容包括冷冻果汁(orange juice,grape juice,pineapple juice,etc..)、烤面包(served with butter & jam)、咖啡或茶。
百慕大式 (Bermuda Plan,BP)	包括房费及美式早餐(American breakfast)。美式早餐除包含有欧陆式早餐的内容以外，通常还包括鸡蛋(fried,scrambled up,poached,boiled)和火腿(ham)或香肠(sausage)或咸肉(bacon)等肉类

第三节　预订业务管理

预订业务管理通常包括接受预订、确认预订、拒绝预订、核对预订、取消预订、变更预订以及超额预订管理等(参见图 2-6)。

一、接受预订

订房员接受客人预订时，首先要查看计算机，如有空房，则立即填写“预订表”(参见图 2-7)。该表通常印有客人姓名、抵离店日期及时间、房间类型、价格、结算方式以及餐食标准(团队)、种类等项内容。

二、确认预订

预订员在接到客人的预订要求后，应立即将客人的预订要求与酒店未来时期客房的利用情况进行对照，决定是否能够接受客人的预订，如果可以接受，就要对客人的预订加以确认(confirmation)(参见图 2-8)。

图 2-6 前台预订业务管理界面

TEST - Reservation

Name | First Name | Title | Country CN | Language E | VIP
Phone | Member Type | Member No. | Member Lvl.
Agent | Company | Group
More Fields
Arrival Saturday | Nights | Departure Saturday | Adults 1 | Child 0 | No. of Rms. 1 | Room Type | RTC. | Room | DNM | Extn. | Rate Code | Fixed Rate | Rate 0.00 | Curr. CNY | Packages | Total | Block Code | ETA
Res. Type | Market | Source | Origin | Payment | Credit Card No. | Exp. Date | CRS No. | Approval Code | Approval Amt. | Suite With | Confirmation
Guest Balance | Disc. Amt. % | Reason | Specials | Comments
Save | OK | Options | Close
Created By SUPERVISOR On 03-28-17 Updated By SUPERVISOR On 03-28-17

图 2-7 预订表

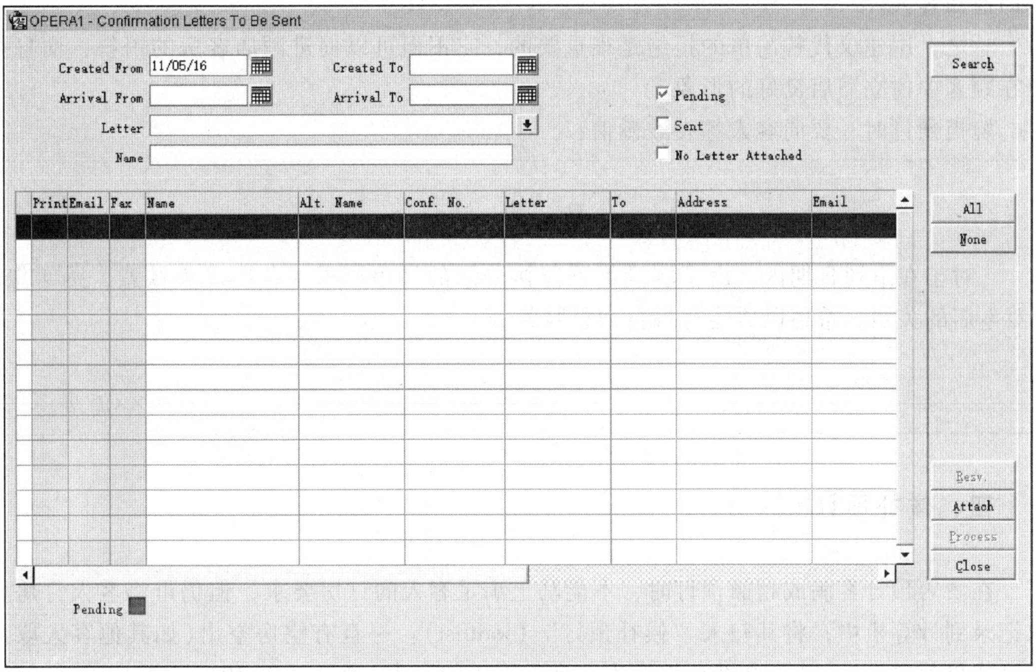

图 2-8 预订的确认

首先，书面确认能使客人了解酒店方面是否已正确理解了其订房要求，可以减少差错和失误。

其次，确认函可以进一步证实客人的个人情况，如姓名、地址等，从而减少给予客人的各种信用风险。

第三，确认函除了复述客人的订房要求以外，还写明了房价、为客人保留客房的时间、预付定金的方法、取消预订的规定及付款方式等，实际上在酒店与客人之间达成了某种书面协议，因而对于客人具有一定的约束力，有助于酒店提前占领客源市场。

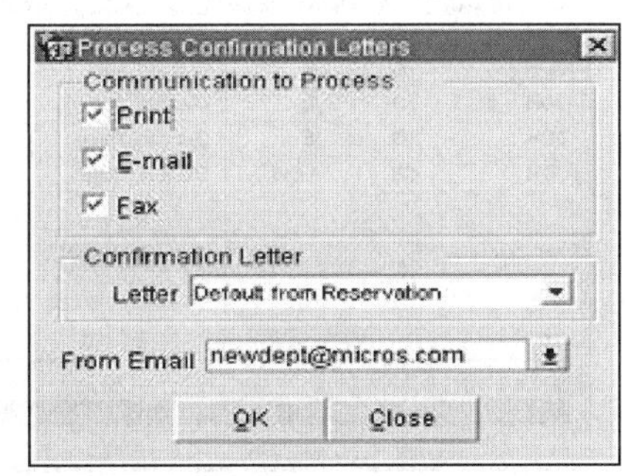

图 2-9 确认的方式选择

对于大型团体、重要客人，特别是一些知名人士、政府官员、国际会议等订房的确认函，要由前厅部经理或酒店总经理签发，以示尊敬和重视。

确认预订时，要选择适当的确认沟通方式，打印、发 E-mail 或者发传真(参见图2-9)。

三、拒绝预订

如果酒店无法接受客人的预订，就对预订加以婉拒(turning down)。婉拒预订时，不能因为未能符合客人的最初要求而终止服务，而应该主动提出一系列可供客人选择的建议。比如建议客人更改房间类型、重新选择来店日期或变更客房预订数等。此外，还可征得客人的同意，将客人的姓名、电话号码等登记在“等候客人名单”上，一旦有了空房，立即通知客人。

总之，用建议代替简单的拒绝是很重要的，它不但可以促进酒店客房的销售，而且可以在顾客中树立酒店良好的形象。

婉拒预订时，要向客人签发致歉信：

> **致 歉 信**
>
> 对于在下列日期内，由于客满而不能接受您的订房要求，我店深表歉意，感谢您对本店的关照，希望以后能有机会为您服务。
>
> ××酒店

四、候补预订

在酒店预订客满或超额预订时，不能马上满足客人的订房要求，但仍可将客人订房要求记录到计算机中，将其归入“候补预订”（waitlist）。一旦有空房空出（如其他客人取消预订或提前离店），就可立即通知客人，满足客人的要求（参见图 2-10）。

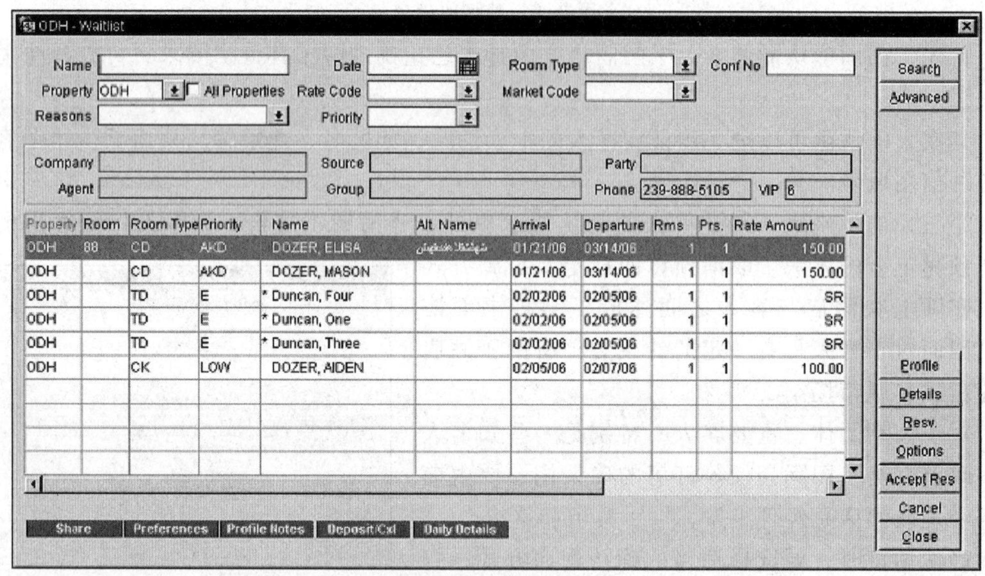

图 2-10 候补预订

五、核对预订

有些客人提前很长时间就预订了客房，在入住前的这段时间内，有的客人可能会因种种原因而取消预订或更改预订。为了提高预订的准确性和酒店的开房率，并做好接待准备，在客人到店前（尤其是在旅游旺季），预订员要通过电话或电子邮件等方式与客人进行多次核对（reconfirming，即再确认），问清客人是否能够如期抵店，住宿人数、时间和要求等是否有变化。

根据客房的紧张程度(利用率状况)，核对工作通常可进行三次，第一次是在客人预订抵店前一个月进行，具体操作是由预订部文员每天核对下月同一天到店的客人或订房人；第二次核对是在客人抵店前一周进行；第三次则是在客人抵店前一天进行。在核对预订时，如果发现客人有取消或更改订房，则要及时修改预订记录，并迅速做好取消或更改预订后闲置客房的补充预订。如果变更或取消预订是在客人预计抵店前一天进行的，补充预订已来不及，则要迅速将更改情况通知前台接待处，以便及时出租给其他未预订而来店的“散客”(walk-in guests)。

以上是针对散客预订而言，对于大型团体客人而言，核对工作还要更加细致，次数更多，以免因团队临时取消或更改订房后，造成大量客房闲置，使酒店蒙受重大经济损失。

六、取消预订

由于种种缘故，客人可能在预订抵店之前取消订房(cancellation)。接受订房的取消时，不能在电话里表露出不愉快，而应使客人明白，他今后随时都可光临本酒店，并受到欢迎。正确处理订房的取消，对于酒店巩固自己的客源市场具有重要意义。在国外，取消订房的客人中有90%以后还会来预订。

客人取消预订时，预订员要做好预订资料的处理工作，在计算机等预订资料上修改预订资料，并在备注栏内注明取消日期、原因、取消人等，作为重要资料保存。

如果在客人取消预订以前，预订部门(或前台)已将该客人(或团体)的预订情况通知各有关接待单位(如客房部、餐饮部等)，那么在客人取消预订后就要将这一新的信息通知以上单位。

如客人在原订住店日期当天未到，则由前台接待员办理有关事项(但仅限住一天的)，这时，接待员应即时与旅行社或其他预订单位或个人取得联系，问清是“Cancelled”，还是“No-Show”。如属前者，同样要通知有关部门；如属后者，则要根据实际情况，必要时为客人保留房间(如住一天以上,当转预订员处理)。

为了防止因客人临时取消预订而给酒店造成损失或使酒店工作陷入被动，酒店可根据实际情况，比如在旺季时，要求客人预先支付一定数额的订金，尤其是团体客人，可以预收相当于一天房费的订金，并在客人抵达前一个月通知对方付款，收款后将有关资料送交前台收银处，待客人结账时扣除。

案例

如何减少“No-Show”造成的损失

酒店经常遇到在客房供应紧张的时候，已经预订的某批客人却没有来，使酒店当日的出租率和经营收入受到不同程度的影响，这种情况叫“No-Show”。对No-Show现象实施控制，也是收益管理的重要内容之一。

一般来讲，因不可控因素造成的“No-Show”，酒店得不到赔偿。除此以外的其他原因造成的“No-Show”，预订方都应向酒店赔偿。但是，由于酒店市场长期处于买方市场，作为卖方的酒店在竞争中被迫放弃了应有的权力，使得“No-Show”带来的损失有增无减。实际上，酒店通过自身的努力，可以使“No-Show”情况的出现降到最低，损失也减少到最小。

1. 团队“No-Show”

团队“No-Show”与旅行社有直接关系，可以做如下预防：

（1）要求旅行社在团队抵达前15天给酒店发接待计划，计划逾期未到，视为该团预订自动取消。

（2）团队抵达前5至7天应与旅行社再确认核对预订。

（3）团队抵达当日，销售人员应随时掌握团队的Check-in情况，并及时与旅行社联系，询问未到团队及人数的动向。

（4）在旺季，如国庆长假期间，对国内旅行团队的预订，要求旅行社缴纳足额定金，以防虚占客房。

（5）对“No-Show”情况登记和分析，划出旅行社预订信誉等级，以使今后接受预订时掌握主动。

2. 会议“No-Show”

会议“No-Show”与团队不同，主要出现在会议报到期间，一些会议由于会议主办方对会议规模和会议代表报到时间不能确切掌握，因而易出现部分预订不到。可以采取如下措施来预防：

（1）会议预订必须签订协议。明确双方的权利、义务及违约责任，同时应按会议预订在酒店消费额的30%~50%收取定金。

（2）会议入住前几日应该再确认预订。

（3）会议报到当日18:00前就再与会务组确认核实当日用房数，对确认后仍出现“No-Show”的客房按当日全额房费收取赔偿费。

（4）总结不同类型会议的规模和用房情况的特点，在接受会议预订时尽可能减少“水分”。

3. 散客“No-Show”

对散客“No-Show”的可以采取以下措施：

（1）接受预订时，必须了解相关信息，如预订人的姓名、联系方式、入住客人的姓名、联系方式、预计抵达时间等。

（2）声明并坚持没有确切入住时间的预订只保留至当日18:00，逾期不到视为自动取消。

（3）视情况收取一定比例的定金。如在抵达当日才通知预订取消的，预付款应视为赔偿金来处理。

（4）建立预订信誉等级，使预订信誉等级与定金款额挂钩。

七、更新预订

更新预订（update reservation）是指客人在抵达之前临时改变预订的日期、人数、要求、期限、姓名和交通工具等。

在接到客人要求改变预订的申请后，预订员首先应查看计算机或有关预订控制记录，看看是否能够满足客人的变更要求。如果能够满足，则予以确认，同时，填写“更新预订”表，修正有关预订记录。假如不能满足客人的变更要求，则要求预订员将酒店空房类型与有空房的日期告知客人，并与之协商解决。

八、超额预订

（一）超额预订及其处理

如前文所述，由于种种原因，客人可能会临时取消预订，或出现“No-Show”现象，或提前离店，或临时改变预订要求，从而可能造成酒店部分客房的闲置，迫使酒店进行超额预订，以减少损失。

超额预订(overbooking)是指酒店在一定时期内，有意识地使其所接受的客房预订数超过其客房接待能力的一种预订现象，其目的是充分利用酒店客房，提高开房率。

超额预订应该有个“度”的限制，以免出现因“过度超额”而不能使客人入住，或“超额不足”而使部分客房闲置。通常，酒店接受超额预订的比例应控制在10%～20%之间(根据饭店业的经验,订房不到者占总预订数的5%左右,临时取消预订者占8%～10%)，具体而言，各酒店应根据各自的实际情况，合理掌握超额预订的“度”。

对于超额预订，从实践上虽然是可以理解的，但从法律意义上讲，则是违法的，因为酒店接受了客人的预订，就意味着在酒店与客人之间确立了关于客房出租的某种合同关系，而酒店进行超额预订，势必会因此而在某个时间，使某个或某些客人不能按“合同”约定的条件(预订要求)入住，这就相当于酒店单方面撕毁合同，因此，客人有权利进行起诉。对此，酒店经营者应当有个清醒的认识，对于因超额预订而不能入住的客人，应该妥善处理。

如果因超额预订而不能使客人入住，按照国际惯例，酒店方面应该：

（1）诚恳地向客人道歉，请求客人谅解。

（2）立即与另一家相同等级的酒店联系，请求援助。同时，派车将客人免费送往这家酒店。如果找不到相同等级的酒店，可安排客人住在另一家级别稍高一点的酒店，超出的房费由本酒店支付。

（3）如为连住，且店内一有空房，在客人愿意的情况下，再把客人接回来，并对其表示欢迎(可由大堂副理出面迎接,或在客房内摆放花束等)。

（4）对提供了援助的酒店表示感谢。

如客人属于保证性预订，则除了采取以上措施以外，还应视具体情况，为客人提供以下帮助：

① 支付其在其他酒店住宿期间的第一夜房费，或客人搬回酒店后可享受一天免费房的待遇。

② 免费为客人提供一次长途电话费或传真费，以便客人能够将临时改变地址的情况通知有关方面。

③ 此日排房时，首先考虑此类客人的用房安排。大堂副理应在大堂迎候客人，并陪同客人办理入住手续。

（二）超额预订数的确定

超额预订数要受预订取消率、预订而未到客人之比率、提前退房率以及延期住店率等因素的影响。它们之间存在如下关系式：

超额预订房数=预计临时取消预订房数+预计预订而未到客人房数+预计提前退房房数-延期住店房数

=酒店应该接受当日预订房数×预订取消率+酒店应该接受当日预订房数×预订而未到率+续住房数×提前退房率-预期离店房数×延期住店率

（其中,酒店应该接受当日预订房数=酒店客房总数-续住房数+超额预订房数）

假设，X=超额预订房数；A=酒店客房总数；C=续住房数；r_1=预订取消率；r_2=预订而未到率；D=预期离店房数；f_1=提前退房率；f_2=延期住店率，则：

$$X=(A-C+X)\cdot r_1+(A-C+X)\cdot r_2+C\cdot f_1-D\cdot f_2$$

$$X=\frac{C\times f_1-D\times f_2+(A-C)(r_1+r_2)}{1-(r_1+r_2)}$$

设超额预订率为 R，则

$$R=\frac{X}{A-C}\times 100\%$$

$$=\frac{C\times f_1-D\cdot f_2+(A-C)(r_1+r_2)}{(A-C)[1-(r_1+r_2)]}\times 100\%$$

例如：某酒店有标准客房 600 间，10 月 2 日续住房数为 200 间，预期离店房数为 100 间，该酒店预订取消率通常为 8%，预订而未到率为 5%，提前退房率为 4%，延期住店率为 6%。试问，就 10 月 2 日而言，该酒店：

（1）应该接受多少超额定房？

（2）超额预订率多少为最佳？

（3）总共应该接受多少定房？

解：（1）该酒店应该接受的超额定房数为：

$$X=\frac{C\times f_1-D\times f_2+(A-C)(r_1+r_2)}{1-(r_1+r_2)}$$

$$=\frac{200\times 4\%-100\times 6\%+(600-200)(8\%+5\%)}{1-(8\%+5\%)}$$

$$=62(\text{间})$$

（2）超额预订率为：

$$R=\frac{X}{A-C}\times 100\%$$

$$=\frac{62}{600-200}\times 100\%$$

$$=15.5\%$$

（3）该酒店总共应该接受的客房预订数为：

$$A-C+X=600-200+62=462(\text{间})$$

答：就 10 月 2 日而言，该酒店应该接受 62 间超额定房；超额预订率最佳为 15.5%；总共应该接受的定房数为 462 间。

本章小结

➤ 接受客人预订是酒店前厅部的一项重要业务，对于提高客房利用率、满足客人需要具有重要意义。大型酒店一般设有预订处，有专门的预订人员，接受预订的人员(包括前台接待人员、销售人员)必须随时掌握房态，了解客房状况，热情、礼貌、高效率地回答的问题，接受客人的预订要求。

➤ 在旺季时，为了提高客房利用率，防止客人订了客房而不来入住或临时取消订房等现象的发生而给酒店造成损失，酒店常常要进行“超额预订”，酒店根据经验，要确定科学的超额预订率。如因超额预订而使客人不能入住，酒店属于违约行为，对于这类客人酒店要妥善处理。

➤ 客人预订的方式和渠道多种多样，前台管理人员应通过调查和统计，掌握客人预订的渠道，这对于有针对性地开展营销活动提高客房利用率具有重要意义。

网上订房和 OTA 订房(如携程、爱彼迎等)是近年来出现的新的订房形式和订房渠道，对于酒店业的经营已经产生了重大影响，应该引起酒店足够的重视。酒店应将其纳入收益管理的范畴，采取积极的应对措施。

思考题

1. 解释下列概念：① 保证性预订；② 超额预订；③ 百慕大式收费方式；④ 候补预订。
2. 预订的渠道、方式和种类有哪些?
3. 前厅部预订业务的主要内容是什么?
4. 酒店收费方式有哪几种?
5. 简述超额预订及其处理。
6. 如何防范和减少“No-Show”造成的损失?

即测即评

案例分析

预订纠纷

宋先生是一家大公司驻某市的代表，最近他的上司要来该市视察其业务开展情况，为了做好接待工作，宋先生提前 10 天在市内一家高档酒店预订了一间商务套间。宋先生是位办事谨慎的人，虽然预订了房间，但是次日他还是打电话到酒店前台与接待员再次确认，当得知房间已经安排妥当后，宋先生总算放了心。哪知天有不测风云，就在宋先生与前台接待员电话确认订房的第二天，他接到了前台预订员的电话，被告之商务套间已满，建议其入住豪华套间。因存在房费差价，宋先生拒绝了酒店的提议，并取消了在该酒店的订房，改住到其他饭店。

点评：客人事先订好了房间，因客满而住不上房的现象有时也是难免的，但是酒店却不能以此为由，把不便留给客人，应该热情相待，妥善处理。按照国际饭店与餐厅协会规定，订房是受法律保护的，客人一般不会因预订问题起诉酒店；但是信誉是酒店最重要的东西，面对客满，订房客人可能不声不响地离去，表面看一场纠纷平息了，但酒店却很可能永远失去了一位顾客，这个损失用眼前利益是无法衡量的。

分析宋先生预订纠纷的原因主要是酒店预订处与接待处沟通不良，接待员未能正确掌握可订房的数量，造成订房差错；预订处发现订房差错后，没有妥善处理好宋先生订房事宜，最终使酒店失去了这位客人。

为避免类似现象，酒店应做好以下几方面工作：总台设预订总表并由专人负责统计每日客房预订总数；建立和健全预订组与开房组间的有效沟通制度；管理人员加强对预订工作的日常检查；妥善处理预订纠纷，努力达到客人、酒店同受益、共满意。

补充与提高

做好预订工作的体会

每天清晨，每当叮铃铃的电话铃声响起，“reservation，您好，预订”，我们预订组的同事都会迅速拿起电话微笑着问候客人。三部电话、两台计算机、每班一位同事，我们就这样开始了一天的工作。

过去没做过预订，总以为预订工作很简单，就是问问客人订什么房、间数、日期，留下电话等相关信息就行了。其实不然，通过在预订组工作四年，对这个岗位有了细致的了解和深入的体会：看似简单的工作，要做好其实并不简单。

每天，我们忙碌地接听着此起彼伏的电话，处理着雪片般飞来的传真预订与网上预订，同时还接待着南来北往的中外嘉宾。对于预订人员来讲，首先应该对本店的客房状况、房型等非常了解，同时对酒店的其他相关部门情况及酒店的历史、文化背景，甚至城市的旅游知识也要有一定的了解。这样，在客人提问时才能对答如流。有时，我们在接听电话过程中与客人多一些这方面小小的互动就能拉近与客人的距离，从而增加销售。

绝大多数的客人我们都未曾谋面，都是通过电话交流。工作的性质决定了我们不仅要对酒店了如指掌，同时还要将客人的特殊习惯牢记心中。如VIP客人肖先生打来电话，我们会主动问他：“还是订新装豪华大床房吗?”苏先生打来电话，我们则会马上查看1707房是否还在，并按他的习惯下VIP通知单，及时通知相关部门做好准备，而打来电话第一句话就问“1802房还在不在?”那多半是义先生。

除此之外，预订人员还要具有较好的表达能力和社交能力，充分发挥自己的主观能动性，积极参与酒店的销售工作，全身心投入，注意服务细节，注重语言推销技巧，了解顾客需求。例如：许多客人第一次上门并不清楚自己需要什么样的房间，这就需要我们善于倾听客人的要求，理解客人的真实意图，了解客人的特点、喜好，然后按照客人的兴趣和爱好有针对性地向客人介绍各类客房的特点，消除其疑虑。再如：对经常来店的协议公司订房人、团队负责人等客户，通过长期的电话接触，我们对他们的声音已经格外敏感，每当他们打来电话，我们一定会学着销售经理的叫法："塞哥你好！""李姐你好！"……这样亲切的称呼对方，不为别的，就为让对方觉得酒店人不错，自己在这儿很受欢迎。当这些"指定订房人"偶尔来店拜访部门领导或销售经理时，我们方识"庐山真面目"，但对他们的声音以及订房习惯却早已耳熟能详了。

预订是一项细致的工作，也是酒店销售最为重要的环节之一。因此，我们在工作中不仅要精通报价的艺术、房量的控制、确保客人的入住率等，还要对许多来电信息加以甄别，一旦发现有价值的信息，会立刻报告经理，以便销售经理跟踪联系，从而达成销售。与此同时，对已销售成功的订单不能够马虎了事，必须认认真真地做好工作。例如旅游团预订，从接到传真下团单开始就要尽量详细，在书面的订单中，除了应具有一般名称、人数、日期、国籍以外，还要详细注明抵离时间、房价、餐价、用餐方式、结账方式(现付、挂账、预付等)。各项都要尽可能详尽说明，特别是涉及费用的，一定马虎不得，以免事后扯皮。有些客人有什么特殊习惯、身体情况是否良好以及从哪来到哪去等，也要有所了解，为下一步其他部门有针对性地接待服务打下一个良好的基础。

另外，在部门工作的衔接上也要细心、细致。在预订后，我们会在第一时间将相关资料提供给前厅部、客房部、餐饮部等，知会到相关人员，以便及时做好服务接待工作的衔接和准备。每个环节都要考虑到，如：会议预订中，客人喜欢喝茶还是矿泉水，是否需要横幅，内容是什么，想挂会议室、大厅还是大门口，是否需要主席台或接待台，铭牌、路牌内容，投影仪的摆放，照相地点的确认以及车位的留出等等，把一些能够落实到文字的东西尽量清楚明白地注明，尽量避免与减少给其他部门带来不必要的重复工作。(刘春灵：岷山饭店)

酒店经理人对"经理的困惑"的答复：
Re：面对超订问题，两个主管相互掐架，前厅部经理该怎么办？

郭力源　力之源酒店管理有限公司 CEO

出现矛盾首先是设计问题。

(1) 要根据酒店以往的数据，进行分析，如不同时间满房的缺口是多少，把它作为超额订房的控制依据。

(2) 要根据超额订房为酒店带来的利益来兑现奖励的标准。

(3) 因为超额订房给前台增加了工作量，也要给前台人员一定的奖励。

(4) 加强前台和营销的沟通，要根据订房情况来决定当日超额订房的数量。

（5）客房出租率要与前台挂钩，形成前台与营销的利益共同体。

（6）要根据以往的数据，建立每天进行超额的预报，在客人到来之前，提前做出另行安排客人的计划。客人一进到酒店就用车把客人送到另外的酒店，以防止客人等的时间长了投诉。

（7）超额订房的同时必须考虑对客人产生的负面影响，因此要严格控制，科学组织。

廖翠英　东莞寮步绿怡岛莞香特色酒店

问题一：接待部和预订部之间的矛盾根源，如果说明白了，就是酒店对员工激励方案不到位导致。

问题二：前厅部经理如何解决两部矛盾？我们要知道矛盾来自哪里。① 酒店主要收入来自客房收入，客房业绩超订是酒店所有人的期待，当然也特别包含接待部和预订部，实质两部无矛盾；② 按日常正常开房情况，当前的薪资方案对于两部当然无话可说。但此案例中的情景，接待部工作量加大了且未得到对应回报，当然不愿意了！

那经理如何做为好？

（1）首先明确酒店是否允许超预订、超接待。

（2）制定一个激励方案。与其说是两部的矛盾，不如直接说是接待部的不满。对于接待部来讲，可以制定一个激励方案(超房提成或达标提成或达标组织旅游等各类不同激励方案,按酒店实际情况而定。)

（3）部门间做好沟通，工作信息及时传达对方，以确保前台各项工作顺利开展。

（4）做好部门的培训，确保酒店服务质量。

第三章　礼宾服务管理

前厅部礼宾服务的主要内容包括：接机服务、客人迎送、门口迎宾、行李接送、行李寄存、邮件递送、留言找人、委托代办、物品租借、投诉客人接待、用车安排、停车管理等，是酒店对客服务的重要组成部分，在很大程度上体现酒店的对客服务质量。

除了上述服务以外，本章还将介绍前厅部的话务(总机)及商务中心服务等。

本章学习目的

★ 了解酒店礼宾部工作的主要内容、业务及其管理。

★ 认识“金钥匙”理念，了解酒店“金钥匙”的岗位职责与素质要求。

★ 熟悉总机及商务中心的业务与管理。

关键术语：礼宾部　门童　行李员　“金钥匙”　总机接线员　商务中心

Key Words：Concierge；Doorman；Bellboy；Les Clefs d'Or；Operator；Business Centre

经理的困惑

——酒店是否应该把车队归入礼宾部统一管理？

我们酒店是一家新开业的大型五星级酒店，前厅的礼宾部和车队分属两个处于同一级别的经理管理，各自有自己的想法，工作中常常会产生矛盾，礼宾部需要车，车队却不愿配合，导致服务质量受到严重影响，常常引起顾客的投诉。这到底是员工的素质问题呢？还是管理体制问题？这些天，我一直在想：酒店是否应该把车队归入礼宾部统一管理……

第一节 “金钥匙”理念：服务哲学与素质要求

一、金钥匙

“金钥匙”是一种“委托代办”(Concierge)的服务概念。“Concierge”一词最早起源于法国，指古代城堡的守门人，后演化为酒店的守门人，负责迎来送往和保管酒店的钥匙，但随着酒店业的发展，其工作范围在不断扩大，在现代酒店业中，Concierge已成为为客人提供全方位“一条龙”服务的岗位，只要不违反道德和法律，任何事情Concierge都尽力办到，以满足客人的要求(见图3-1、图3-2)。其代表人物就是他们的首领“金钥匙”，他们见多识广、经验丰富、谦虚热情、彬彬有礼、善解人意。

图3-1 国际饭店金钥匙组织联合会会徽

图3-2 中国饭店金钥匙组织会徽

“金钥匙”(Les Clefs d'Or)通常身着燕尾服，上面别着十字形金钥匙，这是委托代办的国际组织——“国际饭店金钥匙组织联合会”（Union International Concierge Hotel Les Clefs d'Or）会员的标志，它象征着 Concierge 就如同万能的“金钥匙”一般，可以为客人解决一切难题。他可以为客人代办“奶嘴”，也可以为客人“代租飞机”，代购“2 000 只孔雀和 4 000 只鸵鸟”……故“金钥匙”又被客人视为“万事通”“万能博士”。

二、“金钥匙”理念

（一）中国金钥匙的座右铭

信念、荣誉、责任、友谊、服务、协作

（二）金钥匙服务哲学

先利人，后利己；用心极致，满意加惊喜；在客人的惊喜中找到自己富有的人生。

（三）金钥匙服务精神

虽然不是无所不能，但一定要竭尽所能！

三、“金钥匙”的岗位职责

金钥匙通常担任酒店礼宾部主管，其岗位职责主要有：

（1）全方位满足住店客人提出的特殊要求，并提供多种服务，如行李服务、安排钟点医务服务、托婴服务、沙龙约会、推荐特色餐馆、导游、导购等，对客人有求必应。

（2）协助大堂副理处理对酒店各类投诉。

（3）保持个人的职业形象，以大方得体的仪表，亲切自然的言谈举止迎送抵离酒店的每一位宾客（见图 3-3）。

（4）检查大堂及其他公共活动区域。

（5）协同保安部对行为不轨的客人进行调查。

（6）对行李员工作活动进行管理和控制，并作好有关记录。

（7）对进、离店客人给予及时关心。

（8）将上级命令、所有重要事件或事情记在行李员、门童交接班本上，每日早晨呈交前厅部经理，以便查询。

（9）控制酒店门前车辆活动。

（10）对受前厅部经理委派进行培训的行李员进行指导和训练。

（11）在客人登记注册时，指导每个行李员帮助客人。

（12）与团队协调关系，使团队行李顺利运送。

（13）确保行李房和酒店大堂的卫生清洁。

（14）保证大门外、门内、大堂三个岗位有人值班。

（15）保证行李部服务设备运转正常；随时检查行李车、秤、行李存放架、轮椅。

除了上述职责以外，进入 21 世纪后，酒店（特别是以接待商务旅行者为主的酒店）开始为客人提供一项全新而又急需的服务：计算机与通信技术支持，这将成为“金钥匙”的一项新的职责。

图 3-3　作者与气质高雅的酒店“金钥匙”们在一起
（左一为国际金钥匙组织中国区副秘书长）

四、“金钥匙”的素质要求

“金钥匙”要以其先进的服务理念，真诚的服务思想，通过其广泛的社会联系和高超的服务技巧，为客人解决各种各样的问题，创造酒店服务的奇迹。因此，“金钥匙”必须具备很高的素质。

（一）思想素质

（1）遵守国家法律、法规，遵守饭店的规章制度，有高度的组织纪律性。

（2）敬业乐业，热爱本职工作，有高度的工作责任心。

（3）遵循“客人至上，服务第一”的宗旨，有很强的顾客意识、服务意识。

（4）有热心的品质，乐于助人。

（5）忠诚，即对客人忠诚，对酒店忠诚，不弄虚作假，有良好的职业道德。

（6）有协作精神和奉献精神，个人利益服从国家利益和集体利益。

（7）谦虚、宽容、积极、进取。

（二）能力要求

（1）彬彬有礼，善解人意，乐于和善于与人沟通。

（2）语言表达清晰、准确。

（3）身体健康，精力充沛，能适应长时间站立工作和户外工作。

（4）有耐性。

（5）灵活应变，能把握原则，以灵活的方式解决各种问题。

（6）协调能力强，能够建立广泛的社会关系和协作网络，能正确处理好与相关部门的协作关系。“金钥匙”除了应具备热心的品质和丰富的知识以外，还应建立广泛的社会关系和协作网络，这是完成客人各种委托代办事项的重要条件。因此，“金钥匙”必须具备很强的人际交往能力和协作能力，善于广交朋友，建立一个广泛的社会关系网。同时，

“金钥匙”要建立广泛的社会关系网络，必须以酒店的优势为依托，高档大酒店的知名度、社会影响是“金钥匙”求助各种社会关系、开展委托代办服务的强大后盾，特别是那些大动作、大手笔，离开了酒店整体形象的背景，“金钥匙”就寸步难行。

（三）业务知识和技能

“金钥匙”必须亲切热情，学识渊博，熟悉酒店业务及旅游等有关方面的知识和信息，了解酒店所在地区旅游景点、酒店及娱乐场所的信息。在某种程度上，可充当本地的“活地图”。

“金钥匙”必须掌握的业务知识和技能包括：

（1）熟练掌握本职工作的操作流程。

（2）通晓多种语言。“金钥匙”服务通常在高档酒店提供，而高档酒店的客人会来自世界各地，对服务的要求也很高，因此，“金钥匙”应该通晓多种语言(按照中国饭店金钥匙组织会员入会考核标准,申请者必须会说普通话和掌握至少一门外语)。

一位“金钥匙”常是这样工作的：他刚送走一位意大利客人，现在又与德国客人用德语交谈，手里握着一封待处理的葡萄牙文信件，两位美国客人 5 分钟后要求来找他解决运输一辆崭新轿车的事情，而商务中心正好送来一份从西班牙发来的要求安排一次重要社交活动的传真件……

（3）掌握中英文计算机文字处埋等技能。

（4）掌握所在酒店的详细信息资料，包括饭店历史、服务设施、服务价格等。

（5）熟悉本地区三星级以上酒店的基本情况，包括地点、主要服务设施，特色和价格水平。

（6）熟悉本市主要旅游景点，包括地点、特色、服务时间、业务范围和联系人。

（7）掌握一定数量的本市高、中、低档的餐厅、娱乐场所、酒吧的信息资料，包括地点、特色、服务时间、价格水平、联系人。按照中国饭店金钥匙组织会员入会考核标准，申请者必须掌握本市高、中、低档的餐厅各 5 个，娱乐场所、酒吧 5 个(小城市 3 个)。

（8）能帮助客人购买各种交通票据，了解售票处的服务时间、业务范围和联系人。

（9）能帮助客人安排市内旅游，掌握其线路、花费时间、价格、联系人。

（10）能帮助客人修补物品，包括手表、眼镜、小电器、行李箱、鞋等，掌握这些维修处的地点和服务时间。

（11）能帮助客人邮寄信件、包裹、快件，懂得邮寄事项的要求和手续。

（12）熟悉本市的交通情况，掌握从本酒店到车站、机场、码头、旅游点、主要商业街的路线、路程和出租车价格(大约数)。

（13）能帮助外籍客人解决办理签证延期等问题，掌握有关单位的地点、工作时间、联系电话和手续。

（14）能帮助客人查找航班托运行李的去向，掌握相关部门的联系电话和领取行李的手续等。

五、“金钥匙”的发展历史

（一）国际金钥匙组织的成立

国际金钥匙组织成立于 1929 年 11 月 27 日。这一天，在巴黎斯克拉酒店礼宾司捷里特先生的倡导下，在法国巴黎举行了第一届国际金钥匙组织会议，并在此会议上正式成立了国际金钥匙组织。捷里特先生也因此而被誉为“金钥匙”组织之父(参见图 3-4)。

图 3-4 1929 年 11 月 27 日，国际金钥匙组织在法国巴黎成立

(二)“金钥匙”在中国的兴起和发展

“金钥匙”在中国最早出现在广州的白天鹅宾馆。1982 年，在白天鹅宾馆建馆之初，在副董事长霍英东先生的倡导下，宾馆在前台设置了委托代办。此后，宾馆总经理意识到中国酒店业的发展必须与国际惯例和标准接轨。1990 年 4 月派人参加了“第一届亚洲金钥匙研讨会”。宾馆委托代办负责人于 1993 年即率先加入国际金钥匙组织，成为中国第一位国际金钥匙组织成员。1994 年初，白天鹅宾馆的“金钥匙”代表向国际金钥匙组织提出根据中国国情发展“金钥匙”的有关建议，为“金钥匙”在中国的发展奠定了基础。1995 年又派人参加了在悉尼召开的国际“金钥匙”年会。同年 11 月，在全国主要五星级酒店的大力支持和响应下，中国第一届金钥匙研讨会在白天鹅宾馆召开。大会探索了一条既符合国际标准又具有中国特色的委托代办发展之路，同时决定筹建中国委托代办“金钥匙”协会。至此，中国酒店业委托代办的联系网络初步建立。

在 1997 年 1 月的第 44 届国际金钥匙年会上，中国区金钥匙被接纳为第 31 个成员(见图 3-5)。

图 3-5 中国饭店金钥匙组织专业委员会主任孙东先生(右一)
与国际金钥匙组织主席、副主席、秘书长等在一起

2000 年 1 月 16—21 日，“第 47 届国际饭店金钥匙组织年会”在中国广州召开，标志

着中国区金钥匙组织已发展壮大到一定的规模，在国际金钥匙组织中占据重要地位。

目前，中国饭店金钥匙组织已发展到相当大的规模。截至 2016 年 1 月底，中国饭店金钥匙组织已发展到 260 多个城市的 2 000 多家高星级酒店和高档物业，有近 3 000 名金钥匙会员。

链接

《中国饭店金钥匙组织会员的资格要求》

- 在酒店大堂柜台前工作的前厅部或礼宾部高级职员才能被考虑接纳为金钥匙组织的会员。
- 21 岁以上，人品优良，相貌端庄。
- 从事酒店业 5 年以上，其中 3 年必须在酒店大堂工作，为酒店客人提供服务。
- 有两位中国饭店金钥匙组织正式会员的推荐信。
- 一封申请人所在酒店总经理的推荐信。
- 过去和现在从事酒店服务工作的证明文件。
- 掌握一门以上的外语。
- 参加过由“中国饭店金钥匙”组织的服务培训。

第二节　门童与迎宾

门童(Doorman)又称“门迎”，是站在酒店入口处负责迎送客人的前厅部员工。门童值班时，通常身着镶有醒目标志的特订制服，显得精神抖擞，同时，还能创造一种热烈的欢迎客人的气氛，满足客人受尊重的心理需求(参见图 3-6)。

门童在工作时，要十分注意动作的姿势。站立时，要自然挺直，双手背后，两脚分开约与肩同宽。

图 3-6　门童通常身着镶有醒目标志的特订制服，显得精神抖擞，同时，还能创造一种热烈的欢迎客人的气氛，满足客人受尊重的心理需求

一、门童的岗位职责与素质要求

(一) 门童的岗位职责

1. 迎宾

首先，客人抵达时，向客人点头致意，表示欢迎。基本要求是：时时刻刻都以标准的站立姿势站在自己的岗位上；细心观察自己视野中即将要通过门庭的客人；当客人距手拉门 5 米内，面带微笑并用眼神关注客人；在客人距离手拉门 1.5 米时，迅速用标准规范的动作打开门，在客人通过门童面前时，面带微笑示意，并用得体的语言问候客人。

如遇客人乘坐小汽车，则应替客人打开车门，将右手放在车门上方(佛教和伊斯兰教客人例外)，并提醒客人“小心碰头”，同时，要注意扶老携幼。其次，门童要协助行李员卸下行李，查看车内再无遗留物品。为了防止客人将物品遗留在车内，酒店可要求门童记下客人所乘出租车的牌号，并将号码转交客人。对于重要客人及常客的迎送工作，门童要根据通知，做好充分准备，向客人致意时，能礼貌、正确地称呼客人的姓名。此外，住店客人进出酒店时，门童同样要热情地招呼致意，如遇雨天，门童还应打伞为客人服务。

2. 指挥门前交通

门童要掌握酒店门前交通、车辆出入以及停车场的情况，准确迅速地指示车辆停靠地点。大型车辆会阻挡门口，故应让其停在稍离酒店正门口的位置。

3. 做好门前保安工作

门童应利用其特殊的工作岗位，做好酒店门前的安全保卫工作。注意门前来往行人，可疑分子，照看好客人的行李物品，确保酒店安全。另外，对于衣冠不整、有损酒店形象的人或物，门童可拒绝其入内。

4. 回答客人问讯

门童因其工作岗位的特殊位置，经常会遇到客人有关店内、外情况的问讯，如酒店内有关设施和服务项目，有关会议、宴会、展览会及文艺活动举办的地点、时间等，以及市区的交通、游览点和主要商业区情况，对此，门童均应以热情的态度，给予客人以正确、肯定的答复。

5. 送客

对结完账要离店的客人，打开大门，一边帮助装行李一边说“多谢您了”。当客人上车时，预祝客人旅途愉快，并感谢客人的光临，同时，汽车启动后带着感谢的心情深鞠躬，目送客人离开视线(参见图 3-7)。对逗留中暂时外出的客人，只问一声“您走好”就够了。客人是要离店，还是暂时外出，从行李和气氛中基本可以判断出来。

不管是什么样的服务，只按条条框框做是乏味的，向客人问候也是如此。对于门童而言，光“读”条文上的句子就很不自然，不达情。如果可能的话，最好添一句——哪怕是短短的也好——含真情的话。盛夏时节加一句“今天好热呀”；对深夜才到的客人问一声“您累了吧”；向要离店的客人送上一句“您走好，一路平安”。听上去是一句平平常常的话，但正是这平平常常的一句，有时却能触动旅人的心弦。

当然，问候不能给客人嘈杂的感觉，要是让客人觉得啰唆就是服务出格了。作为酒店员工应既保持适当的矜持，又能以短短的问候，给客人留下一个有人情味儿的温暖的印象，这是服务的要点。

图 3-7　广州从化碧水湾温泉度假村门童及管理人员为离店客人送行

（二）素质要求

为了做好门童工作，管理人员可选用具有下列素质的员工担任门童工作。

（1）形象高大、魁梧。与酒店的建筑、门面一样，门童的形象往往代表了整个酒店的形象，因此，要求门童身材高大、挺拔。

（2）记忆力强。能够轻易记住客人的相貌、行李件数以及出租车的牌号。

（3）目光敏锐、接待经验丰富。门童在工作时，可能会遇到形形色色、各种各样的人或事，必须妥善地、灵活机智地加以处理。

（4）知识面广。能够回答客人有关所在城市的交通、旅游景点等方面的问题。

做一个优秀的门童并不容易，世界著名的日本新大谷酒店的负责人曾说过：培养出一个出色的门童往往需要花上十多年的时间。这句话虽然可能有所夸张，但至少说明门童的重要性和应具备的很高的素质。

二、门童的选择

1. 由女性担任门童

酒店的门童通常由男性担任，所以其英文为“Doorman”，但使用女性也未尝不可，因为餐厅的迎宾员大都由女性担任。由女性担任门童不仅具有特殊的魅力，而且能够突破传统，标新立异，而受到客人的欢迎(参见图 3-8)。

由女性担任门童的不足之处在于：一些档次较低的酒店为了节约人力资源，要求门童在负责迎送宾客的同时，也要为客人拎行李，担负起行李员的职责，此时，女性门童则会显得有些“力不从心”。

2. 由长者担任门童

虽然称之为“门童”，但这一岗位并非一定得要青年人担任，有气质、有特色的老年

图 3-8 受到客人赞赏和媒体青睐的北京五洲大酒店大学生女性门童——石晓影

（摄影：邢光明）

人同样可以做好门童工作（参见图 3-9），而且可以成为酒店的一大特色和吸引客人、扩大影响的“卖点”。济南有一家大酒店曾经登报向社会公开招聘了几位学识渊博、气质高雅的离退休老教授担任门童，这些老教授面目慈祥、热情礼貌、微笑服务，赢得了社会的赞许和广大顾客的好感，起到了良好的广告效应，同时，也为酒店赢得了生意。

3. 雇用外国人做门童

除了考虑用女性和长者担任门童以外，还可以考虑雇用外国人（参见图 3-10）等做门童，使酒店具有异族情调，树立酒店的国际化形象，可增强对国内外客人的吸引力。

图 3-9 瑞士日内瓦某五星级酒店门童与本书作者在一起

图 3-10 北京国宾酒店的印度门童依思迈

链接

极富特色的深圳威尼斯睿途酒店的门童

深圳威尼斯睿途酒店的门童都是威尼斯水手服的打扮，头戴浅沿草帽，着黑条汗衫、中裤，胸前佩着“Yes，I can”的醒目红色徽章，殷勤而又精神抖擞地为客人迎来送往。而女门童则一袭黑色外套和长靴，光彩照人。他们穿着的服装都是从威尼斯特有的服饰中借鉴而来，门童和行李生的水手制服以及餐厅的马赛克制服，无一不让客人感觉到仿佛亲临威尼斯……再加上每位员工都能讲流利的英文，跨国公司纷纷把业务转到了威尼斯睿途酒店。

三、门童应接工作的注意事项

1. 注意仪容仪表，始终保持饱满的精神状态

良好的仪容仪表及饱满的精神状态会使客人产生一种受到欢迎的尊贵感，不会对门童的服务产生怀疑，同时，这也代表酒店的形象，能够给客人留下良好的第一印象。

2. 为客人拉关车门时的一些问题

当客人乘坐小汽车到店时，先示意司机开到门前适当的位置，然后上前以左手拉门，右手放车门框下(此时车头朝门童的右手)，或根据车门朝向换一下手，站在车门之后。在拉车门的同时用礼貌用语向客人问好(如果知道客人的姓名,应用客人的姓氏称呼,这样客人会有亲切感)。但遇到佛教、伊斯兰教徒时不可把手放在车门框处，遇到泰国客人也应如此(因为除了许多佛教徒外,泰国人还认为人的头部是神圣不可侵犯的)，否则是不礼貌的，这种情况也适用于客人离店。

第三节　行李服务管理

酒店的行李服务是由前厅部的行李员(Bellboy)提供的。行李员在欧美国家又称为“Bellman”“Baggage Handler”“Bellhop ”和“Porter”，之所以将行李员称为“Bellboy”，是因为过去很多酒店前台呼叫行李员时，采用按一下放在前台上的铃来呼叫的方法(现在仍有酒店采用这种传统的方法呼唤行李员为客人提供服务——见本章开篇图)

行李员的工作岗位是位于酒店大堂一侧的礼宾部(行李服务处)。礼宾部主管(或“金钥匙”)在此指挥、调度行李服务及其他大厅服务。每天早上一上班，礼宾部主管就要从计算机上查询或认真阅读、分析由预订处和接待处送来的预计“当日抵店客人名单”(expected arrivals)和“当日离店客人名单”(expected departures)，以便掌握当日客人的进出店情况，做好工作安排。以上两个名单中，尤其要注意 VIP 和团体客人的抵离店情况，以便做好充分准备，防止出现差错。在此基础上，做出当日的工作安排计划，并召集全体行李员布置。

行李员还是酒店与客人之间联系的桥梁，通过他们的工作使客人感受到酒店的热情好客，因此，对于管理出色的酒店而言，行李员是酒店的宝贵资产。

一、行李部员工的岗位职责

（一）行李员的职责

行李员不仅负责为客人搬运行李，还要向客人介绍店内服务项目及当地旅游景点，帮助客人熟悉周围环境，跑腿（送信、文件等）、传递留言、递送物品，替客人预约出租车。

（二）行李领班的职责

行李领班的岗位职责是支持和协助主管的工作，管理并带领行李员、门童为客人提供服务。

（1）协助主管制定工作计划。

（2）准备好部门员工的排班表。

（3）完成上级管理部门和领导下达的指令。

（4）监督、指导、协助行李员和门童完成其工作任务。

（5）确保抵、离店客人及时得到优质良好的行李服务。

（6）对抵、离店客人分别表示欢迎和欢送，必要时为客人提供行李等各种服务。

（7）督促行李员认真做好行李的搬运记录工作。

（8）为住店客人提供各种力所能及的帮助。

（9）引导客人参观房间设施。

（10）适时地向客人推销酒店的其他设施。

（11）重视客人的投诉，并把这些投诉转达给相关部门，以便迅速解决。

（12）协助酒店有关部门和人员为住店客人过好生日、周年纪念等。

（13）每天检查行李部设施，确保良好的工作状态。

（14）做好行李部设备的保管、清洁和保养工作。

（15）留意宴会指南和大堂内其他布告，保持其正常放置。

（16）认真填写交接班本，记下已完成的工作内容及有待下一班继续完成的工作，写上日期、时间和姓名。

二、行李部员工的素质要求

为了做好行李服务工作，要求行李领班及行李员具备一定的素质，掌握一定的知识，了解店内、外诸多服务信息。

（1）能吃苦耐劳，眼勤、嘴勤、手勤、腿勤，和蔼可亲。

（2）性格活泼开朗，思维敏捷。

（3）熟悉本部门工作程序和操作规则。

（4）熟悉酒店内各条路径及有关部门位置。

（5）了解店内客房、餐饮、娱乐等各项服务的内容、时间、地点及其他有关信息。

（6）广泛了解当地名胜古迹、旅游景点和购物点，尤其是那些地处市中心的购物场所，以便向客人提供准确的信息。

世界闻名的日本帝国饭店要求行李员看到提行李的客人走近大门时，应立即帮他打开大门，接过行李。看到大堂内客人脸上出现迷惑的表情时，应尽快以自然温和的态度接近他，问他有什么可以效力。行李员在任何情况下都要注意观察客人，学会在一瞬间“读出”客人在下一步想要什么，以便准确地提供他们所期望的服务。

三、行李服务注意事项

行李服务不当，常常引起客人的投诉。在为客人提供行李服务时，行李员及其管理人员应特别注意以下事项。

1. 行李搬运时的注意事项

（1）认真检查行李。为客人提供行李服务时，要清点行李件数(特别是团队行李)，并检查行李有无破损。如有破损，必须请来人签字证实，并通知团队陪同及领队，以免日后引起客人的投诉。

（2）搬运行李时，客人的贵重物品及易碎品，如相机、手提包等要注意让客人自己拿。

（3）装行李车时，要注意将大件、重件、硬件放在下面，小件、软件、轻件装在上面。

（4）搬运行李时必须小心，不可用力过大，更不许用脚踢客人的行李。

（5）照看好客人的行李。客人办理住宿登记手续时，行李员站在总台一侧(离总台约 2 米以外的地方,参见图 3-11)等候客人，注意照看好客人的行李，眼睛注视总台接待员。

图 3-11　等候客人办理入住登记手续的行李员

（6）引领客人时，要走在客人的左前方，距离二三步(或与客人并行)，和着客人的脚步走，拐弯处或人多时，要回头招呼客人。

（7）引领客人进房途中，要热情主动地问候客人，与客人交谈，向客人介绍酒店服务项目和设施，推荐酒店的商品。

（8）介绍房内设施及使用方法。在介绍房内设施时，要注意该介绍的要介绍(比如:客房内各种现代化设备的使用方法、客房上网的方法等)，不必要介绍的则不要介绍，因为客人经过长途旅行和长时间的车船劳顿之苦，此时最需要的是尽早休息。另外，介绍时要因人而异，由于客人消费层次和住宿经验的不同，对某些客人需要介绍的项目，对另一些客人则可能不需要介绍。

（9）离房前要问客人是否还有其他吩咐，并祝客人住店愉快，随后将房门轻轻拉上。

（10）将离店客人的行李搬运至大厅后，要先到结账处确认客人是否已结账，如客人还未结账，应有礼貌地告知客人结账处的位置。

（11）做好行李搬运记录。为客人行李服务时，要做好各种行李搬运记录。(参见表 3-1、表 3-2、表 3-3)

表 3-1 散客入住行李搬运记录

日期：
Date：

房号 Rm. No.	上楼时间 Up Time	行李件数 Pieces	行李员 Bellman	预计离店时间 Depart. Time	备注 Remarks

表 3-2 散客离店行李搬运记录

日期：
Date：

房号 Rm. No.	离店时间 Depart. Time	行李件数 Pieces	行李员 Bellman	车号 No.	备注 Remarks

表 3-3 团队行李进出店登记单

团体名称		人数	
抵达日期		离店日期	

进店	卸车行李员		酒店行李员		领队签字	
离店	装车行李员		酒店行李员		领队签字	

行李进店时间		车号		行李收取时间		行李出店时间		车号	

房号	行李箱		行李包		其他		备注
	入店	出店	入店	出店	入店	出店	
总计							

入店　　　　　　　　　　出店

行李主管：__________　　行李主管：__________

日期/时间：__________　　日期/时间：__________

2. 善于从客人的行李中发现服务信息

行李员要善于从客人的行李中，发现服务信息，以便为客人提供有针对性的服务。

有经验的行李员，一看到行李，大概就能估出客人是从什么国家或地区来的。例如，法国客人大多喜欢用名牌提包；美国客人爱提结实的布制旅行包；东南亚客人常带着装有小轱辘的箱子来，行李上飘荡着不同国家、地区各自的风韵，很有意思。还有，行李员从大门迎来客人时，顺便看一眼行李牌，就可以知道客人的姓名，当把客人带到前台，向前台员工(Frontman)交送客人时就可以说“Mr. Smith，欢迎光临！”

3. 行李寄存时的注意事项

(1) 确认客人身份。客人要求寄存行李时，要先问清是住店客人还是外来客人，外来客人的行李一律不予寄存。

(2) 检查行李。客人寄存行李的同时，行李员要认真检查每件行李是否已上锁，并告诉客人行李内不能放入贵重物品或易燃、易爆、化学腐蚀剂、剧毒品、枪支弹药等。如客人执意要寄存未加锁的行李时，要把寄存行李的规章给客人看，发现有未上锁的行李或购物袋无法上锁时，要马上通知领班，向客人说明后，把行李放在安全的地方。

(3) 如客人丢失“行李领取卡”，行李员一定要凭借足以证实客人身份的证件放行行李，并要求客人写出行李已取的证明。如不是客人本人来领取行李，一定要请领取人出示证件，并登记证件号码，否则不予放行。

（4）行李员在为客人办理行李的寄存和提取业务时，一定要按规定的手续进行，决不可因为与客人熟悉而省略必要的行李寄存手续，以免引起不必要的纠纷，或为客人造成损失或带来不必要的麻烦。

案例

行李牌

中午12点多，一位客人提着行李箱走出电梯，径直往总台旁行李房走去。正在行李房当班的服务员小徐见到他就招呼说："钱经理，您好！今天是什么风把您给吹来了？"钱先生回答说："住得挺好的，生意也顺利谈完了。现在就到您这儿寄存行李，下午出去办点事，准备赶晚上6点多的班机回去。""好，您就把行李放这儿吧。"小徐态度热情，一边从钱先生手里接过行李箱，一边说。

"是不是要办个手续?"钱先生问。

"不用了，咱们是老熟人了，下午您回来直接找我取东西就行了。"小徐爽快地表示。

"好吧，那就谢谢您了。"钱先生说完便匆匆离去。

下午4点30分，小徐忙忙碌碌地为客人收、发行李，服务员小童前来接班，小徐把手头的工作交给小童，下班离店。

4点50分光景，钱先生匆匆赶到行李房，不见小徐，便对当班的小童说："您好，我的一个行李箱午后交给小徐了，可他现在不在，请您帮我提出来。"小童说："请您把行李牌交给我。"钱先生说："小徐是我的朋友，当时他说不用办手续了，所以没拿行李牌。你看……"小童忙说："哟，这可麻烦了，小徐已经下班了，他下班时也没向我交代这件事。"钱先生焦急地问："您能不能给我想想办法?""这可不好办，除非找到小徐，可他正在回家路上……"请您无论如何想个法子帮我找到他，一会儿我就要赶6点多的班机回去。"钱先生迫不得已地打断了小童的话说道。

"他正在挤公交车，家又住得远，现在无法跟他联系上……"

四、行李服务的若干法律问题

某酒店前厅，台湾地区的康先生来取前几日寄存的皮箱，员工小张按规定核对存单，确认身份后，将皮箱交付客人。几小时后，怒气冲冲的康先生向大堂副理投诉，说放在箱内的数万美元不翼而飞，要求酒店赔偿。据悉，酒店已向客人明示"须将现金及贵重物品存于免费专用保险柜，否则丢失后概不负责"。另外，康先生的皮箱有一处较隐蔽的开口在交存时就未上锁，受理的员工没有发现。

这是一起因客人寄存物灭失而导致的投诉。

酒店在为客人提供行李寄存服务时，常常发生各种纠纷，作为酒店及行李主管人员，必须清楚自身的权利和义务。

根据我国现行法律(主要是《中华人民共和国合同法》和《中华人民共和国民法总则》),我们可以得出以下引申。

1. 酒店的免责条件

《合同法》第 374 条规定:“保管是无偿的,保管人证明自己没有重大过失的,不承担损害赔偿责任。”寄存服务只免费提供给住店客人,酒店只要能证明自己无重大过错,如 24 小时闭路监控、尽到了必要的义务、发生了无法抗拒的意外事件、及时采取了补救措施等,就可以免除责任。因此,完善安全制度,强化员工责任心,培养其处理紧急事件的能力,极为重要。

2. 酒店的寄存地点

《合同法》第 369 条规定:“当事人可以约定保管场所或方法。除紧急事件或者为了维护寄存人利益的以外,不得擅自改变保管场所或者方法。”事实上,酒店业中寄存地点不规范(达不到确保物品安全的要求)、不固定(随意变动)的现象比较普遍,这一点若得不到足够重视,诉讼时很可能成为法院进行过错推定的直接依据,使酒店处于不利地位。

3. 酒店的留置权

宾客的住宿行为和寄存行为有主从之分:住宿是主要的,是客人的抵店意图,寄存是次要的,趋从于前者——寄存只是酒店与客人所订住宿协议的一项内容。《合同法》第 380 条规定:“寄存人未按照约定支付保管费以及其他费用的,保管人对保管物享有留置权,但当事人另有约定的除外。”换言之,客人离店时若有拖欠费用现象,酒店在其欠费额度内享有对寄存物的留置权,自留置之日起,客人若在不少于 2 个月的期限内仍未付清欠款,酒店可将寄存物折价,或依法拍卖、变卖寄存物,以实现其债权(据《中华人民共和国担保法》第 87 条)。

4. 酒店对寄存物的提存

怎样处理无人领取的寄存物?《合同法》第 101 条规定:债权人无正当理由拒绝受领,致使债务人难以履行债务的,债务人可以将标的物提存。《旅馆业治安管理办法》第 8 条规定:(旅客遗留的物品)旅馆经招领 3 个月后无人认领的,要登记造册,送当地公安机关以拾遗物品处理。可以推知,对无人领取的寄存物,自客人离店或应当离店之日起,酒店只需保管 3 个月,而后应提存给公安机关。这样,店、客之间的债权债务关系将归于消灭,酒店亦无须向客人承担违约责任。需要指出的是,上述规定同样适用于其他客人遗留物品。

5. 关于店堂告示

《消费者权益保护法》第 26 条规定:“格式条款、通知、声明、店堂告示等含有前款所列内容的,其内容无效。”如同很多酒店一样,本案中,酒店已向宾客明示“须将现金及贵重物品存于免费专用保险柜,否则丢失后概不负责”,这是否属于不公平、不合理的店堂告示、声明,是否具有法律效力,实践中尚有争议。酒店保护自身利益的一个有效的方法,是请客人在办理行李寄存手续时,声明所寄存的行李物品中无金钱等贵重物品,并请其签字确认,这样,发生纠纷或诉讼时,客人就无法举证其行李中存在贵重物品,酒店就可以保护自身的利益。

第四节　总机服务与管理

电话是当今社会最主要的通信手段，也是酒店客人使用频率最高的通信设施，在对客服务过程中扮演着重要的、不可替代的角色。酒店客人所需要的几乎所有服务都可通过客房内的电话解决。总机就是负责为客人及酒店经营活动提供电话服务的前厅部门。

一、总机的业务范围

酒店总机的业务范围如下：

(1) 电话转接及留言服务。

(2) 回答问讯和查询电话服务。

(3) “免电话打扰” 服务。

(4) 电话叫醒服务。

(5) 火警电话的处理。

二、总机主管的工作描述

直接上级：前厅部经理

直接下级：总机领班话务员

岗位职责

负责总机房的全面管理工作，保证设施设备运转正常，并为客人提供优质高效的电话服务。

(1) 制定总机房工作条例和话务员行为规范。

(2) 制定总机班工作计划。

(3) 做好话务员的考勤工作。

(4) 随时掌握客房利用情况，并据此安排和调整班次。

(5) 统计每日经手的国内长途直拨电话(IDD)，国际及港、澳、台地区直拨电话(DDD)，每周将特殊电话单呈交前厅部经理。

(6) 负责酒店电话号码单的编辑和印刷，并及时提供给各部门使用，对有变化的电话号码要及时更改。

(7) 每天更换、调整信息栏的内容，为话务员提供有关服务信息。

(8) 确保电话房清洁卫生。

(9) 对话务员进行业务培训，确保员工掌握话务工作程序(包括紧急报警程序)和工作技能，培养员工的高度责任感，使员工的工作质量时刻保持最佳状态。

(10) 周期性检查并保持计算机终端运转正常。

(11) 记录所有的传呼电话和传呼系统故障情况，发现故障，立即报告前厅部经理。

(12) 保存一份所有行政人员及部门经理的手机号码及家庭电话号码。

(13) 定期对本部门员工进行评估，按照制度实施奖惩。
(14) 完成前厅部经理和管理部门临时交办的事情。
(15) 有重要宾客接待任务时，提醒当班人员予以重视，并布置检查。
(16) 处理客人有关电话服务的投诉。
(17) 协调总机班与酒店其他部门之间的关系，与各部门保持良好的沟通与联系。
(18) 监督当班话务员的服务态度、服务质量及劳动纪律。
(19) 了解当班员工的思想情况，帮助她们处理好各项关系。

三、总机员工的素质要求

根据话务工作的特点，酒店话务员必须具备以下素质：
(1) 口齿清楚，语言甜美，耳、喉部无慢性疾病。
(2) 听写迅速，反应快。
(3) 工作认真，记忆力强。
(4) 有较强的外语听说能力，能用三种以上外语为客人提供话务服务。
(5) 有酒店话务或相似工作经历，熟悉电话业务。
(6) 熟悉计算机操作及打字。
(7) 掌握旅游景点及娱乐等方面的知识和信息。
(8) 有很强的信息沟通能力。

此外，总机主管等管理人员还应具备较高的学历和外语水平，有管理知识与技能，最好是酒店管理专业毕业生。

四、总机话务服务的基本要求

电话服务在酒店对客服务中扮演着重要角色，每一位话务员的声音都代表着“酒店的形象”，话务员是“只听其悦耳声，不见其微笑容”的幕后服务员。因此，话务员必须以热情的态度、礼貌的语言、甜美的嗓音、娴熟的技能、优质高效地为客人提供服务，使客人能够通过电话感觉到自己的微笑、感觉到自己的热情、礼貌和修养，甚至“感觉”到酒店的档次和管理水平。

对酒店话务服务的基本要求如下：

(1) 话务员必须在总机铃响三声之内应答电话。

(2) 话务员应答电话时，必须礼貌、友善、愉快，且面带微笑。这时，客人虽然看不到话务员，但能够感觉到她的笑脸，因为只有在微笑时，话务员才会表现出礼貌、友善和愉快，她的语音、语调才会甜美、自然，有吸引力。

(3) 接到电话时，首先用中英文熟练准确地自报家门，并自然亲切地使用问候语。

(4) 先使用英语还是汉语，要视酒店客人构成而论。如果酒店的接待对象以内宾为主，则先用汉语，后用英语；如住客以外宾为主，则先用英语，后用汉语。

(5) 话务员遇到无法解答的问题时，要将电话转交领班、主管处理。

(6) 话务员与客人通话时，声音必须清晰、亲切、自然、甜美，音调适中，语速正常

(如话务员习惯性音调偏高或偏低,语速偏快或偏慢,则应通过培训加以调整)。

(7) 话务员应能够辨别酒店主要管理人员的声音,接到他们的来话时,话务员须给予恰当的尊称。

(8) 为客人提供电话转接服务时,接转之后,如对方无人接电话,铃响半分钟后(五声),必须向客人说明:“对不起,电话没有人接,请问您是否需要留言?”需要给房间客人留言的电话一律转到前厅部问讯处。另外,所有给酒店管理人员的留言(非工作时间或管理人员办公室无人应答时),一律由话务员清楚地记录下来(重复、确认)通过寻呼方式或其他有效方式尽快将留言转达给酒店管理人员。

(9) 为了能迅速、高效地转接电话,话务员必须熟悉本酒店的组织机构、各部门的职责范围、服务项目及电话号码,掌握最新的、正确的住客资料。

(10) 如遇查询客人房间的电话,在总台电话均占线的情况下,话务员应通过计算机为客人查询。但此时应注意为客人保密,不能泄露住客房号,可接通后让客人直接与其通话。

(11) 接到火警电话时,要了解清楚火情及具体地点,拨打119,然后按下列顺序通知有关负责人到火灾现场:

① 通知总经理到火灾区域。

② 通知驻店经理到火灾区域。

③ 通知工程部到火灾区域。

④ 通知保安部到火灾区域。

⑤ 通知医务室到火灾区域。

⑥ 通知火灾区域部门领导到火灾区域。

进行以上通知时,话务员必须说明火情及具体地点。

五、叫醒服务的问题与对策

叫醒服务是酒店为客人提供的一项基本服务内容,但常常发生叫醒失误的现象,引起客人投诉。

(一) 叫醒失误的原因

叫醒失误的原因有以下几种:

1. 酒店方面

(1) 话务员漏叫。

(2) 话务员做了记录,但忘了输入计算机。

(3) 记录的房号太潦草、笔误或误听,输入计算机时输错房号或时间。

(4) 计算机出了故障。

2. 客人方面

(1) 错报房号。

(2) 电话听筒没放好,无法振铃。

(3) 睡得太死,电话铃响没听见。

（二）叫醒失误的对策

为了避免叫醒失误或减少失误率，酒店方面可从以下几方面着手，积极采取措施：

（1）经常检查计算机运行状况，及时通知有关人员排除故障。

（2）客人报房号与叫醒时间时，接听人员应重复一遍，得到客人的确认。

（3）遇到电话没有提机，通知客房服务员敲门叫醒。

（4）遇到客人赶飞机、火车等交通工具的情况时，提供人工叫醒服务。

（5）话务员提供完叫醒服务后，要复查，并在叫醒服务记录上逐一打钩，最后签字。

（6）话务主管(领班)，要对叫醒服务记录逐一核查，签字。

还有一种情况，就是客人虽然听到了叫醒电话，但没有及时起床，结果误了事，反而责怪酒店没有提供(或没有按时提供)叫醒服务，要求酒店对此负责，并赔偿损失。为了避免这类事件的发生，一种有效的办法是安装一台录音电话，将叫醒服务的通话记录下来，作为证据保存。

另外，需要说明的是，叫醒服务(wake-up call)不同于叫早服务(morning call)，它是全天候 24 小时服务，而不只限于早晨的叫醒。在一些酒店，叫醒服务由计算机自动控制，客人要求下午或晚上某个时间叫醒，结果叫醒铃响后，拿起电话听到的第一句话仍然是：“Morning, your morning call.(早上好,您的叫早服务)” 令人啼笑皆非。

案例

叫醒服务无小事

李红是一家四星级饭店的话务员，一天晚上她接到营销部团队联络员的通知，住店的一批外宾次日早 7:10 要求叫醒服务，李红立即为这批外宾做了叫醒服务的安排。两个小时后，1812 房客人打电话到总机要求次日早 6:10 叫醒，为了避免客人口误将房号报错，李红梅问清了客人姓名，于是与计算机信息进行核对，细心的她发现客人计算机信息备注栏注明的同来客正是次日早 7:10 要求叫醒的这批外宾，也就是说 1812 房客人就是这批外宾中的一位。“为什么这位客人单独要的叫醒时间与饭店营销部团队联络员通知的时间不一样?” 李红有了疑虑，但是并没有惊动 1812 房客人，而是按照其要求为其安排了叫醒服务，之后立即将情况反馈给营销部团队联络员。团队联络员大吃一惊，毕竟叫醒时间前后差了一个小时，究竟是客人口误还是自己工作失误? 团队联络员连夜打电话给这批外宾的翻译，原来客人要赶次日早 8:10 的航班，所以叫醒时间是早上 6:10；话务员李红的细心避免了一次叫醒服务的失误。

点评：“细节决定成败”，这话的确有道理。在酒店硬件不断更新的今天，酒店在竞争中能处于不败之地的关键取决于服务，而服务的成功就在于不遗余力地重视细节。

当话务员接到 1812 房客人要求叫醒服务的电话后，没有草率地为客人做叫醒安排，而是通过查询计算机，确认客人姓名与房号无误后，方为客人做叫醒安排。难能可贵的是话务员在核查计算机信息时，不仅核对了房号、姓名，还细心地查看了计算机备注栏的内容。当话务员发现客人要求的叫醒时间与饭店营销部团队联络员安排的时间不一致时，没有大惊小怪地惊动客人，而是及时地联络到了团队联络员，通过再次确认叫醒时间，避免了一场误机事件的发生。

由此可见，话务服务不仅要热情、礼貌、高效，还必须准确、细心，这样才能避免各种不该发生的事情，避免给客人造成种种麻烦、损失。

第五节　商 务 中 心

为了满足客人的需要，现代酒店(尤其是商务型酒店)一般都设有商务中心(business centre)，为客人提供打字、复印、翻译、电子邮件及传真的收发，文件核对、抄写，会议记录及代办邮件，打印名片等服务(参见图 3-12)。

商务中心通常设在酒店大堂附近的公共区域内，一则方便店内外客人，二则便于与前台的联系。此外，为了方便客人从事商务活动，商务中心应具有安静、舒适、优雅、干净的环境。

图 3-12　酒店商务中心

一、商务中心的工作内容

(1) 秘书服务。专业的打字服务，同时也可视客人要求安排全职的秘书。

(2) 会议厅租用。对于需要格外私密的会议，商务中心拥有配备先进视听设施的会议室可供租用。

(3) 办公室设备租用。手提式计算机、手机、传真机、幻灯机及其他商务设备，均可按小时或按日使用计费。

(4) 印刷服务。可安排印刷名片等小型印刷品。

（5）传真、快递、邮寄。商务中心提供快速的全球传真、快递和邮寄服务。

（6）翻译及口译服务。可安排各国专业文字和口语翻译。

（7）商务参考图书馆。商务中心拥有贸易期刊和当前本地及国际报纸杂志，使客人在旅途中也与世界同步。

二、商务中心机构设置

商务中心可设立商务中心文员和票务员两个服务岗位。其中，商务中心文员负责回答客人有关商务服务的问讯，为客人提供复印、翻译、打字、传真收发以及长话等服务。而票务员则负责代办客人的邮件业务，代办火车票、飞机票等交通票务以及旅游及体育娱乐票务，扩印照片，代印名片以及为客人提供小修理等项服务。

除上述岗位以外，商务中心还应根据其规模和业务量的大小，设主管(领班)1～2名。其主要职责是：

（1）负责对下属员工进行排班、考勤。

（2）检查商务中心的卫生情况及工作准备情况。如：价目表、计算器、收据、零钱；传真线路是否畅通；复印机是否正常(是否清晰、碳粉是否够)；计算机和打印机是否正常；碎纸机是否正常等。

（3）了解当天VIP情况，并安排好工作。

（4）检查当班员工仪容仪表、礼貌礼节、工作态度及服务质量，并做工作指示。

（5）查阅交接班本及有关文件、通知，注意将夜间接收的传真及时送到客人手中，疑难文件速交大堂副理处理，并核对前一天的营业日报表及单据，堵塞财务漏洞。

（6）做好当天工作记录。

（7）定期召开例会，讲评上周工作，传达部门主管会议的有关内容。

（8）定时填报当月工作报表(并做工作总结)，交下月工作计划。

（9）督导票务员做好票务工作。

（10）负责对员工的业务及外语的培训，并定期进行考核。

（11）根据员工的工作表现执行奖罚制度。

（12）协调与其他部门的关系，与电信局等有关部门保持密切联系，以保证电信业务的顺利进行。

（13）处理客人有关商务中心服务的投诉。

（14）检查文员的工作质量，发现问题，及时纠正。

（15）统计每日及营业收入，制作表格，签字后送计财部。

（16）保养好商务中心的各种设备。

（17）遇有难题，及时汇报或与酒店内外有关部门联系，以便尽快解决。

三、商务中心工作的基本要求及人员素质

商务中心工作的基本要求是：接待客人热情礼貌；回答客人问讯迅速、准确；为客人

提供服务高质、快捷、耐心、细致。

为了做好商务中心的服务工作，要求商务中心员工必须具备以下素质：

（1）熟悉本部门的工作业务和工作程序，掌握工作技巧和服务技能。

（2）性格外向，机智灵活，能与客人进行良好的沟通。

（3）工作认真、细致、有耐心。

（4）具有大专以上文化程度和较高的外语水平，知识渊博，英语听、说、笔译、口译熟练。

（5）具有熟练的计算机操作和打字技术。

（6）掌握旅游景点及娱乐等方面的知识和信息（如本市旅游景点及娱乐场所的位置、电话、票价及消费水准等），了解中国历史、地理；熟悉酒店设施、服务项目。

此外，作为商务中心的票务员，还应与各航空公司和火车站等交通部门保持良好的关系，熟知各种类型的票价及各种收费标准；熟知国内外邮政须知及收费标准；熟知国内外报纸、杂志的类型及收费标准。

四、商务中心职能的发展趋势

由于信息技术的飞速发展，越来越多的客人拥有自己的手机和笔记本计算机，在客房内也可以通过互联网直接订票，发送、接收电子邮件和传真，一些高档酒店还在其客房内配备了打印机、复印机和传真机，因而，客人对酒店商务中心的依赖程度大大减少，使得商务中心的生意日渐清淡，正如一些经营者自嘲式感叹："我们商务中心设备齐全，唯一缺少的就是顾客！"因此，未来酒店商务中心职能将淡化或异化，商务中心在很多酒店（特别是中小型酒店和非商务酒店）将消失。

本章小结

➢ 门童、行李员、"金钥匙"、总机接线员、商务中心等属于酒店前厅服务的范畴。

➢ 门童是酒店大门口的迎宾员，只有高级酒店才会设有这一专职岗位，中档酒店可由行李员兼任。门童的主要职责是指挥门前交通、迎宾、回答客人问讯。酒店可以选聘外国人或女性担任门童，以体现酒店的特色。

➢ 行李员是酒店一个重要岗位，他不仅要帮客人搬运行李，而且要与客人交流，适时地向客人推荐酒店的服务项目。因此，担任行李员工作，不仅要有健康的体魄，还要心细（否则，会出现行李差错和纠纷），要热情、有礼貌，善于与人沟通。

➢ "金钥匙"是高档酒店能够为客人提供"无所不能"的各种服务的岗位和人员，能够充分体现酒店全心全意为客人服务的服务理念。成为酒店的金钥匙必须具备很高的素质，包括丰富的知识、良好的人际沟通能力、较高的外语水平（最好是多种语言）、助人为乐的品格等。

➢ 商务中心是酒店一个正在"退化"的部门，许多传统的服务项目，如长途电话服务、打字、电传、传真等已经被手机和计算机所取代，转化为客人的自助服务。

思考题

1. 解释下列概念："金钥匙"　商务中心
2. 简述门童及行李员的岗位职责。
3. 行李服务应注意哪些事项？
4. "金钥匙"应具备哪些素质？
5. 简述酒店叫醒失误的原因与对策分析。
6. 酒店话务服务的基本要求有哪些？

即测即评

案例分析

行李丢失，谁来承担？

某日，某单位客人一行4人乘出租车到达某宾馆门前，准备入住。宾馆行李员为他们卸行李，他们则站在车旁监督。当卸下第二件行李时，行李员看见他们仍站在车旁，便挥手对他们说："你们不用盯了，可到大堂办理住宿手续，我会把行李送到你们的房间。"出于对行李员的信任，他们的视线再没集中在行李上。当他们正准备离开现场时，发现只卸下3件行李(他们共有4件行李)，立即叫另一位行李员追赶出租车，但车已开走。他们立即请求大堂副理处理此事。他们认为"宾馆对此事一拖再拖，敷衍塞责"，直到他们离开宾馆时也没有解决。

后经了解，宾馆方面指出，客人是从香港乘火车到该市又转乘出租车的。大堂副理接到客人请求后，随即调阅了监控录像。监控录像显示：行李员搬行李时把整个头都探到出租车后备厢内，画面上只能看到行李员下半身。据此宾馆认为，如果确实车厢内还有行李的话，行李员不可能看不到。行李员说：当时有两人进去办入住手续，另两人仍站在门口，行李一共3件。在往大堂拉的时候，客人H先生的妻子说少了一件行李，然后跑去追出租车，但没追上。

请问：在此案例中，孰错孰对？以后如何防范此类事件的再度发生？

补充与提高

Doorman为什么穿显眼的制服？

Doorman的制服在酒店中是最贵的。穿这么体面的制服，精神上也一下子抖擞起来了，肩上担着责任嘛！

金色辫带、金色扣子装饰的深蓝色燕尾服上配一个蝶形领结……身着酒店中最贵的衣装，站在大门前车水马龙的地方待机的就是Doorman。打开车门迎接到达的客人，关上车门送走出发的客人。也就是说，Doorman是酒店里比谁都最先迎来客人，也是最后送走客人的人，是“酒店的脸面”。既是脸面，就需要穿着有风度的衣装，持堂堂的态度。

Doorman身着华丽的燕尾服不仅仅是为了以上的原因，实际上，“显眼”本身就是Doorman工作的一部分。日本东京帝国饭店的大门前，从黑色高级轿车到出租车、包租车，一天平均往来的车辆有三千到四千辆，早晚高峰时间的混乱可不寻常，这时疏导大门前的交通也是Doorman的工作。站在众多的客人与汽车当中工作，不是特别注目就会被埋没掉。疏导交通的人自身卷进了混乱就顾不上工作了。与一般道路上的指挥交通的警官一样，不可不穿一眼就能看清楚的制服。

在这种场合下，也需要一定程度的威严。为了整理大门前的混杂状态，即使是客人也要听从Doorman的指挥。不管是多么重要的客人的驻车，若是给其他客人带来了麻烦，也要请他移动、开通道路。当然不是命令客人，是请求，是加了威严的请求。

Doorman就是为了这个穿起了堂堂的燕尾服，绝不是Doorman个人要对客人指手画脚。燕尾服是职务上的需要也是责任的象征，是请求客人们配合其工作的信号。

酒店经理人对“经理的困惑”的答复：
Re：酒店车队是否应独立于礼宾部?

Grace Yu　大连香格里拉大酒店　前厅部经理

http://www.shangri-la.com/en/property/dalian/shangrila

此类问题与员工素质及酒店的管理体制都有关系，我个人认为完全可以将车队归入礼宾部统一管理，但前提是该礼宾部负责人必须了解车队的日常运作及车辆的相关知识，且有一定的管理经验，对车队的每一位司机、酒店的车辆情况尽可能做到了如指掌，因为车队的管理同其他运作管理不同，涉及很多专业知识及安全方面的问题。

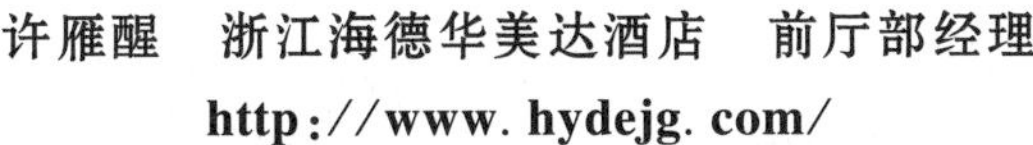

许雁醒　浙江海德华美达酒店　前厅部经理

http://www.hydejg.com/

是否统一管理，目的只为了更好地为客人提供服务。一个合格的车队经理有着非常好的驾驶各种客车的技术和车辆调派能力，通常礼宾部经理在这类能力上不如车队经理，甚至有些礼宾经理不懂驾驶车辆，所以在用车上，车队经理是专家。做为礼宾部应该多以请教的方式与车队紧密沟通，在沟通上常用“是否可行”等询问词语，共同为宾客提供优质的服务；车队经理也要理解作为一线工作人员也是更好地为客人服务。除此之外，双方应根据实际情况制定长期的常规用车计划，根据客人的不同需求制定相应的服务标准。把对方当作自己的客户，以礼相待，分享经验，一切考虑从大局出发，是否统一管理已成为次要。

第四章　前台接待与销售管理

前台接待与销售工作是前厅部的核心工作内容。前台员工除了要为客人提供主动、热情、礼貌和微笑服务以外，还要增强销售意识，掌握销售工作的艺术与技巧，并尽可能地缩短客人办理入住登记的等候时间，提高工作效率和客人的满意度。

前台销售工作的最佳境界是：将合适的客房，卖给合适的客人。而非将最高价格的客房卖给客人，否则客人即使勉强接受了，心里也不舒服，不满意，以后就不会再来，也不会将酒店推荐给亲友，这样，酒店将永远失去一位客人和许多潜在的客人。

本章学习目的

★ 了解前台接待工作的各项业务及工作程序。

★ 学会控制房态，提高客房利用率和服务质量。

★ 掌握前台销售艺术与技巧。

★ 掌握客房分配的艺术。

★ 学会处理接待工作中的常见问题。

关键术语：住宿登记　房态　销售艺术　客房分配

Key Words：Check-in，Room Status，Upselling，Room Assignment

经理的困惑

——前台员工忙于“工作”，无暇顾及客人怎么办？

酒店都要求接待客人要热情、有礼貌，就前台接待人员而言，我一直强调接待客人要热情、主动：有客人到来，要面带微笑主动向客人问好，主动打招呼。但总有很多前台接待员只集中精神在他们面前的计算机工作：记录客人资料及制作房卡等，这一来便忽略了与客人之间的接触及服务行业的核心宗旨：以殷勤好客的服务态度接待客人。对此，前台接待人员和收银人员却辩解说，很多时候她们都很忙：忙于接听电话；忙于处理手头的工作；忙于接待前一位客人……所以，根本顾不上招呼其他客人！她们说得似乎也有道理，这是一对矛盾，我不知道该怎么对她们说，难道前台的服务质量标准该放弃了吗……

第一节　前台接待业务流程

一、前台接待的主要工作内容

前台接待的主要工作内容包括为客人办理住宿登记手续(check-in)、修改客单、更换房间、调整房价、客人续住、取消入住、延迟退房等。本章内容以 Opera 系统为例(参见图 4-1)。

图 4-1　前台接待的主要工作内容

二、前台接待(check-in)程序

(一) 散客接待流程

前台接待业务(check-in)主要指为客人办理住宿登记工作。客人的住宿登记工作是由前台接待员(receptionist)负责办理的。接待员要向客人提供住宿登记表，负责查验客人有关证件，为客人开房，并指示行李员引领客人进客房。

前台接待业务流程如下：

1. 向客人问好，对客人表示欢迎

这是向客人提供礼貌服务的第一步，表示对客人的欢迎，是对前台接待人员最基本的要求，但在国内很多酒店又是缺失的。

2. 确认客人有无预订

办理住宿登记时，首先要确认客人有无预订。如果站在你面前的是一位预订客人，可对客人说：“欢迎您，××先生(小姐)，我们正等候您的光临!”以示酒店对其关心和重视。

3. 查验证件

查验客人的身份证明(身份证、护照等)，对其进行扫描。

4. 办理入住

(1) 预订客人。如客人为预订客人，找到客人的预订信息，直接为客人办理入住登记手续(参见图 4-2)。

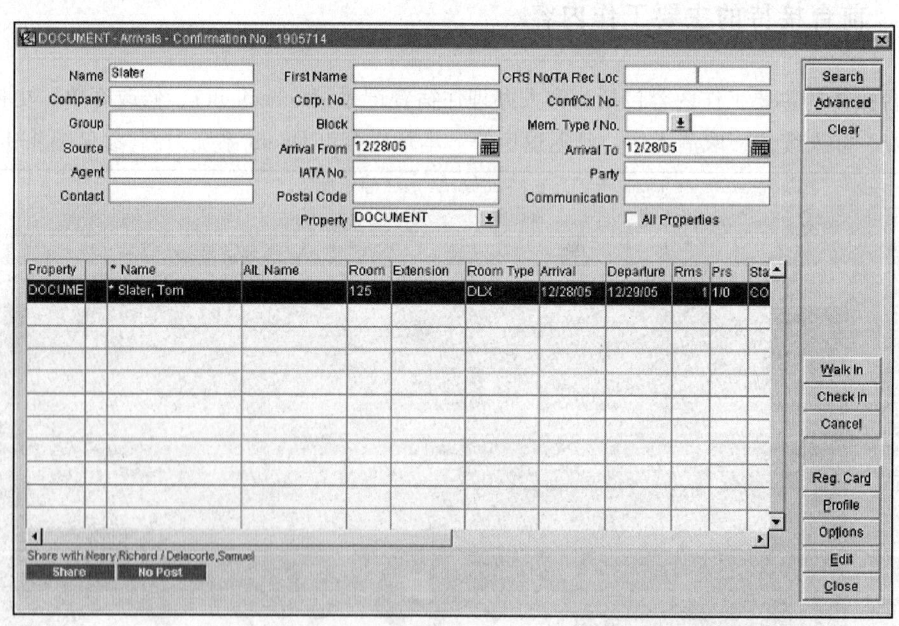

图 4-2 在系统上找到客人的预订信息，为客人办理入住登记手续

点击右侧功能键：“Check In”，系统会弹出支付方式对话框(参见图 4-3)。

如果客人接受系统自动分配的房间，则点击“OK”按钮；如果要更改房间号码，则从“可用房间搜索”界面(available room search screen)重新选择新的房间号。再点击“OK”键。

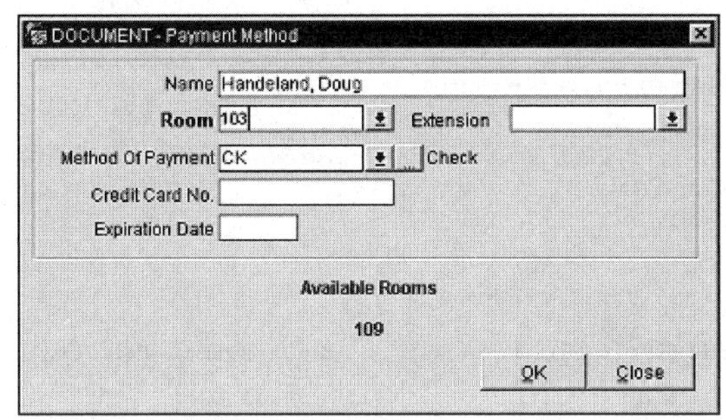

图 4-3　为客人办理入住手续

（2）散客。如果客人没有预订(“walk-in guests” or “chance customers”)，在有空房的情况下，应尽量满足客人的住宿要求，为客人排房，办理入住手续(参见图 4-4，点击图右侧功能键“Walk In”)，并注意艺术地向客人推荐酒店提供的包价项目以及餐厅、酒吧、游泳池、桑拿等其他服务项目。

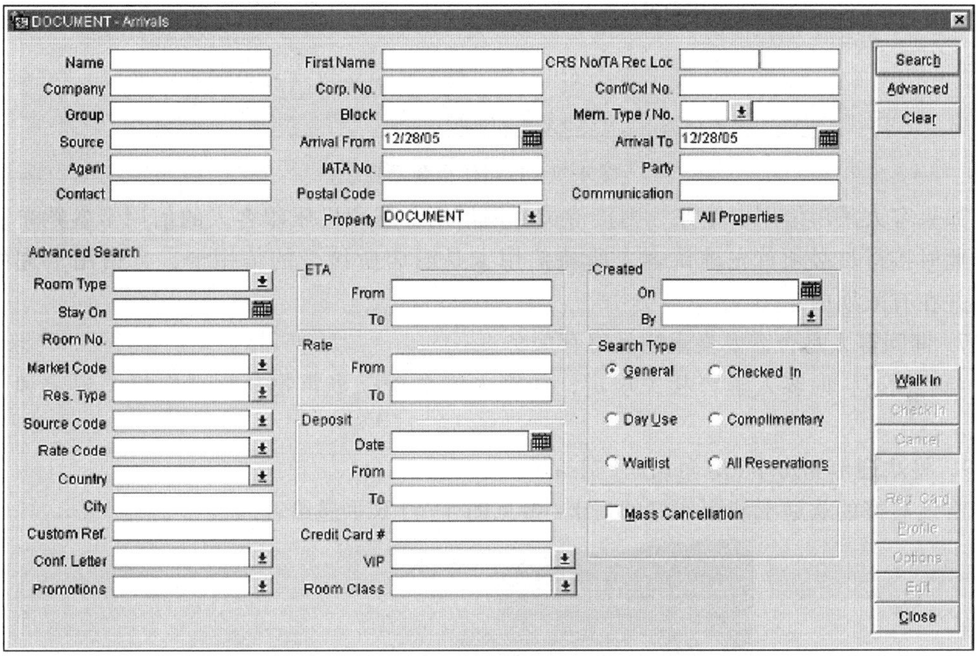

图 4-4　为非预订客人办理入住登记手续

对于未经预订而抵店的客人，如果客满，可以拒绝其留宿。不过，这时最好帮他在同等级的其他酒店联系客房，这样，客人是不会忘记你的善举的，而且，如有机会，下次还会来酒店投宿。

5. 打印住宿登记表

安排好房间后，为客人打印住宿登记表(参见图 4-5)，请客人签名。

6. 收取押金

为了防止不良客人的逃账行为或损坏酒店的设施设备，同时也为了方便客人在酒店消费，为客人提供一次性结账服务，酒店通常都会要求客人在办理入住登记手续时，预付房金或押金(通常为房费总额的两倍)，所付押金由前台结账处负责保管，并向客人出具收

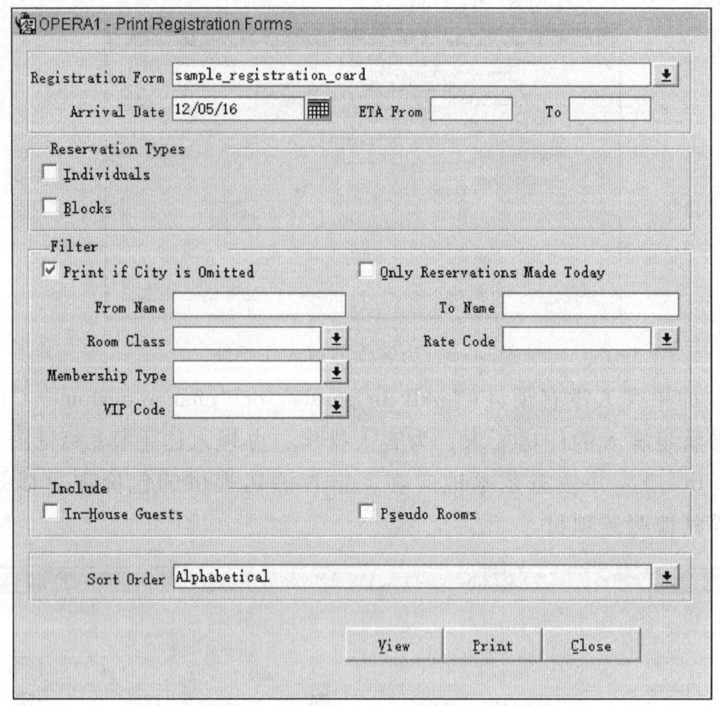

图 4-5 打印住宿登记表

据。如果客人采用信用卡结账，则接待员要用信用卡压印机压印客人的信用卡签购单，不过，此时接待员必须首先确认客人所持信用卡是酒店所接受的信用卡，且信用卡完好无损，并在有效期内。

7. 询问客人是否需要贵重物品寄存服务

与此同时，向客人解释相关规定，如客人需要寄存贵重物品，则按相关规定和程序办理。

8. 将欢迎卡和房卡(房间钥匙)交给客人

将填写好的欢迎卡和制作好的房卡(参见图 4-6)双手递给客人。

图 4-6 房卡

欢迎卡也称为“hotel passport”（酒店护照），其主要作用是：

（1）向客人表示欢迎。很多酒店的欢迎卡上都印有总经理对客人所致的欢迎辞。

（2）表明客人的身份。欢迎卡是楼层服务员为客人开房的依据，同时也可用做客人在餐厅等酒店其他场所消费或购买酒店服务时签单的依据（如果这些服务场所没有计算机，或虽有计算机，但没有与前台收银处联网，则在欢迎卡上必须注明客人所交押金额，并盖有酒店的印章）。

（3）起一定的促销作用。很多酒店在其欢迎卡上印有酒店服务项目，以便向客人推销酒店的服务。

（4）起向导作用。一些酒店在其欢迎卡上印上本酒店在城市中的位置及地址、电话等酒店信息，客人外出时可作为向导卡使用。

（5）起声明作用。还有的酒店在其欢迎卡上印上诸如：“请将贵重物品存入酒店贵重物品保险箱，否则，酒店概不负责。”“访客的最后离店时间是晚上 11 点。如需在酒店过夜，请去前台登记”等类似酒店声明或客人须知之类的文字，就一些容易发生的纠纷，明确酒店与客人之间的权利和义务。

在办理入住登记手续时，前台接待人员还应问清客人是否需要开通房间电话（除了长途电话外，很多酒店的市内电话也是收费的）？是否需要签单消费？如需要，则办理相关手续，并提醒客人在消费前出示“欢迎卡”或房卡，以免引起不必要的麻烦。

9. 指示客房或电梯方向，或招呼行李员为客人服务

在将房卡和钥匙交给客人后，要向客人指示客房或电梯方向，或招呼行李员为客人服务，同时祝愿客人入住愉快。

10. 将客人的入住信息通知客房部

在客人办理完入住登记手续离开柜台后，接待员要将客人的入住信息通知客房部，以便服务员做好接待准备。

11. 为客人设立账户（open an account）

在账户设置表格中输入客人姓名、抵达日期、结账日期、房号、房间类型及房费等（参见图 4-7），然后将账单（一式两联）连同一份住宿登记表和客人的信用卡签购单一起交前台收款员（cashier）保存。

对于使用转账方法结账的客人，一般需制作两份账单：一份（A 单）记录应由签约单位支付的款项（如房费和餐费等），是向签约单位收款的凭证。另一份（B 单）记录客人需自付的款项。

团队客人同样需要两种账单：即团队主账单和分账单。团队主账单用来记录与全团有关的费用，这部分费用由组团单位或接待单位支付（备注栏内应注明单价与人数、使用客房数及转账单位名称）。分账单用来记录需由个人支付的款项，分账单的数量可根据用房数和团队人数确定。一般而言，中小型团队只需开立一个分账单即可，但应注意将个人账目区分开来，把客人房号登记在账单上，以便

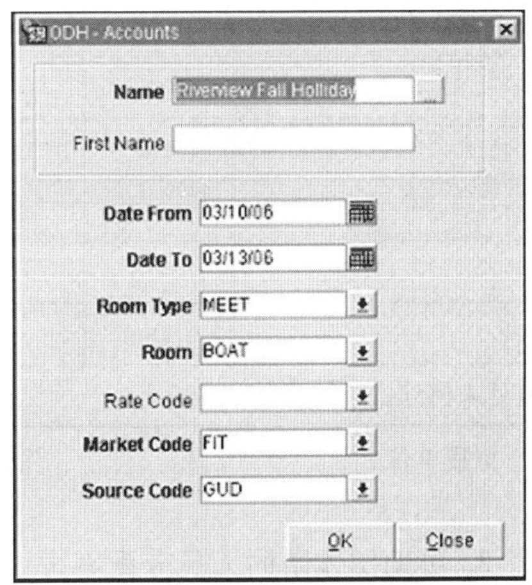

图 4-7　开设账户

核对。

（二）团体客人接待流程

1. 做好团体客人抵店前的准备工作

在一些酒店，团体接待与散客接待是分开的，团体入住登记由团体接待部门负责。团体客人抵店前，团体接待员的准备工作有以下内容。

（1）根据团体订房要求，查看计算机房态资料，安排团体客房，打印团体用房分配表。团体分房单必须送至管家部、礼宾部等部门，让他们做好准备工作。如撤走小酒吧的酒水等。

（2）准备好团体客人信封。信封上标有房号，信封内有客房钥匙及酒店促销品等。

（3）随时与管家部联系，了解房间卫生清扫状况。

（4）准备好住宿登记表、团客资料单及团体入住确认表。团客资料单的印发是为了将团体客到信息通知给相关对客部门。团体入住确认表即账单。

（5）如果团体客人行李已到，则应吩咐礼宾部妥善保管好。

2. 请客人登记

（1）团体客人到达后，由团体接待员迎接。如团体人数较多，大堂副理或宾客关系主任要出面维持秩序。

（2）弄清团体名称，找出订房资料，确认人数、房间数，掌握付款方式。

（3）请团体陪同人员，如导游、领队或会议组织人员等，协助填写住宿登记表（很多情况下，该表在团体客人抵店前，陪同人员已事先准备好），参见表4-1。

表4-1 团体人员住宿登记表

Registration Form of Temporary Residence for Group

团队名称： 日期 年 月 日 至 年 月 日

Name of Group Date Year Mon. Day Till Year Mon. Day

房号 Rm No.	姓名 Name in full	性别 Sex	出生年月日 Date of Birth	职业 Occupation	国籍 Nat.	护照号码 Passport No.
何处来何处去						

留宿单位： 接待单位：

3. 协助团体陪同人员分配客房、分发房卡和钥匙

4. 与团体陪同人员确认房间数、房间类型、司陪床位数、餐饮安排、叫醒时间及出

行李时间等，填写确认单

5. 了解付款方式

团体订房单上会标明付款方式——现付或转账。如现付，则应请收银员收款；如转账应由地陪签名确认，最后将账单送交前台收银员。

团体入住，接待单位大多只负责房租和餐费，其他费用客人自理。如个别团体客人要求开通房间长途电话，拥有在酒店消费的签单权，则应要求客人事先交纳一定的押金。

6. 将标明房号的团体客人名单交一份给行李员

7. 制作相关表格，传递信息

（1）填制“团客资料单”。对于团体客人，除了填写“团体人员住宿登记表”以外，接待员应在该团陪同人员的配合下填写“团客资料单”（group information sheet），分别发送至总机、问讯处、前台收银员、礼宾部、餐饮部、管家部、大堂副理等相关部门、人员。它是这些部门、人员为该团客人提供服务的重要依据。“团客资料单”的内容包括团体名称（group name）、抵达日期（arrival date）、离店日期（departure date）、行李件数（pieces of luggage）、搬运行李时间（luggage out）以及叫早时间（morning call）等（参见表4-2）。

（2）更改房间状况。

（3）填写“在店团体一览表”。

（4）团队抵店后，如需要改变预订要求或有其他特殊要求，则接待员要制作“更改通知单”和“特殊要求通知单”。

表 4-2　团客资料单

团队会议名称＿＿＿＿＿＿＿＿＿＿＿＿编号＿＿＿＿＿＿

抵店日期＿＿＿＿＿＿时间＿＿＿＿＿＿由＿＿＿＿＿＿

离店日期＿＿＿＿＿＿时间＿＿＿＿＿＿赴＿＿＿＿＿＿

陪同/会务组人员＿＿＿＿房号＿＿＿领队＿＿＿房号＿＿＿＿

人数＿＿＿＿（其中:外宾＿＿＿华侨＿＿＿内宾＿＿＿男＿＿＿女＿＿＿夫妇＿＿＿＿）

编号	房号	姓名	编号	房号	姓名	编号	房号	姓名
1			11			21		
2			12			22		
3			13			23		
4			14			24		
5			15			25		
6			16			26		
7			17			27		
8			18			28		
9			19			29		
10			20			30		

续表

<table>
<tr><td colspan="16">用房总数______标准房______三人房______其他用房______
接待单位________________支付方法________________</td></tr>
<tr><td rowspan="2">名称</td><td colspan="3">日</td><td colspan="3">日</td><td colspan="3">日</td><td colspan="3">日</td><td colspan="3">日</td></tr>
<tr><td>餐别</td><td>标准</td><td>地点</td><td>餐别</td><td>标准</td><td>地点</td><td>餐别</td><td>标准</td><td>地点</td><td>餐别</td><td>标准</td><td>地点</td><td>餐别</td><td>标准</td><td>地点</td></tr>
<tr><td>早餐</td><td></td><td></td><td></td><td></td><td></td><td></td><td></td><td></td><td></td><td></td><td></td><td></td><td></td><td></td><td></td></tr>
<tr><td>午餐</td><td></td><td></td><td></td><td></td><td></td><td></td><td></td><td></td><td></td><td></td><td></td><td></td><td></td><td></td><td></td></tr>
<tr><td>晚餐</td><td></td><td></td><td></td><td></td><td></td><td></td><td></td><td></td><td></td><td></td><td></td><td></td><td></td><td></td><td></td></tr>
<tr><td colspan="16">备注________________________________
行李进店总数__________经手人__________行李离店时间__________
行李出店总数__________经手人__________运 输 工 具__________去__________
送：接待 总机 前台收款 餐饮部 客房部 留存 制表人__________
日 期__________</td></tr>
</table>

（三）VIP 客人接待流程

酒店贵宾，一般由大堂副理负责接待，前厅部接待处负责配合。贵宾入住登记在客房内进行。具体接待程序见本书第七章第一节“大堂副理”之相关内容。

第二节 客房状态的控制

一、客房状态

酒店客房状态通常有以下类型。参见表 4-3。

表 4-3 酒店常见房态

房态	英文	中文	备注
OC	Occupied & Clean	已清洁住客房	
OD	Occupied & Dirty	未清洁住客房	
VC	Vacant & Clean	已清洁空房	已完成清扫整理工作，尚未检查的空房
VD	Vacant & Dirty	未清洁空房	
VI	Vacant & Inspected	已检查空房	已清洁，并经过督导人员检查，随时可出租的房间
CO	Check out	走客房	客人刚离店，房间尚未清洁
OOO	Out of Order	待修房	硬件出现故障，正在或等待维修

续表

房态	英文	中文	备注
OOS	Out of Service	停用房	因各种原因，已被暂时停用的房间
BL	Blocked Room	保留房	为团体客人、预订客人以及重要客人等预留的房间
SK	Skip	走单房	一种差异房态。前厅房态为占用房，而管家房态为空房
SL	Sleep	睡眠房	指前厅房态为空房，而管家房态为占用房
S/O	Sleep Out	外宿房	住店客人外宿未归
LL	Occupied with Light Luggage	携少量行李的住客房	
NB	No Baggage	无行李房	
DND	Do Not Disturb	请勿打扰房	客房的请勿打扰灯亮着，或门把手上挂有“请勿打扰”牌
DL	Double Locked	双锁房	酒店(或客人)出于安全等某种目的而将房门双锁

二、房态的控制

做好房态的控制对于提高客房利用率及对客服务质量都具有重要的意义，是前台工作的重要任务之一。现代酒店基本上都采用计算机管理，控制房态则相对比较容易。房态控制的关键是员工工作要细心，同时，要做好信息的沟通。

房态的控制主要采取两种方法：一是设计和制作房态控制的各种表格；二是房态信息的沟通。

酒店的 PMS 系统要能够方便明了地显示酒店当前及未来一段时间，酒店各个房间以及各类房间的预订和使用状况。

（一）房间利用状况

1. 房态(room plan)

当前房态图实时显示酒店全部客房的当前房态：包括房号、当前房态、在住客人、预计抵达、预计离店等，可使用不同颜色和图例标识不同的房态。员工操作时，可按区域、楼层、房类、房号、房态等多项指标进行筛选、查询(参见图 4-8)。

客房图片及特征描述：点击图中的房号或房间类型，就会显示该房间(或房型)图片及其描述(参见图 4-9)。

客房统计数据：点击房态图右侧“Statistics”键，就会显示当日酒店预订房总数(total rooms reserved)、客房利用率(occupancy,%：当日客房使用数除以扣除 OOS 和 OOO 房以外的酒店客房总数)、当日预订抵店房数(arrival rooms)、当日续住房间数(stayovers)、当日预计离店房数(departure rooms)等(参见图 4-10)。

编辑(edit)：点击图右侧“Edit”键，就可查看并编辑房间预订内容。

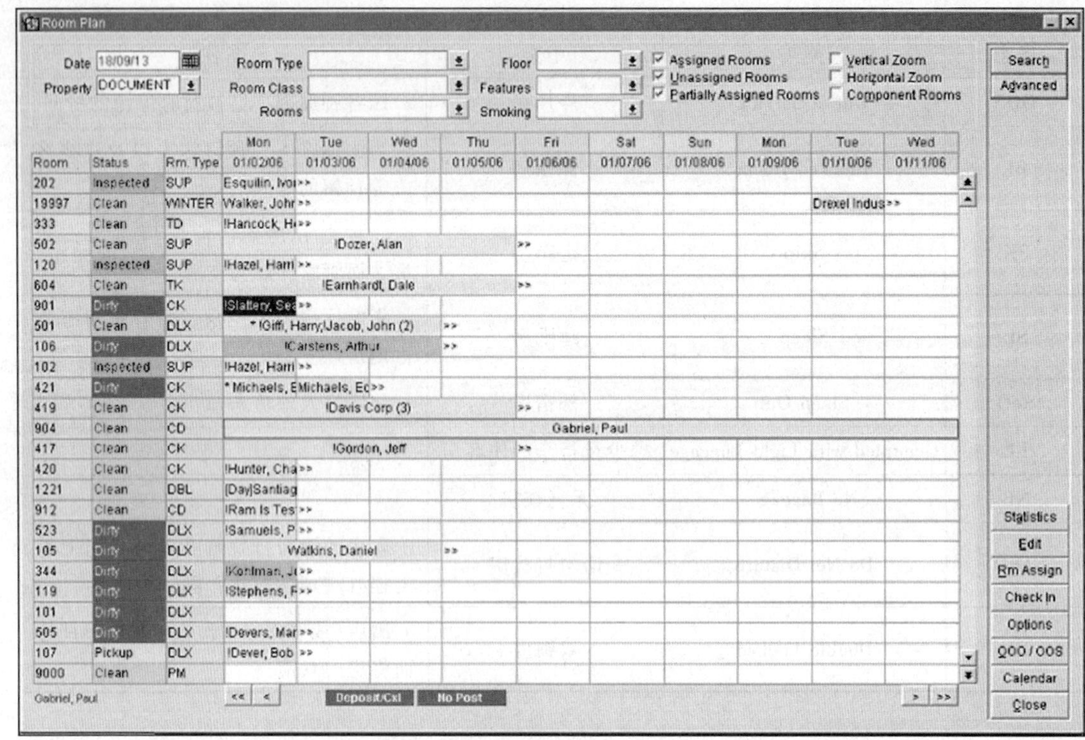

图 4-8 当前房态图

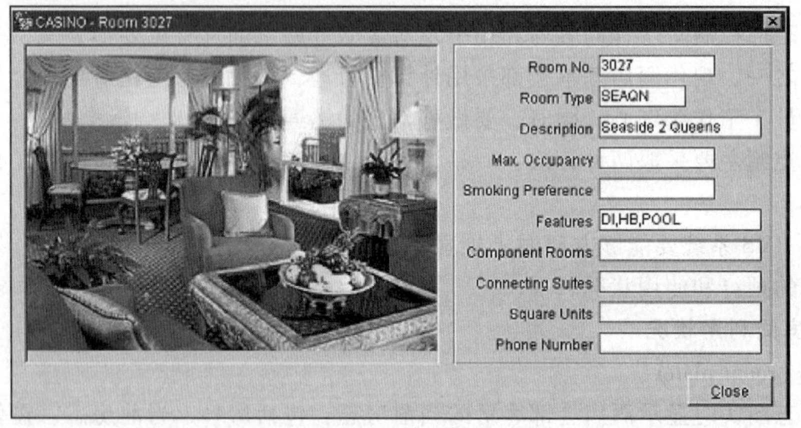

图 4-9 房间图片及特征描述

Total Rooms Reserved		15	6	3	5	1	0	0	0	11	11
Occupancy %		9.68	3.80	1.90	3.16	0.63	0.00	0.00	0.00	6.96	6.96
Arrival Rooms	>>	11	1	1	4	0	0	0	0	11	0
Stayovers	>>	15	6	3	5	1	0	0	0	11	11
Departure Rooms	>>	7	10	4	2	4	1	0	0	0	0

图 4-10 客房统计数据

客房分配(room assign.)：点击图右侧“Rm Assign.”键，系统就会带你进入客房分配页面，并根据预订情况自动分房。

入住登记(check-in.)：点击图右侧“Check In.”键即可为预计抵店客人办理入住登记手续。

选项(options)：选项一栏是指“预订选项”(Reservation Options)，比如“取消”“No-Show”等。

待维修房与停用房设置(OOO/OOS.)：点击图右侧“OOO/OOS.”键，你可以根据实际情况，设置酒店“待维修房”及“停用房”。

日历(calendar)：由此可进入酒店日历页面，员工可以在此界面创建新的预订。

通过“日历”，前台员工可以快速了解酒店在一定时期内要发生的事件(或与酒店有关的事件)，也可以快速了解某日酒店总的抵店人数与离店人数、可用客房数、开房率以及日常事务等。通过使用酒店日历，可以管理事件以及能够影响房价的特殊时期。在此，管理人员也可以输入能够影响酒店预订情况的事件，包括所在城市的节事活动、音乐会以及在酒店内发生的事件(参见图4-11)。

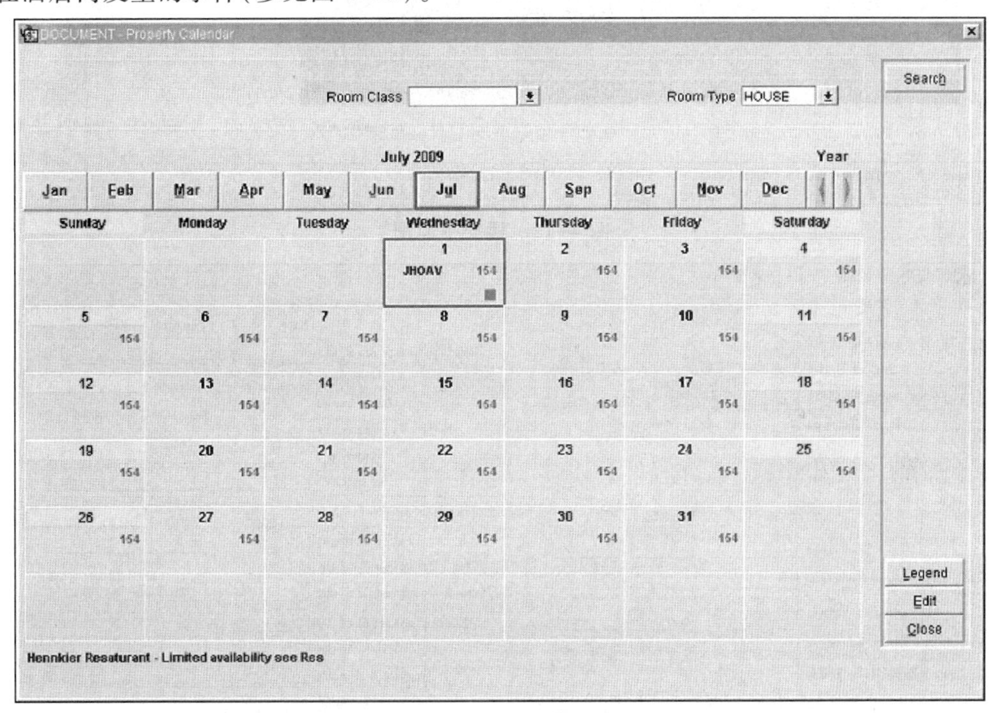

图4-11　酒店日历

2. 楼层平面图(floor plan)

按酒店建筑平面布局设计的楼层房态图，能方便以楼层为对象的客房管理(参见图4-12)。

3. 酒店当前状况(house status)

酒店当前状况统计表反映酒店当前客房利用总体状况(room summary)、免费房及酒店内部用房(complementary and house use)、当日客人抵、离店及续住情况(activity)、当日酒店客房利用预测(end of day projection)、管家部客房状态(housekeeping room status)以及做夜床状况(turndown status)等(参见图4-13)。

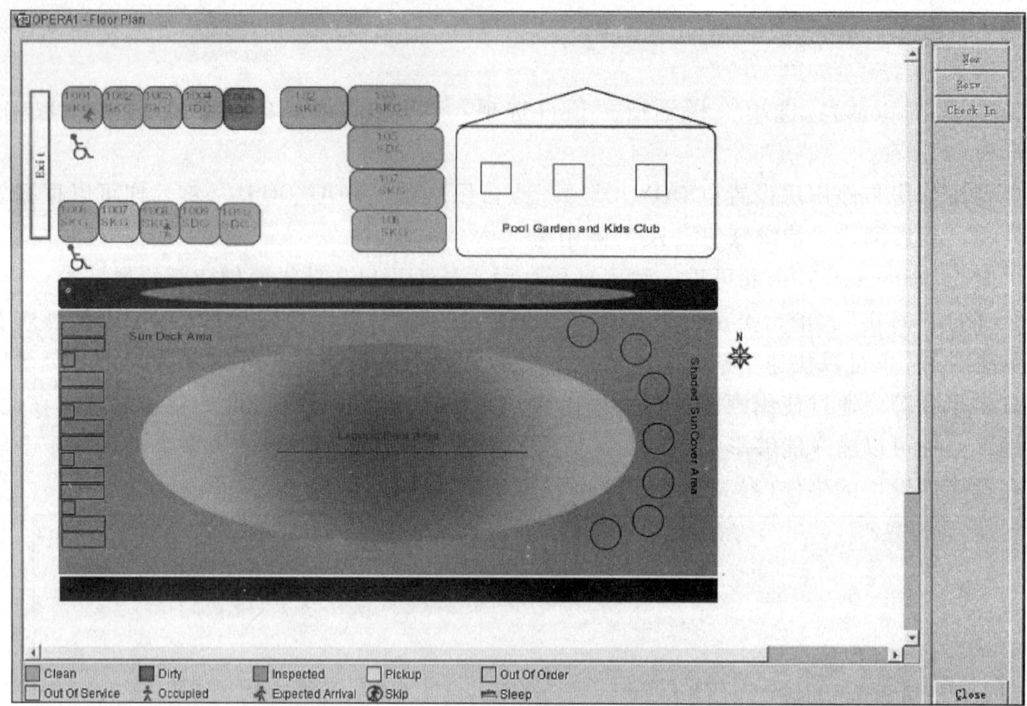

图 4-12 楼层平面图

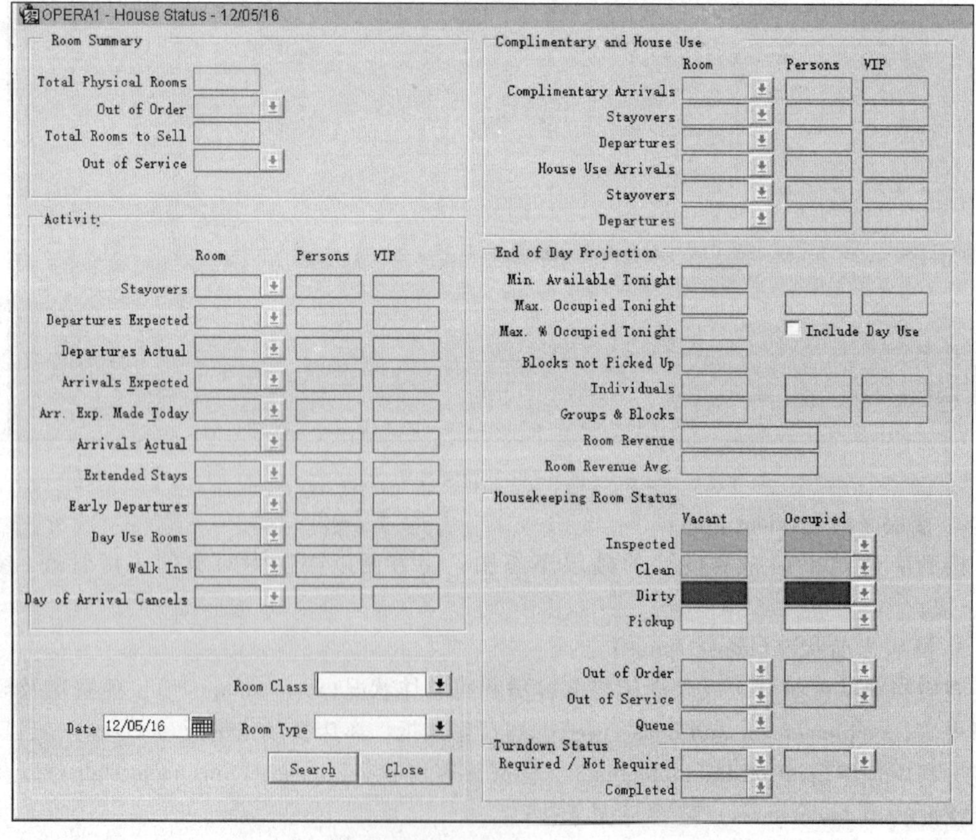

图 4-13 酒店当前状况

（二）客房状态差异表

客房状况差异表是用于记录前台显示的客房状况与客房部查房结果不一致之处的表格(参见表4-4)。此表是在接待员核对了客房部送来的检查报告后填写的。客房部的服务人员每天至少两次(早、晚各一次)检查客房自然状况，并将检查结果经客房部汇总后，以楼层报告或房态表的形式送前台。接待员应将其与计算机上所显示的房态表进行核对，如发现不同之处，应逐一记录在“客房状态差异表”上。前台应将差异表的副本送客房部，客房部主管与前厅部主管在各自亲自检查差异表上的每一间客房状况后，再次互通信息，以及时采取措施纠正错误。

表4-4　客房状况差异表

分送
财务部：
前厅部：
客房部：　　　　　　　　　　　　　　日期______时间______

房号	客房部状况	前厅部状况	备注

（三）房态信息的沟通

为了控制房态，前厅部管理人员必须做好部门间及部门内部的信息沟通。

1. 做好销售部、预订处、接待处之间的信息沟通，确保客房预订显示系统的正确性

（1）销售部与前厅部的接待处、预订处之间的信息沟通。销售部应将团体客人(包括会议客人)、长住客人等订房情况及时通知前厅部预订处。预订处、接待处也应将零星散客的订房情况和住房情况及时通知销售部。销售部与前厅部的管理人员应经常一起研究客房销售的预测、政策、价格等事宜；旺季来临时，还应就团体客人、零星散客的组成比例达成初步协议，以最大限度地提高客房使用的经济效益。

（2）接待处与预订处之间的信息沟通。前厅部的接待处与预订处之间的信息沟通对于正确显示和控制房态具有同样重要的意义。接待处应每天填写客房状况调整表，将实际到店客房数、临时取消客房数、虽预订但未抵店的客人用房数、换房数等信息通知预订处。预订处据此更新预订汇总表等预订资料。

2. 做好客房部、接待处、收银处之间的信息沟通，确保客房现状显示系统的正确性

（1）接待处与客房部之间的信息沟通。前台接待处应将客人的入住、换房、离店等信息及时通知客房部；客房部则应将客房的实际状况通知前台，以便核对和控制房态。两个

部门的管理人员还应就部门沟通中存在的问题，客人对客房的要求，客房维修、保养计划安排等事宜进行经常性的讨论、磋商。

(2) 接待处与收银处之间的信息沟通。客人入住后，接待员应及时建立客人的账单，并交收银处。客人住店期间，如住房或房价有了变化，也应利用客房、房价变更通知单将信息通知收银处。而客人离店后，收银处则应立即将客人的离店信息通知接待处。

第三节　客 房 分 配

一、客房分配的艺术

(一) 排房的顺序

客房分配应按一定的顺序进行，优先安排贵宾和团体客人等，通常可按下列顺序进行:

(1) 团体客人。

(2) 重要客人(VIP)。

(3) 已付定金等保证性预订客人。

(4) 要求延期之预期离店客人。

(5) 普通预订客人，并有准确航班号或抵达时间。

(6) 常客。

(7) 无预订之散客。

(8) 不可靠之预订客人。

(二) 排房艺术

为了提高酒店开房率和客人的满意程度，客房分配应讲究一定的艺术。

1. 要尽量使团体客人(或会议客人)住在同一楼层或相近的楼层

这样，一则便于同一团队客人之间的联系和管理；二则，团队离店后，空余的大量房间可以安排给下一个团队，便于管理，也有利于提高住房率。此外，散客由于怕干扰，一般也不愿与团队客人住在一起。因此，对于团队客人要提前分好房间或预先保留房间。

2. 对于残疾、年老、带小孩的客人，尽量安排在离服务台和电梯较近的房间

3. 把内宾和外宾分别安排在不同的楼层

内宾和外宾有不同的语言和生活习惯，因此，应分别安排在不同的楼层，以方便管理，提高客人的满意程度。

4. 不要把相互敌对国家的客人安排在同一楼层或相近的房间

如美国客人和伊朗等中东国家的客人，甚至由于贸易摩擦和文化差异，连美国客人和日本客人也有必要安排在不同的楼层。

5. 要注意房号的忌讳

如西方客人忌“13”，港澳及我国沿海等地的客人忌“4”“14”等带有“4”(音同“死”)字的楼层或房号，因此，不要把这类房间分给上述客人。有一年大年初一，一位香

港客人来到某酒店，当发现服务员给他安排的房间是“1444”号时，恼羞成怒，认为很不吉利，愤然离去。考虑到这些忌讳，一些酒店连“13”层楼都没有标出，而用“12A”或“A”层代替。

6. 晚到的客人，应尽量安排隔壁无人的房间

每天凌晨，酒店都会迎来一些客人。这些客人抵达后，在走廊内边走边聊天，洗漱、看电视、打电话等都会产生一些人为的噪声，可能会对周边的客人产生影响。因此，酒店在为此类型的客人排房时，应尽量安排隔壁无人的房间。如果房间出租率比较高，应在靠近电梯边的位置安排房间，将其影响降至最低。

7. 对于常客(回头客)和有特殊要求的客人，予以照顾

回头客是酒店的宝贵资源。为把回头客塑造成忠诚顾客，酒店一般会收集回头客的消费习惯，形成客史档案。一旦有回头客预订，预订中心要及时查看客史档案，根据其喜好的房间号码、朝向、楼层、房型等安排房间。如果因房间较满等无法满足其个性化需求，应在客人未抵达前电话通知客人，并采取一些弥补措施，取得客人的谅解。一旦其他客人退房，能满足其要求，应及时征询其意见是否调换房间。

二、预订排队(queue reservations/queue rooms)

预订排队(queue reservations/queue rooms)是指因客房尚未准备好而不能为客人办理入住时，暂时先将客人记录登记，并根据客人预订的等候时间决定为客人办理入住手续的先后顺序的一种前台管理方法(参见图 4-14)。其目的是公平快捷地做好前台接待工作。

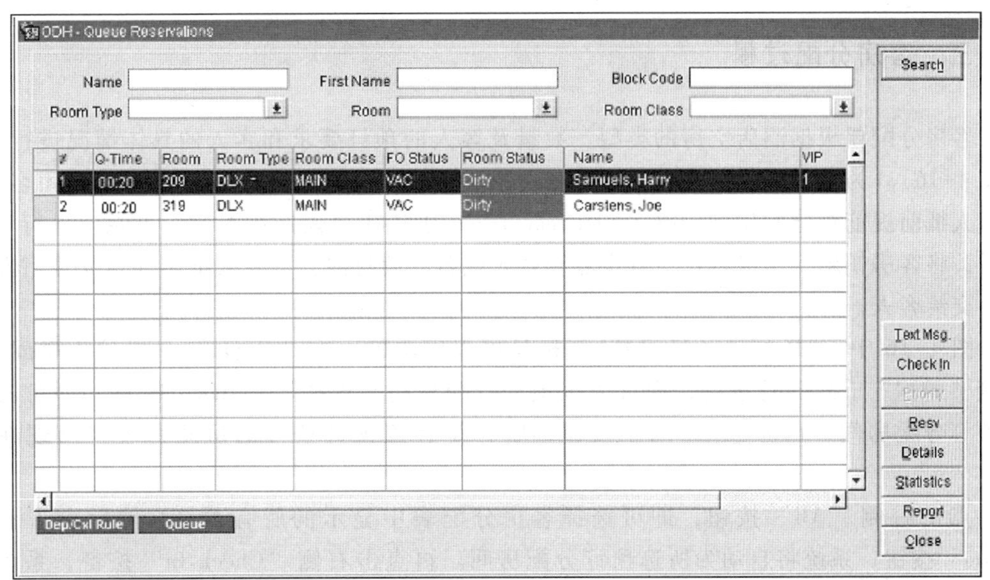

图 4-14　预订排队：点击其中的“Queue”指示灯，系统会自动更新所选队列中所有预订的最新排队时间。

Text Msg.(短信)：“Text Msg.”功能键允许前台员工向即将住店的客人手机发送短信，以便通知他们其所预订的房间已经准备好，可以办理入住了。这一功能还可与发给管

家部员工的通知短信结合使用，通知管家部员工某位客人正在等待入住某个特定房间，请客房部员工尽快准备好房间。

Check-In(入住)：点击“Check In”，系统将会出现“支付界面”(payment screen)。

Details(细节)：点击“Details”键，系统将进入预订客人的“客房编辑界面”(Rooms Edit screen)。

Statistics(统计数据)：点击“Statistics”，系统将显示当前排队队列中的详细预订信息(参见图4-14)。

有时，客人在其所预订的房间(或房间类型)准备好之前抵达酒店(比如,客人需要的房间有人占用,或前一位客人已经离店,但尚未打扫)。出现这种情况会在前台引起混乱，更为糟糕的是，除非这种情况得到迅速公平的处理，否则就会引起客人的不满。前台的预订排队系统会告诉你房间在排队中并提示你是否需要继续办理入住，还是暂时停止办理入住，并将客人的预订放在等待分房的队列中。这一系统可以帮助酒店公平地分房，并通过协调前台与管家部的工作，使客人快速入住客房。

对于已经位于排队队列中的预订，通过选择预订选项菜单中的“Queue”按钮，系统会显示这一预订在队列中的位置，还会允许你将这一预订从队列中取消。同时，系统还会显示这一预订已经排了多长时间的队，从而能够使员工根据预订在队列中的时间，决定分房的先后顺序或者应该先为哪些客人办理入住。(参见图4-15)。

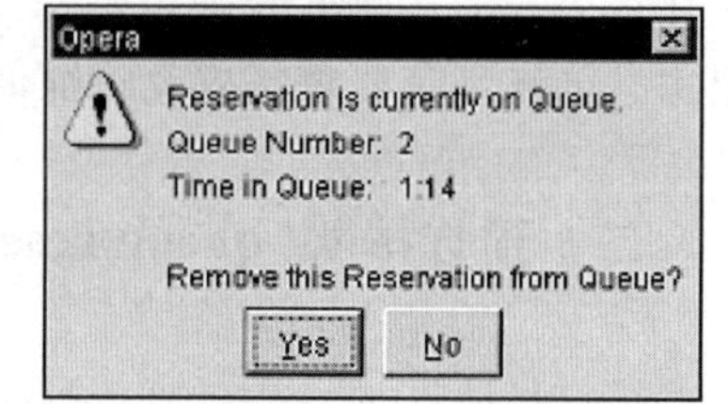

图4-15 系统的“排队预订”功能

三、客房分配过程

客房分配要根据酒店空房的类型、数量及客人的预订要求和客人的具体情况进行(参见图4-16)。为了提高工作效率，减少客人住宿登记时间，对于预订客人(尤其是团客)应在客人抵前提前预分配房间(pre-assign room)——通常在客人抵达的前一天晚上进行。分好后，将客房钥匙、房卡装在写有房号和客人姓名的信封内，等客人抵店并填完住宿登记表后交给客人。

图4-16中，“Room”(房间号)一栏是可以编辑的，在“Room”一栏输入房间号，右侧“排房”(Assign)按键，即可为该预订分配房间。选择“Assign”按键，即可为单个预订分配房间，点击“Assign”按钮，所有符合该预订条件的房间列表将出现在屏幕上。

点击右侧“All”按钮，即可选择客房分配表中显示的所有预订，然后点击右侧“Auto”按钮，系统将自动为所选预订分配房间。再点击右侧“Check In”按键，系统将为所选预订办理入住。

需要说明的是，团体客人的房间存在两次分配，由于接待员不了解团员之间的关系，因此，不便提前确定哪两位客人住在哪个房间，所以，在装有钥匙的信封上只能注明房号或团名，而不能写上客人姓名。对于每个房间的具体安排，要等到团队到达后，由熟悉团队情况的领队(group leader)或导游(tour guide)落实。

OPERAHLP - Room Assignment

X	Room Typ	Room	*	Name	Alt. Name	ETA	Rms	Departure	ETD	Adult	Child	Group/Compan
	BHUTQB		*	Dixon, Damon			1	10-01-12		1	0	
	SEAQN			Walkins, Daniel			1	10-01-12		1	0	
	SEAQN		*	Walkins, Donna			1	10-01-12		1	0	
	SEAQN		*	Gillespie, Abby			1	10-01-12		1	0	
	3KN			Brown, Ryan			1	10-01-12		1	0	
	SEAQN			Gillespie, Megan			1	10-01-12		1	0	

图 4-16　客房分配

四、房间控制

很多时候，在分配客房时，为了满足客人的需求，前台员工要对客房“实施控制”(placing a room on hold)，随后，又要“解除控制”(taking a room off hold)。在对房间实施控制期间，除了控制设定者本人以外，其他前台员工将不能对这些房间进行分配。控制期过后，房间将自动解控。

对房间实施控制的原因很多，比如，前台某位员工在为即将到店的4位客人分房，他们要求住在相邻的房间。这时，如果前台同时有其他几位同事在分房，就很难保证将相邻的4个房间安排给这4位客人，要做到这一点，就需要将相邻的4个房间加以控制，这时，除了该员工以外，其他人将不能对这4个房间进行分配。假如该员工设定的控制时间为5分钟，那么，5分钟以后，这些房间将自动解控，其他同事才能对其进行分配操作(参见图4-17)。

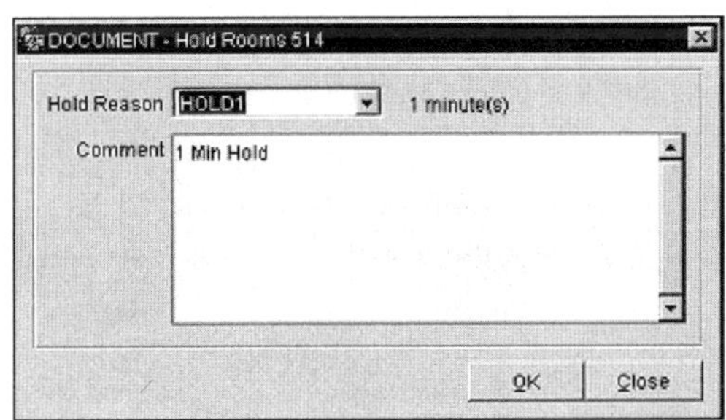

图 4-17　对房间实施控制(需要在表中给出控制原因、简单说明情况)

第四节 住 客 管 理

一、住客管理(in house guests)

通过前厅部的住客管理系统，管理人员可以了解和修改客人的预订信息以及住店客人的客档。除了住店客人的抵达日期、取消入住以外，其他预订信息都可以加以修改或更新。可以为客人换房，也可以变更客人预订菜单中的其他内容，包括客人的结账方式、留言以及添加固定费用等。

Opera 系统的住客界面与预订搜索界面一致，由于在此只搜索住客信息，所以，有关 No-Show、取消、订金等内容在此界面没有列出(参见图 4-18 及图 4-19)。

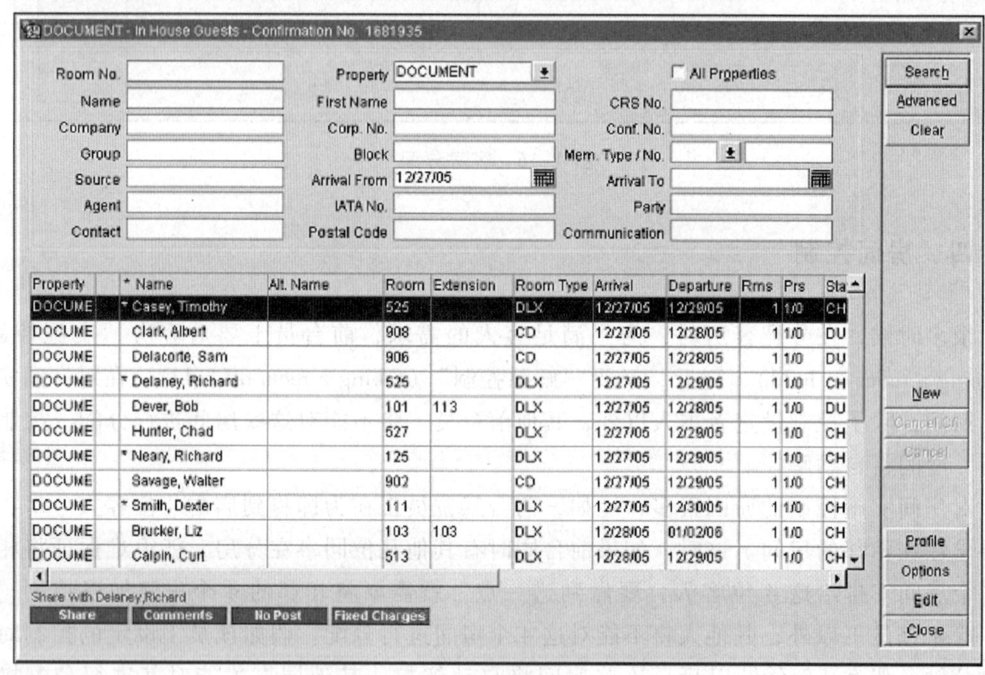

图 4-18 Opera 的住客管理界面

其中：

Source 预订来源 .

Agent 预订旅行社

Corp. No. 预订公司

IATA No. 国际旅行社联盟 (International Association of Travel Agents)

CRS No. 与预订相关的 GDS 交易号码或其他中央预订系统交易号码(central reservations system transaction number)

Conf. No. 预订确认号

Mem. Type/No. 会员类型/号码

Communication. 联系方式(包括电话、传真、E-mail 等)

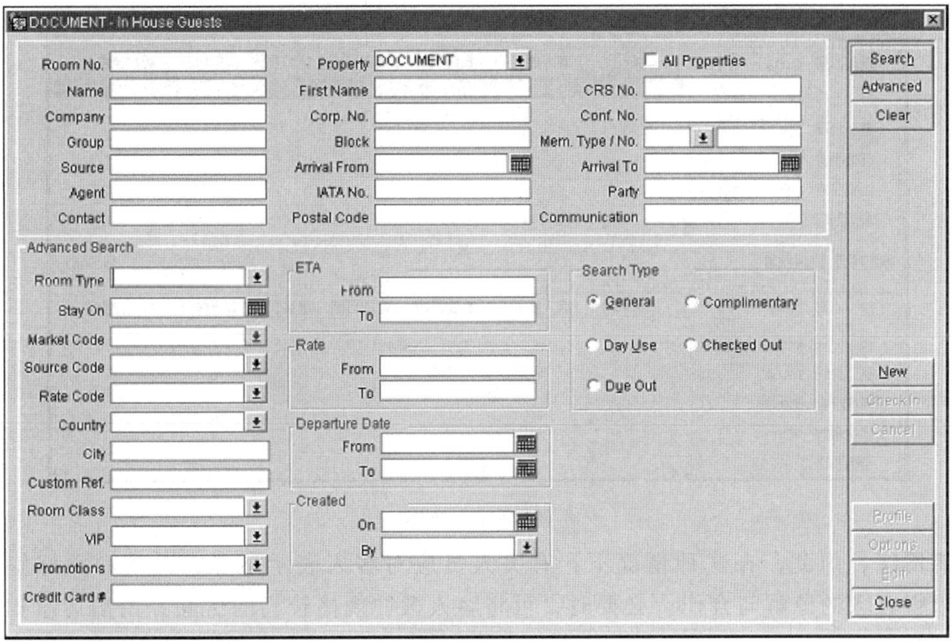

图 4-19　住客管理的高级搜索界面

二、换房与更改离店日期

（一）房间调换

由于种种原因，客人在住店过程中可能要求换房或更改离店日期，尽管这会在一定程度上给酒店的服务、接待和管理工作带来不便，酒店还是应尽量满足客人的要求，使客人在住店期间一切称心如意。

调换房间有时是按客人的要求进行的，有时则是酒店方面要求的。

客人要求调换房间通常有以下几种情况：

（1）正在使用的房间在其价格、大小、种类、噪声、舒适程度以及所处的楼层、朝向等方面不合客人的意。

（2）住宿过程中人数发生变化。

（3）客房设施设备出现故障。

客人提出要求调换房间时，首先要通过计算机等了解有无空房？能否满足客人的要求？如有空房，且只住一天，接待员自行安排；如属连住，则要通知预订员，并请其查阅有关预订资料。如能满足客人的要求，则请服务员或行李员带客人进新房间，并立即填写“换房单”（参见图 4-20），通知客房部、问讯处、贵重物品保管员、收银员、预订员、电话总机等有关部门和人员。如不能马上满足客人的换房要求，则要向客人说明，请其谅解。同时，要在“换房申请簿”上记录客人的换房要求，待有空房时，按客人提出申请的先后顺序予以满足。

假如酒店方面要求客人换房，往往是由于出现超额预订或房间设施设备发生故障等原因造成的，属于酒店的过错，而房间的调换又会给客人带来很多不便，容易使客人产

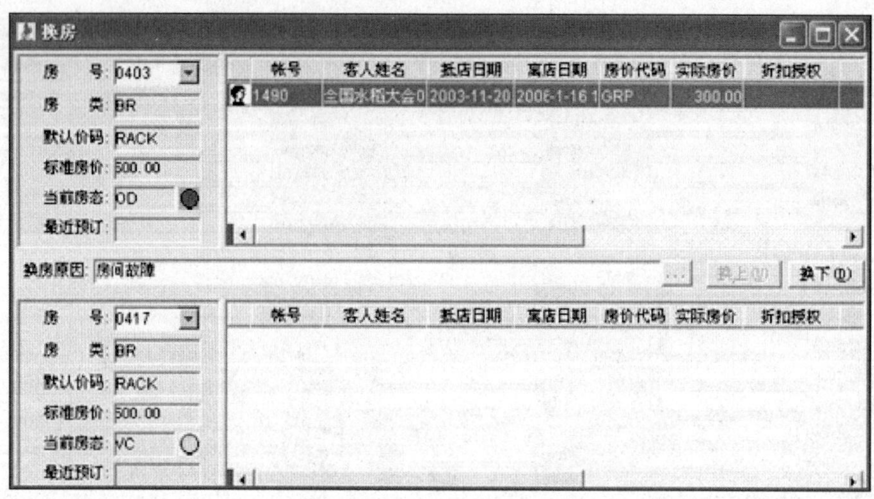

图 4-20 换房

生抱怨情绪，因此，在这种情况下，有关人员应对客人表示道歉，并耐心做好解释工作，求得客人的谅解与合作。必要时，可将客人搬往规格较高的房间并由酒店承担多出的房价。

（二）离店日期的变更

客人在住宿过程中，由于情况发生变化，可能会要求提前结账离店或推迟离店。

客人要求提前离店时，应通知预订处修改有关预订记录，并通知客房部尽快打扫房间。

如客人要求推迟离店，则要与预订部门联系，检查一下能否满足其要求，如果可以，则由接待员开出“推迟离店通知单”（参见表 4-5），通知客房部、结账处、问讯处等有关部门。

表 4-5 推迟离店通知

EXTENTION OF STAY

推迟离店通知

Name ______________________

姓名

Room ______________________

房间

AM

Is allowed to stay until ____________ PM ______________

可停留至

Date ______________

日期

Front Office Manager

Signed ____________

第五节　前台销售艺术与技巧

“在任何类型的销售中，最糟糕的错误是只报价而不证明消费价值!”如果说客房部和餐饮部是酒店的生产部门，那么前厅部就是酒店的销售部门，尤其是在没有设立独立的市场营销部门的酒店，前厅部要承担起酒店全部销售任务。因此，前厅部员工，特别是前台员工一定要掌握总台销售艺术与技巧。

一、前台销售的一般工作要求

要使销售成功，前台员工首先要表现出良好的职业素质，良好的职业素质是销售成功的一半。

前台是给客人留下第一印象的地方，客人初到一家酒店，对该酒店可能不甚了解，他对该酒店的了解和产品质量的判断是从前台员工的仪表仪容和言谈举止开始的，因此，前台员工必须面带笑容，以端正的站姿，热情的态度，礼貌的语言，快捷规范的服务接待每一位客人。这是前台销售成功的基础。

前台销售的一般工作要求包括：

1. 销售准备

（1）仪表仪态要端正，要表现高雅的风度和姿态。

（2）前台工作环境要有条理，使服务台区域干净整齐，不零乱。

（3）熟悉酒店各种类型的客房及其服务质量，以便向潜在客人介绍。

（4）了解酒店所有餐厅、酒吧、娱乐场所等各营业场所及公共区域的营业时间与地点。

2. 服务态度

（1）要善于用眼神和客人交流，要表现出热情和真挚。

（2）要面部常带微笑，对客人表示：“欢迎，见到您很高兴”

（3）要礼貌用语，问候每位客人。

（4）举止行为要恰当、自然、诚恳。

（5）回答问题要简单、明了、恰当，不要夸张宣传住宿条件。

（6）不要贬低客人，要耐心向客人解释问题。

二、前台销售艺术

（一）把握客人的特点

不同的客人有不同的特点，对酒店也有不同的要求。比如，商务客人通常是因公出差，对房价不太计较，但要求客房安静，光线明亮(有可调亮度的台灯和床头灯)，办公桌宽大，服务周到、效率高，酒店及房内办公设备齐全(如安装有DDD和IDD电话以及计算机、打印机、传真机等现代化设备)，有娱乐项目；旅游客人要求房间景色优美、干净卫生，但一般预算有限，比较在乎房间价格；度蜜月者喜欢安静、不受干扰且配有一张大床的双人房；知名人士、高薪阶层及带小孩的父母喜欢成套房；年老的和有残疾的客人喜欢住在靠近电梯和餐厅的房间……因此，前台接待员在接待客人时，要注意从客人的衣着打扮、言谈举止以及随行人数等方面把握客人的特点(年龄、性别、职业、国籍、旅游动机等)，进而根据其需求特点和心理，做好有针对性的销售。

(二) 销售客房，而非销售价格

接待员在接待客人时，一个常犯的错误就是只谈房价，而不介绍客房的特点，结果常常使很多客人望而却步，或者勉强接受，心里却不高兴。因此，接待员在销售客房时，必须对客房做适当的描述，以减弱客房价格的分量，突出客房能够满足客人需要的特点。比如，不能只说："一间500元的客房，您要不要?"，而应说："一间刚装修过的、宽畅的房间……""一间舒适、安静、能看到美丽海景的客房""一间具有民族特色的，装修豪华的客房"，等等，这类形容词是无穷无尽的，只在这样才容易为客人所接受。

当然，要准确地描述客房，必须首先了解客房的特点。这是对前台员工的最基本要求之一，酒店可安排前台员工参观客房，并由专人讲解客房的特点，以加深其印象。

(三) 提供选择菜单，从高到低报价

从高到低报价，可以最大限度地提高客房的利润率和客房的经济效益。当然，这并不意味着接待每一位客人都要从"总统间"报起。而是要求接待员在接待客人时，首先确定一个客人可接受的价格范围(根据客人的身份、来访目的等特点判断)，在这个范围内，从高到低报价。根据消费心理学，客人常常会接受首先推荐的房间，如客人嫌贵，可降一个档次，向客人推荐价格次高者，这样就可将客人所能接受的最高房价的客房销售给客人，从而提高酒店经济效益。

接待员在销售客房时，还要注意不要一味地向客人推销高价客房，否则，会使客人感到尴尬，甚至产生反感情绪，或者，即使勉强接受了，日后也可能不会再次光顾，酒店也将永远失去这位客人。所以，最理想的状况是将最适合客人消费水平的特点的房间推荐给客人，即将最合适的房间，推荐给最合适的客人。

(四) 选择适当的报价方式

根据不同的房间类型，客房报价的方式有三种：

"冲击式"报价。先报价格，再提出房间所提供的服务设施与项目等，这种报价方式比较适合价格较低的房间，主要针对消费水平较低的客人。

"鱼尾式"报价。先介绍所提供的服务设施与项目，以及房间的特点，最后报出价格，突出物美，减弱价格对客人的影响。这种报价方式适合中档客房。

"夹心式"报价。"夹心式"报价又称"三明治"式报价，即：将房价放在所提供服务的项目中间进行报价，能起到减弱价格分量的作用。例如，"一间宽敞、舒适的客房，价格只有600元，这个房价还包括一份早餐、服务费、一杯免费咖啡……"。这种报价方式适合于中、高档客房，可以针对消费水平高，有一定地位和声望的顾客。

(五) 注意语言艺术

前台接待员在推销客房，接待客人时，说话不仅要有礼貌，而且要讲究艺术性。否则，虽没有恶意，也可能会得罪客人，至少不会使客人产生好感。比如，应该说："您运气真好，我们恰好还有一间漂亮的单人房!"而不能说："单人房就剩这一间了，您要不要?"

（六）客人犹豫不决时，要多提建议，直到带领客人进客房参观

客人犹豫不决时，是客房销售能否成功的关键时候，此时，前台接待员要正确分析客人的心理活动，耐心地、千方百计地去消除他们的疑虑，多提建议，不要轻易放过任何一位可能住店的客人。要知道，这种时候，任何忽视、冷淡与不耐烦的表现，都会导致销售的失败。

（七）利益引诱法

这种方法是针对已经做了预订的客人而言的。有些客人虽然已经做了预订，但预订的房间价格较为低廉，当这类客人来到酒店住宿登记时，前台接待员存在对他们进行二次销售的机会，即告诉客人，只要在原价格基础上稍微提高一些，便可得到更多的好处或优惠。比如，“您只要多付 50 元钱，就可享受包价优惠，除房费外，还包括早餐和午餐。”这时，客人常常会接受接待员的建议。结果，不仅使酒店增加了收入，还使客人享受到了更多的优惠和在酒店更愉快的经历。

前厅部员工应该明白，自己的职责不仅是销售酒店客房，而且要不失时机地销售酒店其他服务产品，比如餐饮、娱乐等。很多酒店服务设施和项目，如不向客人宣传，就有可能长期无人使用，因为客人不知道。其结果，客人感到不方便，酒店也蒙受了损失。

在向客人推荐这些服务时，应注意时间与场合。若客人傍晚抵店时，可以向其介绍酒店餐厅的特色和营业时间、酒店娱乐活动的内容及桑拿服务；若客人深夜抵店，可向其介绍 24 小时咖啡厅服务或房内用膳服务；若客人经过通宵旅行，清晨抵店，很可能需要洗衣及熨烫外套，这时应向其介绍酒店洗衣服务。

第六节　前台接待中的若干问题及其处理

一、顾客的选择

酒店是为客人提供食、宿等综合服务的场所。作为酒店，有义务接待前来投宿的旅客。在国外，如果酒店无缘无故拒绝客人留宿，那么，该客人有权向法院提出起诉。但这并不意味着酒店必须无条件地接待所有客人。

对于下列客人，酒店可以不予接待：

（1）被酒店或酒店协会通报的不良分子或列入黑名单的人。在日本和我国的某些城市，受害酒店会向酒店协会呈交报告，协会向所有会员酒店通报不良客人的姓名等资料。

（2）拟用信用卡结账，但其信用卡未通过酒店安全检查者（如已被列入黑名单，或已过期失效，或有伪造迹象等）。

（3）多次损害酒店利益和名誉的人。

（4）无理要求过多的常客。

（5）衣冠不整者。

（6）患重病及传染病者。

（7）带宠物者。

(8) 经济困难者。

前台员工在接待客人时，对于上述人员可以婉言谢绝。

二、如何加快办理入住登记的速度

办理入住登记(check-in)的速度是体现酒店服务质量和服务标准的重要环节，每一家酒店都在力图提高前台入住登记工作的效率，减少客人的等候时间。

加快客人入住登记的速度不外乎有三种方法。

(1) 提高前台接待人员的服务技能和工作效率。

(2) 采用计算机等先进的科学技术手段(可以将客人的资料如预订信息、身份证信息等迅速输入和输出)。

(3) 改善工作流程。如为了加速有预订客人的入住速度，应该在客人抵店前做好相关的准备工作，如预先打印好入住登记表、制好电子钥匙、准备好欢迎卡或房卡、早餐券等。另外，为了加速登记过程，在接待客人填写客单时，通常只填写客人姓名、房号等基本的必需资料，尽快完成入住手续，待客人入住后，再回头补充输入客人的完整资料。

三、其他问题的处理

在前台接待工作中，常常会遇到下列情况，要求接待人员应妥善处理：

(一) 预订引出的麻烦

接待预订客人时，可能会遇到下列情况，应灵活处理：

1. 在当天预订单上并没有该客人的名字

出现这种情况的可能性有两种：一是客人没有预订；二是预订员或接待员工作疏忽造成的。无论属于哪种情况，如有空房应尽量满足客人的需要。如已客满，可请客人出示酒店发出的确认函，如果客人有确认函，则向客人表示道歉，同时为客人提供一间价格稍高于客人所预订房间的客房，并告诉客人，高出的房价由酒店承担，不用客人支付。如果高档客房已售完，则可将稍低档次的客房以优惠价格出租给客人。假如本酒店已无空房，则要将客人介绍到其他同档次的酒店，其处理方法与前面所讲“超额预订”时的处理方法相同。

如客人没有确认函，应向客人解释清楚，并表示歉意，同时可以建议为客人在附近同等级的酒店找一间客房。

2. 预订的确储存了，但同等价格的客房已没有了

这种情况与上述客人有酒店的确认函，但“在当天预订单上并没有该客人的名字”时的处理方法相同。

3. 停留天数与预订的不符

预订客人抵店登记时，一定要获得客人对离店日期的确认。假如客人提出的离店日期与其最初预订的不同，而那时酒店已客满，可告诉客人：“等过两天再说，有些客人可能会提前离店，那样您就可以保留房间了。”

4. 预订客人提前抵店

酒店一般规定中午 12 点为结账离店时间，如果预订客人在此之前抵店，这时应向客

人解释清楚，并建议其在大堂等候，或把行李留在酒店，先去咖啡厅喝杯咖啡或出去散散步。但如果是“VIP”或特别难对付的客人，可以建议他先在另一间客房等候，不过这“另一间”客房的标准不应高于所预订或分配房间的标准，以免使客人之后住进“他的”房间时产生失落感。

如果客人在深夜抵店，并住进客房，可加收半天房费。

（二）客人办理完入住登记手续进房间时，发现房间已有人占用

此时，应立即向客人道歉，承认属于工作的疏忽，同时，带客人到大堂或咖啡厅，等候重新安排客房。此时应为客人送上一杯茶(或咖啡)，以消除烦恼。等房间分好后，要由接待员或行李员亲自带客人进房。

（三）来访者查询住房客人

查到房号后，应先与住客电话联系，征得住客的同意后，再告诉访客：“客人在××房间等候”。

（四）旅游旺季，住店客人要求延住

旅游旺季，住店客人要求延住，而当天酒店已订满，遇到这种情况，前厅工作人员应妥善处理，以免得罪客人：

（1）向客人解释酒店困难，求得客人的谅解，为其联系其他酒店。

（2）如果客人不肯离开，前厅人员应立即通知预订部，为即将到店的客人另寻房间。如实在无房，只好为即将来店的客人联系其他酒店。

总之，处理这类问题的原则是：宁可让即将到店的客人住到别的酒店，也不能赶走已住店客人。

（五）客人离店时，带走客房物品

有些客人或是为了留作纪念，或是想贪小便宜，常常会带走毛巾、烟灰缸、茶杯、书籍等客房用品，这时应礼貌地告诉客人：“这些物品是非纪念品，如果您需要，可以帮您在客房部联系购买。”或巧妙地告诉客人：“房间里的××东西不见了，麻烦您在客房找一下，是否忘记放在什么地方了。”这时切忌草率地要求客人打开箱子检查，以免使客人感到尴尬，下不了台，或伤了客人的自尊心。

四、提高前台服务质量的途径

1. 多行注目礼

从客人进入酒店大堂朝前台走来，就是接待员意识到为客人提供服务并从内心引起足够重视的时候了。重视的表达方式是内晓房态，外行注目礼。内晓房态是指在客人询问之前，将现实房态了然于胸，外行注目礼就是面呈微笑，眼神亲和地看着客人走向自己。这其中有一大忌是一味地盯着人看，那样会自感吃力，客人也不自在。恰当的时间按双方可对视时算起，应不足 10 秒。大致分配为：与客人对视的时间是 6 秒，间断游离的时间是 4 秒。当然这个时间也不是绝对，还要看大门与前台的距离而定。注目礼行至客人站在接待员面前时结束。还有第二次注目礼是客人办理离店手续走出大门的这段时间。这个注目礼一定要行，而且一定要专注，不要游离，不要分心，要让客人感觉你一直在目送他。一旦客人回头，你除了仍旧微笑着注视他外，再配一个点头致意，道一声“您慢走”。有时给客人行离店注目礼比进店时的注目礼还重要，因为它渗透了更多的情感因素，令客人难以忘怀。小小注目礼不是接待员的简单行为，而是代表一个酒店对客人的诚心尊重。

2. 主动交流

主动交流是指客人在办理手续过程中接待人员（包括行李员、收银员）如何打破冷场局面，让客人不致无聊的一种意识行为。通常情况下，客人办理入住手续的过程中只是静静地等待，这其实不是客人自身希望的。每一声如家人的问候，对本地风土人情的介绍，商务环境的推荐等，都是客人希望从交流中得知的。前台接待员作为酒店与客人的第一接触人，理应担起这份义务。另外，在主动交流中还有一个互相配合的问题。如行李员还在搬运，接待员还在操作，收银员则可乘机与客人交流，适时得体的言行会减少客人等待的焦急感，更重要的是让客人感觉酒店对自己的看重。

3. 办事利索

前台办理入住手续一般不应超过 3 分钟，用现代高科技前台系统可以更快，但目前大部分酒店还达不到这个要求，尤其是退房。通知、查房、再通知，再汇总，现代酒店也考虑到这个情况，大都在前台旁设有休息处、阅览处，以方便客人等待。一般情况下的等待，客人还是可以接受的，只怕一些办事不利索的接待员、查房员慢慢吞吞、磨磨叽叽、反反复复。如客人问，××房有空吗时，接待员理应一口气和盘托出，而不是敲一下计算机才能报出；再问，再敲一下计算机。这个时间为什么要耽误呢？这就是典型的用心不专、准备不充分。客人最恼火这类可通过自身努力缩短时间而没去缩短的人。这些业务不精而导致办事拖拉不利索的表现，是应该通过培训避免的。

4. 见面熟

在大多数情况下，前台接待员对客人特别是一些常客采取一回生二回熟、三回四回成朋友的做法极具效果。只要客人住过一次，第二次入住时，接待员就老朋友似地招呼：，×先生，您好，很高兴又能为您服务。此话一出，客人哪有不高兴之理。接待员要亲近客人，打动客人，让他觉得很有面子，要千方百计熟记客人的体貌特征、习惯嗜好、姓名职位等，只有把客人当老朋友一样看待了，他才肯回头，才肯消费；不然，一个陌生、没留下任何念想的地方客人会回头吗？道理很简单，需要前台接待员去明了、去体会、去实践、去锻炼提高自己与客人见面熟的功夫。

5. 预询订房信息

预询客房信息一般是指客人在退房时，接待员从简短的交流中有意识捕捉客人下次再来的信息。比如：您住得习惯吗？还有哪些需要我们改正？您还会再来吗？大概在什么时间？需要我们做什么准备？当然，交流的前提是客人乐于奉陪。接待员将获取的信息资料留存，再与销售部配合跟踪，还是会有所收获的，这也体现出酒店欢迎客人的一种态度。

6. 经理常跟班

负责前台事务的经理跟班有几点好处：① 能及时发现问题及时处理；② 能了解员工工作状况，给他们以鞭策，保证接待质量；③ 能让客人感觉酒店对自己的重视。不同身份的人出面接待，客人表面不说，心里感受可不同。经理在跟班时适时给客人一些问候、一声祝愿、一点介绍，客人都会心存感激，极易产生对酒店良好的印象。对有些常客，经理现场执行一些优惠政策，更能保持常客对酒店的忠诚，对稳定客源、扩充客源有极其重要的现实意义。所以，跟班应成为前厅部经理经常的一项重要工作。

本章小结

➤ 前台接待工作最基本的要求热情、礼貌、高效、准确。总台的管理工作也是围绕这些要求进行的，管理人员要求总台接待人员努力为客人提供热情、礼貌、高效、准确的服务。要做到这一点，前台员工要比其他部门员工具有更高的素质，如良好的外部形象、流利的外语水平和语言表达能力、细心的工作作风，还要做好与其他部门特别是客房部、销售部的沟通，保证各种信息流畅通。

➤ 前台接待管理呈现几大新的特点。一是前台岗位的合并趋势，即接待、收银二合一，甚至三合一；二是很多酒店开始尝试让客人坐着办理住宿登记手续，不仅很多休闲度假村开始这么做，而且一些高档的商务型酒店也开始仿效，这是一种值得关注的现象。

➤ 销售客房是前台接待人员的主要任务之一。总台销售工作的目标有两个：一是提高客房的利用率；二是使客人满意。为此，前台接待人员必须掌握必要的销售技巧，这样，既能提高酒店的开房率，又能使客人满意。那种试图将最高价格的房间“推销”给客人的做法，只能引起客人的反感和不满，会把客人吓跑，即使做成了，也只能是“一次性买卖”，因而是不值得提倡的。

思考题

1. 解释下列概念：Chance Customer OOO 房　冲击式报价　鱼尾式报价　夹心式报价
2. 前台接待工作中经常出现的问题有哪些？如何解决？
3. 客房状态通常有哪几种？
4. 前台员工应该掌握哪些销售艺术与技巧？
5. 如何做好客房分配工作？

即测即评

案例分析

开重房引来大麻烦[①]

某日凌晨，保安部接到前台电话：1506 房李先生在客房丢失 1 万元现金。保安部立即

① 刘筱筱，《中国旅游报》，2008. 5. 28

派人询问情况。客人称其17时左右入住，将物品放好后，出去吃晚饭。23点回来后，却发现房间已被另一客人占用，于是俩人发生了争执。与前台联系后，发现因为接待人员工作疏忽，开重房。酒店立即将另一位住客进行了调房处理。但李先生却声称清点自己物品时，发现放在柜子里的现金不翼而飞。

点评：开重房是酒店前台工作中最具危害性的问题，不仅极易招致客人投诉，且对住客的隐私、财产安全等都会造成很大的威胁。这不仅仅影响酒店的声誉，且假如客人的隐私被发现或财物发生丢失，饭店还要承担相应的经济或法律责任，教训深刻，发人深思。因此，酒店管理者要认真总结分析“开重房”的原因，采取积极有效的预防和补救服务。

出现开重房现象的最主要原因往往是前台接待员疏忽，尤其是在客情繁忙时登记房间忘记在计算机中作“入住”标记，导致重复出售。为此，接待员应养成开房后立即改变计算机房态的习惯；酒店管理层亦应严格控制“预前售房”，如确实需要，接待员必须养成随时在计算机中标记“临时房态”的习惯。此外，接待员打印房间号错误或手写字迹潦草，而楼层服务员照房号误开房门亦容易导致开重房。鉴于此，接待员打印房间号码需细心，书写房号数字要清楚，尤其是团体磁卡袋，由于房号位置小，字迹辨认较易出错，尤其要写清楚；另外，前台不要重复使用磁卡袋，要及时处理已使用过的磁卡袋；楼层管家对字迹潦草的欢迎卡、团队袋及未能开门的房卡在不能确认时，要及时与前台进行沟通、确认。

客人早退房而收银员未及时收回房卡并“插限”也是导致开重房的原因之一。如常有客人电话退房，12点前房卡尚未失效，客人重新回到已退的房间，而此时房间已作为空房出售。为此前台接待员要注意及时回收房卡，对未收回房卡的房间应及时通知大堂副理“插限”，使客人手中的房卡失效，无法进入房间。类似的情况还有：A团队退出的房间打扫后即安排给B团队，但部分A团的“同住房”（两人并房的房间）误退，房卡未全部收回，且房门未及时“插限”，导致与B团队“重房”。为预防此现象的发生，收银员在团队退房时必须严格统计回收的房卡，对未收回的房卡进行“插限”处理。

还有一种情况是接待员将预排给团队的房间撤出来卖给了散客，而未及时将房卡从团队资料中撤取，导致团队客人与已入住的散客“重房”。预防方法是接待员尽量不要将团队预订的房间拿出来销售；如急需，要及时更改团队资料（房卡、团队组单等信息）；同时做好交接班工作，保证团队资料的复查及核对计算机房态；团队住店时要进行再次核对，争取做到团队登记“三把关”的严格操作。

客房服务员、行李员发现开重房后，应请客人在客房外稍等，并联系前台接待员立刻重新安排房间，尽量选择同一楼层、房型相同的客房；房间安排好后，行李员将宾客行李搬至房内，应及时为客人更换房卡，以保证客人的安全；行李员、客房服务员要养成开启房门前敲门报名、开门后环视房间的习惯，如意外出现重房，可冷静礼貌地告知客人“房间尚未清理干净，请稍候”；此外，楼层领班要定时核对房态与计算机记录是否相符，发现问题要与前台及时沟通，预防重房的发生；如有必要大堂副理或值班经理应向宾客致歉并进行有效的服务补救。

补充与提高

上销客房技巧（up-selling）

- 接待人员不管从自己的声音还是面容上，都应经常以微笑迎接客人，保持愉悦。记住：在销售酒店及其服务的同时也在推销接待人员自己。

● 和客人保持眼神的接触。

● 找出客人的名字，在对话中至少称呼客人三次。经常使用礼貌用语，如“先生”“小姐”称呼客人，用客人的姓，不要直接称呼客人的名字。

● 试图识别出客人的需要，因为这些需求可能在订房过程中没有被识别出来。结合客人的这些需要使之与可提供的房间的家具、客用品等相配对。例如一位在酒店住三到四晚的客人可能比一位只住一晚的客人更愿意住一间面积大一点的房间或独立的房间。度蜜月或度假的客人可能更愿意住一间有着自然景色的客房。

● 尽可能上销客房，首先通过指出房间的特征和优惠，提供一间升级的房间，然后告知房价。如果客人有订房，描述他们的房间和你所说的升级的房间之间的不同之处。散客是最好的上销机会。如果有两种不同类型的房间提供的话，说出他们的特征，优惠和两种房间的价格。不要只说出高价钱的房间而失去顾客。

● 感谢客人，祝愿他们居停愉快。在客人离开柜台前，前台员工应该感谢客人选择酒店和表达祝客人居停愉快的个人意愿。有些酒店规定在客人登记完上房不久，前台员工就致电客人询问客人对房间的满意程度。

酒店经理人对“经理的困惑”的答复：

Re：前台员工忙于“工作”，无暇顾及客人怎么办？

姜东皓　北京中旅大厦　客务部经理(北京客务经理协会　理事)

http://www.ckoy.com/BeijinCTS/index.html

这其实一直以来是个很头痛的问题，首先我们要冷静分析前台为什么忙。拿一个前台接待员两个小时的工作内容做剖析，做了哪几项工作、完成了哪些动作、哪些是规定的程序、哪些是当时具体情况要求的事宜，速度、效率、标准怎样？客人感觉如何？哪些我们做的是客人很在意的，哪些我们做的是客人根本不关心的？员工的疲劳程度怎样？一般人的承受能力如何？做了这样的调查，再结合酒店的实际情况，我们可以发现是什么因素造成了这种状况，是硬件条件落后还是员工素质低、能力差，还是培训不到位导致员工不知道该做什么、该怎么做？还是工作程序有问题？其实最可做、最能做的就是工作程序的改进，许多酒店都分一线部门、二线部门，但是作为酒店的高管应当清楚，当客人站在前台接待员面前时，其他的所有部门所有人都应当是二线部门，是配合者的角色，我们把前台员工一个工作日贡献的有效工作时间多少用在了和客人打招呼、问候、做问卷调查甚至是聊天上了呢？现状是很不够，跟前台工作密切相关的销售、客房、财务等部门能不能把非原则性的，与前台有关的操作流程简化到最低限度呢？为了给前台员工节省一分钟与客人交流，宁愿自己部门多付出两分钟的劳动，这是个观念问题，也是个能否质变的根本问题。当然前台的工作人员必须要清楚自己所从事的工作和角色，忙碌不能成为降低标准和质量的借口，目前条件不够理想恰恰是锻炼自己各方面能力的好机会，条件具备了更应该懂得珍惜这个平台，努力做好工作，发掘自己的潜质，前台人员就是精英分子，就应该能处理别人处理不了的问题，克服别人克服不了的困难，眼观六路、耳听八方是标准，游刃有余、心如止水是境界。

Grace Yu　大连香格里拉大酒店　前厅部经理

http://www.shangri-la.com/en/property/dalian/shangrila

前台工作中此类问题经常会遇到，有时会产生一定的矛盾，我认为首先要进一步加强员工培训，让员工真正了解对客服务的深层含义，让他们知道为什么要为客人提供优质服务？如果对客人微笑、主动问候会有什么好处，反之后果是什么？具体用工作中的案例进行培训，让员工逐渐从内心深处产生主动服务意识。

其次，酒店应该合理安排前台员工班次，调整前台工作程序，如：保证旺季及每日C/I和C/O高峰时段有充足人手，或转移前台所有电话接听功能，在规定时间安排后台或专人接听电话，保证前台工作人员集中精力为客人提供优质服务。

另外，按照行业规范，前台工作人员在忙碌工作的时候，对于等待在前台的客人要示意稍等，并且表示歉意。大厅的服务工作人员除了前台工作人员之外，还有大堂副理、首席礼宾司、GRO等一线服务人员。在入住高峰期时，应安排相应的人手在现场服务宾客，前台工作人员在忙碌时，大堂的其他宾客服务人员应及时与客人交流，为其提供帮助，尽可能地简化登记手续，提高前台工作人员的接待效率，即便在非常忙碌的时候也要微笑着与客人交流，不可出现冷落客人的现象。

第五章　收银业务与行政楼层管理

收银系统（或称前台账务系统）的主要功能是为客人、团体建立账户、收取押金、日常消费的记账、收款、结账等账务处理，覆盖客人从预订、入住、在店、离店各个期间的与账务相关的工作。

位于前台的收银处，每天负责核算和整理各业务部门收银员送来的客人消费账单，为离店客人办理结账退房手续，编制各种收银报表，及时反映酒店营业情况，从业务性质来看，前台收银一般由财务部直管，但由于它又处于接待客人的第一线，所以必须接受前厅部的指挥和管理。

收银员在为客人办理结账退房时，还应征求客人对酒店的意见，良好、快速的服务和临别问候将会为客人留下美好的最后印象。

本章学习目的

★ 了解并掌握前台收银业务及有关账务处理方法；

★ 了解前台结账退房手续；

★ 了解前台夜核业务的主要内容；

★ 了解行政楼层的运作情况。

关键术语：结账　夜核　账单　财务报表　行政楼层

Key Words：Check-out，Night Audit，Folio，Financial Reports，Executive Floor.

经理的困惑

——面对这样的客人，该怎么办？

王先生是我们酒店的常客，略有复杂的社会背景，其之前押金基本都能及时交纳，就算当时未能交付，之后也能补上。

但自从今年年初长包一房间后，渐渐开始交付押金不及时，往往要前台催过好几遍才肯来交，而且每次都比应补足金额少交了一部分，每次都说他是长住客、老客人，不用怕他逃账的。一两个月后该房间已差了好几千元。前台将情况报告给我，我作为前厅部经理，要求他们加大催款力度，但此客人变得常常是半夜才抵达，而且经常不是其本人入住，打其电话，他又说要找老总重谈折扣，要不就说自己在外地有事，再不就是在电话里破口大骂酒店员工不信任他。由于我们是园林式的酒店，该房位置离前台比较远，而且是属于老房，用的还是钥匙，无法刷卡封门。如此又一两个月过去其欠款已上万元……

面对这样的客人，我们该怎么办？

第一节　收银业务

在 Opera 系统中，收银员可以从客人的当前预订界面进入收银页面，也可以从收银页面(Cashiering Section)进入(参见图 5-1)。

进入前台收银系统，需要输入收银员身份号码(the Cashier ID)。

一、账务处理

“Billing” 是 Opera 系统为客人结账活动的起始处。在这里，我们可以看到客人的完整账单、过账、修改当前收费，或者调整以前的交易、为客人结账以及处理很多其他与客人相关的账务活动(参见图 5-2)。

图 5-2 中表标题栏显示结账客人的姓名和房号；上半部分显示该客人预订的详细资料(包括客人的当前账户余额、抵离店日期、客房价格、房价代码、与预订有关的公司或团队名称、客人数以及房间类型等)；窗口部分则显示客人住店期间所发生的所有交易和费用。

(1) Post(入账)：选择这一功能，可以手工将各种费用输入客人账户(如房费、税金、食品、饮料等)(参见图 5-3)。

对于有交易编码的费用项目，可以采用快捷入账界面(参见图 5-4)。

图 5-1　前台收银业务

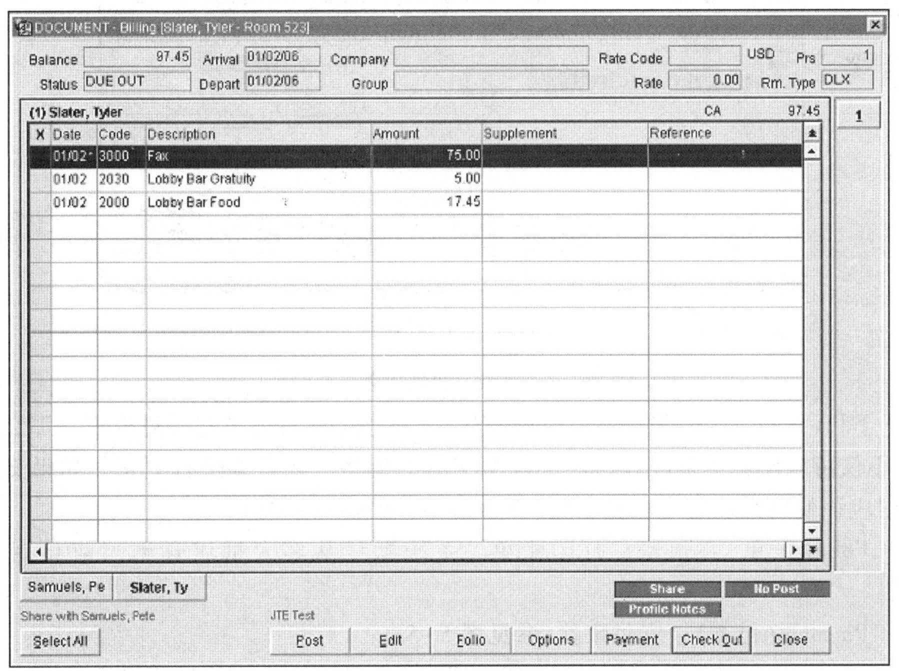

图 5-2　Opera 账务处理系统

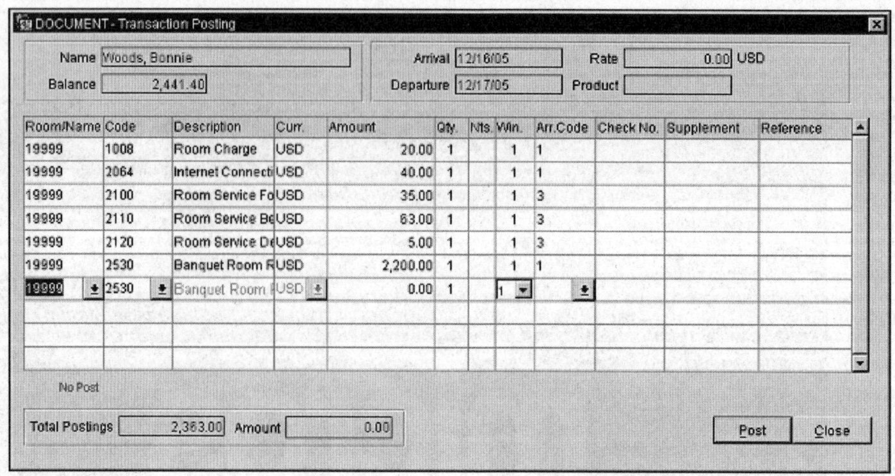

图 5-3　入账

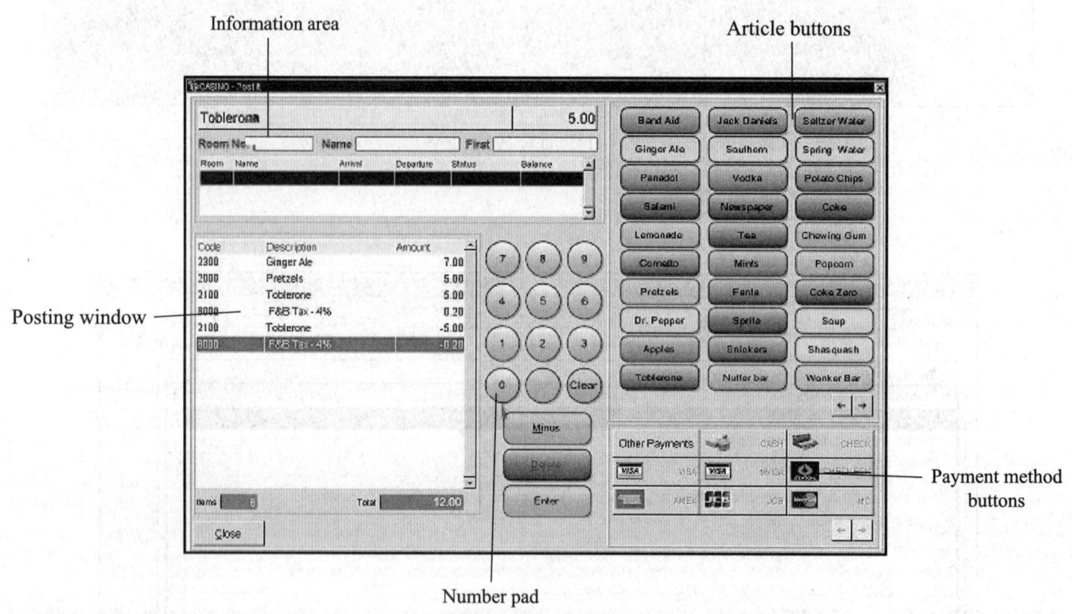

图 5-4　快捷入账

（2）Edit(编辑)：显示交易的详细信息。如果这笔交易还没有经过夜审，那么，点击“Edit”不仅可以预览交易详情，还可以对交易的价格、数量等进行更正。如果交易已过夜审，则应该使用系统的“调整功能”（ adjustment function）。

（3）Folio(账单)：预览、打印账单。系统默认从客人抵店日到当前日期的费用账单。

（4）Payment(付款)：支付账款(参见图 5-5)。

（5）Check-Out(退房)：点击该按钮，即表示已为客人办理完结账退房手续。

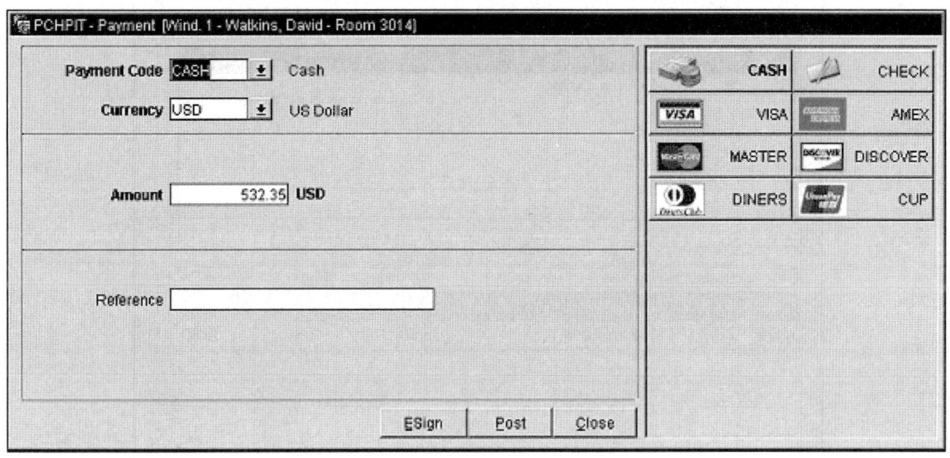

图 5-5　付款方式

二、收银报表

收银员的收银报表主要包括现金收入报表、支票收入报表、外汇收入报表、信用卡收入报表、应收账款结算报表(AR settlements report)、杂项收入报表以及押金报表(deposit transfer report)等(参见图 5-6)。

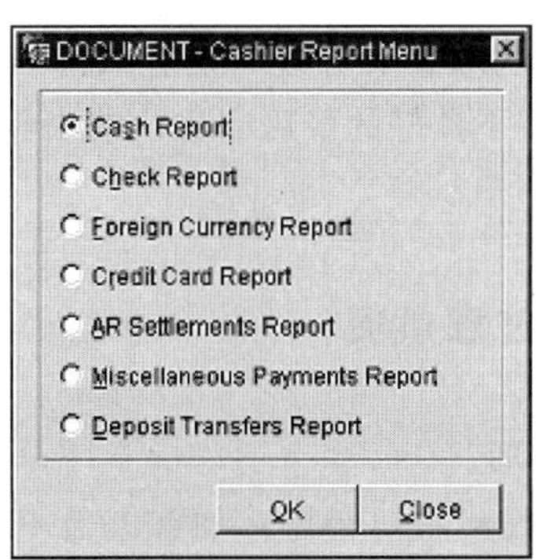

图 5-6　收银报表

三、"非住客"(passer by)消费

"The Passer By" 功能主要用于处理非住店客人的交易。比如一位商务客人来到前台想要给他的办公室发一份传真。他会现场支付传真费用，但要求打印一份账单。同样，前台人员也可以利用这一功能来处理那些不想将某交易记入其账单的住店客人的消费(参见图 5-7)。

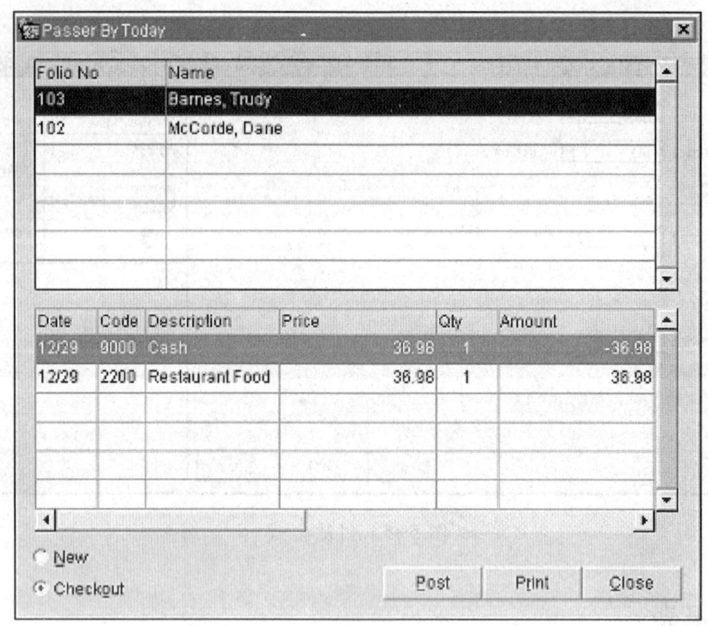

图 5-7 “非住客”(passer by)消费

第二节 结账业务管理

结账业务(Check-Out)由总台收银员办理，是客人离店前所接受的最后一项服务。为了不影响客人的事务，给客人留下良好的最后印象，结账业务的办理要迅速，一般要求在 3~5 分钟完成。

一、办理结账业务时的注意事项

(一) 散客结账时的注意事项

(1) 客人结账时，要注意收回房门钥匙。如客人暂不交钥匙，在通知楼层客人结账时，提醒服务员收回钥匙，并记下楼层接话人工号。

(2) 通知楼层服务员迅速检查客房。客人结账时，要通知楼层服务员迅速检查客房，以免有客人的遗留物品或房间物品有丢失或损坏现象。

为了提高工作效率，同时防止当着客人面电话要求客房服务员“查房”而引起客人的不悦，很多酒店的计算机管理系统中有这样一个功能，即收银员通过输入计算机房号结账，信号会发到房务中心(声音提醒)，中心值班人员当即通知楼层服务员查房，楼层再报中心由中心把查房的结果输入计算机。

(3) 委婉地问明客人是否还有其他临时消费(如电话费、早餐费等)，这样做的目的是防止出现漏账现象，以免给酒店造成损失。

(4) 注意做好“验卡”工作

① 检查客人信用卡的安全性

- 辨别信用卡的真伪。检查信用卡的整体状况是否完整无缺，有无任何挖补、涂改的痕迹；检查防伪反光标记的状况；检查信用卡号码是否有改动的痕迹。
- 检查信用卡的有效日期及适用范围。
- 检查信用卡号码是否在被取消名单之列。

② 检查持卡人的消费总额是否超过该信用卡的最高限额。如超过规定限额，应向银行中请授权。

(5) 如果客人用支票结算，则：

① 检查支票的真伪，注意辨别那些银行已发出通知停止使用的旧版转账支票。

② 检查支票是否过期(在签发日期 10 日内有效)，金额是否超过其限额。

③ 检查支票上的印鉴是否清楚完整。

④ 请客人在支票背面留下联系电话和地址，并请客人签名，如有怀疑应及时与出票单位联系核实，必要时请当班主管人员解决。

收银员在为客人办理结账业务时，一定要按照酒店规定的程序和要求进行，否则将会造成管理混乱，影响对客人的服务质量。

案例

有人监听电话

隆冬的一天，时已深夜，某大酒店值班经理接到 A 房客人打来的电话。

“我很气愤，酒店居然晚上有人监听客人的电话，这还像涉外大酒店吗?”客人在电话中怒吼道。

值班经理挂上电话马上着手调查，他打开计算机，意外地发现 A 房竟是空房，该房客人下午已经结账离店了。

“空房怎么还会有人住?”值班经理大为不解。他到各有关部门去查看记录后，才真相大白。

原来那天下午，行李员领班接到 A 房客人电话，要他办两件事。一是派行李员前去房间取行李，另一件事是通知前台收银处准备账单，以便办理离店手续。领班随即派一名行李员前去 A 房，客人是位年近花甲的日本老人，见到行李员在门口，便领他到 B 房去取行李，而 A 房的行李仍留在那儿。行李员接到客人指令便取走 B 房的行李。与此同时，收银员开始准备账单，发现 A、B 两个房间的费用都是由 A 房客人支付，而且两房今天一起到了结账日期。于是便顺理成章地把 A、B 两房的账单准备妥当，等客人来结算。

一会儿，日本客人来到收银处，接过递给他的两个房间的账单，便在账单上签了字，接着便转身离开前台。

收银员因此在计算机中为这两个房做了退房手续，这样计算机便取消了这两个房间向外打电话的功能。但是这里存在一个问题，即如果已经结了账的房间内仍有人向外打电话，电话会自动转到接线员那里，一定要通过接线员才能与外界接上线。

这就是A房客人向酒店提出的“有人监听客人电话”的投诉的来龙去脉。事实上A房客人仍住在酒店里，只是B房的客人先离店去了。客人发觉自己打出的电话转到总机那儿，便火冒三丈，以为有人在监听。值班经理当晚便去A房向客人道歉，还通过有关部门第二天送去鲜花和水果，客人的火气才慢慢消去。

造成这种情况的原因，就是前台收银员没有按照结账程序要求客人在结账时交回房门钥匙，也没有通知楼层服务员查房。

（二）团客结账时的注意事项

团队结账时应注意以下问题：

（1）结账过程中，如出现账目上的争议，及时请结账主管人员或大堂副理协助解决。

（2）收银员应保证在任何情况下，不得将团队房价泄露给客人，如客人要求自付房费，应按当日门市价收取。

（3）团队延时离店，须经销售部经理批准，否则按当日房价收取。

（4）凡不允许挂账的旅行社，其团队费用一律到店前现付。

（5）团队陪同人员无权私自将未经旅行社认可的账目转由旅行社支付。

二、一些特殊情况的处理

1. 当住店客人的欠款不断增加时

有些客人在住店期间所交预付款（押金）已经用完，还有的客人进住酒店后，长期未决定迁出日期，而其所欠酒店账款在不断上升，在这种情况下，为了防止客人逃账，或引起其他不必要的麻烦，必要时可通知客人前来付款。催促客人付款时，要注意方式方法和语言艺术，可用电话通知，也可用印备的通知书，将客人房号、姓名、金额、日期等填妥后，装入信封，交前台放入钥匙格子里。一般客人见此通知后会主动前来付款，如遇特殊情况，客人拒而不付时，应及时处理。

2. 当客人A的账由客人B支付时

若干人一起旅行，由一人付款，或者某甲的账由某乙支付，而某甲则已先行离去，人多事杂，这时往往会发生漏收的情况，给酒店带来损失。为了防止出现这种情况，应在交接记录上注明，并附纸条在甲、乙的账单上，这样，结账时就不会忘记，接班的人也可以看到。处理这种情况还有一种较为简单的办法：如某乙替某甲付款，甲先走，可将甲的账目全部转入某乙的账单上，甲账变为零来处理，但此时必须通知某乙，并有某乙的书面授权（参见表5-1），以免出现不必要的纠纷。

3. 如过了结账时间（一般为当天中午12:00）仍未结账

如过了结账时间（一般为当天中午12:00）仍未结账，应催促客人。如超过时间，可根据酒店规定，加收房费（下午3点以前结账者，加收一天房费的1/3；3点到6点结账的，加收1/2；6点以后结账的，则可加收全天房费）。

关于加收房费问题，如果客人是常客或者该公司为酒店提供的间夜量很大，只要客人给前台打电话说晚推迟2~3个小时退房，而且不是酒店的旺季，酒店通常可不向客人收取任何费用。

表 5-1　承诺付款书

广州××大酒店

HOTEL GUANG ZHOU

承诺付款书

GUARANTEE OF PAYMENT

我承诺支付＿＿＿＿＿＿房＿＿＿＿＿＿先生/小姐的

ⅰ）全部费用

ⅱ）房费　　　　付款方式为现金/信用卡（信用卡号码：　　）

ⅲ）其他费用（请特别说明）

I will guarantee pay the　ⅰ）total charges　ⅱ）room charges　ⅲ）others（please specify ＊）　for Mr. ＿＿＿ Mrs. ＿＿＿ Ms. ＿＿＿

of room number ＿＿＿＿＿＿ during the stay from ＿＿＿＿ to ＿＿＿＿

By Cash/My Credit Card Number ＿＿＿＿＿＿＿＿＿＿＿＿＿＿

客人姓名　　　　签　名

Guest Name　　　　signature ＿＿＿＿＿＿

房　号　　　　日　期

Room Number ＿＿＿＿＿＿　　　　Date ＿＿＿＿＿＿

＊特别费用说明：　　　　经办人：

Please specify the other charges：　　　　Prepared By：＿＿＿＿＿＿

4. 退账处理

客人在结账时才提出要折扣优惠，而且也符合优惠条件，或者结账时收银员才发现该房间的某些费用是由于某种原因而输入错误造成的，此时，收银员应填写一份“退账通知书”（一式两联，第一联交财务部，第二联留结账处），然后，要由前厅部经理签名认可，并要注明原因，最后在计算机上将差额做退账处理。

三、“诚信退房”与“快速结账”服务

为了加快退房速度，提高客人的满意度，国内一些高星级酒店开始推行“诚信退房”和“快速结账”服务，为宾客开辟了快速退房通道。

（一）“诚信退房”

所谓“诚信退房”服务，就是宾客在退房时，自报在客房的消费情况，收银员据此结账退房，无须等待服务员查房，加快了结账时间，让宾客享受“无等待”服务。倘若没有其他消费，立刻就可以办完结账手续，时间不会超过 3 分钟，目的是营造宾客与酒店、与员工间宽松、互相信任的感觉。诚信退房制度的实施，不仅会加快客人的退房速度，提高客人的满意度，还会进一步提升酒店员工的服务意识、质量意识、品牌意识。

（二）“快速结账”

一些国际酒店集团管理的高星级酒店还针对持有国外信用卡的外国客人提供“快速结账”服务，客人离店时，无须在前台等候办理结账业务，只要填写放在前台的“快速结账”（参见图 5-8 及图 5-9）卡，并将其置于大堂的“快速结账表”收集箱即可，表明客

人同意授权酒店将本人入住酒店期间发生的所有费用从本人入住时出示的信用卡中收取，此后，酒店会将客人的账单明细及发票寄给客人指定的地址。

快速结账 EXPRESS CHECK-OUT

I authorize China Hotel, A Marriott Hotel to charge all expenses incurred during my stay to the credit card I presented upon check-in.

"本人同意授权中国大酒店将本人入住酒店期间发生之所有费用从本人入住登记时出示的信用卡中收取。"

退房时间为中午十二时 CHECK-OUT TIME IS 12:00 NOON

签名 Signature: ______________ 日期 Date: ______________

人民币银联卡暂不能用于此项快速结账服务。

China Unionpay Cards are not accepted when using Express Check-Out Service.

美元报价仅供参考之用，结账时之人民币兑价以当日官方公布牌价为准。

USD rates quoted for reference only. Bills payable in RMB are based on the current exchange rate on date of settlement.

图 5-8 快速结账卡（正面）

快速结账 EXPRESS CHECK-OUT

Please fill out the information below and drop in the Express Check-Out Drop Box in our hotel lobby.

请填妥以下表格并于退房前将此表格投入大堂的快速结账表收集箱。

* Please attach (staple) business card. 请惠赐名片

姓名 Name: ______________________________

房号 Room No.: ____________ 退房日期 Departure Date: ____________

请将明细账单寄往 Please send my statement by (√):

电子邮箱 Email ☐ 传真 Fax ☐ 邮递 Mail ☐ 投递时间参照中国邮政规定 (Delivery time is subject to "China Post" delivery time frame.)

请邮寄账单及发票 Please attach/enclose official invoice "Fapiao" with statement:

是 Yes ☐ 否 No ☐

图 5-9 快速结账卡（反面）

四、防止客人逃账技术

防止客人逃账是酒店前厅部管理的一项重要任务，前台员工应该掌握防止客人逃账的技术，以保护酒店利益。

（一）收取预订金

收取预订金不但可以防止因客人临时取消预订而给酒店造成损失，同时，如果客人如期抵达，则预订金也可以当作预付款使用，从而有效地防止客人逃账。

（二）收取预付款

对初来乍到、未经预订、信用情况不了解或信用情况较差的客人，要收取预付款。但对下列客人，则可免收预付款：

1. 重要客人及某些常客

重要客人不方便也不必要收取预付款。常客在某种意义上是酒店的重要客人，应享受较高的待遇。此外常客由于经常投宿酒店，信用较好，且酒店对其单位、住址比较了解，因此，可以享有较高的信用。

2. 旅游团体或有接待单位的客人

旅游团体一般都通过旅行社入住酒店，而旅行社及某些客人的接待单位通常与酒店订有协议，与酒店进行定期结算，因此不必收取预付款。

旅行社对团体客人或接待单位对所接待客人通常有“全包”（既包房费,又包餐费）和“房包”（只包房费,其余自付）两种形式。对于“房包”者，酒店可收取一定数量的预付款，担保其签单消费行为，避免日后出现各种纠纷和麻烦，如遭客人拒绝，则在计算机上作相应处理，使客人在其他消费点的金额输不进去，同时，可在房卡和登记卡上注明，这样，各消费点就不接受其签单赊账行为。

（三）对持信用卡的客人，提前向银行要授权

对持信用卡的客人，可采取提前向银行要授权的方法，提高客人的信用限额。如信用卡公司拒绝授权，超出信用卡授权金额的部分，则要求客人以现金支付。

（四）制定合理的信用政策

信用政策包括付款期限、消费限额、折扣标准等。如某大酒店规定对住店 5 次以上的客人给予较高的信用政策。

（五）建立详细的客户档案

通过建立详细的客户档案，掌握客户企业的性质和履约守信程度，据此决定给予客人什么样的信用政策。

（六）从客人行李多少、是否列入黑名单等发现疑点，决定是否收留

在很多国家，酒店如发现有逃账、赖账等不良客人，就会立即将这类客人的名单送交酒店协会，协会将其列入黑名单，定期通报会员酒店，酒店可以拒绝接待这类客人留宿。中国旅游协会信息中心网在北京地区也设立了反逃账信息网，会员酒店将每个逃账者和公司的资料输入信息中心，中心汇总后，每半个月向会员通报一次。在尚未开展这项服务的城市，酒店应促使并协助酒店协会为会员酒店提供这项服务。

（七）加强催收账款的力度

催账是防止逃账的一项重要手段，尤其对那些行将倒闭而被迫赖账或准备赖账的公司、客户，要加强催收力度。这些客户通常会显露出以下几种迹象：

（1）付款速度放慢，以种种理由要求延期付款；

（2）改变或推翻协议，要求改变汇率或折扣，如不同意则拒绝付款；

（3）与其联系不接电话或以种种理由拒绝会面；

（4）转换付款银行或开空头支票；

（5）频繁变更公司地址；

（6）一反常态，突然大笔消费。

催收时，要注意方式方法，以免得罪客人。

案例

“客人即将溜走”

1206房的陈先生又到了消费签单限额了，陈先生是与酒店有业务合约的客人，来店后无须交预付款，只在他消费额达到酒店规定的限额时书面通知他。

但前台发了书面通知后，陈先生没来清算账单，甚至连电话也没来一个，因为是老客户，且以前一直是配合的，所以前台也只是例行公事地发了一封催款信，礼貌地提醒了一下，可是催款信放在陈先生的台上后，犹如石沉大海，还是没回音，消费额还在上升。

总台便直接打电话与他联系，陈先生当然也很客气：“我这么多业务在你市里，还不放心吗？我还要在这里扎根住几年呢，明天一定来结。”可第二天仍依然如故，前台再次打电话，委婉说明酒店规章，然而这次陈先生却支支吾吾，闪烁其词。

这样一来，引起酒店的注意，经讨论后决定对他的业务单位作侧面了解，了解的结果．使酒店大吃一惊：陈先生在本市已结束了业务，机票也已订妥，不日即飞离本市，这一切与他“这么多业务在本市”“还要在这里扎根住几年”显然不符，这里面有诈。

酒店当即决定，内紧外松，客房部、保安部对他重点“照顾”，此外，与机场联系，打听到航班、时间。

为了尽可能不弄僵关系，客房部以总经理名义送上果篮，感谢陈先生对本酒店的支持，此次一别，欢迎再来。

陈先生是聪明人，知道自己的情况已被人详知。第二天，自己到前台结清了所有的账目，总台对陈先生也礼貌有加，诚恳地询问客人对酒店的服务有什么意见和建议，并热情地希望他以后再来，给陈先生足够的面子，下了台阶。

（八）与楼层配合，对可疑宾客密切注意其动向

总台要与楼层配合，对可疑宾客密切注意其动向，以防逃账发生。

（九）不断总结经验教训

前台员工要善于从接待实践中，不断总结经验教训，防止逃账发生。

第三节 前台夜审

酒店通过夜审，结束和平衡当日的经营活动。除了其他活动以外，夜审的内容包括调整客人账单、处理信用卡交易活动、固定费用入账、计算并打印当日统计数据，提供累积应收账余额数据。夜审结束当日经营活动，同时确保次日经营数据的准确性。通过一系列报表，夜审活动帮助管理者解释经营活动，同时，为可能出现的各种问题做好准备。夜审活动可以通过与酒店各营业终端、会计系统以及其他收入中心相连，从而为酒店客人以及非酒店客人的电子账单提供快捷、准确和自动化的入账。这样可以使夜审活动重点审讯各项交易活动，分析前厅部各种经营活动。

夜审工作是按照规定的流程进行的。按照这一设计好的流程，更新宾客账单、平衡和关闭酒店当天经营记录、准备和分发一系列报表。其中包括发给经理人员的“夜审报告”(night auditor's report)。夜审报告包含酒店长期应收账款清单，告诉经理人员当日期初应收账款金额、当日收回多少应上账、产生了多少应收账款，以及在当日结束时，应收账款余额是多少？

由于 OPERA 系统有自己的系统日期，它会在半夜结束夜审活动后自动转换。因此，前台员工也可以在第二天早上运行夜审程序。不过，在这种情况下，在夜审前入账的收支都应算做前一天的统计数据。

一、夜审员的岗位职责

(1) 核对各收款机清机报告。

(2) 审核当天各班次收银员送审的账单、原始单，核查数据是否准确，并核对该班次营业报表。

(3) 核对餐厅、客房部的账目及其他挂账数与报表金额是否一致，是否按有关规定或协议执行。

(4) 核查各班组送审的转账单据所列单位有无串户。

(5) 审查前台开房组输入计算机的房价是否正确。

(6) 复核各类统计表的数字，核实是否与收款员输入计算机数一致，并负责跟踪。

(7) 将当日酒店各营业点的营业收入过账。

(8) 根据各营业点的营业情况，制作当日全酒店营业日报表，并于次日早上 9 点以前呈送财务部经理和总经理。

(9) 对每天稽查出的问题和未按规定办理的内容和数据，做出详细的稽核报告，及时向上级领导汇报。

(10) 负责保管各班组的营业日报表及其附件单据。

(11) 负责保管各种票据及收发领用工作。

(12) 负责夜间前台收银工作。

二、夜审流程

(一) 准备夜审

所有当日预计离店的客人，或者为其办理退房，或者办理延期退房。所有在夜审前尚未抵店的客人应该列入“no-show”名单，而无须为其办理入住。此时，应确保为所有已经抵店的客人办理了入住，所有收银活动都暂时关闭。

系统要求除夜审员以外的所有用户(如前台收银员)在开始夜审前退出系统。否则，系统会提示出错。

(二) 登录夜审系统

选择 End of Day→Night Audit，登录夜审系统(参见图 5-10)。

一旦登录成功，将会出现如下夜审界面(参见图 5-11)。

图 5-10　登录夜审系统

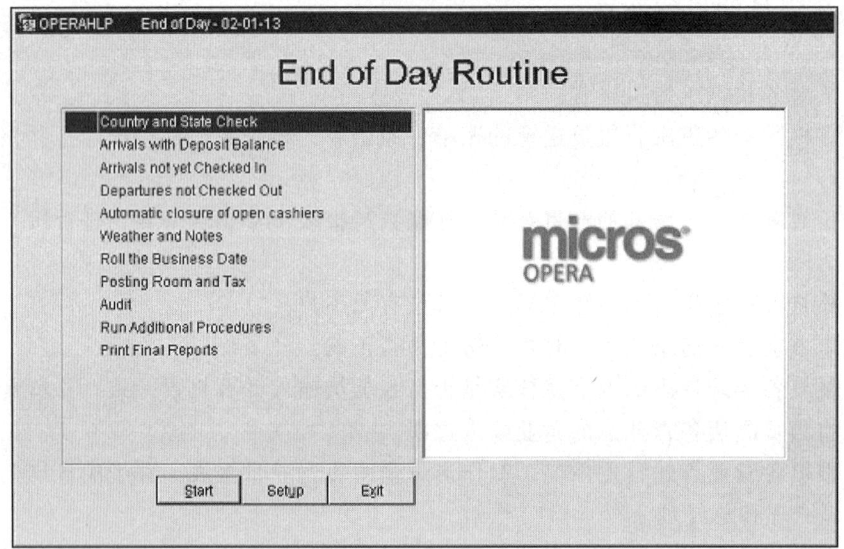

图 5-11　夜审界面

（三）开始夜审

夜审应该按图 5-11 所示流程进行。点击夜审界面的“Start”（开始）按钮。如果酒店执行“收入审计”（income audit）流程，夜审员可以在关闭当前营业日之前，选择执行临时程序和报表（interim procedures and reports）、过账、调整和更正账目（参见图 5-12）。

End of Day Sequence
Interim Procedures | Final Procedures | Interim Reports | Final Reports

List Name	Active
NA Aging Summary	☑
NA Aging Detail	☑
A/R Ledger	☑
AR Daily Acti…	☐
NA Deposit L…	☐
Posting Adjustments	☐
Cancellations by End of Day Process	☐
Cashier Summary	☐
Posting Corrections	☐
Dep. Transferred at C/I	☐

Trace On
Trace Off
OK　Close

图 5-12　夜审流程

1. 执行程序与临时报告(running procedures and interim reports)

在对房费和税金、利润(或亏损)过账(posting the room and tax,profit and loss)后，酒店就可以使用审计功能(audit)来平衡每一项交易，并确保交易没有被遗漏。这是首先要执行的操作程序，这项工作将平衡当天所有手工入账内容，包括当天晚上入账的房费和税金项目。

2. 执行程序(run procedures)

无论酒店是否进行“收入审计”(income audit)，夜审工作(包括尚未办理入住的抵店客人、尚未退房的预计离店客人、收银员自动退出系统、天气与注意事项、过营业日期等)都会按照夜审流程，在审计之前运行。

3. 最终程序(final procedures)

每家酒店在夜审时，都会运行最终程序。对此，Opera 系统没有设置更改权限。所有统计数据和相关报表只有在夜审结束后才能生成。

三、夜审报告

如表 5-2 所示，夜审报告(night audit report)反映并记录当天酒店所有财务活动情况。酒店不同，总经理对夜核报告的详细程度的要求可能也会有所不同。

表 5-2　夜 审 报 告

Night Audit Report

Night Audit	**Date** ________		
	$ Actual	*$ Budget*	*Goal(%)*
ROOM	3 750.00	5 250.00	71.43
TAX	262.50	367.50	—
RESTAURANT#1	453.89	525.00	86.46
RESTAURANT#2	761.09	535.00	142.26
RESTAURANT#3	420.81	500.00	84.16
TOTAL RST SALES	1 635.79	1 560.00	104.86
SALES TAX	81.79	78.00	104.86
REST #1 TIP	68.08	78.75	86.46
REST #2 TIP	114.16	80.25	142.26
REST #3 TIP	63.12	75.00	84.16
TOTAL REST TIP	245.37	234.00	104.86
ROOM SERV #1	190.00	200.00	95.00
ROOM SERV #2	85.00	100.00	85.00
ROOM SERV #3	175.00	250.00	70.00
TOTAL ROOM SERV	450.00	550.00	81.82
ROOM SRV #1 TIP	28.50	30.00	95.00
ROOM SRV #2 TIP	12.75	15.00	85.00
ROOM SRV #3 TIP	26.25	37.50	70.00
TOTAL RM SRV TIP	67.50	82.50	81.82
BANQ BKFST	457.98	250.00	183.19

续表

Night Audit	Date ________		
	$ *Actual*	$ *Budget*	*Goal*(%)
BANQ LUNCH	1 439.00	1 500.00	95.93
BANQ DINNER	4 823.90	5 000.00	96.48
TOTAL BANQ	6 720.88	6 750.00	99.57
BANQ BKFST TIP	82.44	45.00	183.19
BANQ LUNCH TIP	259.02	270.00	95.93
BANQ DINNER TIP	868.30	900.00	96.48
TOTAL BANQ TIP	1 209.76	1 215.00	99.57
BANQ BAR LUNCH	55.50	75.00	74.00
BANQ BAR DINNER	450.00	500.00	90.00
TOTAL BANQ BAR	505.50	575.00	87.91
ROOM RENTAL	1 800.00	1 500.00	120.00
LOUNGE #1	78.00	100.00	78.00
LOUNGE #2	459.00	650.00	70.62
LOUNGE #3	85.00	100.00	85.00
LOUNGE #4	691.00	1 000.00	69.10
TOTAL LOUNGE SALES	1 313.00	1 850.00	70.97
LOUNGE TIP #1	15.60	20.00	78.00
LOUNGE TIP #2	91.80	130.00	70.62
LOUNGE TIP #3	17.00	20.00	85.00
LOUNGE TIP #4	138.20	200.00	69.10
TOTAL LOUNGE TIPS	262.60	370.00	70.97
VALET	204.00	200.00	102.00
TELE LOCAL	68.15	75.00	90.87
TELE LONG DIST	196.00	150.00	130.67
TOTAL PHONE	264.15	225.00	117.40
GIFT SHOP	287.00	300.00	95.67
GIFT SHOP SALES TAX	14.35	15.00	95.67
VENDING	317.25	300.00	105.75
SPA	345.00	300.00	115.00
PARKING	471.00	500.00	94.20
TOTAL REVENUE	20 207.44	22 222.00	90.93
Less Paid-outs			
valet	131.50		
tips	0.00		
house	223.52		
TOTAL PAID-OUTS	355.02		
Less Discounts			
room	153.67		
restaurant	65.41		
TOTAL DISCOUNTS	219.08		
Less Write-offs			
rooms	0.00		
restaurant	21.61		

续表

Night Audit		**Date** ________		
		$ Actual	*$ Budget*	*Goal(%)*
TOTAL WRITE-OFFS		21.61		
Total Paid Out and Noncollect Sales		595.71		
Total Cash Sales		13 578.10		
Today's Outstd A/R		6 033.63		
Total Revenue		20 207.44		
Yesterday's Outstd A/R		65 812.07		
TOTAL OUTSTD A/R		71 845.70		
CREDIT CARD REC'D A/R		15 097.00		
CASH REC'D A/R		23 581.72		
TOTAL REC'D A/R		38 678.72		
BAL A/R		33 166.98	40 000.00	82.92
ANAL YSIS OF A/R				
City Ledger		18 241.84		
Direct Bill		3 316.70		
Visa		3 980.04		
M/C		4 975.05		
Amex		2 653.36		
Total A/R		33 166.98		
D-REPORT(Amts.Posted to Guest Accounts)				
Department	*$ Amount*			
Rooms		3 750.00		
Tax		262.50		
Restaurant		163.58		
Sales Tax		8.18		
Rest Tip		36.81		
Room Serv		450.00		
Room Tip		67.50		
Lounge		393.90		
Lounge Tip		262.60		
Valet		204.00		
Phone		264.15		
Gift Shop		43.05		
Gift Sales Tax		2.15		
Spa		35.21		
Parking		90.00		
TOTAL		6 033.63		
BANK DEPOSIT		Analysis Bank Deposit:		
Cash	$ 37 159.82	Total Cash Sales		$ 13 578.10
Visa	3 744.25	Cred Card Rec'd A/R		15 097.00
M/C	6 793.65	Cash Rec'd A/R		23 581.72
Amex	4 529.10	TOTAL		$ 52 256.82
TTL BANK DEP	$ 52 256.82			
AMT TR A/R	$ 6 033.63			

续表

Night Audit			Date ______________		
		$ Actual		$ Budget	Goal(%)

CASHIER'S REPORT

	Actual	Machine Total	Difference	Analysis Cash Report:	
Shift #1				Cash sls	$ 13 578.10
Cash	$ 3 715.98	$ 3 715.98	0.00	Crd A/R	15 097.00
Cr Cd	1 509.70	1 509.70	0.00	Cash A/R	23 581.72
TOTAL #1	$ 5 225.68	$ 5 225.68	0.00	TOTAL	$ 52 256.82
Shift #2					
Cash	$ 18 579.91	$ 18 579.91	0.00		
Cr Cd	9 058.20	9 058.20	0.00		
TOTAL #2	$ 27 638.11	$ 27 638.11	0.00		
Shift #3					
Cash	$ 14 863.93	$ 14 861.90	$ 2.03		
Cr Cd	4 529.10	4 529.10	0.00		
TOTAL #3	$ 19 393.03	$ 19 391.00	$ 2.03		
TOTALS	$ 52 256.82	$ 52 254.79	$ 2.03		

STATISTICS

	Actual	Budget	Difference
ROOMS AVAIL	100	100	0
ROOMS SOLD	60	75	-15
ROOMS VAC	35	24	11
ROOMS OOO	5	1	4
ROOMS COMP	0	0	0
OCC %	60.00	75.00	-15.00
DBL OCC %	22	51	-29
ROOM INC	$ 3 750.00	$ 5 250.00	-$ 1 500.00
NO. GUESTS	73	113	-40
AVE. RATE	$ 62.50	$ 70.00	-$ 7.50
NO-SHOWS	4	0	4

夜审报告是管理人员了解酒店当天经营情况的良好工具。夜审报告的每一部分内容都会向管理人员提供当日经营状况的反馈信息。每天查看报告中的有关数据，会向管理人员提供一个机会，使他们在实现计划中的财务目标时变得更为灵活。

应特别注意报告中的“预算”(budget)和“目标”(goal)两栏。“预算”是指当日计划销售额，而“目标”则反映预算的实现情况，即：实际营业额在预算收入中所占比例。如果实际收入小于预算收入，就说明某部分的经营情况没有预想得好。有些经理还会要求报告中有累计数据，以便更为全面地了解财务目标的实现情况。

下面，对夜审报告中的一些主要项目加以介绍。

1. 客房销售收入(room)

客房销售收入对于任何酒店而言，都是衡量其经营成功与否的重要指标。由于客房收入中的大部分都被视作利润，因此，管理人员对这一数字都十分关注。夜审员可以从前台登账机或计算机中获得这一数据。客房销售收入随每日客房房价的变化而变化，如果前台员工搞乱了数字，那么，客房销售总额就会出现错误。对于这一数据，可以用客房报告(housekeeping report)和计算机中的当日客房利用状况进行核对。

2. 餐厅营业总额(total restaurant sales)

餐厅营业总额由酒店所有餐厅的营业额构成，可以依据酒店各餐饮销售点的每日营业报表(daily sales reports)进行核实。

3. 房内用餐服务(room service)

一些酒店会将客人房内用餐销售额独立计算。如果酒店为了提高房内用餐销售额而专门进行了一系列营销活动，或者认为有必要对这一具有很高利润率的服务进行监控，那么，夜审员就应该在夜审报告中反映这一数字。

表中 Room Srv. #1，2，3 可以分别代表早餐销售额、午餐销售额和晚餐销售额。

4. 宴会营业额(banquet sales)

在宴会活动较多的酒店，其营业额应从餐厅营业额中独立出来。为了确保所有宴会活动都已入账，夜审员还应检查每日宴会活动单。

总经理可以从宴会营业额中看出餐饮部经理在控制有关宴会费用方面成效如何。这些数据还可以反映市场营销总监在开拓业务方面的业绩。早餐宴会、午餐宴会和晚餐宴会收入应分别统计，因为它们提供了有价值的市场营销信息，比如：哪一类宴会做得比较成功，哪一种还可以做得更好一些？宴会营业额数字与客房销售收入一起也为酒店提供了有关现金流量的信息。如果酒店预订在周末有 10 万元的宴会收入和 15 万元的客房收入，那么，它就可以满足星期一必须支出的财务款项需要。因此，财务总监会非常关注酒店的客房和宴会收入情况。

5. 宴会吧及休息厅营业额(banquet bar and total lounge sales)

上述营业额来自各营业点的收款机。每个提供酒水服务的营业点的每个班次在下班时要将该班的营业额数据连同收款机打出的原始记录一起交到账台。

上述营业额数据要在夜审报告中分别列项，因为餐饮部经理要了解成本控制的成效如何，而营销总监则可能要了解某些营销活动的效果如何。

6. 会议室及多功能厅租金收入(room rental)

这些费用会反映在租用这些场地的客人的账单上，夜审员要根据当日会议记录单反复核对客人的账单，以确保宴会经理没有错将会议租金记录在别人的账上。

在客人不要求提供食品和饮料而只租用房间的酒店里(如客人租用宴会厅召开各种会议、举办商品展示会及各种演出活动等)，各会议室及多功能厅的租金收入要分别填报。由于房间出租是一个潜在的、大的盈利领域(特别是在宴会销售淡季)，所以，总经理可能想要了解酒店营销部在扩大场地出租方面所做工作成效如何。

7. 现金收入与应收账余额(cash sales and accounts receivable balance)

总收入代表现金收入和应收款。每天的现金收入都有一个独立的数字予以反映，这一数字是各部门上报的现金收入的总和。

今日应收账(today's outstd A/R)是指有待从客人那里收回的账款。将今日应收账与昨日应收账(yesterday's outstd A/R)相加，就会得到累积的应收账余额，即：应收账总额

(total outstd A/R)

8. 应收账分析(analysis of accounts receivable)

前厅部经理要对应收账余额进行分析，说明应收账的种类和来源。财务总监会利用这一资料了解应收账的历史状况，并据以制定应收账催收计划。

9. 收银员报告(cashier's report)

在一些酒店，前台收银员要负责收集和核对部门日报，此时，现金和信用卡(credit card voucher)收入就被记录在收银员每班的报表中。该表还包括已经收回之应收账款(包括现金和信用卡)。每班收银员报告可以用部门日报、现金和信用卡收入、现金和信用卡交易之应收账款等加以核实。

收银员报告也要记录所有实际数额与机器统计数额之间的差异。针对出现这种差异前台接待员或收银员应负的责任问题，酒店通常会制定相关的政策。比如，如果实际数额比收银员报告中的数额少了不到一块钱，就可以免除前台接待员或收银员的责任。如果远远大于一块钱，就应该进行调查，看看这种情况是否经常出现。如果实际收入大于收银员报告中的数字，多余的钱将被放入酒店基金中，用来补偿未收回的款项。当然，对于多出来的这笔款项也应当就其发生的频率和原因进行调查。

10. 经营情况统计(operating statistics)

夜审员要为总经理和有关部门经理提供当日酒店经营情况统计资料。这一概要反映当日经营活动及实现财务预算目标的情况。这些数据也是酒店历史经营记录的组成部分。它为管理人员提供了是否有必要修改现行经营程序的信息。

制作夜审报告是很费时间的，但通过通力合作、计划和组织，再加上与各营业点相连的计算机管理系统，这一时间可以被大大缩短。准确地制作夜审报告，为管理人员提供了有效地进行控制和沟通的工具。

四、夜审人员核查收款报表时的注意事项

1. 核查前台收款

(1) 房租折扣要有有关人员的签字认可，免费房必须有总经理或副总经理的批准并签名。

(2) 退款要有客人签名和主管签名，而陪同退款要经总经理批准(其他职务代批的，要经财务经理签名确认)。

(3) 客人拒付要有大堂副理签名认可。

(4) 输单必须单据齐全，少单要说明原因。

(5) 团体的房租一定要当天输入计算机，如发现有团未输房租，要立刻通知团体收款采取补救措施。

2. 对餐厅收款的核查

(1) 营业日报表要与纸带一致，各项数目要准确，左右要相等，单据齐全并盖有餐厅的收款专用章，收款员签名。挂账或收信用卡要有客人签名。

(2) 报账的账单要有签名并附有报账单位订单，或点菜单，由总经理或有关部门经理签名批准。

(3) 开三联发票和收预付款单据要附上副本，冲预付款要三联单齐全。

(4) 餐单改数后，要有原因说明及主管签名。

(5) 作废的账单，要有原因说明及主管签名，且三联单要齐全。

3. 商场收款核查

(1) 售货登记表要与营业表及收款机纸带相等。

(2) 商品价格的折扣要由两人签名，5%以上折扣要有柜长或经理签名，发票上也要注明并签名。

(3) 凡退货减数或按错收款机的减数均要有两人签名并在售货登记表上注明发票号。

第四节 行政楼层管理

“行政楼层”（executive floor）是高星级酒店（通常为四星级以上）为了接待高档商务客人等高消费客人，为他们提供特殊的优质服务而专门设立的楼层。

行政楼层被誉为“店中之店”，通常隶属于前厅部。住在行政楼层的客人，不必在前台办理住宿登记手续，客人的住宿登记、结账等手续直接在行政楼层由专人负责办理，以方便客人。另外，在行政楼层通常还设有客人休息室、会客室、咖啡厅、报刊资料室、商务中心等，因此，行政楼层集酒店的前台登记、结账、餐饮、商务中心于一身，为商务客人提供更为温馨的环境和各种便利，让客人享受更加优质的服务（参见图 5-13）。

图 5-13 行政楼层的行政酒廊：为入住行政楼层的客人提供休息、交谈和享受“欢乐时光”的场所

由于行政楼层为客人提供了更加周到的服务，而且很多服务项目是免费的，如免费洗衣、熨衣、免费早餐和下午的鸡尾酒会及全天免费享用咖啡和茶，还有每天两个小时免费使用会客室，等等，所以，行政楼层的房价一般要高出普通房价 20%~50%。

一、行政楼层员工的素质要求

为了向商务客人提供更加优质的服务，要求行政楼层员工，无论是管理人员还是服务人员，都必须具备很高的素质：

（1）气质高雅，有良好的外貌形象和身材。

（2）工作耐心细致，诚实可靠，礼貌待人。

（3）知识面宽，有扎实的文化功底和专业素质，接待人员最好有大专以上学历，管理人员应有本科以上学历。

（4）熟练掌握行政楼层各项服务程序和工作标准。

（5）英语口语表达流利，英文书写能力达到高级水平。

（6）具备多年之酒店前厅、餐饮部门的服务或管理工作经验，掌握接待、账务、餐饮、商务中心等的服务技巧。

（7）有较强的合作精神和协调能力，能够与各业务部门协调配合。

（8）善于与宾客交往，掌握处理客人投诉的技巧艺术。

二、行政楼层员工的工作描述

（一）行政楼层经理

直接上级：前厅部经理

直接下属：行政楼层主管

岗位职责：全面负责对行政楼层所属员工的日常培训和督导工作，确保为行政楼层的客人提供高效率的优质服务。

（1）掌握与行政楼层有关的各种信息，掌握房间状态和客人的情况。

（2）组织迎接所有住在行政楼层的客人。

（3）检查下属的工作准备情况。

（4）与销售部沟通信息、协调工作。

（5）与餐饮部沟通协调有关行政楼层所涉及的餐饮问题。

（6）与工程部协调，确保设备设施时刻处于良好状态。

（7）与客房部保持联系，确保为客人提供高标准的优质服务。

（8）与采购部协调，确保酒单及酒水的供应。

（9）处理客人的投诉及紧急情况。

（10）主持班前、班后的例会。

（11）督导员工的培训，定期对下属进行工作绩效评估。

（二）行政楼层主管

直接上级：行政楼层经理

直接下属：行政楼层领班

岗位职责：协助行政楼层经理管理并督导下属的工作。

（1）了解有关行政楼层的各种信息，客房的状态及客人的情况。

（2）检查出勤及员工的仪容仪表。

（3）安排下属的班次，布置任务。

（4）检查接待员、服务员的工作程序、标准。

（5）直接参与接送所有住行政楼层的客人，为客人提供入住、结账、餐饮及商务服务。

(6) 与管家部、行李房、采购部、计财部、销售部、餐饮部、工程部保持联系，协调合作。

(7) 处理客人投诉及紧急情况。

(8) 行政楼层经理不在时主持例会。

(9) 组织并实施对下属的培训。

(10) 完成行政楼层经理指派的工作。

(11) 合理使用员工，并对员工的工作进行评估。

(12) 了解市场和宾客需求。

(三) 行政楼层领班

直接上级：行政楼层主管

直接下属：行政楼层接待员

岗位职责：协助行政楼层经理及主管做好服务接待工作。

(1) 了解客人、客房的情况及有关的信息。

(2) 做好客人到店前的准备工作。

(3) 迎接到店的客人并介绍行政楼层提供的服务项目及设备设施的使用。

(4) 组织并为客人提供早餐、下午茶和鸡尾酒服务。

(5) 检查客房状况，督导员工做好休息厅清扫工作，保持其清洁卫生。

(6) 保管好各类物品。

(7) 提出每周的酒类库存及每日鲜花水果申请。

(8) 完成经理或主管分派的其他工作。

(四) 行政楼层接待员

直接上级：行政楼层领班

直接下属：无

岗位职责：为行政楼层客人提供高效优质服务。

(1) 每日检查预抵、预离客人的名单、VIP 名单、房间数和一些特殊的要求。做入住登记准备工作、收取信件、打制表格。

(2) 当客人到来时，准确、礼貌地问候客人。

(3) 客人登记进入房间后，热情地问候客人，并向客人介绍房间的设施及服务项目。

(4) 为客人提供欢迎茶。

(5) 将每个客人的具体情况录入计算机，以了解客人的特殊要求。

(6) 将客人投诉反映给主管。

(7) 保证所有设施、设备和器具处于良好状态。

(8) 与所有行政楼层工作人员保持有效的联系并在交班日志上做精确的记录。

(9) 与管家部保持联系，确保行政楼层公共区域处于最佳状态。

(10) 协助经理、主管准备账单，结账。安排交通工具送别客人。

(11) 负责早餐、下午茶、鸡尾酒等服务工作。

(12) 为客人提供熨衣、机票确认以及会议、商务等服务。

(13) 在班次结束后，与下一班做好交接工作。

三、行政楼层日常工作流程示例

（1）7：00 行政楼层接待员到前厅签到，并到信箱拿取有关邮件；与夜班交接班。

（2）7：00 至 7：30，打出房间状况报表，包括当日到店客人名单、在店客人名单。在客人名单上将当日预计离店客人用彩笔标出，以便对当日离店客人做好相应服务。行政楼层当班人员按职责分工完成以下工作：① A 组负责接待、收银、商务中心等工作。② B 组负责早餐、送鲜花、水果工作。

（3）准备鲜花、水果。检查前一天夜班准备的总经理欢迎卡、行政楼层欢迎卡，根据当日预抵店客人名单逐一核对。鲜花、水果及两个欢迎卡要在客人抵店之前送入预分好的房间内（此项工作要由专人负责）。

（4）早餐服务从 7：00 至 10：00。早餐后开当日例会，由主管传达酒店信息及酒店近期重要活动。

（5）为抵店客人办理入住手续及呈送欢迎茶，为离店客人办理结账并与客人道别。

（6）检查客人是否需要熨衣、商务秘书、确认机票等服务，随时为客人提供主动的帮助，并告知哪些服务是免费的。A 组、B 组员工要根据具体情况互相帮助，相互配合。

（7）10：00 至 15：00。宾客关系主管（guest relations officer，GRO）查房并将鲜花、水果、欢迎卡送入每个预计抵店的客人房间。

（8）中班于 13：30 报到，打报表（内容同早班）检查房间卫生及维修工作。15：30 与早班交接班。B 组服务员负责服务下午茶和鸡尾酒。中班还要做第二天的准备工作，如打印第二天的欢迎卡、申领水果和酒水等。

（9）夜班时前厅部、客房部将代理行政楼层服务工作。

四、行政楼层客人入住服务程序

（1）当客人走出电梯后，GRO 将微笑地迎接客人、自我介绍，陪同客人的大堂副理或销售经理将回到本岗。

（2）在行政楼层接待台前请客人坐下（参见图 5-14）。

（3）替客人填写登记卡，请客人签名认可，注意检查客人护照、付款方式、离店日期与时间、机票确认、收“到店客人行李卡”。

（4）在客人办理入住登记过程中呈送欢迎茶。此时，应称呼客人姓名，并介绍自己，同时将热毛巾和茶水送到客人面前。如果客人是常客，应欢迎客人再次光临。整个过程不应超过 5 分钟。

（5）在送客人进房间之前应介绍行政楼层设施与服务，包括早餐时间、下午茶时间、鸡尾酒时间、图书报刊赠阅、会议服务、免费熨衣服务、委托代办服务、擦鞋服务等。

（6）在客人左前一步引领客人进房间，与客人交谈，看是否能给客人更多的帮助。

（7）向客人示范如何使用钥匙卡，连同欢迎卡一同交给客人，介绍房间设施，并预祝客人居住愉快。

（8）通知前厅部行李员根据行李卡号和房间号在 10 分钟之内将行李送到客人房间。

图 5-14　行政楼层接待台

（9）在早餐、下午茶、鸡尾酒服务时间，接待员应主动邀请新入住的客人参加。

洲际大酒店（Intercontinental）行政楼层的服务项目

INTERCONTINENTAL.
SHENZHEN
深圳华侨城洲际大酒店

尊敬的刘博士：

欢迎您下榻深圳华侨城洲际大酒店！

感谢阁下选择了我们，我们将竭力使您本次居停得到最舒适合最难忘的体验。位于七楼的洲际行政俱乐部是为尊贵的客人提供便利而设的，在这里您可以享用以下尊崇服务：

洲际行政俱乐部的服务及设施，开放时间为早上 6 点 30 分至晚上 12 点：

- 在洲际行政俱乐部办理酒店入住登记及退房服务
- 享用无线及有线上网服务
- 复印、打印以及传真服务
- 每日熨烫一件衣服
- 每日使用洲际俱乐部会议室一小时，一小时后将按正常的收费标准收费
- 提供国际与海外报纸，杂志及各类图书
- 提供全方位私人管家服务令您的深圳之旅更加丰富多彩

洲际行政俱乐部的餐饮服务：

- 全天咖啡、茶、果汁及软饮供应
- 豪华自助早餐为早上 6 点半至 10 点 30 分，下午茶为 15 点至 17 点，欢乐时光为 17 点至 19 点 30 分
- 非行政俱乐部的客人将另作收费，敬请向我们的团队查询收费详情

客房使用之增值优惠服务：

- 每天提供当日报纸
- 每天附送新鲜水果
- 宽带及无线上网服务

为了给阁下提供幽静高雅的氛围，下榻洲际行政俱乐部的着装要求为整齐便服，小孩须由家长陪同及照顾。

希望阁下有一段难忘的回忆及愉快的旅程，如您有任何需求及建议，请拨内线“8155”或拨“0”转接值班经理，我们将竭诚为您提供快捷优质的服务。

此致！

丘姝媛

洲际俱乐部经理

INTERCONTINENTAL SHENZHEN
9009 Shennan Road, Overseas Chinese Town, Shenzhen 518053, China
中国深圳市华侨城深南大道9009号　邮政编码：518053
Tel / 电话：+86 (755) 3399 3388　Fax / 传真：+86 (755) 3399 3399
Toll Free No./免费订房电话：400-88-40-888　intercontinental.com

本章小结

➢ 收银是酒店前台的主要工作之一，是一项较为复杂而又细致的工作。要求收银员有高度负责的精神和细致的工作态度。

➢ 收银工作又是一项非常特殊的工作，工作地点位于酒店前台接待第一线，而业务性质又属于财务工作，这就决定了收银人员在业务上要受酒店财务部门的指导，而在行政上又要接受前台部管理人员的指挥和领导。收银人员不仅要掌握财务知识和技能，还要具备接待人员的素质和修养，即：不仅收银业务要熟练，而且要有良好的服务态度和服务意识，能够为客人提供高效、优质的服务。

➢ 前台收银处除了为客人提供结账服务以外，还要负责酒店的夜审、贵重物品保管等工作和服务。

➢ 随着经济的发展，商务活动日趋频繁，为了满足商务客人的特殊需求，提升对商务客人的服务质量，很多酒店纷纷设立专为高档商务客人服务的行政楼层，行政楼层一般隶属前厅部，由前厅部负责接待和管理工作。

思考题

1. 什么是夜审？
2. 什么是行政楼层？
3. 前台收银工作的主要工作内容有哪些？
4. 办理结账业务时，应注意哪些事项？
5. 怎样才能有效地防止客人逃账？

即测即评

案例分析

王董事长不愿为住客支付杂项费用

有一天，一家知名企业的负责人王董事长带了一位朋友来D饭店住宿，王董事长对柜台接待说："我是你们老板的熟识，今日特地带朋友来捧场，请给他一间豪华单人房，账由我来付。""是的，请问王董事长，您说账由您支付，是只付房租或是包括其他杂费？"柜台接待员问道。"当然我付所有的费用！"王董事长不假思索地回答。于是柜台人员就在账单上注明房租及杂费全由王董事长支付，并请王董事长签名。然后客人接过柜台给的房匙后，王董事长与客人握手话别，径自回家了。

翌日早上客人退房回去了，其账单内容是这样的：房租5 600元，国际电话2 850元，餐饮2 370元。到了傍晚王董事长来柜台付账，看了账单内容与柜台接待员吵了起来，声明只愿付房租，不愿支付客人的杂项费用。柜台不得已请大厅副理来排解状况。在了解缘由后，大厅副理很客气地把王董事长请到办公室，亲自倒一杯茶，耐心倾听其述说理由，然后礼貌地问王董事长："您不是在账单上签名了吗？""是的！"王董事长回答。既然如此，王董事长是无法抵赖的。其实大厅副理早就看穿王董事长的真正用意。原来王董事长是个爱面子的人，不好意思在朋友面前说"只付房租"，故意在众人面前答应付所有费用并且签了名字，结果面对账单后反悔了。大厅副理也给了王董事长一个台阶下说道："真抱歉，带给王董事长这么大的困扰，我们也感到为难。这样好了，不如由您先代付朋友的房租，然后由饭店出面联系您的朋友，追回杂项费用，我以饭店的信誉保证，一旦款项收到，马上送至贵公司奉还。"说到这里，王董事长态度已缓和下来了，回答说："算了，既是朋友，就由我来付好了！"大厅副理听到王董事长这么回答，以非常诚恳的口吻向王董事长握手称谢。

点评：

（1）处理客人代付款的问题，要非常谨慎。在本案例中D饭店采取的方式是值得肯定的。首先，柜台接待员向王董事长问清楚，是否只付房租或是连同杂项费用一并支付，这是很重要的问题关键，并让客人在账单上签名确认，采取了预防的对策，事后使客人无法否认事实。

（2）大厅副理在处理这一棘手问题时，采取了适当的做法，既给客人保住面子，尊重客人，又营造了一种气氛，使客人觉得D饭店的账不好抵赖，保护了饭店的利益。

补充与提高

"0秒退房"

近年来，国内外经济型酒店纷纷掀起了一股"快速退房"热潮，国内汉庭酒店集团宣布对所有个人会员实行"0秒退房"。而此前，格林豪泰、锦江之星等经济型连锁酒店也已在部分会员中尝试"无停留离店"。汉庭会员在办理入住手续时，只要把自己的会员卡直接刷成房卡，付清全部房费，并提前拿到住宿发票，在退房时仅需关上房门即可离店。没带会员卡的客人在离店时，也只要把房卡投入前台“0秒离店”的盒子里即可。

除汉庭之外，格林豪泰的金卡、铂金卡会员可在全国450多家酒店享受这一服务，锦江之星部分门店也对会员实行了这一政策。从客人反馈信息来看，“0秒退房”广受顾客好评。特别是为那些赶飞机火车的商旅客人带来了极大的便利。此外，酒店方面也可从“0秒退房”中获得额外收益，免除查房、结账手续可以提高前台工作效率，降低工作量，从而节省酒店的运营成本。至于人们所担心的，免查房可能会导致酒店物品产生大量损耗的情况并没有出现，尽管偶尔也会有这种情况发生，但大多数客人还是非常诚信的，客人对这项服务也非常认可，推行此项服务，主要为客人提供了方便，当然，更重要的是提高了服务质量，提升客人的入住体验。

酒店经理人对“经理的困惑”的答复：
Re：面对这样的客人，该怎么办？

梁峻峰　河南华驰粤海酒店　房务部总监

对于酒店长住客催收欠款的原则是：既要使客人信贷便利，促进酒店营业推广，又要防止坏账发生，维护酒店利益。

前厅部有责任催客人交付押金，这是防止客人逃账的必要措施。当客人押金不足时，前厅部首先应向客人发出催账通知单，书面通知客人结清所欠的费用，并以此作为将来可能使用到的法律证据。同时，可关闭该长住客的客房长途电话，停止其在酒店各营业场所的签单权，避免其消费给酒店带来更多损失。

当客人欠款达到酒店给予长住客的信贷额度时，前厅部应该及时向上级汇报欠款情况，在总经理的协调下，酒店各部门来积极配合妥善地处理好此事。而不是怕得罪他们而让酒店的正常利益受到损害。总经理在得到前厅部汇报时，就应该马上指示保安部、财务部协助前厅部处理该事，必要时可采取“人盯人”的方式促其结清欠款。如果给予客人一定还款期限后，客人仍不能付清款。酒店应马上寻求公安机关的帮助，而并非就这样听之、任之、放之。酒店有权利将客人礼貌地请出酒店，最终以法律方式追讨欠款。

邹逢春　山西天贵国际酒店　前厅部经理

面对这样的客人，首先由前厅部大堂副理或前厅部经理与其沟通，如客人依然不肯缴纳费用，则由销售部主管人员与其沟通。可以询问其有何困难而导致欠费。如为酒店方面之原因可承诺予以改善并催交其所欠之费用；如非酒店方面之原因，则要求客人交费，并向其声明酒店将按“长住客人协议”处理，必要时可报公安机关协助处理。

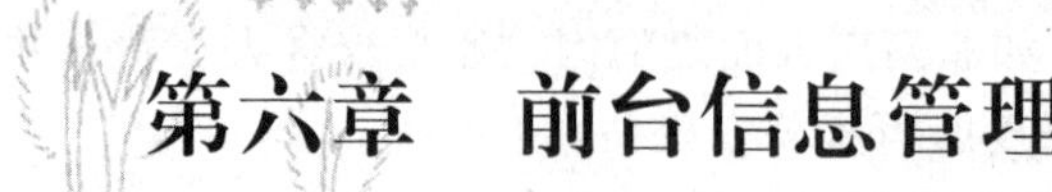

第六章　前台信息管理

信息是管理的资源，前台是酒店的神经中枢，是酒店的信息中心，担负着收集、加工、处理和传递酒店各种经营信息的职能。这项职能发挥得好与坏，直接影响酒店对客人的服务质量，影响酒店各部门的管理效率。

本章学习目的

★ 了解前厅部与其他部门信息沟通的重要性及沟通内容。
★ 了解信息沟通的主要障碍及纠正方法。
★ 认识建立客历档案的必要性和主要内容。

关键术语：信息　报表　沟通　客历档案

Key Words：Information，Reports，Communication，Guest History Card

经理的困惑

——前厅部与客房部缺乏沟通怎么办？

我所在的某五星级酒店的房务总监突然辞职了，这是近几天的事情。到目前为止还没有新总监上任。总监辞职，前厅部和客房部也分家了，两个部门之间随即出现了矛盾，沟通成了问题，各做各的工作，没有相互配合。

广交会期间，前厅部忙得不可开交。前厅部本和客房部同属于房务部。客人在前台 check-in 或 check-out 后，前厅部应告知客房部，二者要达成一致，信息要交流，以方便两部门都能更好地工作，提高工作效率，可现在前厅部却与客房部缺少了信息的交流。比如，4 月 21 日晚，由于前厅部不知道 2409 房间是坏房(OOO)．而让一位客人住了进去，后来只有让客人换房，幸好客人嫌麻烦，愿意将就一下。这就是两个部门没有进行及时有效的沟通的结果，无疑损坏了酒店的形象。

客房部和前厅部分家了，两个有密切联系的部门缺少沟通，在遇到问题时，大家又都从自己的利益考虑，没有顾及酒店的名誉和利益，做事情敷衍了事，推脱责任，这真是一个大问题……

我不知道这种状况还要持续多久，作为前厅部经理的我，真不知该怎么办……

第一节　客历档案的建立

酒店前厅部接待人员在接到客人的客房预订要求时，也许想知道：

- 该客人以前住过本店吗？
- 如果来过，是什么时候来的？来过几次？
- 他(她)对酒店重要吗？
- 是一位好客人还是一位有着不良客史、不宜再接待的客人？
- 客人有哪些爱好、习惯，喜欢哪个房间？

前厅部销售人员也许需要一份客人的通讯录，以便：

- 在圣诞节和新年给客人寄贺年卡；
- 使很久没来住店的客人产生住店欲望；
- 将酒店新的娱乐项目和节日菜单寄给可能产生兴趣的客人；
- 给多次住店的客人寄送感谢信。

一些酒店饱受市场竞争之苦，成立了营销部，招聘了高素质的营销人员，但他们面对市场的汪洋大海，仍然一筹莫展，像一群迷失方向的羊，不知道自己的客人是谁？客人在哪里？怎么样与他们取得联系？

如果是这样的话，酒店应该立即建立客历档案。

一、建立客历档案的意义

建立客历档案是酒店了解客人、掌握客人的需求特点，从而为客人提供有针对性服务的重要途径。对于那些力图搞好市场营销，努力使工作卓有成效，并千方百计使自己的一切活动都针对每个客人个性的酒店经理和工作人员来说，客历档案是一个珍贵的工具。建立客历档案对提高酒店服务质量，改善酒店经营管理水平具有重要意义。

（一）有利于为客人提供“个性化”服务（personalized service），增加人情味

服务的标准化、规范化，是保障酒店服务质量的基础，而“个性化”服务则是服务质量的灵魂，要提高服务质量，必须为客人提供更加富有人情味的、突破标准与规范的“个性化”服务，这是服务质量的最高境界，是酒店服务的发展趋势。

（二）有利于搞好市场营销，争取回头客

在《世界经理人文摘》上登载着这样一个“胡萝卜汁的故事”：

“几年前，我和香港 Regent 酒店的总经理 Rudy Greiner 一起用餐时，他问我最喜欢喝什么饮料，我说最喜欢胡萝卜汁。大约六个月以后，我再次在 Regent 酒店做客。在房间的冰箱里，我发现了一大杯胡萝卜汁。十年来不管什么时候住进 Regent 酒店，他们都为我备有胡萝卜汁。最近一次旅行中，飞机还没在机场降落，我就想到酒店里等着我的那杯胡萝卜汁，顿时满嘴口水。十年间尽管酒店的房价涨了三倍多，我还是住这个酒店，就是因为他们为我准备了胡萝卜汁。”

这位客人之所以每次住 Regent 酒店都能享受到“一大杯胡萝卜汁”的待遇，就是因为酒店掌握了该客人的需求资料，建立了客历档案，是客历档案赢得了客人，争取了回头客。

客历档案的建立，不仅能使酒店根据客人需求，为客人提供有针对性的、更加细致入微的服务，而且有助于酒店平时做好促销工作。比如，通过客历档案，了解客人的出生日期、通信地址，与客人保持联系，向客人邮寄酒店的宣传资料、生日贺卡等。

（三）有助于提高酒店经营决策的科学性

任何一家酒店，都应该有自己的目标市场，通过最大限度地满足目标市场的需要来赢得客人，获取利润，提高经济效益。客历档案的建立有助于酒店了解“谁是我们的客人”“我们客人的需求是什么”和“如何才能满足客人的需求”。因此，能够提高酒店经营决策的科学性。

二、客历档案的内容

客历档案应包括以下几方面的内容：

（一）常规档案

常规档案包括客人姓名、性别、年龄、出生日期、婚姻状况以及通信地址、电话号码、公司名称、头衔等，收集这些资料有助于了解目标市场的基本情况，了解“谁是我们的客人”。

（二）预订档案

预订档案包括客人的订房方式、介绍人，订房的季节、月份和日期以及订房的类型等，掌握这些资料有助于酒店选择销售渠道，做好促销工作。

（三）消费档案

消费档案包括包价类别、客人租用的房间、支付的房价、餐费以及在商品、娱乐等其他项目上的消费；客人的信用、账号；喜欢何种房间和酒店的哪些设施等，从而了解客人的消费水平、支付能力以及消费倾向、信用情况等。

（四）习俗、爱好档案

这是客历档案中最重要的内容，包括客人旅行的目的、爱好、生活习惯；宗教信仰和禁忌；住店期间要求的额外服务。了解这些资料有助于为客人提供有针对性的“个性化”服务。

（五）反馈意见档案

反馈意见档案包括客人在住店期间的意见、建议；表扬和赞誉；投诉及处理结果等。

根据以上内容，可以设计客历档案卡（参见表 6-1）。

表 6-1　客历档案卡（参考式样）

<table>
<tr><td colspan="4">姓 名：</td><td colspan="3">性别：</td><td colspan="3">国籍：</td></tr>
<tr><td colspan="7">出生日期及地点：</td><td colspan="3">身份证号：</td></tr>
<tr><td colspan="7">护照签发日期与地点：</td><td colspan="3">护照号：</td></tr>
<tr><td colspan="7">职业：</td><td colspan="3">头衔：</td></tr>
<tr><td colspan="10">工作单位：</td></tr>
<tr><td colspan="7">单位地址：</td><td colspan="3">电话：</td></tr>
<tr><td colspan="7">家庭地址：</td><td colspan="3">电话：</td></tr>
<tr><td colspan="10">其他：</td></tr>
<tr><td>住店序号</td><td>住宿期间</td><td>房号</td><td>房租</td><td>消费累计</td><td>习俗爱好特殊要求</td><td>表扬、投诉及处理</td><td>预订信息（渠道、方式、介绍人）</td><td>信用卡开户行及账号</td><td>备注</td></tr>
<tr><td></td><td></td><td></td><td></td><td></td><td></td><td></td><td></td><td></td><td></td></tr>
<tr><td></td><td></td><td></td><td></td><td></td><td></td><td></td><td></td><td></td><td></td></tr>
<tr><td></td><td></td><td></td><td></td><td></td><td></td><td></td><td></td><td></td><td></td></tr>
<tr><td></td><td></td><td></td><td></td><td></td><td></td><td></td><td></td><td></td><td></td></tr>
<tr><td></td><td></td><td></td><td></td><td></td><td></td><td></td><td></td><td></td><td></td></tr>
<tr><td></td><td></td><td></td><td></td><td></td><td></td><td></td><td></td><td></td><td></td></tr>
</table>

三、客历档案的建立

客历档案的建立必须得到酒店管理人员的重视和支持，并将其纳入有关部门和人员的岗位职责之中，使之经常化、制度化、规范化。

客历档案的有关资料主要来自客人的“订房单”“住宿登记表”“账单”“投诉及处理结果记录”“宾客意见书”及其他平时观察和收集的有关资料。由此可见，客历档案的建立不仅依靠前厅部员工的努力，而且有赖于酒店其他有关部门和工作人员的大力支持和密切配合。

传统的客历档案卡的建立是通过手工完成的，速度慢、工作量大，管理困难，调用不方便。随着计算机在酒店业的应用、推广和普及，为客历档案卡的建立提供了极大的方便，它可以将浩如烟海的个人资料以最快的速度输入并储存起来，从而为酒店服务工作的细微化、个性化开辟了道路。用计算机建立和管理客历档案卡，不仅输入速度快，容量大，而且调用方便，从而可以极大地提高客历档案的使用效率。

四、客户分类与排序

为了加强对客户关系的管理，提高酒店的竞争力，酒店还应与酒店管理软件公司合作，通过计算机系统，按照来店客人的重要性及地理来源等指标对客人进行分类，从而为客人提供针对性的服务和营销工作。分类标准主要包括以下几类(参见图 6-1)。

1. 按顾客重要性分类排序

(1) 按客人消费金额分类排序。

(2) 按客人住店次数分类排序。

2. 按顾客来源分类排序

(1) 按国际分类排序：可分为国内客人、外国客人。

(2) 按地区分类排序：如欧美地区客人、亚洲客人、非洲客人、港澳台地区客人、内地客人等。

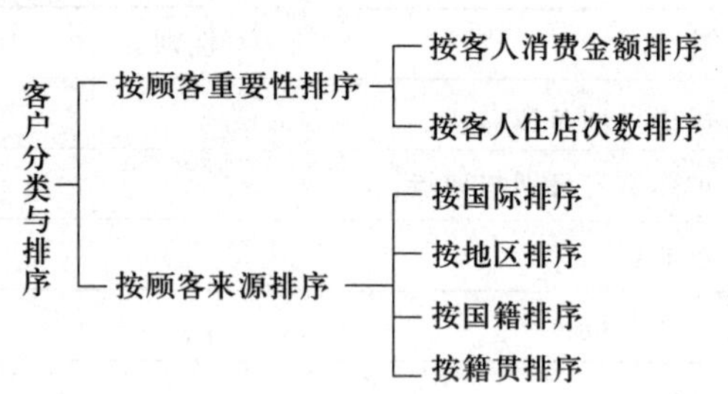

图 6-1 客户分类与排序

(3) 按国籍分类排序：一些酒店由于独特的地理位置和服务及营销特色，会对某些特定国家的客人形成较大的吸引力，这时，可按照国籍对客人进行分类。如日本客人、韩国客人、美国客人、德国客人、俄罗斯客人以及印度客人等。

(4) 按籍贯分类排序：对于国内客人，如有必要，还可以进一步按客人所在省、市等进行细分。

第二节 前厅部常用报表

酒店每天都要制作反映酒店经营管理状况的各类报表，这些报表反映酒店的经营管理情况，是管理者进行管理决策的重要依据，同时也是各部门之间进行信息沟通的有效形式。

前厅部报表的制作通常由前台夜班人员负责。随着计算机技术在前台管理中的应用，前厅部使用的各种报表将基本上由计算机制作(有些报表将由计算机自动生成)，实现前台管理的无纸化作业。

前台常用的报表有以下几种。

(一) 客房销售报告(room sales recapitulation)

客房销售报告是总台需要制作的最重要的报表。如表 6-2 所示，客房销售报告是综合反映酒店客房利用情况、客房收入情况及客房预订情况的报表，它不但反映当天的统计数字，而且有当月以及上一年同月的统计数字，以便管理者能够进行历史比较。其主要指标包括：昨日占用客房数，今日抵店人数，今日离店人数，今日占用客房数，坏房数，酒店自用房数，可出租客房总数，散客用房，长住客用房，团客用房，空房总数，客房利用率，房间双开率，团客、散客及长住的客房收入，预订房间总数，取消及更改预订数，未预订抵店人数等。

表 6-2　客房销售报告(room sales recapitulation)

WEATHER ____________ DATE ____________ DAY ____________

ROOM STATISTICS	TODAY			MONTH TODAY			LAST YEAR MONTH TODAY		
	ROOMS	%	GUESTS	ROOMS	%	GUESTS	ROOM	%	GUESTS
YESTERDAY OCCUPIED									
TODAY ARRIVAL									
TODAY DEPARTURE									
TODAY									
OUT OF ORDER									
HOUSE USE									
TOTAL AVAILABLE									
F. I. T.									
COMM.									
LONG STAYING									
GROUP									
COMP/GP. COMP.									
TOTAL OCCUPIED									
TOTAL VACANT									
%DOUBLE OCCUPANCY				%DOUBLE OCCUPANCY MONTH TODAY					

ROOMS REVENUE	TODAY TOTAL	AVERAGE RATE	MONTH TODAY TOTAL	AVERAGE RATE
F. I. T.				
COMM.				
LONG STAYING				
GROUP				
IT				
DAY USE				
TOTAL REVENUE				

	MONTH TODAY	YEAR TODAY	LAST YEAR MONTH TODAY	LAST YEAR TODAY
AVERAGE OCCUPANCY				
REVENUE				
AVERAGE RATE				

续表

RESERVATION SUMMARY	TODAY		MONTH TODAY		LAST YEAR MONTH TODAY	
TOTAL ROOMS RESERVED	F. I. T.	GROUP	F. I. T.	GROUP	F. I. T.	GROUP
CANX.						
ADJUSTMENT						
NO-SHOW/N. O. B.						
EXTENSION						
ROOMS OCCUPIED WITH RESERVATION						
ADDITIONAL/WALK-IN						
TOTAL ARRIVAL						
WALK-OUT GUEST						

（二）客房收入报告(rooms revenue report)

客房收入报告(参见表6-3)是详细反映酒店每间客房收入情况的报告。除了制作客房销售报告以外，酒店还可以考虑制作一份客房收入报告，作为对前者的补充。

客房收入报告同时也是制作客房销售报告的依据之一。

表6-3 客房收入报告(rooms revenue report)

Room No. 房号	Types 房间类型	No. Of Guest		Rate			Nat. 国籍
		M 男	F 女	Rate 房价	Income 实际收入	Remarks 备注	
101	S	√		100	100		A
102	S		√	100	90	10%Disc.	J
103	S	√		100	0	COMP.	B
104	T			120	0	House Use	
105	T	√		120	120		CA
106	D		√	110	110		A
107	D		√	110	105	Single Rt.	F
108	D			110	0	O. O. O.	
109	S		√	110	100+50	Late Out 50%plus	
110	S			110			

说明：

Disc.：折扣； COMP.：免费房； O. O. O.：待维修房；

House Use：酒店自用房； Single Rt.：单人房费 Late Out：推迟离店房

客房收入报告的资料来源主要是计算机以及前台制作的“房租折扣及免费表”和“每日报告”。“每日报告”主要反映以下内容：

（1）客人办理住宿手续；

（2）客人在规定时间12点以后结账离店；

（3）客人使用钟点客房；

（4）住房费发生变化。

制作客房收入报告时，要依据每日报告上所提供的情况，确定客人的实际住房费。

（三）当日取消订房表(cancellation list)

如表6-4所示，该表一式三份，分送前台经理、前台接待处和预订处，预订员要据此修订预订控制记录。同时，当日取消订房表也是酒店掌握超额预订比例的依据之一。

表6-4　当日取消订房表(cancellation　list)

DATE

日期：

Name 姓名	Dep. Date 离开日期	Accm. 房间类型	Rate 房价	Reason of Cancellation 取消原因
Total 总计	RMS： 客房数		PAX： 人数	

（四）未到客人报表(no-show list)

“未到客人”是指没有正式取消预订，但于预订入住日未能抵达的客人。该表也是酒店掌握超额预订比例的依据之一。与取消订房表一样，no-show list(参见表6-5)同样一式三份，分送前厅部经理、前台接待处和预订员，以便前台经理了解情况，预订员据此修订预订控制记录。

表6-5　未到客人报表(no-show list)

DATE

日期：

Name 姓名	Dep. Date 离开日期	Accm. 房间类型	Rate 房价	Remarks 备注
Total 总计	RMS： 客房数		PAX： 人数	

（五）预订更改表（amendment list）

此表反映客人由于某种原因而更改预订要求（包括入住日期、离开日期、房间类型及房价等）的情况（参见表 6-6）。

表 6-6 预订更改表（amendment list）

DATE

日期：

Name 姓名	Arr. Date 入住日期		Eep. Date 离开日期		Accm. 房间类型		Rate 房价		Remarks 备注
	Ori. 旧	New 新	Ori. 旧	New 新	Ori. 旧	New 新	Ori. 旧	New 新	
Total 总计	RMS: 客房数						PAX: 人数		

（六）提前退房表（unexpected departure）

由于种种原因，有些住店客人可能会要求提前退房。遇到这种情况，前台接待员应制作“提前退房表”（参见表 6-7），并立即通知预订处，以便修改预订控制记录，提高客房出租率。此外，掌握和保留客人提前退房的有关资料，也是酒店确定超额预订数的重要参数。

表 6-7 提前退房表（unexpected departure）

DATE

日期：

ROOM NO. 房号	NAME 姓名	PERIOD 原定退房日期	PAX 人数	REMARKS 原因
总数： TOTAL ______ RMS ______ PAX ______				

（七）延期退房表（extension list）

如表 6-8 所示，该表反映客人推迟离店日期的情况。如客人提出要延期退房，接待人员要查看房态是否能满足客人的要求。如果客房已订满，不能满足客人延期退房的要求，则要向客人解释，取得客人的谅解。如可以满足客人的要求，则要制作“延期退房表”，并通知预订处修改预订记录。

表 6-8　延期退房表(extension list)

DATE

日期：

ROOM NO. 房号	NAME 姓名	DEP. DATE 离店日期	PAX 人数	REMARKS 原因
总数： TOTAL ______ RMS ______ PAX ______				

(八) 入住房数出入表(differences)

由于人数发生变化等原因预订客人办理登记手续时，可能会提出增加(或减少)客房数的要求，夜间值班员要将白天所发生的这些情况制成表格，予以反映(参见表 6-9)。

表 6-9　入住房间出入表(differences)

DATE

日期

NAME 姓名（团名）	FROM 原房间类型 及数量	TO 新要求房间 类型及数量	DIFFERENCES (RM) 客房数出入	DIFFERENCES (PAX) 人数出入
New York Family Tour	8××	7××1×	0	-1
Mr. Liu	3××	2××	-1	-2
TOTAL 总出入			-1	-3

（九）房租折扣及免费表（discount & complimentary list）

如表 6-10 所示，制作房租折扣及免费表时，要在备注栏里注明优惠或免费原因。

表 6-10 房租折扣及免费表（discount & complimentary list）

DATE
日期

Rm. No 房号	Name 姓名	Dept. Date 离店日期	Type of Rm 房类	Rate 房费	Discount 折扣	Actual 实收	Remarks 备注

（十）次日客人退房表（expected departure list）

制作次日客人退房表有助于有效地控制房态，做好退房的准备工作，防止出现客人逃账现象（参见表 6-11）。

表 6-11 次日离店客人名单（expected departure list）

DATE
日期

RM NO. 房号	NAME 姓名	PERIOD 住店日期	PAX 人数	REMARKS 备注
总数： TOTAL ______ RMS ______ PAX ______				

（十一）今日住店 VIP 报告（today's VIP stay-over report）

"VIP"是酒店贵宾，对其住、离店情况，有关部门及领导要做到心中有数，以便做好迎、送等接待工作（参见表 6-12）。

表 6-12　今日住店 VIP 报告(today's VIP stayover report)

CC：FRONT　OFFICE　MANAGER

HOUSEKEEPING

DATE

日期：

NAME OF GUEST 姓名	POSITION/COMPANY/TITLE 职位/公司（单位）	ARRIVAL 抵店日期	DEPARTURE 离店日期	RM NO. 房号
		CLERK ________ SUPERVISOR ________		

（十二）次日 VIP 离店报告(expected VIP departure report)

该表类似“今日住店 VIP 报告”（参见表 6-13）。

表 6-13　次日 VIP 离店报告(expected VIP departure report)

CC：FRONT　OFFICE　MANAGER

ASSISTANT　MANAGER

DATE

日期：

NAME OF GUEST 姓名	ROOM NO. 房号	ARR. DATE 抵店日期	POSITION/COMPANY/TITLE 职位/公司（单位）	DEP. TIME 离店时间
			CLERK ________ SUPERVISOR ________	

第三节 前厅部与其他部门的信息沟通

酒店对客服务是整体性的，并非靠某一部门、班组或某一个人的努力就可以获得成功。所以酒店各部门之间的工作联系、信息沟通、团结协作就显得格外重要。各部门之间沟通的成功与失败，将直接影响到酒店运行与管理的成功与失败，影响到对客人的服务质量。

一、前厅部与有关部门之间的信息沟通

如图 6-2 所示，前厅部是酒店的“神经中枢”，是酒店信息的集散地，正是由于前厅部与酒店其他经营与管理部门的有效沟通，才使得酒店能够为客人提供干净的客房、运转良好的设备、安全的环境、美味的佳肴、快捷的服务、准确无误的结账……作为前厅部各级管理人员，更应了解自己肩负的责任，要有整体意识和团队精神，明确信息沟通的重要性。

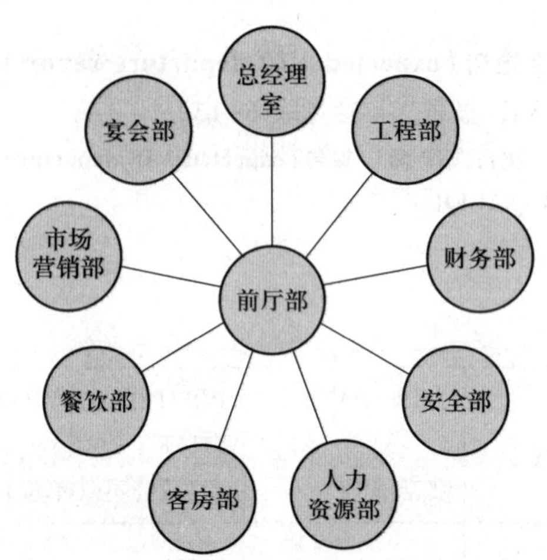

图 6-2 前厅部与酒店其他部门的信息沟通

信息沟通可以采用口头形式，也可以采用书面形式或计算机网络方式。为了保证信息沟通的准确性、严肃性和规范性，酒店应根据信息的重要性和特点，主要采取书面的形式：如备忘录、接待通知书、专题报告、报表和表格以及有关文件或批示等。此外，为了提高信息沟通的质量，前厅部经理应当确立标准的沟通程序，使前厅部员工与酒店客房部、餐饮部、工程部、销售部等部门的沟通规范化。

（一）前厅部与总经理室

前厅部除了应及时向总经理请示汇报对客服务过程中的重大事件外，平时还应与总经理室沟通以下信息。

1. 接待处

（1）房价的制定与修改。

（2）免费/折扣/订金/贵宾接待规格、客房销售政策的呈报与批准。

（3）每日递交“在店贵宾/团队表”“预期离店 VIP 客人名单”“客房营业日报表”“营业情况对照表”等。

2. 预订处

（1）定期呈报“客情预报表”。

（2）每日递交“客情预测表”。

（3）递交“贵宾接待规格审批表”，报告已预订客房的贵宾情况，贵宾抵店前，递交“贵宾接待通知单”。

（4）每月递交“房价及预订情况分析表”“客源分析表”“客源地理分布表”。

3. 电话总机

（1）了解正、副总经理的值班安排及去向。

（2）提供呼叫找人服务。

（二）前厅部与客房部

酒店前厅部与客房部的联系最为密切，很多酒店的前厅部与客房部是合二为一的(rooms division)。正因如此，这两个部门之间的信息沟通也就最频繁，内容也最多。

前厅部要与客房部就客房利用状况、安全问题、住客资料、客人对设备用品的需求等信息进行沟通，这些信息的沟通要求十分及时、准确。

客房部经理要依靠前厅部对客房的销售预测结果进行排班，及时地拿到发自前厅部的客房销售情况预测表可以使客房部经理科学、合理地安排和处理员工的请假和休假问题。

对于出现在客房部的可能危害客人安全的任何异常情况，如服务员发现显然未经登记的来访者出现在楼层，或房间内出现异常声响，客房部员工都应向前台报告，而前台员工则会将这一问题反映给有关人员或部门。

有时，前台会直接收到客人要求增加或提供客用品(如毛毯、洗发水、吹风机等)的请求，这时，前台员工必须立即将这一信息转达到客房部。

前厅部与客房部信息沟通的主要内容有：

1. 接待处

（1）客房楼层应每日向前台接待处提交“楼层报告”，以便前台控制房态。这是协调客房销售与客房管理之间关系的重要环节，也是前厅部与客房部最重要的信息沟通内容之一。

（2）团队客人抵店前，递交“团队用房分配表”。

（3）用“特殊服务通知单”将客人提出的房内特殊服务要求通知客房部。

（4）将客人入住及退房的情况及时通知客房部。

（5）用“客房/房价变更通知单”把客人用房的变动情况通知客房部。

（6）递交“预期离店客人名单”“在店贵宾/团队表”“待修客房一览表”。

（7）客房楼层应将客人在房内小酒吧的消费情况通知前台接待处(或收银处)。

2. 预订处

（1）每日递交“客情预测表”。

（2）书面通知房内鲜花布置的要求。

（3）书面通知订房客人所需要的房内特殊服务要求。

（4）贵客抵店前，递交“贵宾接待通知单”。

（5）贵宾抵店的当天，将准备好的欢迎信、欢迎卡送交客房部，以便客房部做好贵宾房布置。

3. 大厅服务处

（1）上楼层递送报纸、邮件和有关文件，或将需递送的报纸及“报纸递送单”交客房部代为发放。

（2）运送抵店的团队客人行李时，如客人不在客房内，请客房服务员打开房门，以便把行李送入客房。

4. 电话总机

如发现客人对电话叫醒服务无反应，应通知客房部上门人工叫醒。

（三）前厅部与销售部

前厅部与销售部都对酒店的销售工作负有责任。前厅部主要对零星散客，尤其是当天的客房销售工作负责，而销售部则对酒店长期的、整体的销售，尤其是团队和会议的客房销售负责。因此，前厅部与销售部之间必须加强协作与信息沟通，提高酒店客房利用率，减少销售工作中的矛盾与冲突。

销售部还依赖于前厅部为其提供客历档案及各类预订信息，以便更好地满足客人的需求。此外，前厅部通过为客人提供专业的、热情周到的服务而对销售部的工作予以支持。

对于销售部而言，客历档案是进行市场营销的极有价值的资源。销售部可利用客历档案的相关资料进行各种市场营销和促销活动，邮寄促销信函，选择适当的广告媒体。因此，前厅部员工应当尽可能为销售部提供即时的、准确的信息。

客人与酒店销售部的第一次接触通常是通过酒店的总机进行的。一位高素质的、热情友好而且对酒店各有关部门及其员工都比较熟悉的总机话务员，会给客人留下良好的第一印象，向这位潜在的客人留下这样一个信息：这家酒店相当不错。

发往销售部的信息应当快捷、准确、完整。为了实现有效地沟通，前厅部经理应当向前厅部新员工介绍销售部每一位员工及各人所负责的工作（以及其他有关部门的有关人员）。

前厅部有关部门与销售部的沟通内容主要有：

1. 接待处

（1）与销售部进行来年客房销售预测前的磋商。

（2）发生超额预订情况时，与销售部进行磋商与协调。

（3）团队客人抵店前，将团队客人的用房安排情况，书面通知销售部。

（4）团队抵店后，销售部团队协调员将客人用房等变更情况书面通知接待处。

（5）每日向销售部递交“在店贵宾/团队名单”“预期离店客人名单”“客房营业日报表”“营业情况对照表”。

2. 预订处

（1）为避免超订情况的发生，在旅游旺季，预订部应及时与销售部沟通，研究决定团队客人与散客的接待比例。

（2）销售部将已获总经理室批准的各种订房合同副本交预订处。

（3）销售部将团队客人的订房资料、“团队接待通知单”送达预订处。

（4）预订处与销售部核对年度、月度客情预报。

（5）每日递送“客情预测表”“贵宾接待通知单”“次日抵店客人名单”“房价及预订情况分析表”“客源比例分析表”。

为了便于协调，减少工作冲突，提高工作效率，酒店可考虑取消“预订处”，或将其划归销售部管理。

3. 礼宾部

从销售部了解离店团队的发出行李时间及离店时间。同时，销售部应将团队客人活动的日程安排等有关信息通知礼宾部，以便回答客人的询问。

4. 电话总机

（1）了解团队客人需要提供的叫醒服务时间。

（2）了解团队活动的日程安排。

（四）前厅部与财务部

为了防止出现各种漏账、逃账等现象，确保酒店的经济利益，前厅部应加强与财务部（包括前台收款）之间的信息沟通。

1. 接待处

（1）就给予散客的信用限额与财务部进行沟通。

（2）根据酒店政策，收取预付款。

（3）递送抵店散客的账单、登记表。

（4）递交压印好的信用卡签购单。

（5）递送已抵店的团队客人的总账单与分账单。

（6）递送“客房/房价变更通知单”。

（7）每日递送“预期离店客人名单”“在店客人名单”“在店贵宾/团队表”“客房营业日报表”“营业情况对照表”。

（8）就过了离店时间后退房的客人的超时房费收取问题进行沟通。

（9）客房营业收入的夜审核对工作。

2. 预订处

（1）就订金（预付款）的收取问题进行沟通。

（2）就订房客人的信用限额问题进行沟通。

（3）每日递送“客情预测表”“贵宾接待通知单”。

3. 礼宾部

（1）递送已结账客人的离店单。

（2）如已结账的客人再次发生费用，收银处与前厅服务处应及时沟通，以便前厅服务人员采取恰当的方法，提醒客人付账。

（3）递送“服务费收入日报表”。

4. 电话总机

（1）递交“长途电话收费单”与“长途电话营业日报表”。

（2）已结账的客人挂长途时再次收费的沟通。

（五）前厅部与餐饮部

餐饮是酒店营业收入的两大主要来源之一，前厅部必须重视与餐饮部的信息沟通，以加强管理，提高效益。比如，前厅部要向餐饮部提供客人的信用信息，以便餐厅决定是否可以接受客人签单；向餐饮部提供住店客人信息，以便餐厅经理能够合理排班，预测营业收入(如上早班的餐厅经理可能需要了解有多少住店客人,以便决定需要安排多少人上早班)。另一方面，餐饮部要将住店客人的消费信息及时、准确地提供给前台收银，以便记入客人的总账单。

前厅部与餐饮部的沟通还包括以下几方面的内容：

1. 接待处

（1）书面通知餐饮部客房的布置要求，如在客房内放置水果、点心等。

（2）发放团队用餐通知单。

（3）每日递送“在店贵宾/团队表”“在店客人名单”“预期离店客人名单”。

2. 预订处

（1）每月递送“客情预报表”。

（2）每日递送“客情预测表”“贵宾接待通知单”。

（3）书面通知订房客人的用餐要求及房内布置要求。

3. 礼宾部

（1）每日从餐饮部的宴会预订组取得“宴会/会议活动安排表”。

（2）向客人散发餐饮活动的宣传资料。

（3）随时掌握餐饮部各营业点的服务内容、服务时间及收费标准的变动情况。

（4）更新每日宴会/会议、饮食推广活动的布告牌。

4. 电话总机

随时掌握餐饮部各营业点的服务内容、服务时间及收费标准的变动情况。

（六）前厅部与其他部门

1. 接待处

（1）提供客人抵店、住店、离店的情况。

（2）按规定为值班经理或经批准的有关职工安排用房。

（3）递送“维修通知单”（工程部）。

（4）递送“在店贵宾/团队表”。

2. 预订处

（1）递送“客情预测表”。

（2）递送“贵宾接待通知单”。

3. 礼宾部

（1）邮件的收发。

（2）与工程、安全等部门进行沟通，做好客房钥匙遗失后的处理工作。

4. 电话总机

（1）接转电话。

（2）留言服务。

（3）了解各部门负责人的值班安排及去向。

（4）呼叫找人服务。

（5）出现紧急情况时的沟通联络。

二、信息沟通的主要障碍及纠正方法

前厅部与其他部门之间能否进行有效的沟通，不仅仅反映了管理者是否了解沟通的方法，也反映了管理者对团体协作精神是否具有足够的认识。因此，要时刻提防和避免阻碍信息沟通的障碍。

（一）阻碍信息沟通的障碍

在酒店，阻碍信息沟通的障碍主要有以下几点：

（1）个人主义严重，互相拆台；

（2）彼此缺乏尊重与体谅；

（3）本位主义，缺少团队意识和集体主义精神；

（4）感情、意气用事。

（二）克服及纠正的方法

（1）抓紧对管理人员及服务人员进行有效的在职培训，使之充分了解“团结协作”的重要性，掌握进行有效沟通的方式方法；还应使员工在不断精通本职工作的同时，加强对酒店整体经营管理知识和各部门工作内容的了解。

（2）在日常工作中，注意检查部门内部与部门之间信息沟通的执行和反馈情况，不断总结、完善各个环节，对于沟通良好的部门和个人及时予以表扬，反之，则予以批评。

（3）组织集体活动，增进员工之间的相互了解，消除隔阂，加强团结。

本章小结

➢ 信息是酒店服务和管理的依据，是影响服务质量和管理水平的重要因素，而前台是酒店的信息中心，必须做好信息的收集、加工和传递工作。

➢ 前台信息工作的主要内容包括客情的预测和传递，各种经营报表的制作，另外要加强与客房部、销售部、总经理室等经营部门和管理部门以及前厅部内部如预订处、问讯处等的信息沟通。

➢ 为了不断提高服务质量，满足客人的个性化需求，酒店还应建立客历档案，将每位住店客人的需求特点记录下来，以便下次客人光顾时，为客人提供个性化服务。

思考题

1. 为什么要建立客历档案？客历档案主要包括哪些内容？
2. 如何设计前厅部的管理表格？前厅部常用表格有哪些？
3. 前厅部为什么要加强与酒店其他部门的信息沟通？沟通的主要内容有哪些？
4. 分析前厅部与其他部门信息沟通的主要障碍和纠正方法。

即测即评

案例分析

“请把我们交给警察吧！”

某日，国内某名牌大学校长一行四人入住某市一家三星级酒店。在办理入住登记手续时，前台接待员要求先交押金。由于客人尚不能确定住几天，所以接待单位先为其预交了一天的押金。由于接待单位与该酒店有较好的业务关系，且负责接待的人员与该酒店前台经理比较熟，前台经理同意这几位客人以后几天可以免交押金。

第二天夜里12点多，当客人办完事回到酒店时，不愉快的事情发生了。一位楼层服务员站在客人的房门口，拦住客人，不允许其进入客房，理由是：没交押金！

“可你们经理已经同意了啊！”客人辩解道。

“我不管，反正前台说没交押金就不能进房间。”

………

无论客人如何解释都无济于事。情急之下，客人说道：

“你看已经半夜了，我们出去也没地方去。要不这样吧：你先让我们进去，把我们关起来，如果接待单位不帮我们交押金，你就直接去公安局报案，把我们交给警察……”

试分析一下：以上案例中，哪一个环节的信息沟通出现了障碍？

酒店经理人对“经理的困惑”的答复：

Re：前厅部与客房部缺乏沟通怎么办？

区雪娇　广州南沙大酒店　客房部经理

扫描以下二维码，面对面观看广州南沙大酒店前厅部经理区雪娇谈：前厅部与客房部缺乏沟通怎么办？

Grace Yu 大连香格里拉大酒店 前厅部经理

http://www.shangri-la.com/cn/property dalian/shangrila

首先，作为前厅部经理应加强与各部门经理的直接沟通，特别是与客房部的沟通，工作中做到相互理解，学会站在对方角度考虑问题。

其次，加强自己部门的管理，要求员工严格按照各项工作程序完成各项工作，加强监管力度，同时利用好计算机、电话等，及时正确输入及传达相关信息，保证同客房部等部门沟通的准确、顺畅。

最后，强化员工培训，提高员工工作技能，有机会则安排两部门员工交叉培训，增强相互工作的了解与理解。

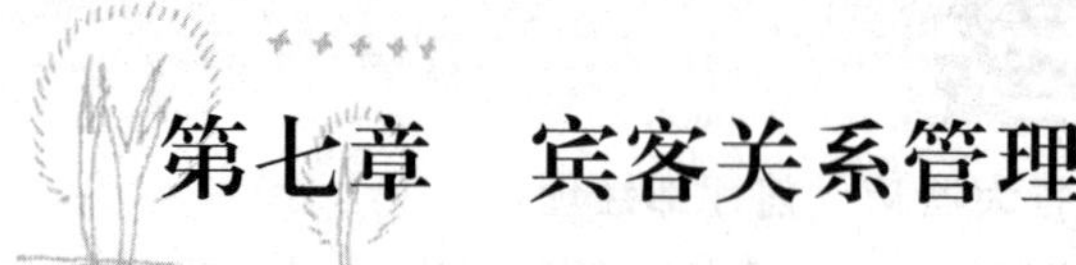

第七章　宾客关系管理

美国一家网站通过对顾客满意度的调查，得出这样一些数据：

（1）在提出投诉的顾客之中，有54%~70%的人在问题获得解决的情况下，就会再次上门消费。如果顾客觉得问题解决得够快，那么这个比例会攀升至95%。

（2）当一位顾客产生不满时，他平均会告诉9~10人，更有13%的人会把这件事告诉20人以上。

（3）平均每位提出投诉而获得圆满解决的顾客，会把其受到的待遇告诉5~8人。

（4）问题没有得到圆满解决的顾客，会把他们的负面经验再告诉8~16人。

该网站的另一项重要发现是：大约有50%的顾客，在遇到问题时，选择沉默忍受，他们懒得投诉，只是简单、安静地终止生意往来，而转向竞争对手。

本章学习目的

★ 了解大堂副理的岗位职责与素质要求。

★ 掌握客人对酒店产品的需求心理及与客人的沟通技巧。

★ 掌握处理客人投诉的方法和艺术。

关键术语： 宾客关系 大堂副理 客历档案 客人投诉 宾客关系主管

Key Words: Guest Relation, A. M., Guest History Card, Complaints, Guest Relation Officer

经理的困惑

——员工不微笑该怎么办？

谁都知道酒店业属于服务行业，员工应该为客人提供微笑服务，可是要让所在员工在任何接待客人的过程中都提供微笑服务，特别是发自内心的微笑，实在太难了，说实在的，有一半员工能为客人提供微笑服务，我们就知足了，员工不微笑，我们不能打他，不能骂他，也不能处罚他，甚至连批评都不行，作为管理者，我们到底该怎么办呢？

第一节 大堂副理与宾客关系主任

走进富丽堂皇的酒店大堂，我们会在其一侧注意到一张典雅、精美的桌子，上面摆放着鲜花，旁边坐着一位能讲一口流利英语的、和颜悦色的酒店“官员”，他(她)就是酒店的大堂副理(参见图 7-1)。

图 7-1 大堂副理

大堂副理的主要职责是代表酒店总经理接待每一位在酒店遇到困难而需要帮助的客人，并在自己的职权范围内予以解决，包括回答客人问讯、解决客人的疑难、处理客人投诉等。因此，大堂副理是沟通酒店和客人之间的桥梁，是客人的益友，是酒店建立良好宾客关系的重要环节。

在我国，三星级以上酒店一般都设有大堂副理。大堂副理可以是主管级，也可以是部门副经理级，以体现这一职位的重要性和权威性。对大堂副理的管理模式通常有两种：一是隶属于前厅部，二是由总经理办公室直接管理，大堂副理向总经理办公室主任或直接向总经理汇报。以上两种模式各有其合理性和利弊。从工作性质(属于对客服务项目)和工作岗位的位置(位于前厅大堂)来讲，应属于前厅部，而从职责范围来讲，涉及酒店各个部门，为了便于协调管理和有效地开展工作，则应由总经理办公室直接管理。还有的酒店将大堂副理划归质监部，向质监部经理(或总监)负责，直接处理出现在各部门的服务质量问题和客人投诉问题，以增强其权威性。具体而言，各酒店应根据自身的实际情况来决定。

无论采用哪种管理模式和体制，都要明确大堂副理管理的岗位职责和管理权限，否则，他将很难开展工作(在一些涉外酒店,大堂副理已沦为酒店的“翻译”,当出现客人投诉或客人与酒店发生冲突时,他只是被请去充当“翻译”的角色)，或者与其他部门经理、主管的权力发生冲突，影响协调和团结。

一、大堂副理的岗位职责与素质要求

直接上级：前厅部经理/总经理

直接下级：宾客关系主任

1. 岗位职责

(1) 代表酒店管理机构处理客人投诉，解决客人的疑难问题，及时将客人意见服务质量方面的问题向总经理汇报，并提出改进意见。

(2) 作为酒店管理机构的代表检查各部门员工的纪律、着装、仪容仪表及工作状况。代表总经理做好日常的贵宾接待工作，完成总经理临时委托的各项工作。

(3) 回答客人的一切询问，并向客人提供一切必要的协助和服务。

(4) 维护大堂秩序，确保客人的人身和财产安全以及酒店员工和酒店财产的安全。

(5) 抽查酒店各部门的清洁卫生工作及设备设施的维护保养水准。

(6) 负责协调处理客人的疾病和死亡事故。

(7) 征求客人意见，沟通酒店与客人间的情感，维护酒店的声誉。

(8) 处理员工和客人的争吵事件。

(9) 保证宴会活动的正常接待。

(10) 确保大堂秩序良好，无衣冠不整、行为不端者。

(11) 每日参加部门经理例会，通报客人投诉情况、员工违纪等，并提出相关建议。

(12) 协助前厅部经理指导并检查前台、预订、总机、门童和礼宾部的工作，做好前厅部的日常管理。

(13) 协助前厅部员工处理好日常接待中出现的各种问题(如超订问题、客人丢失保险箱钥匙问题、签账超额而无法付款的客人、逃账事件以及其他账务等方面的问题)。

(14) 沟通前厅部与各部门之间的关系。

(15) 完整、详细地记录在值班期间所发生和处理的任何事项，将一些特殊的、重要的及具有普遍性的内容整理成文，交前厅部经理阅后呈总经理批示。

(16) 协助保安部调查异常事物和不受欢迎的客人。

(17) 认真做好每日的工作日志，对重大事件认真记录存档。

2. 素质要求

(1) 受过良好的教育，大专以上学历。

(2) 在前台岗位工作 3 年以上，有较丰富的酒店实际工作经验，熟悉客房、前厅工作，略懂餐饮、工程和财务知识。

(3) 有良好的外部形象，风度优雅。

(4) 能应对各类突发事件，遇事沉着，头脑冷静，随机处理。

(5) 个性开朗，乐于且善于与人打交道，有高超的人际沟通技巧。能妥善处理好与客人、各部门之间的关系，有较强的写作及口头的表达能力。

(6) 口齿清楚，语言得体。

(7) 外语流利，能用一门以上外语(其中一门是英语)与客人沟通。

(8) 见识广，知识面宽。了解公关、心理学、礼仪、旅游等知识，掌握计算机使用知识。掌握所在城市的历史，游乐场所地点，购物及饮食场所；了解主要国家的风土人情。

(9) 对国家及酒店的政策规定有着充分的了解。

(10) 具有高度的工作和服务热忱。

(11) 彬彬有礼、不卑不亢。

二、大堂副理的工作程序

(一) VIP 的接待程序

1. 抵店前的准备工作

(1) 了解 VIP 客人姓名、职业、习惯及到店时间。

(2) 在 VIP 到达之前检查 VIP 入住登记单情况。

(3) 检查 VIP 房的分配情况和房间状况，确保 VIP 房的最佳状况。

(4) 在 VIP 到达前一小时，检查鲜花水果和欢迎信的派送情况，督促接待人员半小时前到位，提醒总经理提前十分钟到位，确保一切接待工作准确无误。

2. 抵店时的接待工作

(1) VIP 进入大堂时，要用准确的客人职务或客人姓名来称呼和迎接客人。

(2) 引领 VIP 客人进入预分的房间，查看客人的有效证件，确保入住单打印的内容准确无误，并礼貌地请客人在入住单上签字。

(3) 向 VIP 客人介绍客房及酒店内设施、设备。

(4) 征求 VIP 客人的意见，随时提供特殊的服务。

3. 离店后的后续工作

(1) 接待完 VIP 客人后，要及时把入住单交给前台，准确无误地输入各种信息。

(2) 做好 VIP 客人的接待记录，必要时及时向总经理报告 VIP 客人到店情况和接待情况。

(3) 协助预订部建立、更新 VIP 客人的档案，准确记录客人的姓名、职业、入店时间、离店时间、首次或多次住店、特殊要求等情况，作为以后订房和服务的参考资料。

(二) 处理客人投诉

1. 接受客人的投诉

(1) 确认是否为住店客人，记录客人的姓名、房号、投诉部门和事项。

(2) 听取客人的投诉：头脑冷静、面带微笑、仔细倾听，对客人遇到的不快表示理解，并致歉意。

（3）对客人的投诉，酒店无论是否有过错，都不要申辩，尤其是对火气正大或脾气暴躁的客人，先不要做解释，要先向客人道歉，表示安慰，让客人感到酒店是真心实意为他着想。

2. 处理客人的投诉

（1）对一些简单、易解决的投诉，要尽快解决，并征求客人的解决意见。

（2）对一些不易解决或对其他部门的投诉，首先要向客人道歉，并感谢客人的投诉，同时向有关经理汇报。

（3）查清事实并作处理，同时将处理结果通知客人本人，并征求客人对解决投诉的意见，以表示酒店对客人投诉的重视。

（4）处理完客人的投诉后，要再次向客人致歉，并感谢客人的投诉，使酒店在其心目中留下美好的印象，以消除客人的不快。

3. 记录投诉

（1）详细记录投诉客人的姓名、房号或地址、电话、投诉时间、投诉事由和处理结果；

（2）将重大的投诉或重要客人的投诉整理成文，经前厅部经理阅后呈总经理批示。

（三）处理紧急事件

酒店是一个小世界，什么样的事情都有可能发生，在遇到下列几种特殊情况时，大堂副理应参照以下程序进行工作：

1. 客人生病或受伤

（1）客人若在居住期间生病或受伤，先以电话询问病情，然后再依病情和客人之要求，决定请医生来或是送去医院治疗，严禁随便拿药给客人服用。

（2）若客人确实病情严重，或有特殊要求，可联系医院请医生出诊；请医生出诊应事先电话提供病人的详细情况。

情况紧急，可拨打电话120，请急救中心出诊。

在紧急情况下，如心脏病等，白天可请医务室帮忙就诊。

病人若行走不便，可安排轮椅（平时可存在行李房）或担架（利用客房加床用的折叠床即可）。

（3）在与医院联系后，要协助客人订好出租车，并告知司机医院的确切位置。在联系不到出租车的情况下，可联系酒店车队。

（4）客人需要住院治疗时，将客人之病情及房号等做记录，如有可能，通知其在当地的亲友。

（5）客人在住院期间若欲保留其房间，则通知客房部，若不需要保留房间，则征得客人同意后，帮助整理行李并寄存于行李房，衣服可存于服务中心。

（6）对于传染病客人，要劝其离店，并对房间及房内物品做彻底消毒，同时对楼道及有关区域进行消毒处理。

（7）客人通常会要一些药物，此时应委婉告知客人，碍于规定，酒店无法提供，小擦伤等可用大堂副理药箱中之创可贴、纱布等。

2. 客人自杀或死亡

（1）若发现此状况，而未能确定是否已死亡时，立即报保安部，并请医务室或特约医院叫救护车送往医院急救，将事件报告总经理并做记录。

（2）立即封锁现场及消息，并通知客房部、公关部等有关单位，由保安部经理判断是否报警处理。

（3）死亡。凡有客人死亡时，立即报保安部、总经理，再依下列情况处理：

① 自然死亡和病死：首先封锁消息，封闭该房间后电请医院派救护车运走，由保安部报告有关部门，再通知友人或家属直接到医院料理丧事。

② 谋杀：保持现场完整，报保安部，等候公安机关人员调查，再视情况处理。

③ 自杀：先封锁消息和现场，电请医院派救护车运回急救。等运走后再由保安部通知有关部门。若急救无效，依"自然死亡"项处理。

3. 火灾

（1）大堂副理接到火警通知后，先报消防中心，然后电话通知总机（总机按"接火警通知方案"程序通知有关人员），并记录通知时间，然后携带总钥匙和手电筒迅速赶到现场。

（2）若火灾发生在厨房，应通知工程部立即关闭所有煤气阀门，关掉所有电源，关闭受影响的一切通风装置。

（3）检查火警现场，并与保安部、工程部等有关部门的人员取得联系，在最高领导决策后，决定是否报"119"派消防车支援。

（4）根据现场情况，做好各部门协调工作，在最高领导决定后，组织客人撤离现场。

（5）当需要将客人安排到其他酒店时，大堂副理应立即与其他酒店取得联系。

4. 偷盗

（1）发生任何偷盗现象均应首先报酒店保安部。

（2）接到通知后，同保安人员赶到现场，若发生在房间，则同时通知客房部主管前往。

（3）请保安部通知监控室注意店内有关区域是否有可疑人物。

（4）查询客人被盗物品及是否曾有客来访的有关资料，并做记录，视客人要求，由客人决定是否向公安机关报案。

（5）若客人有物品遗失，无论酒店有无责任赔偿，均应酌情给予关照。

（6）通常情况下，酒店不开据遗失证明，若客人信用卡遗失，可由大堂副理代为联络银行止付。

（7）一般要由客人自己报案，大堂副理派人联系，最好由保安部和大堂副理同时出面与客人交涉，外籍客人需报市公安局外管处；国内客人报案，可到当地派出所，也可报公安局。

（8）若住店客人在店外被盗，征得客人同意后，大堂副理可协助客人向事发地区公安机关报案。

5. 员工意外

员工发生意外，通常由员工所在部门的经理会同人事部经理处理，节假日由大堂副理代为处理，并做记录，次日转交以上两部门处理。

三、大堂副理工作“五忌”

1. 总是刻板呆坐在工作台

大堂副理大多数时间应在大堂迎来送往招呼来来去去的客人，随机地回答客人的一些问询，不放过能与客人交往的任何机会，一方面方便了客人，使酒店的服务具有人情味，增加了大堂副理的亲和力。另一方面可以收集到更多宾客对酒店的意见和建议，以利于发现酒店服务与管理中存在的问题与不足，及时发现隐患苗头，抢在客人投诉之前进行事前控制。

2. 在客人面前称酒店其他部门的员工为“他们”

在客人心目中，酒店是一个整体，不论是哪个部门出现问题，都会认为就是酒店的责任，而大堂副理是代表酒店开展工作的，故切忌在客人面前称别的部门员工为“他们”。

3. 在处理投诉时不注意时间、场合、地点

有的大堂副理在处理宾客投诉时往往只重视了及时性原则，而忽略了处理问题的灵活性和艺术性。例如客人在午休、进餐、发怒时，或在发廊、宴会厅等公共场所，在这些时间和场合去处理投诉，效果往往不佳，还可能引起客人反感。

4. 缺乏自信，在客人面前表现出过分的谦卑

确切地说，大堂副理是代表酒店总经理在处理客人的投诉和进行相关的接待，其一言一行代表着酒店的形象，应表现出充分的自信，彬彬有礼，热情好客，不卑不亢，谦恭而非卑微。过分的谦卑是缺乏自信的表现，往往会被客人看不起，对酒店失去信心。

5. 不熟悉酒店业务和相关知识

大堂副理应熟悉酒店业务知识和相关知识，如前台和客房服务程序、送餐服务、收银程序及相关规定、酒店折扣情况、信用卡知识、洗涤知识、基本法律法规、民航票务知识，等等，否则会影响到处理投诉的准确性和及时性，同时也将失去客人对酒店的信赖。

四、宾客关系主任

宾客关系主任(guest relation officer)是一些大型豪华酒店设立的专门用来建立和维护良好的宾客关系的岗位。宾客关系主任直接向大堂副理或值班经理(duty manager)负责(参见图7-2)。他要与客人建立良好的关系，协助大堂副理欢迎贵宾以及安排团体临时性的特别要求。

宾客关系主任的主要职责是：

(1) 协助大堂副理执行和完成工作。

(2) 在大堂副理缺席的情况下，行使大堂副理的职权。

(3) 发展酒店与宾客的良好关系，并征求意见，作好记录，作为日报和周报的内容之一。

(4) 欢迎并带领 VIP 入住客房。

(5) 负责带领有关客人参观酒店。

(6) 在前台督导并协助客人办理入住手续。

(7) 处理客人投诉。

图 7-2　宾客关系主任

(8) 留意酒店公共场所的秩序。

(9) 与其他部门合作沟通。

(10) 完成大堂副理指派的其他任务。

其中，主动征集客人意见(特别是 VIP 的意见)是 GRO 的重要职责，一些高星级酒店将其形成制度，要求每天每位 GRO 必须主动向客人征集 5 条以上的有效意见，并进行双向反馈。

除了上述职责以外，宾客关系主任还要负责客历档案的建立、完善和管理工作。凡是通过主动拜访、客人告知、员工反映等途径获得的客人喜好、习惯、忌讳等资料信息，都要整理成文字，输入电脑保存起来。宾客关系主任必须记住其中任何一位客人的信息，在每天查阅预订客人名单和已入住客人名单时，要做到一看到熟悉的客人名字，相关资料就及时反馈，然后按照该客人的客史记录，安排相关事宜，为客人提供个性化服务。

附：

一位大堂副理的心得

第二节　客人投诉及其处理

中国有三家企业在《哈佛商业评论》上亮相，它们是：海尔、海景和海底捞。

青岛海景花园大酒店的经营理念是：

- 顾客离店时必须是满意的，我们才能赢；顾客不满意，就是我们输了。
- 从最有抱怨的顾客那里，能得到最有价值的意见和建议。

- 与客人争辩，我们永远是输家。
- 无论谁对谁错，都要给客人留足面子，不能让客人尴尬。

前厅部和客房部服务和管理人员经常遇到令人头疼的问题就是客人投诉。如何接待投诉客人，如何处理客人投诉，是每一个酒店前厅部和客房部管理人员所关心的问题。

酒店工作的目标是使每一位客人满意，但事实上，无论是多么豪华、多高档次的酒店，无论酒店管理者在服务质量方面下了多大的功夫，总会有某些客人，在某个时间，对某件事、物或人表示不满，因此，投诉是不可避免的，这时，客人可能去找大堂副理投诉(接待投诉客人是大堂副理的主要职责之一)，也可能直接向服务员发泄心中的不满，或找领班、主管甚至部门经理投诉。因此，无论是服务员还是管理人员，在接待投诉客人和处理客人投诉方面都要训练有素。

各部门工作人员和管理人员应当明白，掌握接待投诉客人的要领和处理客人投诉的方法和技巧，正确处理客人投诉，不仅会使自己的工作变得轻松、愉快，而且对于提高酒店服务质量和管理水平，赢得回头客，具有重要意义。

一、投诉的产生

就前厅部及客房部而言，投诉(complaint)的产生通常有以下几方面的原因：

1. 作为硬件的设施、设备出现故障

比如，空调不灵，电梯挤伤客人，卫生间水龙头损坏等。酒店的设施设备是为客人提供服务的基础，设施设备出故障，服务态度再好，也无法弥补。我国酒店与国际酒店相比，存在的突出问题之一就是设施设备保养不善(尤其是一些经营时间比较长,有“悠久”历史的老酒店)，这不仅造成酒店经营成本的上升，而且严重影响酒店对客人的服务质量，常常引起客人投诉。

2. 客人对于作为软件的无形的服务不满

比如服务员在服务态度、服务效率、服务时间等方面达不到酒店或客人的要求与期望。

3. 酒店管理不善

比如住客在房间受到骚扰、客人的隐私不被尊重、财物丢失，等等。

4. 客人对酒店的有关政策规定不了解或误解

有时候，酒店方面并没什么过错，客人之所以投诉是因为对酒店有关政策规定不了解或误解，在这种情况下，就要对客人耐心解释，并热情帮助客人解决问题。

上述问题，可以归结为两种类型：一是有形因素，二是无形因素。对于这两种因素，客人投诉的倾向性和投诉的方式是不同的。美国马萨诸塞州立大学的罗伯特教授曾对美国东部主要城市6家酒店的1314名客人做过调查，结果表明：对于有形因素，愿意当面向管理部门提意见的旅游者占59%，而对于无形因素，只占41%。这说明，顾客对于无形因素，一般不太愿意当面向管理部门提意见投诉。一方面正是由于这种因素的“无形性”本身造成的，客人担心“说不清”；另一方面，无形的因素通常都是服务方面的问题，而服务又涉及具体的“人”，客人外出，一般不愿意轻易伤和气，不愿意“惹事”，这是主要原因。

二、妥善处理客人投诉的意义

投诉是沟通酒店管理者和顾客之间的桥梁。对客人的投诉应该正确认识。投诉是坏事，也是好事，它可能会使被投诉的对象(有关部门或人员)感到不愉快，甚至受惩，接待投诉客人也不是一件令人愉快的事，对很多人来讲，是一种挑战。但投诉又是一个信号，告诉管理者酒店服务和管理中存在的问题。形象地说，投诉的顾客就像一位医生，在免费为酒店提供诊断，以使酒店管理者能够对症下药，改进服务和设施，吸引更多的客人前来投宿，因此，管理阶层对于客人的投诉必须给予足够的重视。

具体而言，对酒店来说，客人投诉的意义表现在以下几个方面：

1. 可以帮助酒店管理者发现酒店服务与管理中存在的问题与不足

酒店的问题是客观存在的，但管理者不一定能发现。原因之一是，“不识庐山真面目，只缘身在此山中”。管理者在一个酒店一工作就是几年，甚至几十年，长期在一个环境工作，对本酒店的问题可能会视而不见，麻木不仁，而客人则不同，他们付了钱，期望得到与他们所付的钱相称的服务，他们也可能住过很多酒店，对某个酒店存在的问题，他们眼里可能一目了然。原因之二是，尽管酒店要求员工“管理者在和不在一个样”，但事实上，很多员工并没有做到这一点。管理者在与不在截然两样。因此，管理者很难发现问题。而客人则不同，他们是酒店产品的直接消费者，对酒店服务中存在的问题有切身的体会和感受，因此，他们最容易发现问题，找到不足。

2. 为酒店提供了一个改善宾客关系的机会，使其能够将“不满意”的客人转变为“满意”的客人，从而有利于酒店的市场营销

研究表明，“使一位客人满意，就可招揽 8 位顾客上门，如因产品质量不好，惹恼了一位客人，则会导致 25 位客人从此不再登门”，因此 ，酒店要力求使每一位客人满意。客人有投诉，说明客人不满意，如果这位客人不投诉或投诉没有得到妥善解决，客人将不再入住该酒店，同时也将意味着失去 25 位潜在客人。无疑，这对酒店是个巨大的损失。通过客人的投诉，酒店了解到客人的“不满意”，从而为酒店提供了一次极好的机会，使其能够将“不满意”的客人转变为“满意”的客人，消除客人对酒店的不良印象，减少负面宣传。

3. 有利于酒店改善服务质量，提高管理水平

酒店可通过客人的投诉不断地发现问题，解决问题，进而改善服务质量，提高管理水平。

三、处理客人投诉的目标和原则

(一) 处理客人投诉的目标

处理客人投诉的目标是：使“不满意”的客人转变为“满意”的客人，使“大事化小，小事化了”。

(二) 处理客人投诉的原则

1. 真心实意帮助客人解决问题

酒店服务人员及管理人员要明白，处理客人投诉时的任何拖沓或“没了下文”都会招致客人更强烈的不满。

2. 不与客人争辩

即使是客人错了，也不能与客人争辩，不能与客人正面冲突，只能耐心地解释，取得客人的理解和谅解。

3. 不因小失大，必要时把“对”让给客人

4.“双利益”原则

既要保护酒店的利益，也不能损害客人的利益。如果片面的追求酒店的利益，其结果必然损害客人的利益，最终结果是损害了酒店的长远利益。

在酒店利益与客人的利益发生冲突时，很多酒店管理者都以酒店的眼前利益为出发点。比如，在发生房内物品丢失或损坏时，不考虑客人的态度和利益，尽最大的努力去谋取客人赔偿(或在酒店利益和客人利益中间找到一个平衡点，用最小的经济代价达到客人最低的满意度)。这样，不仅没有使客人满意，实际上也是在损害酒店的长远利益。处理客人投诉的“双利益原则”要求酒店考虑客人的利益和酒店的长远利益。管理者要树立美好的远景，放眼未来，以客人的合法利益和一大部分酒店能接受的不合理利益为中心，在不断地维护客人利益的基础上树立自己口碑，建立自己的品牌效应，从而获得自己的最终、也是最大的利益。这也很多国际品牌酒店在处理客人投诉时遵循的原则。

四、处理客人投诉的程序和方法

接待投诉客人，无论对服务人员还是管理人员，都是一个挑战。要使接待投诉客人的工作不再是那么困难，使你的工作变得轻松，同时，又使客人满意，就必须掌握处理客人投诉的程序、方法和艺术。

(一) 做好接待投诉客人的心理准备

为了正确、轻松地处理客人投诉，必须做好接待投诉客人的心理准备。首先要树立“客人总是对的”的信念。一般来说，客人来投诉，说明酒店的服务和管理有问题，而且，不到万不得已或忍无可忍，客人是不愿前来当面投诉的，因此，首先要替客人着想，站在客人的立场上。更何况，在酒店业乃至整个服务业，都提倡在很多情况下，“即使客人错了，也要把‘对’让给客人”。只有这样，才能减少与客人的对抗情绪。这是处理好客人投诉的第一步。

(二) 认真倾听客人投诉，并注意做好记录

前已述及，对客人的投诉要认真听取，勿随意打断客人的讲述或做胡乱解释。此外，要注意做好记录，包括客人投诉的内容、客人的姓名、房号及投诉时间等，以示对客人投诉的重视，同时也是酒店处理客人投诉的原始依据。

(三) 正确领会投诉者的真实意图

在倾听客人投诉的同时，要迅速领会投诉者的真实意图。

一般而言，投诉客人有三种心态：一是求发泄(客人在酒店遇到令人气愤的事，怨气回肠，不吐不快；有时，客人在进入酒店之前遇到挫折或不开心的事，心里不舒服、正憋着气，也会找机会把气撒在酒店服务员身上)；二是求尊重，以显示自己的尊贵(有时，即使酒店方面没有过错，客人为了显示自己的身份或与众不同或在同伴面前“表现表现”，也会投诉)；

三是为了求补偿(有些客人无论酒店有无过错,或问题是大是小,都可能前来投诉,其真正的目的并不在于事实本身,不在于求发泄或求尊重,而在于求补偿,尽管他可能一再强调“并不是钱的问题”)。

求发泄的客人火气较大，一般伴随粗鲁的举止，他们习惯于否定一切，例如说：“你们的服务简直糟透了!”无论酒店哪类人员前去协调沟通都暂时难以安抚他们的情绪。此类客人的说法显然有不客观、不恰当的地方，接待这类客人，正确的做法是先将其引领至人流量少的地方(如客房、商务洽谈室等)，顺其心意安抚，“真抱歉，我们的服务工作是有做得不够好的地方”，等他们的怒气稍微缓和时，再详细沟通。

求尊重的客人往往表现为有较高的修养素质，尽管情绪也较为激动，但措辞相对缓和。除了谈论投诉事项的本身，他们会由此延伸出其他话题发表见解，高谈阔论中可显示其见多识广。“让你们总经理来见我”“我住在某某酒店的时候”是这类客人的常用语。

前两类宾客因初期表现类似，因此刚受理投诉时可能难以判断。相对来说，求补偿的客人特征较明显，除了抱怨、批评外，他们会重复强调“我不是为了钱”，但对话中又经常提及自己的损失，且不时会反问酒店人员：“你说这事该怎么办?”这就是要求赔偿的潜台词。

当然，投诉宾客的类型并非是绝对的，但无论是哪一种，接受客人投诉时，首先要做到热情相待、耐心听取。不要与客人进行无谓的争辩或随意打断他们的话语，即便对方怒气冲天，甚至蛮不讲理。相反，要心平气和，逐步引导，充分尊重投诉者，使其感受到酒店十分重视他提出的问题，显示出酒店经理有教养、有风度，并有能力帮助客人处理好投诉的事情。若直截了当指出客人的错误，就如“火上浇油”，损害了客人的“面子”，问题反而难以解决。如果客人投诉的真正目的在于求补偿，则要看看自己有无权利这样做，如果没有这样的授权，就要请上一级管理人员出面接待投诉客人。

(四) 对客人的不幸遭遇表示同情、理解和道歉

在听完客人的投诉后，要对客人的遭遇表示抱歉(即使客人反映的不完全是事实,或酒店并没有过错,但至少客人感觉不舒服、不愉快)，同时，对客人的不幸遭遇表示同情和理解。这样，会使客人感觉受到尊重，自己来投诉并非无理取闹，同时也会使客人感到交谈者和他站在一起，而不是站在他的对立面与他讲话，从而可以减少对抗情绪。

(五) 对客人反映的问题立即着手处理

客人投诉最终是为了解决问题，因此，对于客人的投诉应立即着手处理，必要时，要请上级管理人员亲自出面解决。处理客人投诉时，要注意站在客人的立场上，维护其尊严，把“错”留给酒店，巧妙地给对方下台阶的机会，客人最终会理解酒店的诚意。同时，要善于察言观色，适时地用征询、商量、建议性的口吻与客人交谈。但也要注意，把“对”让给客人并不等同于承诺所有。酒店经理应避免主观轻易地表态，单纯的“是”或“不是”容易使自己陷入被动局面。告诉客人你能做什么，如有可能提出可供选择的意见和办法，不可为安抚客人而擅自做主或超越权限做出不合实际的许诺，损害饭店的利益和声誉。

在接待和处理客人投诉时，要注意以下几点：

1. 切不可在客人面前推卸责任

在接待和处理客人投诉时，一些员工自觉或不自觉地推卸责任，这样给客人的印象会更糟，使客人更加气愤，结果，旧的投诉未解决，又引发了客人新的更为激烈的投诉，出现“投诉的‘连环套’”。

案例

一日，甲、乙两位服务员分别打扫A、B段客房，A段某房的客人从外面回来，发现床单没有换，于是找到乙服务员。问道：

“服务员，为什么不给我换床单?”

“这不是我打扫的房间，不关我的事，你去找甲服务员说!”说完，转身就走了。

剩下气呼呼的客人站在走廊……

最后，当然是客人找部门经理投诉了!

此例中，客人开始是对服务质量不满意，继而对服务态度不满意，导致出现投诉的“连环套”和投诉的一步步升级。有时，由于语言、态度等其他方式的对客人投诉的处理不当，也会导致客人投诉的进一步升级，“小事”也会变成大事，对此，房务部服务人员和管理人员应当切实加以注意。

服务员应该记住，客人投诉时，他所关心的是尽快解决问题，他只知道这是酒店的问题，而并不关心这是“谁的”或“哪个部门的”问题，所以，接待投诉客人，首要应解决客人所反映的问题，而不是追究责任，更不能当着客人的面，推卸责任。

2. 尽量给客人肯定的答复

对于处理客人投诉时，是否应给自己留有余地的问题。一些酒店管理人员认为，为了避免在处理客人投诉时，使自己陷入被动，一定要给自己留有余地，不能把话说死。比如，不应说“十分钟可解决。”，而应说：“我尽快帮您办”或“我尽最大努力帮您办好”。孰不知，许多客人，尤其是日本及欧美客人，最反感的就是不把话说死，什么事情都没有个明确的时间概念。因此，处理客人投诉时，要尽可能明确告诉客人多长时间内解决问题，尽量少用“尽快”“一会儿”“等等再说”等时间概念模糊的字眼。如果确实有困难，也要向客人解释清楚，求得客人的谅解。

（六）对投诉的处理过程予以跟踪

接待投诉客人的人，并不一定是实际解决问题的人，因此客人的投诉是否最终得到了解决，仍然是个问号。事实上，很多客人的投诉并未得到解决，因此，必须对投诉的处理过程进行跟进，对处理结果予以关注。

（七）与客人进行再次沟通，询问客人对投诉的处理结果是否满意，同时感谢客人

有时候，客人反映的问题虽然解决了，但并没有解决好，或是这个问题解决了，却又引发了另一个问题。比如，客人投诉空调不灵，结果，工程部把空调修好了，却又把客人的床单弄脏了。因此，必须再次与客人沟通，询问客人对投诉的处理结果是否满意。比如，可打电话告诉客人：“我们已通知维修部，对您的空调进行了维修，不知您是否满意?”。这种“额外的”关照十分必要，它会使客人感到酒店对其投诉非常重视，从而使客人对酒店留下良好的印象。与此同时，应再次感谢客人，感谢客人把问题反映给酒店，使酒店能够发现问题，并有机会改正错误。

这样，投诉才算得到真正圆满的解决。

五、处理客人投诉艺术

为了妥善的处理客人投诉，达到使客人满意的目的，处理客人投诉时要讲究一定的艺术。实践证明，以下方法可以起到很好的效果。

（一）降温法

投诉的最终解决只有在“心平气和”的状态下才能进行，因此，接待投诉客人时，首先要保持冷静、理智，同时，要设法消除客人的怒气。比如，可请客人坐下慢慢谈，同时，为客人送上一杯茶水。此时，以下几点要特别注意，否则，不但不能消除客人的怒气，还可能使客人“气”上加“气”，出现“火上浇油”的效果。

（1）先让客人把话说完，切勿胡乱解释或随便打断客人的讲述。

（2）客人讲话时(或大声吵嚷时)，接待者要表现出足够的耐心，决不能随客人情绪的波动而波动，不得失态。即使是遇到一些故意挑剔、无理取闹者，也不应与之大声争辩，或仗“理”欺人，而要耐心听取其意见，以柔克刚，使事态不致扩大或影响他人。

（3）讲话时要注意语音、语调、语气及音量的大小。

（4）接待投诉客人时，要慎用“微笑”，否则，会使客人产生“出了问题，你还‘幸灾乐祸’!”的错觉。

（二）移步法

投诉应尽量避免在大庭广众之下处理，要根据当时的具体环境和情况，尽量请客人移步至比较安静，无人干扰的环境，并创造良好的气氛与客人协商解决。避免在公共场所与客人正面交锋，影响其他客人，或使酒店及投诉客人都下不了台。

（三）交友法

向客人表达诚意，同时，适时寻找客人感兴趣的、共同的话题，与客人“套近乎”、交友，解除客人的戒备和敌意，引起客人的好感，从而在投诉的处理过程中赢得主动，或为投诉的处理创造良好的环境。

（四）快速反应法

对投诉的处理应该迅速、果断，这反映了酒店对投诉和客人的态度以及对投诉的重视程度，能提高客人的满意度。相反，在处理客人投诉时的任何拖沓，都会使客人更加反感，甚至“肝火上升”，即使投诉问题解决了，也不能使客人满意。客人反映的问题解决得越快，越能表现出酒店的诚意和对客人投诉的重视，也越能体现酒店的服务质量，取得客人的谅解，换来客人的满意。

（五）语言艺术法

处理客人投诉时，免不了要与客人沟通，与投诉客人沟通时，特别要注意语言艺术。特别要注意运用礼貌的语言、诚恳的语言以及幽默的语言，另外还要注意避免可能伤害客人或容易引起客人误解的语言。

（六）充分沟通法

要区别不同情况，把将要采取的措施告诉客人，并征得其同意，告诉他们解决问题需要的时间。对一些较为复杂的问题，在弄清真相前，不能急于表达处理意见；对一时不能处理的事，要注意让客人知道事情的进展情况，避免其误会酒店将投诉搁置不理。

（七）博取同情法

对客人动之以情、晓之以理，让客人理解问题的出现并非酒店的主观意愿，而且酒店也愿意承担一定的或全部责任，必要时告诉客人，赔偿责任将由当事服务人员全部负责，以体现酒店对投诉的重视，同时博取客人的同情。在这种情况下，很多客人会放弃最初的赔偿要求。

（八）多项选择法

在解决客人投诉中所反映的问题时，往往有多种方案，为了表示对客人的尊重，应征求客人的意见，请客人选择，这也是处理客人投诉的艺术之一。

法国雅高集团在对新员工进行入职培训时，都要教会他们处理客人投诉的技巧。他们认为，投诉发生后，因为服务差已经让客人难受，如果又不给客人选择如何纠正错误(只给一个解决方案)，那么情况可能会演变成一个僵局甚至使矛盾一触即发，所以必须让客人有选择。事实上，85%的问题可以有两个解决方案，10%的问题只有一个解决方案，只有5%的情况没有解决方案。当有两个可能解决方案时，就要让客人选择。两个方式必须同时提出(这个“或”那个)。当只有一个解决方案，而处理者又想让客人有“选择”时，就要以问题的形式提出解决方案。“您对这样的安排满意吗?”。目的是要让客人选择解决方案，让客人感到他掌握事件的发展，而不是被“牵着鼻子走”。

六、投诉的统计分析

投诉处理完以后，有关人员尤其是管理人员，还应对该投诉的产生及其处理过程进行反思，分析一下该投诉的产生是偶然的？还是必然的？应该采取哪些措施，制定哪些制度，才能防止它再次出现？另外，对这次投诉的处理是否得当？有没有其他更好的处理方法？只有这样，才能不断改进服务质量，提高管理水平，并真正掌握处理客人投诉的方法和艺术。

客人投诉有助于酒店发现其服务和管理中存在的问题，是酒店提高服务质量和管理水平的杠杆，因此，前台和客房管理人员应十分重视客人投诉，加强对客人投诉工作的管理，做好客人投诉的记录等基础工作，并定期(月、季或年)对客人的投诉进行统计分析，从中发现客人投诉的规律，采取相应的措施或制定有关制度，以便从根本上解决问题，从而不断提高服务质量和管理水平(参见表7-1)。

表7-1 客人投诉情况分析表

<table>
<tr><td colspan="2">月份
项目</td><td>一</td><td>二</td><td>……</td><td>十二</td><td>小计</td><td colspan="4">宾客分类</td><td>合计</td><td>情况分析</td></tr>
<tr><td rowspan="9">表扬</td><td>酒店印象</td><td></td><td></td><td></td><td></td><td></td><td rowspan="3">散客</td><td rowspan="3"></td><td rowspan="6">内宾</td><td rowspan="6"></td><td rowspan="9"></td><td rowspan="9"></td></tr>
<tr><td>前厅服务</td><td></td><td></td><td></td><td></td><td></td></tr>
<tr><td>客房服务</td><td></td><td></td><td></td><td></td><td></td></tr>
<tr><td>餐厅服务</td><td></td><td></td><td></td><td></td><td></td><td rowspan="3">团队</td><td rowspan="3"></td></tr>
<tr><td>康乐服务</td><td></td><td></td><td></td><td></td><td></td></tr>
<tr><td>商品部</td><td></td><td></td><td></td><td></td><td></td></tr>
<tr><td>商务中心</td><td></td><td></td><td></td><td></td><td></td><td rowspan="3">长住</td><td rowspan="3"></td><td rowspan="3">外宾</td><td rowspan="3"></td></tr>
<tr><td>食品</td><td></td><td></td><td></td><td></td><td></td></tr>
<tr><td>遗失物品寻回</td><td></td><td></td><td></td><td></td><td></td></tr>
</table>

续表

<table>
<tr><td colspan="2">月份
项目</td><td>一</td><td>二</td><td>……</td><td>十二</td><td>小计</td><td colspan="4">宾客分类</td><td>合计</td><td>情况分析</td></tr>
<tr><td rowspan="18">投诉</td><td>商品部服务</td><td></td><td></td><td></td><td></td><td></td><td rowspan="5">散客</td><td rowspan="5"></td><td rowspan="10">内宾</td><td rowspan="10"></td><td rowspan="18"></td><td rowspan="18"></td></tr>
<tr><td>商务中心</td><td></td><td></td><td></td><td></td><td></td></tr>
<tr><td>康乐服务</td><td></td><td></td><td></td><td></td><td></td></tr>
<tr><td>前厅服务</td><td></td><td></td><td></td><td></td><td></td></tr>
<tr><td>餐厅服务</td><td></td><td></td><td></td><td></td><td></td></tr>
<tr><td>餐厅食品</td><td></td><td></td><td></td><td></td><td></td><td rowspan="5">团队</td><td rowspan="5"></td></tr>
<tr><td>客房卫生</td><td></td><td></td><td></td><td></td><td></td></tr>
<tr><td>客房服务</td><td></td><td></td><td></td><td></td><td></td></tr>
<tr><td>客房用品</td><td></td><td></td><td></td><td></td><td></td></tr>
<tr><td>客房设备</td><td></td><td></td><td></td><td></td><td></td></tr>
<tr><td>电视</td><td></td><td></td><td></td><td></td><td></td><td rowspan="8">长住</td><td rowspan="8"></td><td rowspan="8">外宾</td><td rowspan="8"></td></tr>
<tr><td>空调</td><td></td><td></td><td></td><td></td><td></td></tr>
<tr><td>洗衣</td><td></td><td></td><td></td><td></td><td></td></tr>
<tr><td>供水</td><td></td><td></td><td></td><td></td><td></td></tr>
<tr><td>电梯</td><td></td><td></td><td></td><td></td><td></td></tr>
<tr><td>维修服务</td><td></td><td></td><td></td><td></td><td></td></tr>
<tr><td>遗失物品</td><td></td><td></td><td></td><td></td><td></td></tr>
<tr><td>……</td><td></td><td></td><td></td><td></td><td></td></tr>
<tr><td>建议</td><td colspan="12"></td></tr>
</table>

七、国外客人对我国酒店的常见投诉

我国酒店与国际酒店业无论在硬件方面还是在软件方面，都有一定的差距，常常引起国际客人的投诉。此外，由于东西方文化的差异以及我国很多酒店从业人员缺少酒店意识，也常常引起外国客人的投诉。

以下是国外客人对我国酒店的常见投诉。

1. 酒店内的公用厕所的清扫员不分性别

“男厕所应由男清洁员来清扫，我走了几家饭店，都是由上了年纪的女士在搞清洁卫生，外国人不习惯，有的甚至吓得退了出来。酒店要按国际习惯办事。”

2. 闭路电视节目不准确，没法收看

“一是节目单是中文的，我们看不懂；二是即使是英文的，我们按标示的频道，根本不是这个节目，或根本没有节目。希望能每天为客人调整到位。有的酒店有两条闭路电视，最好一条能放英文的，以满足国外客人的需要。

3. 客房没有冰块供应

“我们美国人冬天都要吃冰块，更不要说夏天了。希望客房里能有冰块供应，至少大堂里应该有。这是美国人的基本生活需要。这与你们中国人爱喝茶是一样的道理。”

4. 卫生间及卧室有“毛发”

“客人走进给他安排的房间，如果发现毛发那是不能容忍的。将会认为“极不卫生”，但你们好多酒店对此并不在乎，枕头上、被子上、地毯上、浴缸边经常可见。”

5. 商务客房多是灯光暗淡

“我是常驻商务代表，每天办公到深夜(不仅仅只是写东西)。但住了许多酒店，商务客房多是灯光暗淡。你们对这些客房应该按办公室的要求来调整灯光，加强亮度。”

6. 酒店工作人员大声喧哗

“在酒店内任何地方，从总经理到服务员讲话都要注意轻声，切忌大声喧哗。酒店里大嗓门讲话，给客人留下不文明的印象。国外公共场所都是轻声讲话，这也是个礼貌问题。但在中国很多酒店，工作人员大声喧哗的现象却较为普遍。”

7. 酒店服务要有明确的时间概念

“外国人时间观念极强，很守时。酒店一切服务都应有明确的时间概念。如有意外服务或特殊要求，尽量少用‘一会儿’‘马上’‘等等再说’之类时间概念模糊的字眼，要明确告诉客人多少时间内提供，而且要说到做到。贻误时间，欧美和日本客人尤为恼火。”

以上客人投诉与问题在我国很多酒店带有普遍性，应该引起酒店管理人员的高度重视，使我国酒店尽早与国际酒店业接轨。

链接

“外事投诉”处理的方法与技巧

第三节　宾客沟通技巧

要与客人建立良好的宾客关系，就要对客人有个正确的认识，正确理解酒店员工与客人的关系，掌握客人的心理和与客人的沟通技巧。

一、正确认识客人

酒店的服务人员是“服务的提供者”，而客人则是“服务的接受者”，是“服务的对象”。前厅部员工在工作中始终都不能忘记这一点，不能把客人从“服务的对象”变成别的什么对象。所有与“提供服务”不相容的事情，都是不应该做的。特别是无论如何也不能去“气”自己的客人。道理很简单：客人来到酒店，是来“花钱买享受”，而不是来“花钱买气受”的。

酒店员工在工作中，尤其要注意以下几点：

1. 客人不是评头论足的对象

任何时候，都不要对客人评头论足，这是极不礼貌的行为。请听一下一位客人的经历和反应。

案例

“当我走进这家酒店的餐厅时，一位服务员颇有礼貌地走过来领我就座，并送给我一份菜单。正当我看菜单时，我听到了那位服务员与另一位服务员的对话：“你看刚才走的那个老头，都快骨瘦如柴了还舍不得吃，抠抠缩缩的……”“昨天那一位可倒好，胖成那样儿，还生怕少吃一口，几个盘子全叫他给舔干净了！”听了他们的议论，我什么胃口也没有了。他们虽然没有议论我，可是等我走了以后，谁知道他们会怎样议论我？我顿时觉得，他们对我的礼貌是假的！……”

2. 客人不是比高低、争输赢的对象

不要为鸡毛蒜皮的小事与客人比高低、争输赢，因为即使员工“赢”了，也同时得罪了客人，使客人对员工和酒店不满意。

3. 客人不是“说理”的对象

在与客人的交往中，服务人员应该做的只有一件事，那就是为客人提供服务。所以，除非“说理”已经成为服务的一个必要的组成部分，作为服务人员，是不应该去对客人“说理”的。尤其是当客人不满意时，不要为自己或酒店辩解，而是立即向客人道歉，并尽快帮客人解决问题。如果把服务停下来，把本该用来为客人服务的时间，用去对客人“说理”，其结果，肯定是“吃力不讨好”。

4. 客人不是“教训”和“改造”的对象

酒店的客人中，“什么样的人都有”，思想境界低、虚荣心强、举止不文雅的大有人在。但服务人员的职责是为客人提供服务，而不是“教训”或“改造”客人。如果需要教育客人，也只能以“为客人提供服务”的特殊方式进行。

案例

某日，有几位客人在客房里吃西瓜，桌面上、地毯上吐的到处是瓜子。一位客房服务员看到这个情况，就连忙拿了两个盘子，走过去对客人说：“真对不起，不知道您几位在吃西瓜，我早应该送两个盘子过来。”说着就去收拾桌面上和地毯上的瓜子。客人见这位服务员不仅没有指责他们，还这样热情周到地为他们提供服务，都觉得很不好意思，连忙作自我批评：“真是对不起，给你添麻烦！我们自己来收拾吧。”最后，这位服务员对客人说：“请各位不要客气，有什么事，尽管找我！”

这位服务员就不是用训斥的方式，而是用“为客人提供服务的方式”教育了客人。

二、掌握与客人的沟通技巧

（一）对客人不仅要斯文和彬彬有礼，而且要做到“谦恭”“殷勤”

斯文和彬彬有礼，只能防止和避免客人“不满意”，而只有“谦恭”和“殷勤”才能真正赢得客人的“满意”。所谓“殷勤”，就是对待客人要热情周到，笑脸相迎，问寒问暖；而要做到“谦恭”，就不仅意味着不能去和客人“比高低、争输赢”，而且要有意识地把“出风头的机会”让给客人。如果说酒店是一座“舞台”，服务员就应自觉地去让客人“唱主角”，而自己则“唱配角”。

（二）对待客人，要“善解人意”

要给客人以亲切感，除了要做“感情上的富有者”以外，还必须“善解人意”，即能够通过察言观色，正确判断客人的处境和心情，并能根据客人的处境和心情，对客人做出适当的语言和行为反应。

案例

“先生，您不太舒服吗?”

为了营造温馨的氛围，使客人来到总台就像回到家一样温暖、亲切，我们还将亲情服务融入日常工作当中。客人来到总台时，我们尽可能多地和他们交谈，从中得到有益于我们服务的信息，例如客人的喜好、口味等等。有一个很冷的晚上，一位南京来的客人登记住宿，无精打采，而且不停地擦鼻涕，我便问：“先生，您不太舒服吗?”那位客人无奈地说：“火车上冻得要死，车又晚点，药都没处买。”我于是给他安排了一间供暖好的房间，并告诉他要多喝些热水。把那位客人安排好后，我便打了免费送药的电话，半小时后药就送来了。当我把感冒药送到客人手中时，他激动地说：“你们的服务真是做到家了。就是我自己的亲人，也只能做到这份儿上了，太谢谢你了。”

（三）“反”话“正”说，不得对客人说“No”

将反话正说，就是要讲究语言艺术，特别是掌握说“不”的艺术，要尽可能用“肯定”的语气，去表示“否定”的意思。比如，可以用“您可以到那边去吸烟”，代替“您不能在这里吸烟”，用“请稍等，您的房间马上就收拾好”，代替“对不起，您的房间还没有收拾好”。在必须说“No”时，也要多向客人解释，避免用钢铁般生硬冰冷的“No”字一口回绝客人。

案例

希尔顿酒店如何对客人说“No”

希尔顿不允许员工对客人说“No”。当客人问：“有房间吗?”，如果没有怎么说?

“对不起，我们最后的两间保留房已经卖出去了，很抱歉。”

作为五星级的希尔顿酒店，如果只说这句话，那他只说了一半。还有一半怎么说呢?他应该说：“我给您推荐两家酒店，档次跟我们差不多，而且价格还低20元，要不要帮您看看?”客人听到这话，能不要吗?接待员马上联线其他酒店的客房预订中心，直到把客人送上车。这种出乎意料的服务一下就会赢得客人的好感，激起客人下次一定要住希尔顿的欲望。

（四）否定自己，而不要否定客人

在与客人的沟通中出现障碍时，要善于首先否定自己，而不要去否定客人。比如，应该说：“如果我有什么地方没有说清楚，我可以再说一遍。”，而不应该说：“如果您有什么地方没有听清楚，我可以再说一遍。”

（五）投其所好，避其所忌

客人有什么愿意表现出来的长处，要帮他表现出来；反之，如果客人有什么不愿意让别人知道的短处，则要帮他遮盖或隐藏起来。比如，当客人在酒店“出洋相”时，要尽量帮客人遮掩或淡化之，绝不能嘲笑客人。

（六）不能因为与客人熟，而使用过分随意的语言

做酒店工作久了，就会有许多客人成为自己的朋友了。于是见面的问候不再是“您好”而是“哇！是你呀！”彼此之间的服务也由“格式”化变成“朋友”化了。这会导致沟通失误，甚至造成严重后果。

案例

你死了，还有你的家人……

年底，某日凌晨1点多，有一常客略带醉意来前台结往日挂账。为安全起见，这个时间收银的柜台账目已上交财务。客人应在白天由财会人员结账。服务员往日与这位常客很熟，加之台前又没有什么事情可做，于是服务的“格式”化就变成了熟人之间的随意化了，缺失了原来的敬重、分寸。对话由浅入深地讲开了。

“你们怎么规矩这么多？给你们送钱还不要，要是我死了，是不是就不用结账了?! ……”

“没关系，你死了，还有你的家人，怎么也赖不了账的。”

客人一时来火，“×××，快过年了，你还说这话……”边说边操起柜台上的东西砸了过去，打在服务员的头上，并扬言一定不放过她，要“修理”她，要她付出代价……

客人可以把酒店员工当“熟人”调侃，随便套近乎，可作为酒店员工却不行，在工作中，不能因为与客人熟而导致礼貌用语的缺失。

本章小结

➢ 建立良好的宾客关系是酒店经营成功的保障和前提，现代酒店必须重视宾客关系。酒店大堂副理以及宾客关系主任等岗位的设立，主要目的就是解决住店客人在酒店遇到的各种问题，建立良好的宾客关系。

➢ 一般而言，宾客关系主任是在四星级以上大型、高档酒店才有必要设立，而大堂副理则在三星级以上中高档酒店就要设立。大堂副理的职责和定位问题是一个需要认真研究的问题。在实际操作中，大堂副理在各酒店扮演的角色各不相同。有的具有管理职能，有的只起协调作用（在客人与部门之间进行协调），还有的仅仅扮演翻译的角色；有的相当于部门经理的级别（这种情况比较少），有的则享有主管的级别（这种情况比较普遍）；有的有权干预酒店各部门对客服务问题，有的则只能指导前厅部的工作。大堂副理权限过大，可能造成双重领导，引发各种矛盾；权限过小，则形同虚设，发挥不了大堂副理应有的作用……酒店应根据自身的实际情况，对大堂副理进行合理的定位，使其既能较好地发挥自身的职能，又不会引起管理的混乱。

➢ 正确处理客人投诉也是建立良好宾客关系的重要环节，酒店工作人员和管理人员要学会处理客人投诉的方法和技巧。

思考题

1. 解释下列概念：大堂副理　功能服务　心理服务
2. 简述大堂副理的岗位职责与素质要求。
3. 如何建立良好的宾客关系？
4. 论客人投诉及其处理的方法和艺术。
5. 在最新版《旅游饭店星级的划分与评定》标准中，取消了对星级酒店大堂副理岗位的要求，也就是说，不再要求星级酒店设立大堂副理这一岗位，对此，你如何评价？

即测即评

案例分析

客人“食物中毒”，大堂副理怎么办？

昨晚，大堂副理见有三位客人在大堂沙发处，其中一位躺在沙发上，有一位光着膀子，大堂副理上前请躺着的客人坐起来，请光膀子的客人穿上衣服。躺着的客人边起边说：“我肚子痛，在你们酒店吃饭把肚子吃痛了，你说咋办？”那位光膀子的客人穿好了衣服举着双手说：“我知道，他是吃多了。”大堂副理判断是客人在说笑，但还是跟肚子痛的客人说，我建议您还是去医院看看吧。光膀子的客人问你们这儿有药吗？肚子痛的客人说，我有药就在包里呢。随后光膀子客人又问了一些关于办理入住手续的问题这事就算过去了。但晚上10：30时，前台接到XX房电话，说在酒店吃饭吃拉肚子了，三个人有两人拉肚子，并说酒店应给予解决。前台跟客人说我们向领导反映一下。随后询问了餐厅，的确有三位客人在餐厅用过餐，吃的东西跟客人说的基本符合。而后通知到了大堂副理，据前台描述XX房的客人就是之前在大堂的三位客人，而且办理入住时前台人员看见客人手里拿着刚从药店买的药。

作为大堂副理你会怎么办呢？

补充与提高

当礼品袋被错装上大巴以后……

数年前，笔者随团赴泰国旅游考察，在曼谷下榻Hilton旗下的Conrad酒店，期间亲历了一个服务失误补救案例，领略到优质服务的魅力。

笔者在曼谷当地有一位合作多年的老客户，得知我来泰国高兴异常，于是双方约定次日早晨9：30在酒店大堂见面。由于第二天团队还有其他活动，当晚导游便同我一齐到前台交代服务员：“小姐，明天我们团早晨8：30出发，这位王先生住XX房，上午要离团单独活动，请把他的房间保留到9：20，客人届时自己到前台结账退房。”在得到前台的确认后，我们放心地上楼休息了。

第二天早晨，我取出专门为老客户准备的一份礼品，用酒店的手提袋装好放在床头柜旁，下楼和导游约定与客户会面结束后直接到午餐地点跟团员们会合，随后就到餐厅用早餐。餐毕回到房间时却发现那袋礼品不见了！我赶忙到前台询问，原来前台通知查房时忘了交代我这间房9：20才退，楼层服务员发现我的房间还有一袋物品，以为是团员忘带了，就让行李员取走直接装上了大巴！

我一听就急了，我只约定了中午与团队会合的地点，并没有留导游和司机的电话号码，加之出国旅游没有随身携带通信工具，根本无法与团员取得联系，这可怎么办？（点评：工作疏忽大意、想当然以及沟通不到位，是导致此次服务失误的重要原因。那位通知团队退房的前台员工如果能再仔细一点，或是行李员在把“遗忘”的手提袋装上大巴前能再和客人或导游沟通确认一下，就不会出现这样的失误了。）

正在一筹莫展的时候，一位身穿深色西服的酒店经理走上前来：“王先生，我叫Jim，是酒店宾客服务高级经理，您遇到的问题由我全权负责。我已经知道了您不愉快的经历，非常对不起，因为我们的失误，给您带来了诸多不便，我们愿意全力补救。我们已经安排酒店销售部和旅行社联系，争取尽快找到导游和司机，确认他们的方位。”（点评：出现服务失误引起客人投诉后，员工把问题逐级上交的现象在很多酒店屡见不鲜。而各级管理人员接手处理时。客人往往都不得不再复述一遍自己的经历。员工逐级的上报和客人一遍一遍地复述，不但影响效率，延误时机，更加重了客人的不满和怨气。而Jim在很快了解了整个事情的经过后，第一时间出现在客人面前，表示全权负责并直接切入主题，无疑给了客人很好的印象和几分安定。另外，很多时候面对客人的抱怨和投诉，酒店方除了道歉外总喜欢解释，诸如之所以会出现问题，是因为这样或那样的原因造成的，等等。其实，客人最需要的是解决问题而不是解释原因。导致问题发生的原因并不是客人关注的焦点，没有行动只是一个劲地道歉根本于事无补。Jim在道歉后主动表示了愿意全力补救的积极态度并已经有了第一步实际行动——尽快寻找到导游和司机，很好地舒缓了客人的焦虑情绪。）

不一会儿，Jim的手机响了，是大巴司机打来的，团队正在前往景点的路上，约15分钟后到，停留半小时。Jim随即对我说：“王先生，我们已经找到司机了，从酒店到那一处景点大约需要半小时，我们马上派车去取，您可以先在这里等您的客户；如果您不放心，我们的车也可以送您一起去，九点半您的客户来时，我会在大堂恭候，并负责接待他们。另外不管您随不随车去，我们都将为您和您的客户免费提供一间会客室以及饮料茶点。”

因为同行团友很多人用酒店的手提袋装物品，我担心司机不容易找到我那个装有礼品的袋子，就表示要随车前去领取。于是，我找出客户名片，准备给他打电话说明情况。Jim在旁见状马上说：“您可以用我的手机打，如果您不介意的话可以把名片给我，我来帮您拨。”我正愁不了解如何拨打泰国的号码，听Jim这么一说，欣然把名片递给他。Jim一看名片的地址，立即告诉我：“王先生，这幢写字楼离那处景点很近，您看这样行不行，您和客户商量一下，不用麻烦他过来了，待会儿您取到礼品后我们直接送您到他的办公室，更节省时间。”对于这样的安排，我当然没有异议。接下来我跟老客户通了电话，说定改由我去他们公司拜访。(点评：不吝惜酒店的资源，如车、手机、会客室、软饮料、茶点等，设身处地为客人着想，周到细致地提供多种方案供客人选择，随时灵活应变，真诚地为客人解决问题，全力做好服务补救，Jim显示了很好的职业素养。)

不一会，一位制服整洁笔挺颇有绅士风度的中年司机开着一辆一尘不染、崭新锃亮的奔驰车停在我面前。这位司机一上来，就递上一瓶冰镇的果汁让我消渴，随即用车载电话联系到旅游大巴司机，问清了对方车号和准确的停车位置后对我说：“王先生，我们半小时之内就能赶到，您放心。”一路上，他还非常热情地介绍沿途的风景、建筑，不知不觉就到了目的地。停车场非常大，停靠了几十部大小车辆。他把车停好带着我很快就找到了那辆大巴，取回了礼品，又把我送到客户公司所在的写字楼入口，道别时他真诚地说：“王先生，我们再次为今天的失误表示歉意，衷心地希望能得到您的原谅。现在是九点二十五分，祝您和客户洽谈愉快，期待您再次下榻我们的酒店。”此时已是满意加惊喜的我，在感动和赞叹之余，真不知该说什么好了……(点评：一流员工的完美服务，为这次服务补救行动画上了一个圆满的句号。如何把服务失误和客人投诉真正当作我们的机会点，用心采取卓越的补救措施，解决客人的问题，感动客人进而建立良好的宾客关系，提高客人的满意度和忠诚度，值得每个酒店工作者深思。)

酒店经理人对“经理的困惑”的答复：

Re：员工不微笑该怎么办？

刘艳姣　广州从化碧水湾温泉度假村　房务总监

扫描二维码，观看“中国服务”品牌创办者广州从化碧水湾温泉度假村如何解决员工不微笑的问题。

第八章　房价与收益管理

在酒店营销因素组合中，价格是一个重要因素，是酒店主要的竞争手段之一。价格是否合理对产品和服务的销路及其在市场上的竞争地位，对酒店的营销形象以及营业收入和利润都会产生极大的影响，国际酒店业发展的经验表明，酒店经营是否成功、经济效果如何，在很大程度上取决于价格决策的正确与否。

收益管理是酒店业最新发展趋势。收益管理最早出现于航空业，后被引入酒店业，已经受到国内外酒店经营管理人员前所未有的重视，成为酒店竞争的重要手段。房价管理是收益管理的主要内容之一。

本章学习目的

★ 了解客房价格的构成。

★ 掌握客房商品的定价目标。

★ 熟悉客房商品的价格体系，了解影响客房定价的因素。

★ 掌握客房定价法与价格策略。
★ 了解收益管理的概念。
★ 学会收益管理的实施方法。

关键术语：客房定价　价格策略　收益管理

Key Words：Pricing，Strategy，Revenue Management

经理的困惑

如何在不降低平均房价的基础上，提高开房率？

最近，我们酒店附近又新开了一家四星级酒店，这意味着酒店的竞争将日趋激励，大家都感到了丝丝寒意，而在此时，酒店总经理又提出要在不降低平均房价的基础上，提高开房率，作为前厅经理的我，该从何入手呢……

第一节　影响客房定价的因素

“住一晚上客房，酒店要收取数百元，甚至上千元房费，而我只用了酒店一只牙刷和一只牙膏而已，难道这不是暴利吗?!”

这是很多客人的疑惑，要回答这一问题，必须了解影响客房定价的因素以及客房价格的构成。

一、客房价格的构成

客房商品的价格是由客房商品的成本和利润构成的。如图 8-1 所示，客房商品的成本项目包括建筑投资及由此而产生的利息、客房设备、修缮费、物资用品、土地资源使用费、客房人员工资福利、经营管理费、保险费以及营业税等，利润包括所得税和客房利润。

二、影响客房定价的因素

（一）定价目标

定价目标是指导客房商品定价的首要因素。客房商品定价应围绕定价目标进行。

客房的定价目标通常有以下几种类型：

1. 追求利润最大化

追求利润最大化应该是客房商品最基本的定价目标。利润最大化分为短期利润最大化和长期利润最大化，追求短期利润最大化和长期利润最大化会使酒店管理者在不同的时

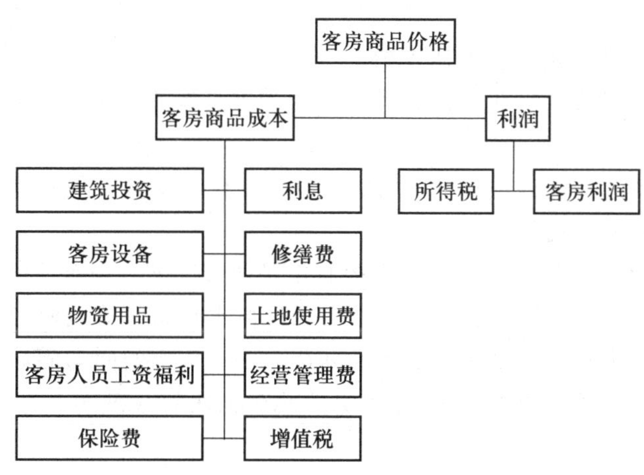

图 8-1 客房价格的构成

期，确定不同的价格水平。酒店管理者应以长期利润最大化为追求目标，而不应采用“杀鸡取卵”的定价方法。

以利润最大化为目标进行定价，需要确定需求函数和成本函数，这在理论上可行，但在实践中比较困难，因为对客房商品的需求量受除价格以外其他很多不确定(或很难确定)因素的影响，在实践中很难说清需求量的变化是由哪一个因素引起的，或每一个因素对其影响程度是多少。但有一点需要明确，那就是：高房价并不能保证实现利润最大化，而低房价也不一定意味着客房利润的减少。因为高房价尽管会使单位客房的利润率提高，但却会导致客人对客房需求量的减少；而低房价尽管会降低单位客房实现的利润率，但却会使客人对客房的需求量增加，从而使利润额增加。因此，客房价格不能过高，也不能过低，只有“适当的”价格，才能实现客房利润的最大化。而这一“适当的”价格的确定，需要进行大量的市场调研，分析酒店在不同时期房价的变化对客房需求量的影响程度，掌握价格弹性和市场需求规律。

2. 提高市场占有率

提高市场占有率意味着客房销售量的增加、酒店客房及其他设施设备的利用率的提高、经营成本的降低，以及酒店市场竞争力的提高，因此，提高市场占有率是很多企业追求的目标。就价格因素而言，要提高市场占有率就意味着要采取低价策略。而采用低价策略，酒店经营者应考虑到以下事实：

(1) 有时，降低价格并不一定能够增加客源，提高市场占有率。因为客源的增加，除了受价格影响以外，还受包括酒店所在地旅游资源、交通、季节、政治、经济等其他诸多因素的影响，从而导致价格对客源的影响微忽甚微，出现“价格降了一大截，而客源增加没几个”的现象。

(2) 低价可能有损酒店形象，影响服务质量。

(3) 低价促销可能引来同行竞争者的报复，导致价格战，结果两败俱伤，也使提高市场占有率的计划落空。

一般而言，酒店以低价争取客源，提高市场占有份额，只有在以下情况下才适用：

(1) 客房出租率不高。

(2) 客房商品的需求弹性很大，旅游者对客房价格很敏感，低价会刺激客源的急速增加。

（3）低价不会导致严重损害酒店形象。

（4）酒店有雄厚的实力，可以应付可能出现的来自竞争对手的报复行为，即价格战。

3. 应付或防止竞争

价格无疑是竞争的手段，但有竞争力的价格绝不仅仅意味着低水平价格。有竞争力的价格可以有三种不同的形式：

（1）与竞争者客房同价。在少数卖方控制市场的情况下，当企业的产品与竞争者的类似产品之间没有明显差别，消费者对产品的市场价格水平非常清楚时，采取与竞争者同价的办法，这实际上是跟随行业带头人定价的办法。一些档次相同的酒店，在其客房等方面如果没有明显的特色，市场格局又比较稳定，顾客也比较成熟时，适宜于采取这种定价策略。

（2）高于竞争者的客房价格。如果酒店的客房在硬件设施和软件服务方面，明显高于竞争对手，则应确定较高的房价，以体现优质优价的原则，强调客房商品的优良品质。

（3）低于竞争者的客房价格。如前所述，在一定条件下，采用低价竞争可以扩大市场份额，提高市场占有率，同时，也可以排挤竞争者进入自己占据已久的市场或进入自己尚未进入的市场。

4. 实现预期投资收益率

投资收益率是酒店投资者所关心的一项重要指标，因此，实现预期的投资收益率也是酒店经营者的定价目标之一。

（二）成本水平

成本水平是影响客房商品定价的基本要素，客房商品定价时，必须考虑客房商品的成本水平，一般而言，价格应确定在成本之上，否则，将导致亏损，长期下去，酒店将难以生存。

（三）供求关系

当供过于求时，将不得不考虑降低价格；当供不应求时，则可以考虑提高价格；而当供求平衡时，当前的市场价格即为合理的价格。供求关系是不断变化的，平衡是暂时的，而不平衡则是绝对的，因此，客房商品的价格应随供求关系的变化，不断地加以调整。

（四）竞争对手的价格

竞争对手的价格是酒店制定房价时的重要参考依据。制定房价时，应首先了解本地区同等级的其他酒店的房价。一般而言，新的房价应略低于同档次其他酒店的房价，这样的房价才具有竞争力。但是，酒店也不能一味地靠低价格取胜，因为有些客人会把到某一价格较高的酒店住宿看成是表明自己身份和地位的象征，价格过低，会失去对这部分客人的吸引力。另外也会使客人怀疑本酒店的服务质量，长期实施低价格，也会影响酒店的市场形象，而一旦调高价格，又会引起客人的不满，从而失去竞争力。此外，一个值得注意的现象是，价格过低会使酒店员工产生这样的认识：低档价格只能配之以低档服务。从而自觉或不自觉地降低服务质量标准，导致服务质量的下降，如服务态度变坏，卫生状况变差等。

（五）酒店的地理位置

酒店的地理位置是影响房价的又一重要因素。一位著名的国际酒店管理专家曾经说过："酒店的经营成功有三个因素：第一是地理位置；第二是地理位置；第三还是地理位置。"足以说明地理位置对酒店经营的重要性。一般而言，位于市中心，离机场、车站比较近，交通便利的酒店，其房价可适当提高一些，而位于市郊或其他地理位置不好的酒店则应相应地降低房价，以提高竞争力。

（六）旅游业的季节性

季节性强是旅游业的一大特点。旅游业的季节性直接影响到酒店经营的季节性。在淡、旺季，由于客房供给和需求往往不能达到平衡，所以，必须发挥价格的调节作用来刺激客人需求。

酒店在淡、旺季价格调整的幅度，取决于酒店所在城市或地区旅游业在淡季"淡"的程度和在旺季"旺"的程度。不少国家酒店的房价在淡、旺季之间的升降幅度达 10%～50%。广交会期间，广州市酒店业的房价往往要提高 100%以上。

（七）酒店服务质量

在定价时，除过考虑作为酒店硬件的设施设备的豪华程度以外，还应考虑其服务质量的高低。美国酒店大王希尔顿说过："酒店出售的东西只有一个，这就是服务。卖劣质服务的酒店就是劣质酒店；卖好服务的酒店就是好酒店！"这句话充分说明酒店服务的重要性。因此，在进行客房定价时，也必须考虑酒店的服务质量，即员工的礼貌礼节、服务态度、服务技巧、服务效率和服务项目等。

（八）有关部门和组织的价格政策

客房定价还要受政府主管部门及行业协会等组织和机构对酒店价格政策的制约。如为了维护广交会客人的利益，广州市物价局曾对广州市所有星级酒店在广交会期间的最高房费作了限制，规定五星级、四星级、三星级和二星级酒店标准间的最高房费分别不超过 2 400元，1 500 元，1 000 元和 550 元。

（九）客人的消费心理

客人的消费心理也是进行客房定价时应该考虑的因素之一，尤其要考虑"价格门槛"，即顾客对一种商品愿意接受的价格上限和下限。在一定生活水平的基础上（通常指较高的生活水平），对于某一产品，人们不但会在其价格过高时不愿意购买，在消费者认为价格过低时，也不会购买，因为，此时他们会怀疑产品的质量有问题。

第二节　客房定价法与价格策略

一、几种常用的客房定价法

（一）随行就市法

随行就市法就是将同档次竞争对手的客房价格作为定价的依据，从而制定出本酒店客房价格的定价方法。

（二）千分之一法

千分之一法是根据客房造价来确定客房价格的一种方法，即将每间客房的出租价格确定为客房平均造价的千分之一。

例如，某酒店拥有客房400间，总造价为4 000万美元，若每间客房布局统一，则平均每间客房的造价为10万美元，按照千分之一规律，房价应为10万美元/1 000＝100美元。按照酒店业的一般规律，平均每间客房造价在10万美元的酒店，应为四星级以上之豪华酒店，显然对于这样的酒店，房费确定在100美元/夜左右是比较合理的。

千分之一法是人们在长期的酒店建设和经营管理的实践中总结出来的一般规律，可以用来指导酒店(尤其是新建酒店)客房的定价，判断酒店现行客房价格的合理程度。

由于按照千分之一法制定房价，通常都是根据酒店建设的总投资和客房总数来计算每间客房的平均房价的，因此，其科学性和合理性就要受到以下两个条件的制约。

（1）酒店客房的类型、面积、设施设备的豪华程度等基本相同。

（2）酒店客房、餐饮及娱乐设施等规模和投资比例适当，即酒店的餐饮和娱乐设施主要用来满足住店客人的需求。否则，如果酒店的餐饮和娱乐设施的目标市场是针对社会大众，则酒店在餐饮和娱乐设施方面的投资比例将大大增加，客房方面的投资比例则相应缩小，这样按照总投资额和客房数计算的平均房价会被增大，这时，按照千分之一法制定的房价显然是不合理的。

另外，由于千分之一法只考虑了酒店客房的成本因素，而没有考虑供求关系及市场竞争状况，因此，据此制定的客房价格只能做参考，酒店经营管理人员应在根据千分之一法制定的房价之基础上，结合当时当地的市场供求关系及竞争状况加以调整，这样的房价才具有合理性、科学性和竞争性。

（三）收益管理定价法

如前所述，酒店业传统的定价方法有目标利润法、随行就市法、千分之一法、折扣定价法等等，这些定价方法的依据是利润、成本和竞争对手的价格等。而收益管理采用的差异定价方法是一种新的更有效的方法，它可以依据不同的客人、未来时期客人对酒店的预订情况以及酒店客房的储备情况，在不同的季节、不同的时间以及一天中不同的时段，随时调整和改变客房价格，以期实现酒店收益的最大化。

差异定价策略就是根据客人不同的需求特征和价格弹性向客人执行不同的价格标准。这种定价策略采用了一种客人划分标准，这些标准是一些合理的原则和限制性条件。在这种划分标准下，客人就能根据自己的需求、消费方式及愿意接受的价格水平而将自己划分到合适的房价类别中去。这些标准一方面使那些对价格比较敏感的客人享受低价，相应的，他们对客房的选择余地也很小；另一方面那些愿意付全价的客人可以随意地挑选自己所喜爱的房间。这种划分标准的重要作用在于：酒店在向一个细分市场的顾客销售打折客房的同时，又能保证另一个细分市场的收入不会减少。

这种定价中有所区别的策略也很容易向客人解释。每种房价都有其合理性。运用房价区分系统，酒店就能对其所有的客房进行收益管理。这种区别定价的缺点是它比其他的定价方法更难管理，它要求酒店建立复杂的预订系统和收益管理系统。

市场细分是行业发展的趋势。对不同的客人采用不同的价格标准，不仅能获得更多的收入，而且能使更多的客人满意。这种观念是许多行业确定价格的基础，价格细分方法的关键是要批准那些将“愿意并且能够消费得起的客人”和“为了使价格低一点而愿意改变自己消费方式的客人”区分开的标准，并据此制定有效的细分策略（如航空公司只对周末愿意在目的地停留的旅客提供优惠机票就是一种有效的方法）。

饭店的房客至少可以分为两类：即商务旅游者和休闲度假旅游者。这两类客人的目的和要求很多，且各不相同；根据这些客人的消费特点，又可以将其重新组合。任何一位客人的购买决策都是在不同的条件（不同的时间、地点和旅行目的）下做出的。

充分利用客人的这些消费特点，收益管理的市场策略力图通过创新的房价和一揽子服务增加来自价格弹性高的细分市场（即休闲度假旅游者所在的市场）的收入，同时确保来自价格弹性较低的细分市场的收入不至于减少。

除了上述定价法以外，还有客房面积定价法、赫伯特定价法等，其中客房面积定价法是通过确定客房预算总收入来计算单位面积的客房应取得的收入，进而确定每间客房应取得的收入进行定价的一种方法。

赫伯特定价法是在 20 世纪 50 年代，由美国酒店和汽车旅馆协会主席罗伊·赫伯特主持发明。它是以目标收益率为定价的出发点，在已确定计划期各项成本费用及酒店利润指标的前提下，通过计算客房部应承担的营业收入指标，进而确定房价的一种客房定价法。由于这两种方法都是从企业自身的出发，以酒店未来期望收益值为出发点，而甚少考虑市场竞争的因素，因此，实用价值不大，在此不作详细的分析和介绍。

二、价格策略

为了在激烈的竞争中处于有利地位，酒店可选用以下几种价格策略。

1. 高牌价、高折扣策略

高牌价可以维护与酒店星级相适应的高档次市场形象，而高折扣政策（包括对散客）则有利于提高酒店的竞争力。即这种策略可以在不损害酒店形象的前提下，提高酒店客房的利用率和竞争力。

2. “随行就市”的价格策略

大部分酒店都采用这种随行就市的价格策略，即：客房的价格根据淡旺季的不同、时段的不同、客房预订情况的不同、开房率的不同等而变化，以期最大限度地提高酒店客房的利用率和经济效益。这种定价策略的缺点是会影响酒店在消费者心目中的形象。

> “现在我们酒店客房实行浮动价，我每天下午开车到旅游景点转一圈，观察一下旅游人数，回来之后确定当天客房售价”
>
> ——某酒店总经理

3. “相对稳定”的价格策略

一些酒店为了取信于旅游消费者，维护酒店/度假村在消费者心目中的良好形象，在一段时间内，会采取相对稳定的价格策略，即使客房供不应求，也不随意调高价格。这种定价策略的缺点是：可能会使酒店在短期内丧失很多潜在的获取利润的市场机会。但对酒店的长期发展有利。同样，有些酒店即使在市场竞争激烈的情况下，也不轻易下调房价，目的也是为了维护其高档次的市场形象。当然，“相对稳定”并非绝对不变，最终要不要上浮或下调价格，还要看客房供不应求的程度或市场竞争激烈的程度，以及这种供不应求

(或供过于求)是暂时的还是长期的。在供不应求(或供过于求)的状况长期存在或供不应求(或供过于求)的程度很高的情况下，如果一味地为了“稳定价格”而保持价格不变则是不可取的，会使企业长期蒙受损失或失去竞争力。

4. 中低价策略

中低价策略即对外公布的牌价，始终保持在同档次酒店中的中、低价水平(不打折或打折幅度很小)，给人以稳定、实惠的价格形象，以此来吸引客人，取得竞争优势。

5. “价格逆行”策略

如果同行降价，酒店可以提价，高于别人，但这时要有配套的增值措施，以体现差异化。如果同行提价，酒店可以适当降价，与之持平甚至略低。

第三节　房价体系与平均房价

一、客房价格体系

酒店的房价依其接待对象、时间等的不同，分为多种类型，它们一起构成酒店客房的价格体系：

1. 门市价(rack rate)

门市价又称为“客房牌价”，即在酒店价目表上明码公布的各类客房的现行价格。该价格不含任何服务费或折扣等因素。

2. 商务合同价(corporate rate)

商务合同价是酒店与有关公司或机构签订房价合同，并按合同规定向对方客人以优惠价格出租客房，以求双方长期合作。房价优惠的幅度视对方能够提供的客源量及客人在酒店的消费水平而定。

3. 团队价(group rate)

团队价主要是针对旅行社的团队客人制定的折扣价格，其目的是与旅行社建立长期良好的业务关系，确保酒店长期、稳定的客源，提高客房利用率。团队价格可根据旅行社的重要性和所能组织客源的多少以及酒店淡、旺季客房利用率的不同加以确定。为了吸引团队客人，很多酒店给予团队客人的优惠价往往低于酒店标准价的50%。

4. 小包价(package rate)

小包价是指酒店为客人提供的一揽子报价，除了房费以外，还可能包括餐费、交通费、游览费(或其中的某几个项目)等，以方便客人。

5. 折扣价(discount rate)

折扣价是指酒店向常客(regular guest)或长住客(long staying guest)或其他有特殊身份的客人提供的优惠房价。

6. 淡季价(slack season rate)

在营业淡季，为了刺激需求，提高客房利用率，可以为普通客人提供折扣价。通常是在标准价的基础上，下浮一定的百分比。

7. 旺季价(busy season rate)

在营业旺季，为了最大限度地提高酒店的经济效益，可以将房价在标准价的基础上，上浮一定的百分比。

8. 白天租用价(day use rate)

在下列情况下，酒店可按白天租用价向客人收取房费：

(1) 客人凌晨抵店入住；

(2) 客人离店超过了酒店规定的时间；

(3) 入住与退房发生在同一天(钟点房)。

白天租用价，大部分酒店按半天房费收取，也有些酒店按小时收取。

9. 免费(complimentary)

由于种种原因，酒店有时需要为某些特殊客人提供免费房。免费房的使用，通常只有总经理才有权批准。

二、平均房价

平均房价实际上有两个概念：一是指已出租房间的日平均房价(average daily rate, ADR)；二是指一定时期内，酒店每个可售房间的平均收益(revenue per-available room)，即业界所称“Rev PAR”。当这种收益表现为每日收益水平时，Rev PAR 就表现为一种平均房价，即酒店可售房的平均房价。

实际上，只谈已出租客房的平均房价是没有意义的，只有与客房出租率结合使用，才能反映酒店经济效益。因为较高的平均房价往往意味着较低的客房出租率，而较高的客房出租率则可能隐含着较低的平均房价水平。而“Rev PAR”则不同，它是一定时期内，酒店每个“可用房间”的平均房价，因而能够较好地反映酒店客房的赢利能力和酒店经营状况。

$$\text{Rev PAR} = \frac{\text{计划期日平均客房总收入}}{\text{酒店可售房间数}} = \frac{\text{计划期客房总收入}}{\text{计划期天数} \times \text{酒店可售房间数}}$$

酒店可用房间数 = 酒店客房总数 - 酒店自用房(House Use) - 正在装修的房间 - 坏房(OOS) - 其他占用房

实际上，Rev PAR 与酒店已出租客房的平均房价之间存在一定内在联系和转换关系。假定我们将已出租客房的平均房价称之为“日平均房价”，则：

$$\text{出租率} = \frac{\text{实际出租客房数}}{\text{酒店可售房间数}} \times 100\%$$

$$\text{酒店可售房间数} = \frac{\text{实际出租客房数}}{\text{出租率}}$$

$$\text{Rev PAR} = \frac{\text{计划期日平均客房总收入}}{\text{酒店可售房间数}}$$

$$=\frac{\text{计划期日平均客房总收入}}{\text{实际出租客房数/出租率}}$$

$$=\text{出租率}\times\frac{\text{计划期日平均客房总收入}}{\text{实际出租客房数}}$$

$$=\text{出租率}\times\text{日平均房价}$$

即：Rev PAR = 出租率×日平均房价

第四节　收益管理

“收益管理不仅为我们增加了数百万美元的收入，同时也教育我们如何更为有效地管理，从(酒店)最高层必须对酒店施行收益管理，CEO 则需要 100%地支持这项工作，而全体员工必须了解其功能。”

——Marriott 国际酒店集团董事长兼 CEO Willard Marriott，Jr.

一、收益管理

当一位旅客在美国乘坐飞机时，有时会发现他邻座的票价比自己贵了一倍；当他租车自己开时，也可能发现别人租同样的车，是自己的一半；当他下榻旅馆时，或许会发现隔壁旅客住同样房间房价，比自己的便宜了许多。这是怎么回事呢？其中很大的原因是收益管理系统在后面运作的结果。

收益管理理论最早起源于美国航空业。在 1978 年《解除航空公司管制法》颁布以前，美国政府制定了统一的国内票价，根据飞行的距离来衡量航空业的平均成本，所有航空公司的航班只要是飞行距离相同，都必须执行相同的票价。1978 年以后，伴随着价格管制的解除，收益管理应运而生。当时出现了一家新的航空公司——人民捷运公司，推出了低价机票。一些大航空公司，如美洲和联合航空公司为了与人民捷运公司竞争，将一部分座位以低价出售，但同时将剩余的座位仍然以高价出售。通过这种方式他们既吸引了人民捷运公司那些价格敏感型的顾客，同时又没有失去高价顾客，结果大量人民捷运的顾客转投大航空公司，人民捷运最终破产，该公司前主席 Donald Burr 认为，人民捷运公司破产的主要原因是缺乏收益管理系统。

收益管理的核心是通过制定一套灵活的且符合市场竞争规律的价格体系，再结合现代化的微观市场预测及价格优化手段对企业资源进行动态调控，使得企业在实现长期目标的同时，又在每一具体营运时刻充分利用市场出现的机遇来获取最大收益。概括而言，收益管理目标是使企业产品能在最佳的时刻，以最好的价格，通过最优渠道，出售给最合适的顾客。

酒店业最先开发使用收益管理系统的是万豪国际酒店集团(Mariott International Hotels)。由于收益管理系统的开发使用，不仅帮助酒店经营管理者们迅速、准确地做出各种决策，同时也使酒店的总收益获得提高。因此，近年来美国许多中高档酒店如假日酒店、希尔顿酒店、凯悦酒店、威斯汀酒店等酒店集团，均先后开发了各自的收益管理系统。据报道，自从收益管理系统建立以来，凯悦摄政俱乐部客房的预订率上升了20%，各个预订中心平均房价也有所上调。希尔顿酒店公司已经创造了空前收入的记录。

二、收益管理的核心内容

一般来说，不同的酒店由于其各自的市场定位、客人来源、管理理念及控制机制的不同，其开发使用的收益管理系统也各有差异。但是，这些收益管理系统均具有两大共同功能：需求预测和优化调控。这也是收益管理的核心内容。

需求预测功能是准确地预测未来客户需求及客房供给的情况，使得管理者们对今后的市场变化有个较为清晰的认识。该功能在分析酒店有关以往客房预订的历史资料以及当前客人预订的情况基础上，正确估计出未来每天的客户需求和空房的供给。其中包括每天不同时段可能有多少客人会来预订房间、他们是什么样的客人、要住什么样的房间、待多长时间，以及每天各个时段有多少空房可供预订等。鉴于客人需求的季节性和时段性，收益管理系统往往进行长期、中期和短期的预测。长期预测的时间通常为三个月至九个月，中期预测为七天至三个月，短期预测为当天多个时段至以后的七天。由于许多客人是当天临时登记入住的，有的收益管理系统还每间隔几个小时就进行一次短期预测，以保证预测的准确性。

优化调控功能是制定最佳房价并推荐最佳空房分配的方案，以供管理者们决策参考。这些最佳房价与最佳空房分配方案的制定，是在以持续增长的酒店总收益为目标，并依据客户需求与客房供给的预测以及考虑其竞争对手情况下，通过建立和分析复杂的数学模型而获得的。其中最佳房价是包括每天各个时段不同房间的价格，最佳空房分配方案则是动态地调控每日不同时段各种空房供给的配额。

三、收益管理的基本思路

收益管理的基本原理就是通过对市场的细分，对不同目的的客人在不同时刻的需求进行定量预测，然后通过优化方法来确定动态的控制，最终使得总收益达到最大化，并保持酒店收益的持续增长。当然对不同的酒店和酒店集团，由于其各自的市场定位、顾客来源、管理理念、控制机制不同，其价格和收益管理的方法及其作用也不尽相同。但总体而言，酒店业的价格和收益管理系统可通过下列几个方面来发挥作用：

1. 客人分类及需求预测

不同的客人对酒店的要求往往不同。尽管每一酒店有其自己的市场定位，但客人的性质，来源渠道以及消费特点仍有许多不同之处。收益管理的一个重要功能就是通过科学的方法对不同的客人进行分类，并得出各种行为模式的统计特性，然后再对每一类客人的未来需求进行精确的预测，包括预订的迟早，入住的长短，实际入住和预订的差异，提前离店和推迟离店的概率等。有了这些精确的预测，再根据各种客人对价格的敏感度等，酒店就能很好地控制资源，提高收益。

2. 优化控制

有了精确的需求预测，还必须有一套相应的价格和收益控制体系才能灵活有效地利用酒店资源，使得收益或利润最大化。根据各不同的预售和价格控制系统，酒店业普遍采用的优化方法主要包括线性规划、动态规划、边际收益控制、风险最小化等。这些方法最终转换成可操作的控制机制，如最短最长控制(min-max)，完全长度控制(full pattern)等。

3. 节假日价格需求控制

节假日以及特殊事件日往往是酒店获利的最佳时机，许多酒店在此期间一般能达到很高的入住率。但高入住率并非就是高利润率。要使得收益和利润最大化，还必须有一套完善的节假日需求预测及控制方法。

4. 动态价格设定

酒店的定价及其管理是调节一家酒店盈利能力的最直接的杠杆。常见的以成本为基础的定价方法虽简便易行，但往往缺乏竞争的灵活性，且不能反映市场需求的动态变化。而建立在收益管理基础上的一些定价方法，如实时竞标定价(bid price)、浮动定价(dynamic pricing)、竞争定价等则通过对市场的细分和有效的控制使得价格杠杆的功能发挥到极致。

5. 超额预订控制

由于预售和实际入住往往存在一定的差异，因此如何预测及控制这种差异从而保证实际入住率是酒店经常要解决的一个问题。尤其是在高峰季节，这一问题特别突出。对酒店而言，既要保证尽可能高的入住率，又要避免超订而使得客人无房的尴尬，因此一种精确的超订控制则是保证酒店在最大收益条件下使得客户服务损失变得最小的一个重要工具。

6. 团体和销售代理管理

团体销售几乎是每一酒店都有的业务，且多数情况下有一定的折扣。但如何定量地对这项业务进行分析并有效地控制折扣程度，则是收益管理的很重要部分。相应地，对代理销售及批发代理等，也都可通过抽象的模式来进行优化控制。

7. 酒店附设资源管理

许多星级酒店常有许多附设资源，如餐厅，会议室等。收益管理系统的拓展就是进行所谓的“全收益”管理，既不仅仅对客房的收益进行预测和控制，并对整个酒店的收益进行预测和优化，以期达到最大效益。

8. 经营状况比较和 what if 分析

酒店经营状况的及时反馈和历史分析是保证酒店正确决策的重要途径。而收益管理系统由于同时兼有大量的历史数据以及未来需求的预测，因此它可以是一个很好的战略和战术的决策武器。另外通过所谓的 what if 分析，既通过比较不同控制模式所得到的实际收益和理论最大收益之间的差值，酒店管理层就能随时判断经营管理的状态。

9. 结合客户价值的收益管理

随着许多星级酒店由利润为中心的管理朝向以客户服务为中心的管理，如何确定每一客户的价值并通过相应的收益控制来区别对待是酒店收益管理的一个新的方向。

第五节 “收益管理法”的实施

一、酒店实施收益管理的意义

收益管理是自20世纪80年代发展起来的一种现代科学营运管理方法。这一管理方法在许多信息发达的国家，尤其是欧美已经被许多行业采用，并累计创造了成百上千亿美元的效益。

收益管理在饭店业、汽车出租业、影剧院业、广播电视业和公用事业等行业同样获得了成功。应用收益管理的企业，在没有重大支出的情况下，收益增加了3%—7%，利润增加了50%—100%。甚至有人认为：“那些忽视应用收益管理使收益和利润最大化的企业将失去竞争力。”《华尔街周刊》认为在目前出现的商业策略中，收益管理是排在第一位的，并称收益管理为一种有待探索、前途光明的实践。

在酒店业，随着计算机和信息技术的迅速发展，多数酒店已经引入了计算机联网的预售及客房管理系统，使得酒店管理进入了数字化阶段。相应地酒店业的价格与收益管理系统的功能也日益显得重要。过去手工操作时的粗线条管理模式已不能满足日益激烈的市场竞争的需要，代之而起的是大数据量的微观分析以及针对具体客户的精确的定量管理。就收益管理的方法来说，先后由点式管理、网式管理发展到了结合客户服务的综合管理。在价格管理方面，也从单一静态价格，到多重动态价格，再到结合市场竞争的优化价格控制。这一切虽使得价格与收益管理系统变得日益复杂，但同时其创造的效益也日益显著。根据用户统计分析，一个现代化的收益管理系统每年可为酒店增加4%到8%的额外收益。对许多企业而言，这几乎相当于50%到100%的净利润。

二、“收益管理法”在酒店的实施

以往，酒店业都将客房利用率的高低看作成功的标志。衡量酒店经营成功与否的另一个指标是已出租客房的平均房价(the average daily rate，r ADR)。收益管理(revenue management)根据酒店历史的销售资料，通过科学的预测，将两项指标联系在一起，找到客房出租率与平均房价的最佳结合点[①]。

收益管理意味着在任何特定的时间段内，按照客房需求量来调整客房价格。也就是说，如果客房马上就要订满了，在这种情况下还要对房价进行打折，就毫无意义了。相反，如果有天晚上客房肯定住不满，那么，将房间以折扣价出租，总比空着要好。根据收益管理理论，假日酒店宁愿接受一个房价稍低但连住数日的预订，而不愿接受一个房价稍高，但只住一晚的预订，因为酒店管理者认为这样做使房间空置的风险要小一些。

在实践中，酒店客满与低出租率之间有很多种情况，这时都需要做出定价决策。此

① 埃瑞克·澳肯．依靠收益管理，提高收入水平．康奈尔饭店与餐馆管理季刊，1988(2)：52-58.

外，每天或每季度要做的超额预订决策也可以被纳入收益管理系统之中。在一些酒店的员工利用人工方式管理本酒店的收益管理系统的同时，越来越多的酒店开始采用计算机程序进行收益管理，它们利用对本酒店客房需求的历史资料预测未来需求情况，并根据需求量在不同时期的变化情况，不断调整客房价格水平。另外，越来越多的中央预订系统将收益管理的内容纳入其计算机程序之中。

酒店在供不应求时，如何销售能使客房的收益最大？酒店在供大于求时，如何销售又能使客房的收益最大？这是收益管理的精髓。“收益管理”在日常工作中的实施，即做好存房管理和订房管理。存房管理指前台管理人员为各个细分市场的客人合理安排一定数量的客房；订房管理指预订部的管理人员根据不同时期客房需求量，确定不同的房价。

1. 客房需求量较高时

（1）限制低价客房数量，停售低价房和收益差的包价；

（2）只接受超过最短住宿期的顾客的预订；

（3）只接受愿意支付高价的团体的预订。

2. 客房需求量较低时

（1）招徕要求低价的团体顾客；

（2）向散客提供特殊促销价；

（3）向当地市场推出少量廉价包价活动。

由此可见，收益管理的关键是对客房需求情况进行准确的预测，并根据预测情况，确定具有竞争力的，能够保证酒店最大收益的客房价格。

采用实施收益管理的酒店，在营业高峰时期，会有几天时间，房务总监和前台经理，俨然像在前线作战的指挥，亲自控制订房数和停售类型，这些天的最终销售结果，会使他们兴奋或沮丧。令他们兴奋的是，运用收益管理得当，不但使房价卖得很高，而且使出租率达到99% 以上；使他们沮丧的是，有时由于信息和情报的错误，加大了房价控制的力度，推掉了一些较低房价的顾客，但实际抵达的顾客比预期的少，没有完成预期的出租率百分比。

收益管理是一项管理难度较高的方法，在国际酒店行业，使用这个方法的水平，往往是评估房务总监是否有经验的标准。

三、酒店收益管理系统的应用现状及前景展望

收益管理将是21世纪最重要的和回报率最高的管理产业之一。价格和收益管理现已成为最大的利润增长手段。在酒店业，由于收益管理系统对公司决策和创利的巨大影响，世界许多著名酒店集团，特别是欧美的主要酒店集团管理层都对收益管理高度重视，先后建立了专门的收益管理部门，并配置了能进行大量数据分析和实时优化处理的计算机系统。这些系统和酒店的前台系统、预售系统以及数据库相连，对酒店管理提供了多功能、快速的决策辅助，使得酒店从被动式的管理变为主动式控制，从而在市场竞争中获得先机。

收益管理系统在我国酒店的应用尚处于初始阶段，目前主要集中在国外酒店集团管理的酒店。但高级酒店职业经理人的收益管理意识和条件已经具备。未来国内将有更多的酒

店，特别是高星级酒店和酒店集团实施收益管理。

由于收益管理系统需要大量的投入（主要是购买和开发收益管理系统），因此，酒店业收益管理不可一哄而上，应从酒店集团以及四星、五星等高星级、大规模酒店开始，以后逐步推广到中小型酒店。但这并不意味着中小型以及中低档酒店与收益管理无缘。对于单体中小型及中低档酒店而言，虽然采用计算机收益管理系统的条件还不成熟，但利用收益管理理念，通过人工的方法进行酒店收益管理还是可行的，也是必要的，这取决于酒店前厅及销售管理人员的经验和素质。

本章小结

➢ 客房价格的制定是前厅管理的一项重要内容，直接关系到酒店的开房率和酒店的经营效益，前厅部管理人员要根据当地酒店业市场竞争状况以及酒店客房经营成本，制定有竞争力的客房价格。

➢ 酒店常用的客房定价法包括：随行就市法、千分之一法、收益管理定价法、客房面积定价法以及赫伯特定价法。其中随行就市法是按照同档次竞争对手的客房价格作为定价依据，是最具有竞争力和最实用的定价方法，其他几种定价法都是以“我”为主的定价法，包括本酒店的客房造价、经营成本、客房大小以及酒店的经营指标等，因而不一定符合市场的竞争状况，不一定具有市场竞争力，所以只能作为客房定价的参考。收益管理定价法已经成为近年来定价的新趋势。

➢ 酒店的定价目标包括：追求利润最大化、提高市场占有率、应付或防止竞争、实现酒店预期投资收益率等。制定房价时要根据酒店的定价目标采取一定的价格策略。如高牌价、高折扣策略；“随行就市”的价格策略；相对稳定的价格策略等。

➢ 为了提高酒店的经济效益，提升酒店的市场竞争力，酒店应该针对不同的客人和客户群体，确定自身的价格体系和价格政策，包括商务合同价、旅游团队价、折扣价、小包价以及淡季价和旺季价等。

➢ “Rev PAR”是个重要的概念，也是一个能够反映酒店客房经营状况和赢利能力的重要指标。

➢ 酒店收益管理主要指努力使酒店客房产品在最佳的时刻，以最好的价格，通过最优渠道，出售给最合适的客户，从而取得最佳的经济效益的一系列管理方法。通过实施收益管理，可以使酒店资源（主要指客房，但不限于客房）得到最有效的利用。就酒店房务管理而言，“收益管理法”在日常工作中的实施，主要是做好存房管理和订房管理。存房管理，指前台管理人员为各个细分市场的客户合理安排一定数量的客房；订房管理，指预订部的管理人员根据不同时期客房需求量，确定不同的房价。从发展的现状和趋势而言，收益管理已经从一种管理思想转化为一种先进的计算机管理系统，好的酒店计算机管理系统都会有收益管理的内容。

➢ 收益管理也会带来管理问题。比如会给一些客人造成混乱的印象，继而引起他们的不满，因为针对同一服务，客人却得出不同的价钱——仅仅因为预订时间的不同。针对这一情况，酒店应该对员工进行认真的培训，以确保收益管理系统能够在不冒犯客人的前提下得到有效的实施。

思考题

1. 解释下列概念：千分之一法　收益管理定价法“Rev PAR”
2. 试述客房价格的构成。
3. 客房价格有哪几种类型？
4. 影响客房定价的因素有哪些？
5. 什么是收益管理？如何进行收益管理？

即测即评

案例分析

“收益管理”：错在何处？

有一家酒店在一天中同一种规格房间的价格变化无常，前后入住的房价差别很大，因此屡屡接到付出相对高房费顾客的抱怨和投诉。原来该酒店高层管理人员听了一次“收益管理”讲座之后，突发灵感，做出一个决定：要求总台一天中每隔3小时，根据计算机即时显示的住房率升高或下降，将房价相应地调高或调低。此所谓求得收益的最大化。

问题：此“收益管理”错在何处？如果你是经理，你该怎么做？

补充与提高

酒店收益经理的一天……

Paul Chappelle

正如太阳冉冉升起一般，我办公桌上的报告也渐渐堆成了山。每天早上，我都会收到有关饭店前期每天、每星期、每月及每年的任务完成情况的报告。所有这些报告都是以钢笔填写的、以大约2英寸[①]厚的文稿纸的形式递送上来的，每个报告都试图解释并提供一些有关能代表饭店的各项稳定运行功能和收入创造的基本数据。

这天的第一个会议是收益最大化会议，或者是短期内加速实现收益最大化的会议。该

① 1英寸=2.54厘米。

会议主要是由饭店收益部经理、总经理、客房部主管及销售部和宴会部的全体员工参加。我们一起讨论前一天所发生的各种事情，及评估前一天所发生的每个销售线索。最终我们会集体决定针对每个线索所要采取的方法。我们会评估、分析自己到底是要追踪这一线索还是把它让给附近的其他饭店。在此会议上制定的有关饭店在当天和接下来几天中所要采取的价格策略决定最终是要由收益部经理来确认的。有关饭店所需要做的所有变化的信息在一天之内将会被传达到每个部门。

这天的第二个会议是收益管理会议。此会议由收益部经理负责，每星期召开一次，主要是由总经理、饭店总监、销售部和市场营销部主管、客房部主管、预订部经理及大部分业务经理参加。类似于有销售团队参加的加速实现收益最大化的每日例会，我们在此次会议中会花更长的时间，会加倍细致地检查、核对报告中的各种数据。在会上我们一般会考虑如下这些问题：饭店所出售的客房数量及通过不同的收入渠道所产生的房价，或好或坏的趋势变化，即将采用的新的市场营销策略及原有市场营销策略所导致的结果，同时我们还会讨论那些或许能影响饭店未来一年或几年中所销售客房数量及房价的相关事宜。在会议领导团队已识别出我们饭店的市场机会之后，我们会讨论制定出一个针对如何利用机会及如何测定团队所制定的策略是否有效的计划。在我所工作过的所有饭店中，上述这两种会议都将以一种或另一种形式(如由本人亲自参加或召开电话会议)而被不断重复地召开。

进行每天、每星期、每月和每年的预测是收益部经理最重要的职责。我担负着预测饭店将能推销的客房数量和客人在某一特定时期愿意支付的房价的职责。我的这些预测是基于许多关键性要素和一些并非十分关键的要素而产生的。历史往往是预示饭店将来情形的一个很好的指示者。去年本月本日饭店所发生的情形与今年同月同日所发生的情形间的相互关联性将会达到60%~80%。饭店所处地区将要发生的一些事情对饭店的市场占有率和房价将会产生重大的影响。如果当地的一些大事，如节庆活动、赛马、锦标赛等赛事能增加本城市中需要客房的人数，那些事将会影响饭店客房的销售量。如果饭店采取的是特殊的促销竞争策略，那将对饭店产生消极的影响。相反，如果饭店凭借彻底、完善的服务来展开竞争，那就能为饭店创造一个积极的竞争环境。有助于做出预测的其他因素还有：当地饭店增加供给而提供的额外客房数量、天气、季节、会议召集与解散的类型及当地不断变化的经济形势。然而当真正论及预测时，实际上预测是对我们认为可能会发生或我们事实上希望发生的事情的一个猜测。

一旦完成预测，那我们就可以利用这些预测来计算经营饭店的可变成本，如劳动力，即饭店客房部需要多少服务员，及我们在特定时段所需的前台部服务员的数量。在此预测基础上，饭店销售经理和宴会部经理的目标得以确认。季度预测和年度预测被上报到公司办公室，以便能为预测整个公司的计划性收入和计划性费用所用。接着，这些相关信息被上传到公司股东和其他在公司中持有股份的人手中。

预测和追踪我们是如何完成上述这一切行为的，这所需花费的时间将占整个预测时间的75%。剩下的25%的预测时间主要花在为促使饭店收入增长、维持饭店的多种收入渠道、管理预订部门、充当销售部和营业部门之间的联络员及为寻找乐趣而不断挖掘新的机会上。

其他的职责还包括为饭店挖掘新的收入渠道。很多人都知道，我经常会在某个特别繁忙的工作日去拜访我在当地的竞争者，并且很快又回到自己的饭店。同时，我还肩负着对此地区未来的旅游者进行人口统计研究的职责。我需要统计的事项包括：为什么他们要来此地区，他们来此地旅行的原因是由于公务、会议还是休闲，或者他们是某一商务合同代表中的一部分成员，他们来此地的频率有多高，他们一般会住多久，他们在此地时消费水平如何，以及他们分别来自哪些地区或国家。

我作为收益部经理所需做的众多事情中最为重要的一件莫过于要确保能为饭店建立不同的收入渠道，并保证这些收入渠道能正常运行。这些收入渠道主要包括：品牌饭店 1- 800 免费电话和呼叫中心预订部、会议和旅游者接待办事处、当地饭店内的预订处和前台、互联网及全球销售系统(GDS)。在以上这些收入渠道当中最为重要的是全球销售系统，它是旅行代理商在我的饭店进行预订时所使用的销售系统。它主要包含的是某饭店的房价和客房可获性等相关信息。我们每天都要对它进行日常例行的检查、维护。有关全球销售系统最令人担心的一件事是，大多数饭店都直到问题已在全球销售系统中存在好几个月时才察觉到有问题。随着各种技术水平的提高，越来越多的人开始舍弃电话预订，而直接通过旅行代理商来预订或自己直接进行网上预订，同时在人们了解全球销售系统和获取全球销售系统如何影响饭店经营的相关信息时，上述这两种方式也越来越受绝大多数人的青睐。一位竞争者的实际情况是，当他们率先对自己的全球销售系统进行了一次大清理后，在接下来短短的 6 个月内，就使收入额外增加了好几百万美元。

管理预订部门是我的各项工作中相对容易的一项，与人打交道相对来说总比与数字和报告打交道来得容易。饭店的全体员工需要获悉最新的有关饭店战略目标的各种变化，以及市场营销中不同的折扣和经常性逗留计划中所发生的各种变化的相关信息。我还负责确保对预订部的全体员工进行培训，使每位预订员都能根据客人当时的各种积极反应而圆满地完成预订。

一名收益部经理必须掌握圆熟的交际策略，这是至关重要的。而收益部经理作为经营部和销售部之间的联络者，则有时候必须要为这两个部门所遇到的一系列挑战进行调解。其中交际策略的一部分是要去了解这两个部门各自的战略目标是什么，以及这两个部门是如何依赖于对方而使自己存活下来的。要想更好地充当这两个部门之间的联络者，一个最为简单的方法就是促使这些部门之间经常进行一些公开的、坦诚的交流和沟通。

寻找乐趣是我在饭店工作，并且处于这一地区性职位的一个主要目标之一。当我在饭店工作时，找寻到一个能维持我的工作与生活之间平衡的方式是十分重要的。如果一味地追求增加工作量，则很容易让人产生厌倦感。饭店的特性是一天 24 个小时，一年 365 天都在不停地运转和工作，因此任何一天在人身上可能发生的任何事情同样也可能发生在饭店之中。(摘自:丹尼.G. 拉瑟福德. 饭店管理与经营.3 版. 苏宝仁,等,译. 大连:东北财经大学出版社,2006.)

酒店经理人对“经理的困惑”的答复：
Re：如何在不降低平均房价的基础上，提高开房率？

刘羿（Amy Liu）　酒店集团收益管理系统创始人
济南毕诺克电子科技有限公司经理

这是一个很尖锐的问题。极具复杂性和现实意义。在这里仅抽丝剥茧地从几个方面进行阐述：

（1）裸价卖房会加剧同质化竞争，但如果考虑包价，套餐等多种价格组成结构可以一定程度上回避价格战。

（2）老酒店的优势是客户资源，而维护并深度挖掘现有客户，扬长避短地从各方面增加本酒店的竞争力，赢得客户从认可到信任再到依赖，是酒店长期努力的方向。

（3）在这里不得不提人员，酒店的人员流动特别是销售人员的流动会潜移默化地使得很多客户成为孤儿客户，所以，总经理要帮助市场销售部不断地拓宽营销思路，提高专业水平才能最终完成愿景。

更多精彩，请扫描二维码，收看刘经理面对面回复您：如何在不降低平均房价的基础上，提高开房率？

客房篇

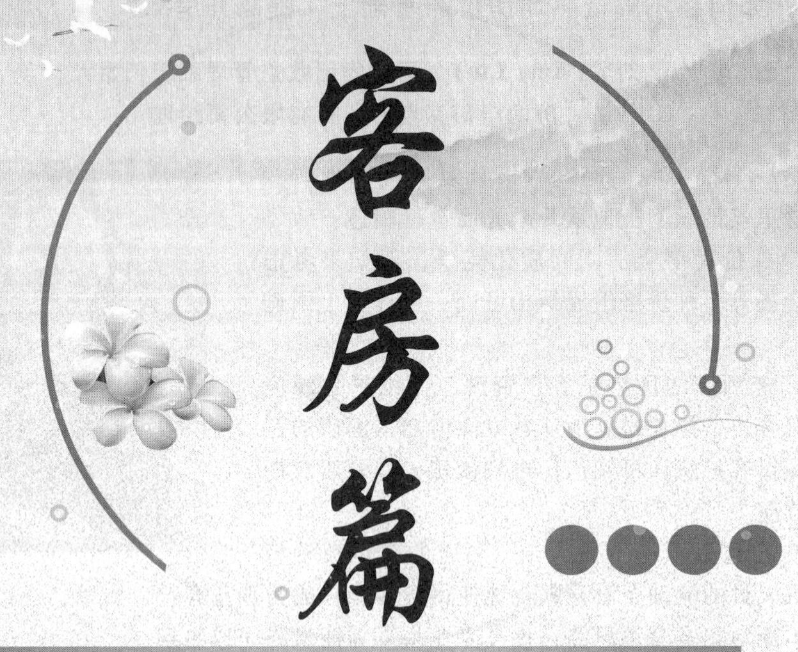

第九章　客房部概述

广州香格里拉大酒店：豪华套房

在讲述了前厅部的经营管理问题之后，从本章起，将对客房部的经营管理问题进行研究。

本章将重点介绍客房部的地位作用及主要任务、客房类型与客房设备、客房设计与装修、特色客房等。

本章学习目的

★ 了解客房部在酒店经营中的地位、作用及客房部的主要任务。

★ 了解客房的类型和客房的主要设备。

★ 掌握客房及卫生间设计的一般原则。

★ 了解客房管家系统的主要内容和管理方法。

关键术语：客房类型　客房设计

Key Words：Room Types，Room Designing

经理的困惑

——女性客房应该怎样设计？

现在酒店业市场竞争十分激烈，特色客房成了很多酒店吸引客人的抓手。我们酒店已经经营了10年时间，准备拿出一层楼来做女性客房，以期吸引更多的女性客人，不知如何装修才能受到女性客人的青睐？

第一节　客房部的地位作用及主要任务

一、客房部的地位与作用

首先，客房部是酒店为客人提供服务的主要部门。酒店是以建筑物为凭借，通过为客人提供住宿和饮食等服务而取得经营收入的旅游企业，其中客房部所提供的住宿服务是酒店服务的一个重要组成部分。由于客人在酒店的大部分时间是在客房度过的，因此，客房服务质量的高低(设施是否完善;房间是否清洁;服务是否热情、周到、快捷)在很大程度上反映了整个酒店的服务质量。客人对酒店的投诉与表扬也大多集中在这一部门。

此外，客房部还是酒店取得营业收入的主要部门。酒店通过为客人提供住宿、饮食、邮电、娱乐(如游泳池、健身房、保龄球、网球、桑拿、舞厅,等等)以及交通、洗衣、购物等各项服务而取得经济收入。其中，客房租金收入是酒店营业收入的主要组成部分(参见图9-1)，反映了客房部在整个酒店经营中的重要地位。

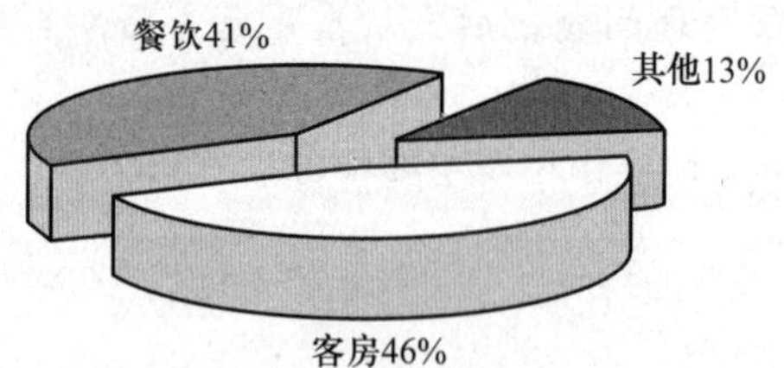

图9-1　中国5星级酒店客房收入在饭店总收入中的比重①

二、客房部的主要任务

简单地说，客房部的主要任务就是“生产”干净、整洁的客房，为客人提供热情周到

① 资料来源：《2016年全国星级饭店统计公报》(国家旅游局)。

的服务。具体而言，有以下几点：

1. 保持房间干净、整洁、舒适

客房是客人休息的地方，也是客人在酒店停留时间最长的场所，因此，必须经常保持干净整洁的状态。这就要求客房服务员每天检查、清扫和整理客房，为客人创造良好的住宿环境。

由于客房员工具有清洁卫生的专业知识和技能，因此，客房部除了保持客房的清洁以外，通常还要负责酒店公共场所的清洁卫生工作。

2. 提供热情、周到而有礼貌的服务

除了保持客房及酒店公共区域的清洁卫生以外，客房部还要为客人提供洗衣、缝纫、房餐(room service)、接待来访客人、为客人端茶送水等热情周到的服务。在提供这些服务时，服务员必须要有礼貌、迅速、情愿、真心诚意。

3. 确保客房设施设备时刻处于良好的工作状态

客房部必须做好客房设施设备的日常保养工作，一旦设施设备出现故障，应立即通知酒店工程部维修，尽快恢复其使用价值，以便提高客房出租率，同时确保客人的权益。

4. 保障酒店及客人生命和财产的安全

安全需要是客人最基本的需求之一，也是客人投宿酒店的前提条件。酒店的安全事故大多发生在客房。因此，客房员工必须具有强烈的安全意识，平常应保管好客房钥匙，做好钥匙的交接记录。一旦发现走廊或客房有可疑的人或事，或有异样的声音，应立即向上级报告，及时处理，消除安全隐患。

5. 负责酒店所有布草及员工制服的保管和洗涤工作

除了负责客房床单、各类毛巾等的洗涤工作以外，客房部通常还要负责客衣以及餐厅台布、餐巾等的洗涤工作，此外，酒店所有员工制服的保管和洗涤工作也由客房部统一负责。

第二节　客房类型与客房设计

一、客房类型

酒店客房一般有三种类型，即：单人房(single room)，双人房(double room)和套房(suite)。此外，有些酒店还设有三人房(triple room)和可以灵活使用的多功能房间(multi-function room)。

1. 单人房(single room)

(1) 单人房，单人床(single room, single bed)

(2) 单人房，大床(single room, double bed)

2. 双人房(double room)

(1) 双人房，大床(double room, double bed)。这种房间在一些酒店又称为“鸳鸯房”或“夫妻房”(参见图 9-2)。

图 9-2 “鸳鸯房”(夫妻房)

(2) 双人房，单人床两张(double room,twin beds)。即在双人房里设两张单人床。这种房间通常被称为酒店的“标准间”(standard room)，我国酒店的大部分客房都属于这种类型。

3. 三人房(triple room)

这种房间在一些低档酒店较为常见。

4. 套房(suite)

(1) 普通套房(suite)：除了卧室以外，还有客厅。

(2) 豪华套房(deluxe Suite)：与普通套房相似，只是面积比普通套房大，房内设施设备较普通客房先进。

(3) 复式套房(duplex)：一种两层楼套房，由楼上、楼下两层组成。楼上一般为卧室，楼下为会客厅(参见图 9-3)。

图 9-3 复式套房

(4) 总统套房(presidential suite)：通常由 5 个以上房间组成。总统和夫人卧室分开，卫生间分用。卧室内分别设有帝王床(king size)和皇后床(queen size)。除此而外，总统套房内还设有客厅、书房、会议室、随员室 、警卫室、餐厅、厨房等。一些中、高档旅游宾馆均设有这类“总统套房”，其主要用意在于提高酒店的档次和知名度，便于推销。这类房间除了用于接待国内外党政要人以外，平时也对普通客人开放。位于阿联酋迪拜的

Burj Al-Arab 酒店(burj 音译伯瓷,又称阿拉伯塔)，被誉为世界上唯一一家“七星级”酒店，其总统套房面积达 780 平方米，房价 18 000 美元/晚，家具是镀金的，设有一个电影院，两间卧室，两间起居室，一个餐厅，出入有专用电梯。

5. 多功能房间(studio type)

多功能房间是一种可根据需要变换用途的房间。将相邻房间通过连接门转换为单人房、双人房、套房等，以满足客人的不同需要，提高客房利用率。

还有一种房间，可通过在房间设置嵌入式加床，根据需要和客人人数变换房间类型和功能(参见图 9-4)。

图 9-4　多功能房间：灵活多变，客人可根据需要变换用途。白天可将床嵌入墙壁，将房间用作办公室，晚上则可根据需要和住客人数，将床拉下，用做单人房、双人房、甚至三人房。

6. 无障碍房(handycapped room)

无障碍房指酒店专为残疾客人设计的客房，该种客房配有残疾客人生活起居用的特殊设备和用品，如适合轮椅使用的卫生间设施、增设过道扶手、盲文服务指南、不易破碎的客用品、家具和卫生洁具下降高度、衣橱内的升降设施、直通房务中心的报警器等，充分体现对残疾客人的关照和人性化的设计。无障碍房一般安排在较低的楼层，且靠近电梯。

7. 无烟客房(non-smoking room)

酒店专为非吸烟客人提供的一种客房，房内不配备烟灰缸和火柴，一般房门上有禁烟标志，不接待吸烟客人入住。

除上述几种房间类型以外，很多酒店还根据客房的朝向将房间分为向内房(inside room)和向外房(outside room)两种。前者一般位于阴面，光线不好，视野不开阔；后者则处于阳面，采光良好，视野开阔，是一种较为理想的客房。划分向内房和向外房的意义在于可以使酒店对于这两种房间收取不同的房价，尤其是在旅游旺季，当客房供给比较紧张的情况下，可适当提高向外房的价格。

另外，酒店的客房还可以按其是否带浴室或淋浴来划分。

二、客房设计与装修

（一）客房设计与装修的原则

为了保障客人及酒店的利益，客房设计应遵循以下原则：

1. 安全性

安全性首先表现在对火灾的预防上。为此，客房设计时应考虑以下防火措施。

（1）设置火灾报警系统：烟感报警、温感报警与自动喷洒报警是当前常用的早期报警系统。其中，烟感报警对烟雾反应最为灵敏，温感报警的误报率最低，自动喷洒报警除报警外还能发挥早期防止火灾蔓延的作用。

（2）减少火荷载：火荷载是指酒店内可燃烧的建筑材料、家具、陈设、布草等的总和。客房设计时应尽量采用难燃或不燃的建筑、装修材料。

除了对火灾的预防以外，酒店客房设计时还应注意保护客人的隐私。客房是客人休息的场所，要求安静、不受干扰。有些酒店楼层走廊两侧，客房门对着门，容易引起互相干扰。因此，建筑设计时可考虑将走廊两侧客房门错开。

2. 健康性

环境直接影响人的健康。噪声公害威胁人的听觉健康；照度不足影响人的视觉健康；生活在全空调环境内，如新风不足，温湿度不当会损害人的身体健康。因此，在客房设计时，必须重视隔声、照度和空调设计，控制视觉、听觉和热感觉等环境刺激。

（1）隔音。客房噪声的来源主要有以下几个方面：

窗外：城市环境噪声。

相邻客房：如来自隔壁房间的电视机、音响设备、空调机、电话、门铃、旅客的谈话、壁橱取物、床的嘎吱、门扇开关及扯动窗帘等的声音。

客房内部：上下水管流水、马桶盖碰撞、扯动浴帘、淋浴、空调器及冰箱等。

走廊外：如客房门的开关，走廊里客人及服务员谈话、服务小车的推动、吸尘器的声响等。

其他：如空调机房、排风机房及其他公众活动用房。

对于上述可能出现的噪声，在客房设计时都应考虑加以控制。

（2）照明。室内照明的主要作用是为人提供良好的光照条件，获得最佳的视觉效果，使室内环境具有某种气氛和意境，增强室内环境的美感与舒适感。现代酒店室内照明除了提供视觉所需要的光线外，还有以下几方面的作用：组织空间，改善空间感，渲染气氛，体现特色。

① 客房室内照明设计的基本原则

舒适性：室内照明应有利于客人在客房内进行活动、阅读、会客和从事其他活动，即在生理上能保护人的视觉，在心理上能鼓舞或安定人的情绪。

艺术性：室内照明应有助于丰富空间的深度和层次，有利于强调空间的特色，能与空间的大小、形状、用途和性质相一致。

安全性：电源的线路、开关、灯具的设置都要有可靠的安全措施。

② 照明设计的主要内容

投光范围：可分为整体照明、局部照明。

灯具位置：应按照客人的活动范围和家具的位置来安排。

灯具的选择：灯具可分为吸顶灯、镶灯、吊灯、壁灯、立灯和活动灯等。每种灯具都用于特定的情况之下，灯具的选择，如造型、色彩是整体的一部分，必须与客房的色调相配，不能孤立对待。

照度的高低：照度是指被光照射的物体表面在单位面积上所受的光量。不同功能的室内环境有不同的照度要求。客房照度包括客房与卫生间的照度两方面，按国际照明学会标准，客房照度应为 100 勒克司(lux)。有些国家推荐客房照度为 50~100 勒克司，以免房内过强的光刺激客人神经，影响客人休息。近年来，客房卫生间已发展成为旅客化妆的主要场所，所以卫生间的照度越来越高，为了便于旅客化妆，国际照明学会的标准是 70 勒克司，但实际使用均大于 100 勒克司，有时在人面部的照度达 200 勒克司以上。

（3）空调。空调的设计、选用和安装在保证一定的湿度和温度的前提下，应能使噪声减少到最低限度，并能提供充足的新风，不会使客人在房内感到头痛，威胁客人的健康。

3. 舒适感

客房是客人休息的场所，也是客人在酒店停留时间最长的地方，因此，客房的设计一定要使客人有方便舒适感。提高客房的舒适度可以从以下几个方面考虑。

（1）空间尺寸。一般来讲，客房的面积越大，舒适度就越高。对于一个双床间而言，国际上流行的开间为 3.6~4.2 米，进深为 7.6~10 米(参见表 9-1)。

表 9-1　不同国家和地区不同等级客房双床间净面积指标(平方米)

国家/地区	经济级	舒适级	豪华级
英国	10.5	18	26
日本	10~12	14~16	20~22
法国	10	14	20
中国香港	12	18~20	25
美国		20	
本书建议	<14	14~20	>20

酒店客房净高通常应为 2.5 米左右。剖面中，净高 2.5 米与开间 3.6~4.2 米所形成的比例为 1.44~1.68，是接近黄金分割的矩形剖面比例，利于形成亲切、舒适的客房空间气氛。

（2）家具的摆设。客房家具摆设是否得当，是否有利于客人行走和在房内的生活起居需要，也会影响客房的舒适感。21 世纪的饭店注重实用功能，客房的设计、家具的摆设一定要给客人以方便、舒适之感。

（3）窗户的设计。客房开窗是为了采光、日照，但与观景也有直接关系。“窗即景框”，宜“佳则收之，俗则屏之”。面对绚丽风光，窗越大越能感到环境之优美，舒适感越强，因而，有的高层酒店客房设计成落地玻璃窗，使客房与环境融成一体。

窗离地不宜太高，通常不应高于 0.7 米，这样，客人坐在房内沙发或椅子上，就可较好地观赏到窗外景色。

窗户的大小还应考虑酒店所在地的气候条件。一般来讲，炎热地区的酒店窗宜大，以便使客人有视野开阔，心情舒畅的感觉。而位于寒冷地区的酒店则窗户宜小，以便客人在客房内有温暖、舒适、亲切之感，同时可在一定程度上为酒店节省能源。

此外，酒店客房窗户的“高宽比”以 1 : 2 为好。这样能使客人产生人们所喜爱的

“宽银幕画面”的效果。符合人们的审美心理。当然，窗户的设计也不能千篇一律。为了追求奇特的艺术效果，窗户还可以设计成圆形或锯齿形等。

（4）装修风格。满足客人需求心理的客房装修风格，也能为客人提供舒适感。归纳酒店房客的需求心理，可分为两大类：一类希望客房符合客人本人的生活习惯与水平，走进客房如回到家中一样方便舒适；另一类则希望客房与所在地一样具有鲜明的地方特色和异国情调，进入客房能够继续感受新鲜有趣的异地、异族文化。因此，酒店在进行客房设计装修时，应充分考虑这两方面的要求。高档酒店有中餐厅与西餐厅之分，客房的装修也可考虑既有西式客房，又有具有民族特色的客房，以满足不同客人的不同心理需求。例如，建造于20世纪30年代的上海和平饭店，有九国套间客房，表现各国文化风格；驰名于世的东京帝国饭店既有豪华的西式套间，又有表现浓郁的乡土情调的和式套间。

4. 实用性

客房布置的好坏，不但会影响服务效率，还会直接影响客人的心理感觉，并最终影响客人感觉中的服务质量。因此，做好房间的布置工作具有重要意义。

客房设计与布置要注意实用性，要恰到好处的利用空间，既方便客人在室内的生活起居，又方便服务员的清洁操作。此外，镜子的高度、灯光的亮度等都要适宜。要选择价廉物美、便于清洁和保护的室内用品和设备。

5. 美观性

客房的装饰布置是一门艺术，在注重实用的基础上，客房的设计和装饰布置还要强调和谐、美观，要使客房内的设施、设备、各种用品及其色彩成为一个和谐的整体。为此，一些高档酒店甚至设有专职的室内装饰员，负责房间内部的装饰、家具的摆设，室内颜色的搭配，窗帘、壁画、灯光之间的调节等。

（二）卫生间设计与装修的原则

卫生间的设计应注意宽敞、明亮、舒适、保健、方便、实用、安全、通风。

卫生间是客房的重要组成部分。清晨，当客人为一天的开始做准备时，最迫切需要的空间是卫生间；傍晚，结束了一天的旅游活动或忙碌的工作，浴室则提供了消除疲劳，松弛身心的最佳场所。随着社会的进步，人们生活质量的提高，卫生间的功能开始走向多样化，已不仅是传统的满足人们生理需求的地方，而且日益成为人们化妆、健身和享受生活，追求美的场所。因此，人们对卫生间的要求也越来越高。

随着社会的进步，人们的保健意识和保健需求越来越强烈。客房卫生间成了很多人的健身场所，因此，在设计卫生间时，就应考虑客人这方面的需求。如在卫生间内放置磅秤；选用具有保健功能的按摩浴缸等。现在，已有越来越多的高档酒店在其客房卫生间内设置冲浪式按摩浴缸，其四周都有喷头，喷射水流冲击人体肌肉，可以起到按摩作用，以消除疲劳，恢复体力。

另外，卫生间内各种设施设备的配备和安装，一定要方便客人。电话、电源插座、毛巾架、香皂架、浴缸扶手架、淋浴器以及卫生纸盒等的安装位置一定要合理。要根据人身活动的规律作为卫生间设计的依据之一，如根据人身活动半径来确定诸如淋浴喷头的高度；淋浴肥皂盒、盆浴肥皂盒的高度；安全把手的位置；以及以坐便器为轴心，手臂的长度为半径，确定电话分机、卫生纸盒等的位置。

此外，为了方便客人，卫生间还应选用镀层良好、平滑易干的优质镜面，使得水蒸气容易蒸发(当然,也可以采用在镜面后安装加热导线等其他方法,使镜面上的水蒸气能够尽快蒸发)。随着老龄化时代的到来，客人的年龄也趋向老化，为了满足老年客人的需要，一些酒店开始采用300~400毫米的低矮浴缸。

卫生间设施设备的选择和安装，还要贯彻实用的原则。例如，卫生间的地面材料应用大块贴面材料，以减少拉缝。另外，由于担心感染上各种皮肤病、妇科病和肝炎等传染性疾病，尤其是艾滋病等各种性病，客人(尤其是我国南方客人)已很少有人使用酒店卫生间的浴缸(有的甚至自带毛巾等个人卫生用品)，浴缸便失去了它的作用，因此，一些地区的新建酒店可以考虑在普通客房的卫生间内不安装浴缸，而以淋浴器代之(很多豪华酒店及套间已设立了采用玻璃或有机玻璃做箱体的独立的箱式淋浴间)，这样不但节省浴缸的购置费，还可以节约劳动力和清洁保养费用。此外，还可以节省空间，可谓一举多得。

卫生间的设计还应考虑客人的安全需要。国际上许多酒店在卫生间设有紧急呼救钮或紧急电话，也有供客人浴晕时用的紧急开门器。卫生间的电器开关均改为低压电器开关，电动剃须刀、吹风机等插座均标明电源种类，配漏电断路器。此外，要保证卫生间内通风状况良好；浴缸的底部及卫生间地面要有防滑措施；浴缸墙面要有扶手杠。

第三节　客房管家系统

一、管家系统

客房管家系统如图9-6所示(点击图9-5中的“Housekeeping”功能键即可出现)。使用这

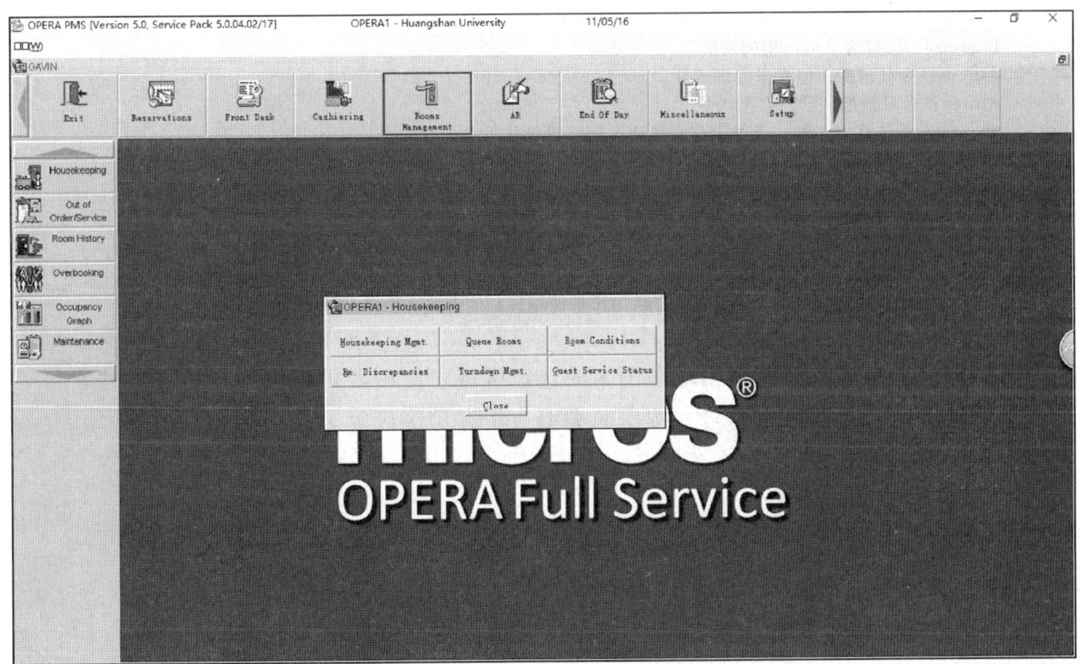

图9-5　Opera系统的房务管理界面

一界面，就可以管理客房清洁与房态。利用这一模块的“Report”（报表）功能，可以生成管家报表；利用其中的“Change”（变更）功能，可以更新单个房间或多个房间的房态，输入维修和客房分配指令，可以生成任务报表，分析工作量，也可以核对前台与客房房态情况。

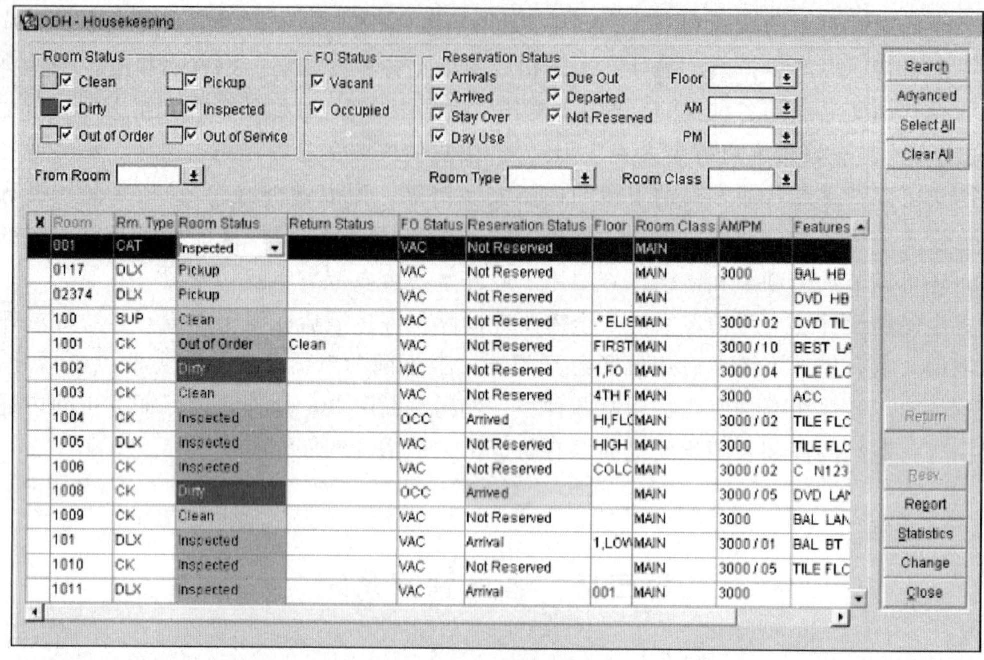

图 9-6 客房管家系统

其中：

Out of Order：不能出租的“维修房”。

Out of Service：因某种原因(如出租率低等)暂时停止使用，对其进行保养或检修的“停用房”，根据需要，这种房间可随时恢复使用。

Pickup：“矛盾房”，说明客房部房态与前台显示房态不一致，需要客房部再次检查，最终确认房态。

Inspected：已查房，可出租的房间。

Arrivals：今日预抵，但尚未办理入住。

Arrived：今日预抵，已经办理入住。

Stayover：续住客人。前一天晚上住在酒店，还将继续住下去的客人。

Day Use：入住日期与离店日期为同一天的钟点房。

Due Out：当日预计离店房(客人)。

Room Status：客房部房态。

FO Status：前台房态。

Reservation Status. 预订房态。

Return Status：将所设置的 OOO/OOS 房转为正常使用房。这需要有撤销 OOO/OOS 房授权。

客房部的所有核心功能都出现在图中的选定区域。使用者可依据不同的标准搜索每一个或每一种房间，包括按房间号、按房间类型、按客房等级等。

二、管家系统简介

(一) 管家详细报表

点击图 9-6(客房管家系统)中的“Report”键，就会出现报表界面(参见图 9-7)，这就是“管家详细报表”（Housekeeping Details Report），图中楼层客房每个房间的状态(包括前台、客房以及预订)一目了然。你可以对该图进行预览、编辑和打印。

micros FIDELIO　　Opera Demo Hotel, Small　　12/27/05

10:31 AM

ODH

Housekeeping Detail Report

Room No.	Type	Status	AM/PM Section	FO Status	Reservation Status
101	DLX	Inspected	EAST / EAST	OCC	Arrived
103	DLX	Clean	EAST / EAST	OCC	StayOver
105	DLX	Clean	1 / 2	OCC	StayOver
1053	TK	Dirty		OCC	StayOver
1054	TK	Dirty		VAC	Not Reserved
107	DLX	Dirty		OCC	Due Out/ Arrival
109	DLX	Clean		OCC	Due Out/ Arrival
111	DLX	Clean		VAC	Arrival
113	DLX	Inspected		VAC	Arrival
115	DLX	Clean		VAC	Arrival
117	DLX	Clean		VAC	Arrival
119	DLX	Dirty		OCC	StayOver

Filter: FO Status : All
Room Status : All　　Page 1 of 1　　hk_details

图 9-7　客房详细报表

(二) 管家统计

点击图 9-6 中的"Statistics"(统计)按钮，就会显示"客房统计"界面(Room Statistics)。系统会以列表的形式统计酒店房态和预订状态信息。

(三) 房态更新

点击图 9-6 中的"Change"(更改)按钮，就会显示"快捷更新房态"界面(Quick Change Room Status)。使用这些功能，使用者就可以更新房间的清洁状态。使用管家选项，只能将房态从脏房转换为干净房、再转换为已查房，或者相反。如果使用者想要将"维修房"(OO)或"停用房"(OS)恢复使用，必须在"Out of Order/Service"选项中进行。他不可能从"维修房"中拿出一个"占用房"来。"维修房"是被关闭的、不能加以出售和利用的房间。而"停用房"是暂时被关闭、但随时可以根据需要恢复使用的房间。

(四) 功能扩展

点击图 9-6 中的"Expanded"(扩展)按钮，它将可以按照服务员人数、区段等生成每日工作任务安排清单(daily task assignment sheets)。房间将按照房号顺序列在每一份任务清单上。

(五) 客房状况(room conditions)

房间"客房状况编码"可以用来指定不同类型的客房，比如可供参观的客房、需要客房部给予特别关注的客房、基于任何理由，需要特殊对待的客房等(参见图 9-8、图 9-9)。

根据实际情况，带有客房状况编码的房间可以用来出租，也可以暂停出租。与维修房和停用房一样，带有客房状况编码的客房也会在客房平面图界面(room plan screen)标出。

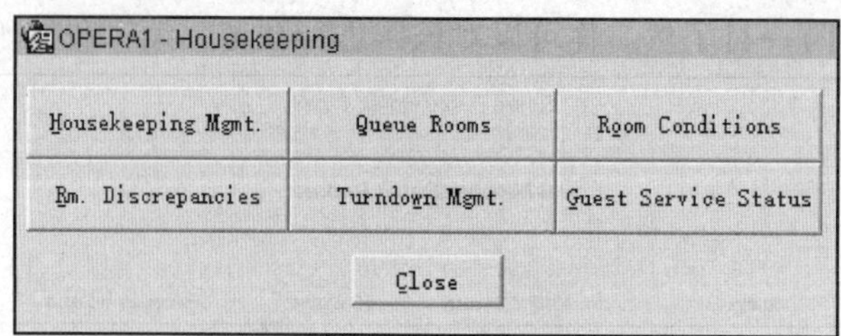

图 9-8　客房部房态

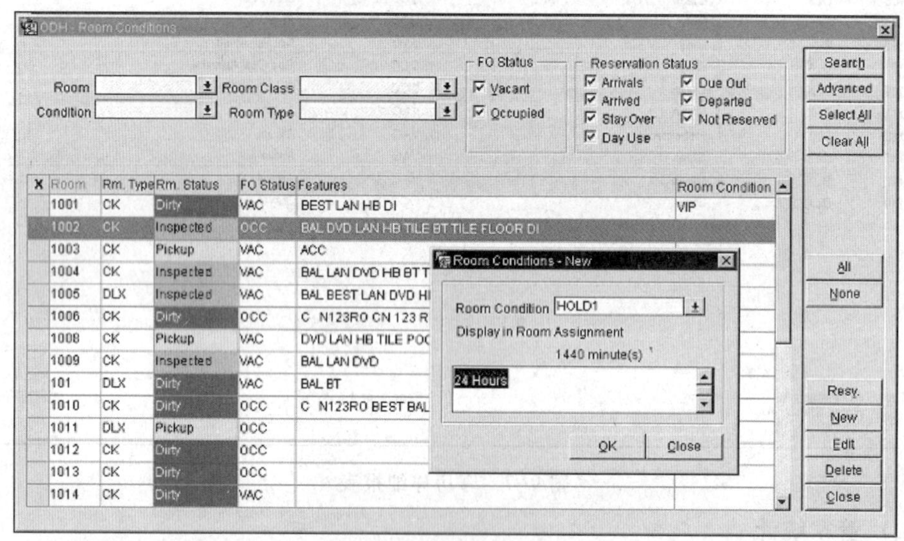

图 9-9　客房状况图

图 9-9 中，客房部员工可以按照不同的搜索项(包括房间号、房间状况、客房等级、房间类型、空房、占用房、预抵房、预计当日抵达并已入住的房间、续住房、钟点房、预离房、当日已离店房)进行搜索。其中，“Room Status”代表管家部的房间状态(如脏房、干净房、矛盾房、已查房、维修房、停用房等)，用不同的颜色表示；F. O. Status 代表前厅部的客房状态(如空房、占用房等)。

要添加可更改房间状况，选中房间，然后单击“New”或“Edit”按钮。假如所选房间已有“客房状况编码”与其关联，则要先按“Delete”键将其解除，然后再按“New”添加新的房间状况编码。

(六) 宾客服务状态

宾客服务状态(guest service status)主要用于设置和管理客房部“DND”(Do Not Disturb:请勿打扰)房和“MUR”(Make Up Room:请速打扫)房。是针对所有占用房而言的(参见图 9-10)。

(七)“OOO 房”与“OOS 房”

酒店客房可能由于各种原因而不能出租。其中“待维修房”(OOO)和“暂停出租”(OOS)房是两种主要类型。通过设置 OOO 和 OOS，客房部员工可以在某个时段内停止接受对这些房间的预订。两者的区别在于：“OOO”房不能使用(因为需要维修)，OOS 房还可以使用(只是暂时不用而已,但如果需要可随时出租)。我们可以将任何一个房间在未来某一天或一段时间设置为 OOO 或 OOS 房，但不可以将一个已占用房或已预订出去的房间

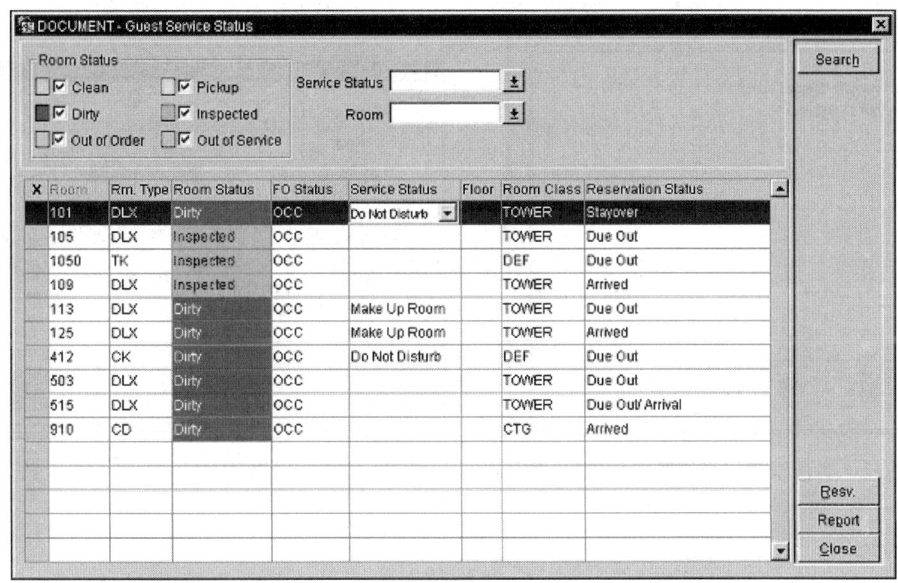

X	Room	Rm. Type	Room Status	FO Status	Service Status	Floor	Room Class	Reservation Status
	101	DLX	Dirty	OCC	Do Not Disturb		TOWER	Stayover
	105	DLX	Inspected	OCC			TOWER	Due Out
	1050	TK	Inspected	OCC			DEF	Due Out
	109	DLX	Inspected	OCC			TOWER	Arrived
	113	DLX	Dirty	OCC	Make Up Room		TOWER	Due Out
	125	DLX	Dirty	OCC	Make Up Room		TOWER	Arrived
	412	CK	Dirty	OCC	Do Not Disturb		DEF	Due Out
	503	DLX	Dirty	OCC			TOWER	Due Out
	515	DLX	Dirty	OCC			TOWER	Due Out/ Arrival
	910	CD	Dirty	OCC			CTG	Arrived

图 9-10　宾客服务状态：Guest Service Status screen（HSK_GSS）

其中：

“Resv.”：显示所选客房的预订状况。

“Report”：预览并打印客房所有占用客房的详细报告。其中有一栏专门显示房间的“宾客服务状态”。在夜审时，MUP 房会自动取消，而 DND 房不受影响(继续保持)。在客人离店时，所有“MUP”和“DND”房态将被取消。

设置为 OOO 房。如果要取消 OOO 或 OOS 房态，要给出取消的理由。

要查找酒店的 OOO 房和 OOS 房，只要输入选项，点击搜索键即可(参见图 9-11)。

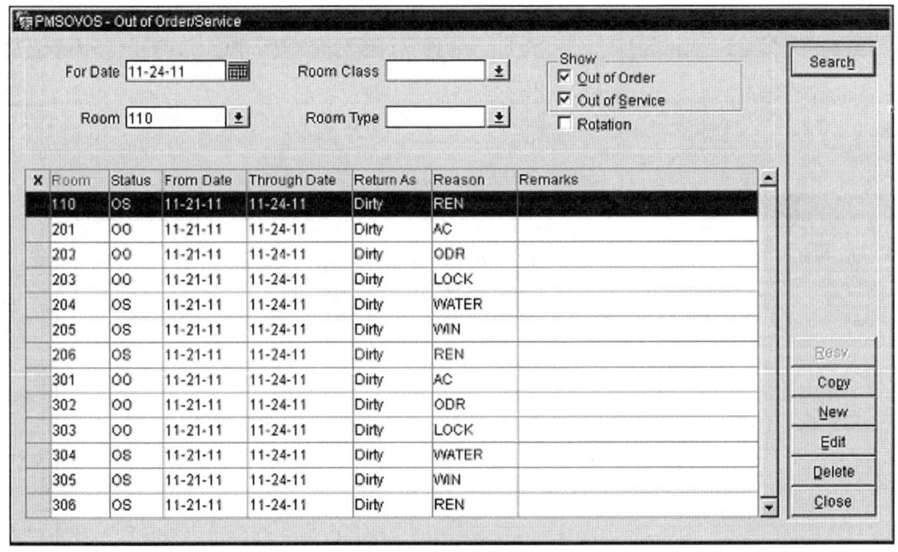

X	Room	Status	From Date	Through Date	Return As	Reason	Remarks
	110	OS	11-21-11	11-24-11	Dirty	REN	
	201	OO	11-21-11	11-24-11	Dirty	AC	
	202	OO	11-21-11	11-24-11	Dirty	ODR	
	203	OO	11-21-11	11-24-11	Dirty	LOCK	
	204	OS	11-21-11	11-24-11	Dirty	WATER	
	205	OS	11-21-11	11-24-11	Dirty	WIN	
	206	OS	11-21-11	11-24-11	Dirty	REN	
	301	OO	11-21-11	11-24-11	Dirty	AC	
	302	OO	11-21-11	11-24-11	Dirty	ODR	
	303	OO	11-21-11	11-24-11	Dirty	LOCK	
	304	OS	11-21-11	11-24-11	Dirty	WATER	
	305	OS	11-21-11	11-24-11	Dirty	WIN	
	306	OS	11-21-11	11-24-11	Dirty	REN	

图 9-11　查找 OOO 房和 OOS 房

图 9-12 客房维修记录删除(或完成)后，返回状态为“干净”

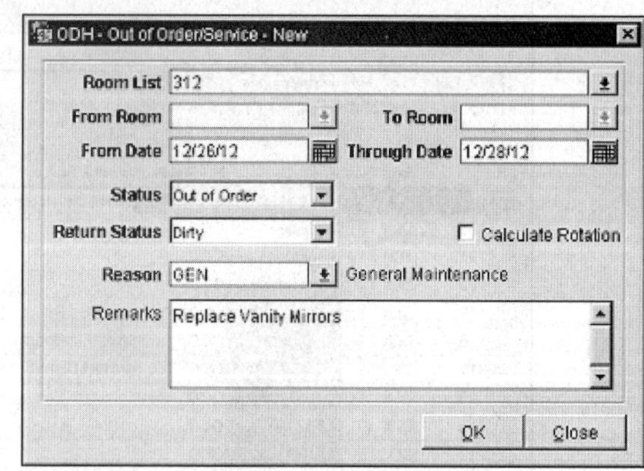

图 9-13 创建新条目

其中：

Return As：指一旦某个房间被取消 OOO 房或 OOS 房后，转换为管家部的客房状态(“干净”“脏房”“已查房”“矛盾房”)。如标记为“脏房”，则提醒客房部此房需要清扫；如为“矛盾房”，则需要客房部对此房进行最后核查，看其是否为干净房，待清扫完后再做彻底检查，以确保其可供出租(参见图 9-12)。

New：创建一个新的条目(参见图 9-13)。

Edit：修改现存记录。

Delete：删除一个选项。

(八) 房间历史信息(room history)

这一功能可以使我们能够查询某个房间的使用历史情况(参见图 9-14)。使用这一功能，使用者可以了解王先生是在哪段时间住在酒店 512 房；可以找到某个失物的失主；可以发现是哪个客人可能损坏了 415 房的地毯……

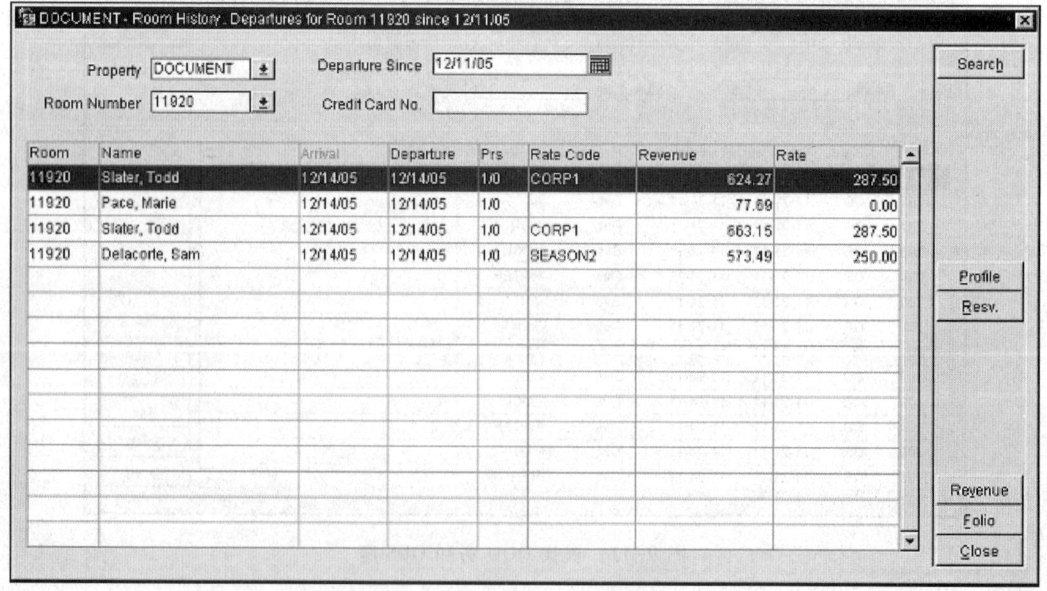

Room	Name	Arrival	Departure	Prs	Rate Code	Revenue	Rate
11920	Slater, Todd	12/14/05	12/14/05	1/0	CORP1	624.27	287.50
11920	Pace, Marie	12/14/05	12/14/05	1/0		77.69	0.00
11920	Slater, Todd	12/14/05	12/14/05	1/0	CORP1	663.15	287.50
11920	Delacorte, Sam	12/14/05	12/14/05	1/0	SEASON2	573.49	250.00

图 9-14 房间历史信息(当输入房间号和查询日期后，系统就会出现以上界面)

需要说明的是，使用者只能查看某个房间的历史信息，而不能更改它。另外，某个客人的住店历史只有他当天已经结账离店，而且系统已经通过了夜审之后才可以查看。

房间历史信息的查询项很多，使用者可以根据客人的离店日期、房间号码进行查询，也可以根据客人的信用卡号码查询。

通过这一界面，使用者还可以查询该预订房间的所有收入情况（revenue）和账单（folio）情况（参见图 9-15）。

Revenue Details

Room Revenue	123.45
Extra Revenue	0.00
F&B Revenue	0.00
Non Revenue	4.94
Payment	128.39

Close

图 9-15　预订房间的收入详情

（九）客房出租状况图表（occupancy graph）

该图表显示从当天或未来某天开始一段时间内酒店客房的预订出租情况。出租率是依据扣除 OOO 房后的酒店可出租房数来计算的（参见图 9-16）。

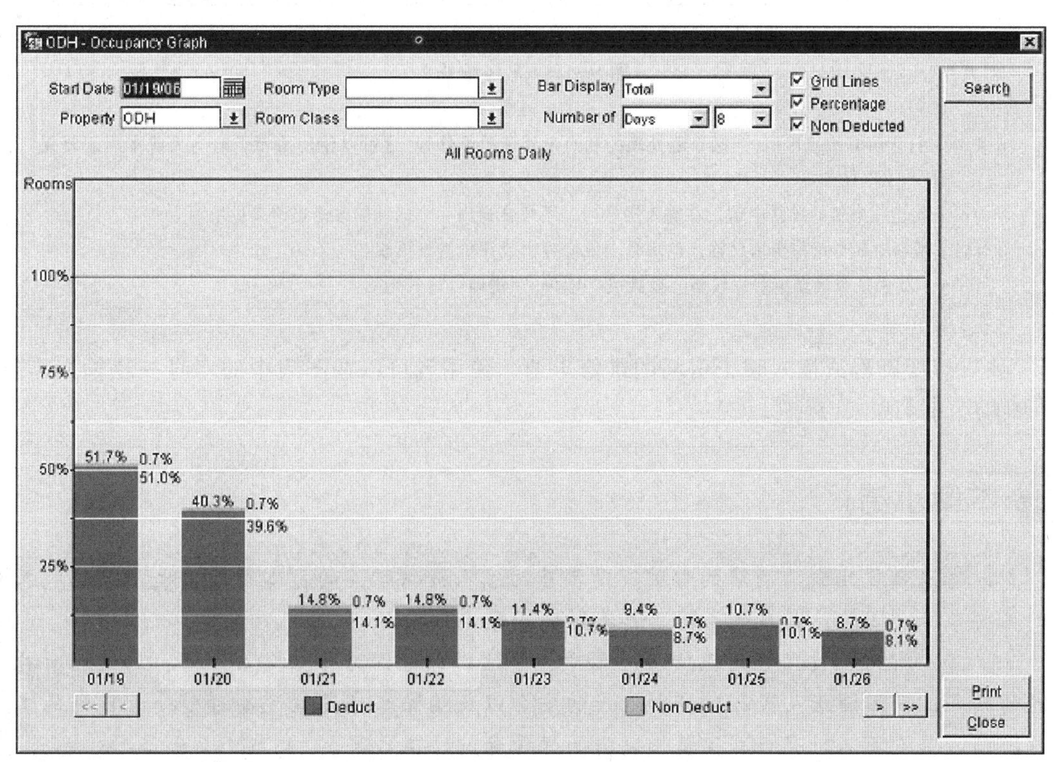

图 9-16　客房出租状况图表

该功能可以依据不同的搜索标准（如起始日期、房间类型、房间等级），生成不同的图表。

（十）客房维修（maintenance）

Opera 系统中的客房维修界面记录客房的维修申请（参见图 9-17）。包括从换灯泡到维修滴水龙头或检查空调。在这里，使用者可以记录、查看和处理维修申请。在 Opera 系统中，已处理的维修申请将会在 60 天内自动清除。

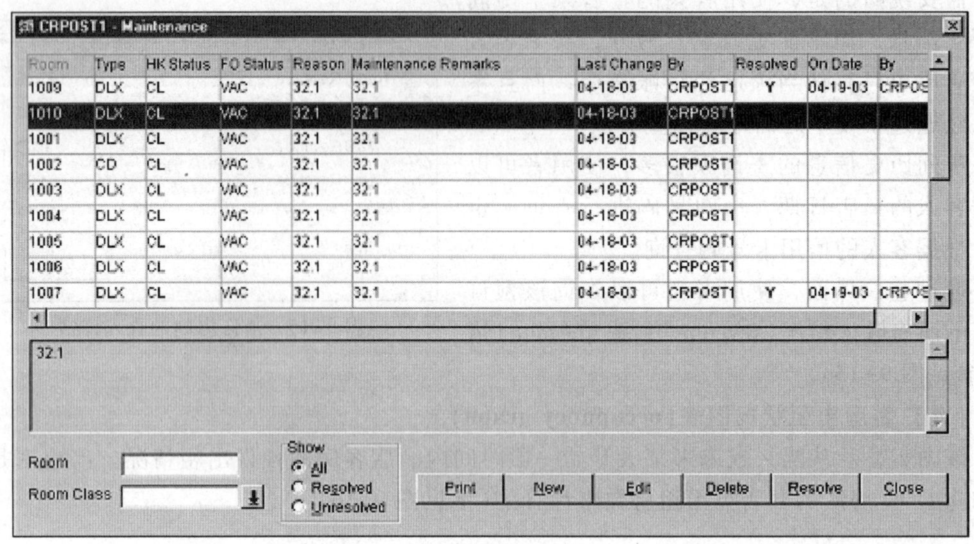

图 9-17 客房维修

其中：

Print：打印所有维修申请(包括已经处理的和尚未处理的维修)。这可以使使用者了解当天或本周需要完成的工作量和工作任务。

New：创建一个新的维修申请。在输入房号后，系统会弹出一个标准的维修申请表供填写。

Edit：可以对某个维修申请已输入的房号、维修理由或评价进行更改。

Delete：如果某个维修申请被输错，直接按“Delete”键即可将其删除。

如果想要查看或插入某个房间的维修申请，使用者可以在图表中的房号一栏输入需要维修的房间号码。

本章小结

➢ 客房部被比喻为酒店的心脏，是酒店为客人提供服务的核心部门，也是酒店收入的主要来源，因此，客房部在酒店具有特殊而重要的地位。

➢ 客房部的主要任务是保持房间干净、整洁、舒适；为客人提供热情、周到而有礼貌的服务；保障酒店及客人生命和财产的安全以及确保客房设施设备时刻处于良好的工作状态、负责酒店所有布草及员工制服的保管和洗涤工作等。

➢ 为了增加客人的满意度，保持酒店的竞争力，酒店客房设计与装修应该遵循一定的原则。就客房本身而言，要保持其安全性、健康性、舒适感、实用性和美观性，就卫生间设计而言，则要注意宽敞、明亮、舒适、保健、方便、实用、安全、通风。进入新世纪，酒店客房和卫生间的设计和装修呈现出一些新的特点，就卫生间而言，讲究宽敞、开放、以淋浴代替浴缸，以及卫生间功能上的多元化、设施的现代化等将成为未来的发展趋势。另外，各种智能技术将在未来客房设计装修中得到广泛应用。

思考题

1. 试述客房部的地位作用及主要任务。
2. 谈谈你对酒店特色客房的看法。
3. 客房设计的一般原则有哪些？
4. 如何进行卫生间的设计？
5. 客房管家系统主要包括哪些内容？
6. 讨论题：女性客房，要不要接待男住客？

即测即评

案例分析

金陵饭店新装修的行政楼层……

北京京伦饭店副总经理　　魏晓风

最近因公去南京出差，住在金陵饭店新装修的行政楼层。几个偶然发现使我感触很深。宽敞的大床上，除两对雪白的枕头外，床单上还有两个大靠垫，使你斜靠在上面看电视、看报纸非常舒服；床旁的床头柜上方一个阅读灯钮一转，从天花板上射出一束极强的筒灯灯光，看书非常清楚；浴室正中央有一个红外线灯，沐浴后正好站在下面，非常暖和，不用担心受寒……总之，这一切都是从客人需求出发，为客人精心设计的，不是从什么条条框框出发，也不是用什么标准去硬套……

问题：从上述案例中，你得到哪些启发？

补充与提高

酒店房型命名的学问[①]

现在很多酒店在客房的房型的命名上还采用“标准间”“豪华间”“套房”之类没有个性和吸引力的名称。运用收益管理后，我们给不同房型起了不同的、别致的名称，有效增加了其吸引力。

---

① 摘编自：冀宏军．收益管理实战经验谈．中国旅游报，2014-3-19.

例如，我们在三亚和青岛的物业有海景、园景、山景、市景等不同景观。如果按传统方法，把房型分为高级间、豪华间、豪华套房，价格设置会很受限制，客户在选择时，这种名称也未必能投其所好。对此，我们对不同景观划分出不同房型，如海景高级房、园景豪华套房等，并收取不同价格，既保证价格与实际客房价值相吻合，还满足客户的不同需求，提高了客房收益。

此外，我们还把少量户型、景观与其他客房差异不大的房型统一划归为“促销房型”，例如“高级园景开放式套房(促销)”，此房型的设定，增大了客户的选择范围，这对那些对价格敏感、对房间特性不在意、追求优惠价格的客户有很大的吸引力。部分门店尝试之后，发现出租率和平均房价明显提升。尤其是在淡季，顾客更加青睐促销房型，当促销房型订满时，大部分客户会选择价格次低点的市景房、山景房等。

酒店经理人对“经理的困惑”的答复：
Re：女性客房应该怎样设计？

夏国跃　宝龙酒店集团　总经理

(原远洲国际酒店管理公司 执行总裁,杭州皇冠大酒店 总经理,龙禧大酒店 总经理)

登录刘伟酒店网(www. Liuweihotel. com)或扫描二维码，面对面聆听宝龙酒店集团总经理谈酒店女性客房的设计。

第十章　客房组织管理

管理工作是通过设置组织机构和落实岗位职责来完成的，组织机构的设置和客房定员将直接决定客房管理的效率和酒店的经济效益。客房管理人员要掌握科学的定员方法，实现组织机构的精简、高效化和客房定员的科学、合理化。

除了客房组织机构的设置和客房定员问题以外，本章还将介绍客房部经理和楼层领班这两个重要的管理岗位的岗位职责、素质要求以及如何实现有效的管理等问题加以分析和论述。

本章学习目的

★ 了解客房部组织机构的设置及各岗位的职责。

★ 掌握客房定员的方法。

★ 掌握客房经理与楼层领班的管理要诀。

关键术语：客房组织结构　客房定员　客房部经理　楼层领班

Key Words：Organization Chart，Staffing，Housekeeper，FL supervisor

经理的困惑

——做部门经理与做主管有哪些不同？

我是新上任的客房部经理，刚从主管岗位被提拔到部门经理岗位，说真的，有点无所适从，不知道该如何当好客房部经理，作为客房部经理，应该重点关注哪些问题？做部门经理与做主管有哪些不同？我可不想让别人瞧不起……

第一节　客房部组织架构

一、客房部组织机构设置

酒店规模大小不同、性质不同、特点不同及管理者的管理意图不同，其客房部组织机构也会有所不同。客房部组织机构的设置要从实际出发，贯彻机构精简、分工明确的原则。

大、中型饭店客房部的组织机构可参照图 10-1 进行设置。小型饭店可对其进行适当地压缩、合并，去掉主管(或领班)等中间管理层。

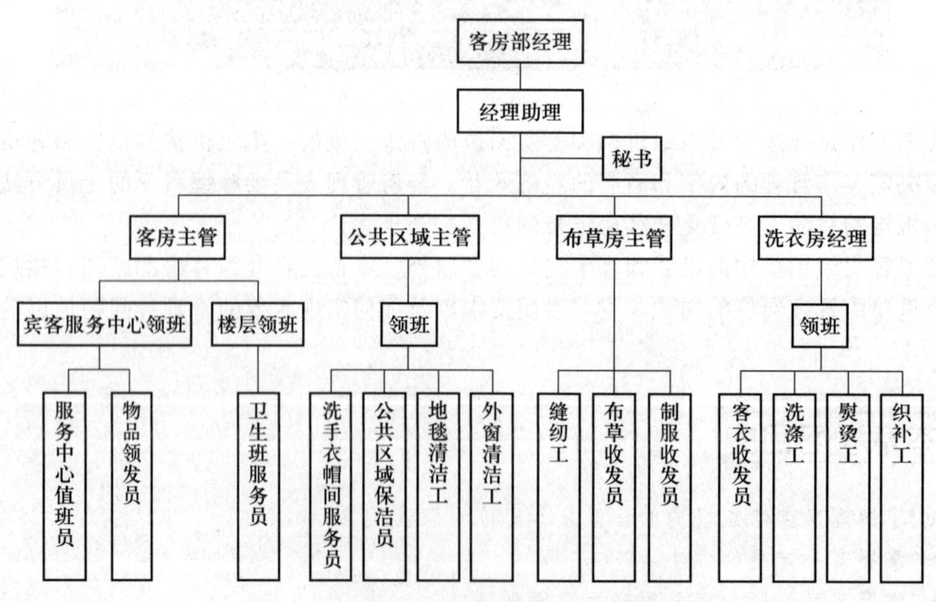

图 10-1　大、中型饭店客房部的组织机构图

二、客房部各班组的职能

(一) 宾客服务中心(guest service center)

宾客服务中心既是客房部的信息中心，又是对客服务中心，负责统一调度对客服务工作，掌握和控制客房状况，同时负责失物招领，发放客房用品，管理楼层钥匙，并与其他部门进行联络、协调等。

(二) 客房楼面(floor)

客房楼面由各种类型的客房组成，是客人休息的场所。每一层楼都设有供服务员使用的工作间。楼面人员负责全部客房及楼层走廊的清洁卫生，同时还负责客房内用品的替换、设备的简易维修和保养，并为住客和来访客人提供必要的服务。

(三) 公共区域(public area)

该班组负责酒店各部门办公室、餐厅(不包括厨房)、公共洗手间、衣帽间、大堂、电梯厅、各通道、楼梯、花园和门窗等公共区域的清洁卫生工作。

(四) 制服与布草房(linen room)

该班组负责酒店所有工作人员的制服，以及餐厅和客房所有布草的收发、分类和保管。对有损坏的制服和布草及时进行修补，并储备足够的制服和布草以供周转使用。

(五) 洗衣房(laundry room)

负责收洗客衣，洗涤员工制服和对客服务的所有布草、布件。

洗衣房的归属，在不同的酒店有不同的管理模式。大部分酒店都归客房部管理，但有的大酒店，洗衣房则独立成为一个部门，而且对外服务。而小酒店则可不设洗衣房，酒店的洗涤业务委托社会上的洗衣公司负责。

三、客房部各主要岗位的职责

(一) 客房主管的岗位职责

客房主管直接对客房部经理/副经理负责，协助客房部经理处理客房的日常事务。

(1) 检查房间的清洁及维修状况，确保客房保持在最佳的出租状态。

(2) 确保楼层各个班次有足够的人员。

(3) 检查员工的工作表现及工作分配。

(4) 确保楼层人员在工作时间内发挥最大的作用。

(5) 与本部门的各个小部门密切合作，以达到预期的工作目标。

(6) 负责楼层员工的培训工作。

(7) 执行并完成客房部经理(管家)制定的各项工作程序和任务。

(8) 改进客房员工的工作，提高生产数量和质量。

(9) 贯彻、执行管家部的规章制度。

(10) 调查客人的投诉，并提出改进措施。

(11) 完成各项计划卫生清洁项目。

(12) 确保每日检查 VIP 房，使之保持接待 VIP 之标准。同时抽查一定数量(20 间左右)的走客房、空房及住客房。

(13) 负责楼层领班的排班。

(14) 节约物品、控制消耗。

(15) 随时向客人提供可能的帮助。

(二) 宾客服务中心员工的岗位职责

(1) 接听电话，随时回答客人的提问，满足客人的要求。

(2) 管理钥匙。

(3) 负责各班组的签到。

(4) 协助客人借还接线板、吹风机等。

(5) 随时接收、登记与包装遗留物品并每月清点上报客房部经理。

(6) 管理各种表格。

(7) 向工程部提出维修请求，及时送交报修单。

(8) 记录酒水使用情况，发放每日报纸。

(9) 分派鲜花、报洗地毯。

(10) 做好开门情况的记录。

(11) 接听电话，完成上级交给的各项任务。

(12) 负责宾客服务中心的清洁工作。

(13) 接待客人并尽可能满足客人的要求。

(14) 做好各种交接及一切工作记录。

(三) 早班楼层服务员的岗位职责

(1) 整理工作间、服务车。

(2) 开楼层例会，记录所交代的事项。

(3) 查客衣、统计房态。

(4) 清洁客房卫生。

(5) 记录棉织品使用情况。

(6) 报告客房内维修项目。

(7) 清洁、保养清洁工具、设备。

(8) 做计划卫生。

(9) 随时清除客房内地毯、墙纸污迹。

(10) 负责所管客房及客人的安全。

(11) NB、SO、DND 房记录。

(12) 检查客房“mini—bar”酒水。

(13) 清洁楼层公共区域的卫生。

(四) 中班楼层服务员的岗位职责

中班楼层服务员主要负责楼层、客房的清洁及开床服务。

(1) 根据中班程序标准，清洁楼层公共区域的卫生。

(2) 做定期计划卫生。

(3) 收楼层垃圾。

(4) 维护楼层的清洁。

(5) 准时参加晚例会，领取物品，记录有关事项。

(6) 开床服务。

(7) 检查白班报修房间。

(8) VIP 房间按 VIP 标准开床。

(9) 记录 DND 房间。

(10) 做走客房。

(11) 整理服务车，为早班做准备。

(12) 维护楼层公共区域、角间及员工电梯厅的卫生。

(13) 检查楼层安全。

(14) 收取楼层的餐具，通知服务中心。

(15) 为客人提供其他服务。

(16) 检查客房内的 mini—bar。

(17) 负责报告楼层维修项目。

(五) 制服收发员及缝纫工的岗位职责

制服收发员及缝纫工负责向酒店员工提供干净、整齐的制服。

(1) 严格按照工作程序和标准发放、更换和保管制服(更换制服须征得客房部经理同意)。

(2) 确保所有制服在洗衣房取回后，整齐地依次摆放在衣架上。

(3) 确保离店的员工离职前如数交回制服，并做好记录。

(4) 做好缝纫机的保养工作，保证机器正常使用。

(5) 及时并高质量地修补制服、缝纫、钉扣子。

(6) 保证制服房的清洁，搞好环境卫生。

(7) 服从并完成上级分派的其他工作任务。

(六) 布草收发员的岗位职责

布草收发员负责回收、发放并检查各部门使用的布草。

(1) 向布草房主管报告从各部门送回的布草中严重损坏或玷污的情况。

(2) 检查从洗衣房送回的干净布草，把需要重新洗涤或熨烫的布草捡出，向布草房主管报告上述情况。

(3) 保持布草的整洁卫生。

(4) 完成主管分配的其他工作。

以上是客房部主要岗位的职责。对于客房部经理和楼层领班两个重要岗位，将在本章单独设节论述。

第二节　客房定员

一、客房定员

客房定员(staffing)就是在确立客房组织架构的前提下，确定各部门、各岗位工作人员的数量。

客房定员是客房部建立组织机构的重要内容，同时也是影响客房部工作效率、服务质量以及管理费用的重要环节。客房定员不科学，势必导致两个结果：一是机构臃肿，人浮于事，工作效率低，人力资源成本增大；二是职能空缺，员工工作量超负荷，工作压力过大，积极性下降，服务质量下降。因此，客房定员必须科学、合理。

二、工作定额

要进行客房定员，首先要确定各工作岗位的工作定额，国内、外酒店的经验表明，客房部主要工作岗位的工作定额如下：

1. 领班(floor captain)

一位领班可以有效管理的客房数为：

早班(A.M. Shift)：约 80 间(±5 间)

中班(P.M. Shift)：约 160 间(±10 间)

2. 服务员(floor attendant)

一名客房服务员可以清洁的房间数为：

早班(A.M. Shift)：约 15 间(±3 间)

中班(P.M. Shift)：约 60 间(±5 间)

以上工作定额主要是针对星级酒店而言的，一般来说，酒店定员人数与星级成反比。酒店星级越高，服务和卫生标准要求也越高，因此，员工可以有效清洁的客房数也会减少，工作定额也会随之减少，反之亦然。

三、客房定员的方法

客房部的人员配备通常按照岗位设置和班次，分区域进行。

首先，根据客房部的工作范围将各职能区域分开。(参见图 10-1)。

其次，确定本工作区域所有岗位或工种设置。

然后，明确各工作岗位的班次划分。

最后，根据工作量和工作定额，计算该班次所需要的人数。计算公式是：

$$岗位定员=\frac{工作量}{工作定额}\div 有效开工率$$

其中，

$$有效开工率=\frac{员工一年中实际可工作天数}{365}\times 100\%$$

$$=\frac{365-周末-固定假日-年假日-病事假}{365}\times 100\%$$

按照组织架构图将以上工作逐一完成之后，就可求出客房部各岗位、各班次所需要的人数。然后将其加总，就可得出整个客房部所需要的人员配备额，即客房定员总数。

案例

某酒店有960间客房（均折成标准房计），分布在3～23楼。客房清扫服务员的定额为：早班15间，中班60间。领班的工作定额为：早班80间，中班160间。假定酒店年均开房率为80%，员工每天工作8小时，实行每周5天工作制，且每年除可享受法定节、假日10天（“五一”3天；国庆节3天；元旦1天；春节3天）以外，还可享受年假5天。另外，估计每位员工一年中可能有6天病事假。试问，该酒店客房楼层服务员和领班的定员总数应为多少？

解：根据题意可知

$$\begin{aligned}\text{员工年实际工作天数} &= 365-\text{周末}-\text{固定假日}-\text{年假日}-\text{病事假}\\ &= 365-365\div 7\times 2-10-5-6\\ &= 240(\text{天})\end{aligned}$$

因此，有效开工率 $=\dfrac{240}{365}\times 100\% \approx 66\%$

（一）服务员人数

（1）早班清扫服务员 $=\dfrac{\text{工作量}}{\text{工作定额}}\div\text{有效开工率}$

$=\dfrac{960\times 80\%}{15}\div 0.66$

$=78(\text{人})$

（2）中班清扫服务员 $=\dfrac{\text{工作量}}{\text{工作定额}}\div\text{有效开工率}$

$=\dfrac{960\times 80\%}{60}\div 0.66$

$=19(\text{人})$

所需服务员总数：78+19=97（人）

（二）领班人数

（1）早班领班 $=\dfrac{\text{工作量}}{\text{工作定额}}\div\text{有效开工率}$

$=\dfrac{960\times 80\%}{80}\div 0.66$

$=15(\text{人})$

（2）中班领班 $=\dfrac{\text{工作量}}{\text{工作定额}}\div\text{有效开工率}$

$=\dfrac{960\times 80\%}{160}\div 0.66$

$=7(\text{人})$

需领班总数：15+7=22（人）

因此，该酒店客房部共需楼层服务员97人，领班22人。

需要说明的是，本例中计算“有效开工率”的各项假设条件是比较符合中国国情及国内酒店的实际情况的，因而，所计算的有效开工率值，即“0.66”具有广泛的参考价值，各酒店在定员时，可以直接使用这一参数。

四、灵活的客房定员法

需要指出的是，上述定员方法仅供客房管理人员参考，实际定员时，还应考虑各酒店楼层的结构、劳动力市场的供求状况等客观情况。如果劳动力供给状况良好，那么在制定编制时，不妨稍紧一些，以免造成人力资源的浪费以及在开房率较低时造成窝工而影响工作气氛，因为在旺季时，可以征招一些季节性的临时工或旅游院校的实习生来缓解一下矛盾。反之，则要将编制做得充分些，以免影响正常的接待服务工作，造成服务质量的下降。

案例

客房服务的社会化：上海的尝试

近几年，上海一些高星级酒店开始采用社会化的劳务，尤其是一些国际品牌酒店，如四季、威斯汀等。

这些酒店的做法是：在酒店内部某些使用简单劳动的部门，按照最低限度的劳务需求测算社会化劳务的起用线(如威斯汀是按出租率60%时清扫客房所需的劳务来测算)；起用线内的劳务需求折算成员工职数，配置正式员工；起用线以上超出部分向社会采购。与之相适应，社会上出现了几家酒店劳务的服务公司(如客房清洁公司、宴会服务公司等)。作为酒店劳务的承包商或者说酒店劳务产品的供应商，它们招聘、培训和管理劳务人员，负责劳务人员的工资和保险。在酒店需要的时候使用这些人员承包酒店的劳务，并根据不同劳务的特点按照或长或短的时段与酒店结算费用(如公共区域的清扫是按月结,客房清扫是按天结)。每家公司都与多家酒店签订合同。根据签约酒店的需求预报来决定劳务人员在酒店之间的调配或确定招聘与训练新劳务人员的计划。

积极作用

从实施的情况看，劳务的社会化使用使酒店的人力资源管理显得更有效率。主要表现在三个方面：

第一，社会化劳务的使用直接减少了酒店的人力资源成本开支。以某家饭店为例，雇佣一名客房服务员，基本工资 1 500 元，加上 50%的各类保险、年终双月奖和其他福利，每人每年要近 5 万元，如果分摊上广告费、面试费、体检费等招聘管理费就更多。使用社会化劳务后，不但省去了招聘管理费，支付给劳务公司的费用平均下来只相当于原来的 70%多，节省的幅度为 20%~30%。如果员工的基本工资更高(1 800 元)，节省的幅度也更大，达到 1/3。

第二，社会化劳务人员比较稳定，避免了人员频繁流动对员工情绪的负面影响。劳务公司提供的劳务人员一般固定到人，情绪也比较稳定，不存在跳槽的问题。即使有人员变动，也是劳务公司的内部调配所致，与酒店无关，有利于酒店稳定自己的员工队伍。

第三，高素质复杂人才的薪酬变得较有吸引力。成功使用社会化劳务的酒店节省了简单劳动的成本，有可能将较多的资金用于激励高素质骨干人才，提高了酒店的吸引力和凝聚力。从实际情况看，上述酒店的中、高层人员相对比较稳定，人才流动保持着顺差。

需注意的问题

酒店劳务社会化的前提是酒店业比较发达或者酒店存在一定程度的集聚，而这是与所在地经济发展到一定阶段相联系的；酒店劳务社会化也不可能靠单个酒店的活动来实现，而是有赖于社会上的酒店群体与劳务产品供应商的协作互动。这样的前提和条件并不是所有地方都具备的。因而我们这里介绍酒店劳务社会化只是给具备条件的地区和酒店提供一条思路。酒店是否采取劳务社会化的方法来改进用工形式、用工结构和人力资源管理，则应从实际出发，视具体情况而定。

专业的酒店劳务供应商是实现酒店劳务社会化的关键。酒店劳务供应商应该具备三个条件：一是专业化，如上海客房清扫承包商某清洁公司的经营者都是从原华亭喜来登出来的。只有熟悉酒店相关部门的业务和流程，才能有效承接和组织实施酒店业务；二是规模化，一家公司只有同时经营多家酒店的业务，才能从营运和管理中产生效益，降低成本；三是角色化，劳务供应商在劳务社会化使用的关系中是酒店所需劳务产品的供应商，而不是酒店所需劳动的中介商。这一点至关重要。劳务供应商只有坚持这个角色才能继续发展业务。否则转变为劳动力中介商，劳务社会化的关系就不复存在了。

对社会化劳务的使用要把握好“度”。劳务社会化可以在一定程度上降低人力成本，但并不是酒店中所有的工作都可以用社会化劳务来替代；此外，从质量保险系数看，社会化劳务似乎要略逊于酒店自有员工。因此，在决定使用社会化劳务的时候，应从全面出发，既要考虑节约成本的因素，又要根据人力资源储备；质量监控要求等具体情况把握好使用的范围和程度。

以威斯汀饭店客房部安排使用社会化劳务为例：考虑到社会化劳务的熟练程度略逊于本店员工，同时考虑到在需要打扫的客房中，留住的房间状况复杂，客人可能随时在房间出现，一旦有差错难以弥补，而结账退出的房间清理比较简单，后面的新客不会马上入住，做完后发现有缺陷还可弥补。酒店决定：客人留住的房间由酒店员工打扫，当天结账退出的房间由社会化劳务来做。

对社会化劳务的培训应恰当分责。由于酒店之间存在差异，对劳务产品的要求也不尽相同，劳务供应商难以按不同酒店的不同具体要求分别对劳务人员进行不同的培训。因此，酒店有必要进行补训。但是酒店要与供应商双方就各自负责培训的内容作明确界定。否则，酒店承担的培训内容过多，起不到使用社会化劳务降低人力成本的作用；承担的培训内容过少，劳务产品又不能符合自己的要求。在实践中，上述酒店是这样与对方分责的：劳务产品的供应商负责有关酒店业务的基本培训；酒店方则根据自己需要的内容进行入店培训或岗前培训。双方各司其职，便可避免培训交叉或培训不到位的现象。

第三节 客房部经理

一、客房部经理的岗位职责

客房部经理(executive housekeeper)全权负责客房部的运行与管理，负责计划、组织、指挥及控制所有房务事宜，督导下属管理人员的日常工作，确保为住店客人提供热情、周到、舒适、方便、卫生、快捷、安全的客房服务。其主要职责及工作内容如下：

(1) 监督、指导、协调全部房务活动，为住客提供具有规范化、程序化、制度化的优质服务。

(2) 配合并监督客房销售控制工作，保证客房最大出租率。

(3) 负责客房的清洁、维修、保养。

(4) 保证客房和公共区域达到卫生标准，确保服务优质、设备完好。

(5) 管理好客房消耗品，制定房务预算，控制房务支出，并做好客房成本核算与成本控制等工作。

(6) 提出年度客房各类物品的预算，并提出购置清单，包括物品名称、牌号、单价、厂家及需用日期。

(7) 制定人员编制、员工培训计划，合理分配及调度人力。

(8) 检查员工的礼节礼貌、仪表仪容、劳动态度和工作效率。

(9) 与前厅部做好协调，控制好房态，提高客房利用率和对客的服务质量。

(10) 与工程部做好协调，做好客房设施设备的维修、保养和管理工作。

(11) 检查楼层的消防、安全工作，并与保安部紧密协作，确保客人的人身及财产安全。

(12) 拟定、上报客房部年度工作计划、季度工作安排。

(13) 建立客房部工作的完整档案体系。

(14) 任免、培训、考核、奖惩客房部主管及领班。

(15) 按时参加店务会，传达落实会议决议、决定，及时向总经理和店务会汇报。主持每周客房部例会、每月部门业务会议。

(16) 处理投诉，发展同住店客人的友好关系。

(17) 检查贵宾客房，使之达到酒店要求的标准。

二、客房部经理的素质要求

客房部经理是酒店最忙碌、最重要的部门经理之一，全面负责客房部的日常管理工作。作为一名客房部经理，除了要有组织领导才能和管理才能以外，还应具备以下素质：

(1) 有一定的房务工作和管理经验。这是做好管理工作的基础。

(2) 有强烈的事业心和工作动力。强烈的事业心和工作动力是干好每一项工作，尤其是管理工作的基本保证，同时，也是激励下属员工的重要因素之一。因此客房部经理应该能够进行自我激励(self-motivated)，有在事业上取得成就(自我实现)的强烈愿望。

(3) 有旺盛的精力，良好的体魄。能够胜任经常性的超时工作。

(4) 有较好的业务素质和较宽的知识面。包括旅游业基本知识以及房务服务与管理的专业知识(如布草、地面材料、家具、清洁剂和清扫工具以及财务会计、设计、室内外装饰等方面的知识)。此外，还要懂得心理学、管理学等专业知识。不懂业务就是外行，就会出现“瞎指挥”的现象。只有具有较高的业务水平和专业素质，才能使员工信服，才能赢得员工的尊重，提高员工的服从性，增强管理者的凝聚力，做好各项管理工作。

(5) 有优秀的个人品质。为人正直，能公平合理地处理各种关系和矛盾。

(6) 有良好的人际关系(inter-personal relationship)和沟通能力。管理工作最主要的同时也是难度最大的就是对人的管理，因此，客房部经理应该具有良好的人际沟通能力。包括与下属、与上级、与其他部门的管理人员及与客人的沟通。有效地与人打交道并不意味着要对人特别“随和”，而是意味着管理人员应该能取得同事的信任和合作，并能获得顾客的认同和好感。

(7) 有组织协调能力。能协调好本部门各区域、各班组之间的关系以及本部门与酒店其他部门之间的关系。

(8) 有语言、文字能力。客房部经理人员要有说服人的本领，能够向自己的下属员工及同事清晰地说明自己的意图，说明非此不可。此外，还要有写作能力，能够撰写房务管理的有关文件和工作报告。

(9) 有一定的外语水平。旅游酒店是涉外企业，为了更好地为国外客人提供服务，客房部管理人员必须具有一定的外语水平，能够用简单的英语与外宾交流。

(10) 在仪表仪容、言谈举止等方面，有良好的个人修养。经理人员的个人修养是员工的表率，它不仅反映管理人员的个人素质，也代表着酒店的形象和档次。

(11) 有管理意识和创新精神。服务人员要有服务意识，同样，管理人员要有管理意识，这是其做好管理工作的前提条件。除此而外，客房部经理还要不墨守成规，有创新精神。

(12) 掌握管理艺术。掌握管理艺术会使管理工作变得轻松、有效，使管理工作不再变得枯燥。

三、怎样当好客房部经理

当好客房部经理应该注意以下几点：

(1) 树立“倒金字塔”形的管理理念。管理人员不应只扮演上级助手的角色，更应该是支援现场接触点的角色。改变以总经理为顶点的金字塔层次结构，而采取倒金字塔结构，把解决顾客接触点的问题视为酒店中高于一切的头等大事。酒店从上到下，全力以赴支持一线员工，为一线服务。树立上级为下级服务，二线为一线服务，上工序为下工序服务，全员为顾客服务的大服务观。

(2) 有自信心(self-confidence)。一个人如果失去了自信心，连自己对自己的工作能力都感到怀疑，就不可能把工作干好。尤其是管理人员，如果缺乏自信心，就不可能赢得员工的尊重，不可能激励员工，带领员工完成工作任务，实现管理目标。不过，管理人员要有自信心，但还不至于自信到听不进别人的建议或建设性批评的地步。

（3）工作要有主动性。客房部经理要能够把本部门的一切工作安排得井井有条，对于可能发生的不良事件要防患于未然，而不是到处“修修补补”，整天四处“灭火”，让这些事件牵着鼻子走，忙得团团转。

（4）力争有效地利用人力资源，节约劳动力成本。特别是在工资费用比较高的国家和地区，有效地利用人力资源更具有重要的意义。

（5）为例行工作创立程序和标准，制定部门岗位责任制。这是提高客房工作质量和效率，使管理工作走向正轨的基础工作。

（6）善于激励员工。管理人员的管理意图是通过部门员工贯彻落实的，因此，要做好客房部的工作，提高服务质量，必须激励员工的士气，这是实现客房管理目标的手段，也是客房部经理日常工作内容之一。为此，客房部经理必须具有心理学方面的专业知识，能够以最大的耐心、幽默的语言，配合以行之有效的管理制度，激发员工的工作热情，调动员工的工作积极性。

（7）让员工参与管理。客房部经理要就客房工作中存在的问题经常与员工进行沟通，交换意见，达成共识，进而采取措施，这也是激励员工，实现管理目标的重要手段。为此，管理人员要鼓励员工发挥想象力，让他们经常给自己提出这样一个问题：做这件事还有没有别的更好的办法？不仅服务员应该经常提出这个问题，负责监督、指导服务员的各级客房管理人员也应如此。而一旦员工提出切实可行的合理化建议后，客房部经理要积极地予以采纳，并对提出合理化建议的员工提出表扬。

（8）给员工提供培训与发展的机会。员工不是只会干活的机器，员工在完成本职工作的同时，还希望在业务上得到发展，在事业上取得进步，作为客房部经理应该充分理解和尊重员工的这一需求，为员工提供培训与发展的机会。同时，客房部经理还可以利用员工的这一需求，作为激励员工的手段。

（9）与其他部门的经理多进行沟通，努力与其他部门搞好协调与合作。客房部对客服务质量的好坏，在很大程度上取决于酒店其他部门（如前厅部、销售部、工程部等）的合作及与其他部门的信息沟通。部门之间缺乏信息沟通，势必在工作中造成矛盾和冲突，并最终影响服务质量。因此，客房部经理除了在各种正式会议上与其他部门经理进行沟通外，平时也应与其他部门的同事多沟通，做好部门间的协调工作。

作为一名优秀的客房部经理，还应具备五大管理意识，即：创新意识、市场竞争意识、公关销售意识、全面质量管理意识和员工激励意识。

案例

一位美国酒店客房部经理的管理方法

海丽是美国希尔顿饭店公司西方分部的一位客房经理，她是法国人，富有魅力，性格奔放，干劲十足，并力图博得她所在部门以及饭店其他人士的赞扬。她所管辖的客房部会使人想起军队的情形。但她也因通情达理而赢得下属人员的尊敬。她希望下属对她坦率忠实，有错敢于承认，她对他们的过错则不予以惩罚。她认为既然他们承认并认识到了自己的过失，吸取了教训，那么，他们是会吃一堑长一智的。

海丽通常采取书面交流的办法使她的部门正常运转。所有她要了解的情况，她的助手都作详细的记录。她的助手是权威的，有权处理各种问题，只有解雇员工这一件事，必须等到海丽与该员工谈话之后，才能执行。

例如，假如某位服务员同海丽属下某个楼层主管发生了纠纷，海丽往往会调这位女服务员到另一楼层去工作，看看在那里会不会再发生类似的个人纠纷，海丽经常说："我掌管这个客房部，就好像这家饭店就是我的。"她本人以身作则，很少同她的上级闹别扭，她以行动表明她毫无保留地将她的才能贡献出来都是为了让饭店得到最好的声誉和最大的利益。

第四节 楼层领班

楼层领班是客房部最基层的管理者，是确保客房服务质量和卫生质量的关键人物。有人说，"领班是在夹缝里做人"，这话一点也不为过，他们上要对部门经理、主管负责，下要在普通员工中以身作则，所以，工作对于他们而言，来不得半点松懈和怠慢。为了能领导基层员工，他们必须有过硬的业务技能。每天清晨，他们总是早早地来到所管辖的楼层，给服务员开会，布置一天的工作事务。除了对员工进行督导、培训以外，领班每天还要负责检查60~70间客房，每间客房的检查项目多达100多项，即使思想集中、目光敏锐、手脚并用，也难免有遗漏和疏忽之处，而一旦主管以上的领导发现客房卫生有差错，总是批评领班，领班却是绝少听到赞扬声的。正如一位客房部经理所说的："我要求客房领班检查、检查、再检查，对细枝小节问题要敏感，每天我不批评他们就等于表扬他们。"

由此可见，要当好一名领班并不是一件容易的事，他必须要能够承受工作上、体力上和心理上的多重压力，不仅要掌握过硬的业务技能，还要有一定的管理艺术。

一、楼层领班的岗位职责与素质要求

楼层领班(floor captain)是客房部最基层的管理人员，其主要职责是检查指导服务员的工作，确保出租给客人的每一个房间都是干净、卫生的合格"产品"。

直接上级：楼层主管

直接下属：楼层服务员

1. 岗位职责

(1) 检查服务员的仪容仪表、行为规范及出勤情况。

(2) 合理安排工作任务，分配每人负责整理和清扫的客房。

(3) 分发员工表格、钥匙，并通知VIP及有特殊要求的房间。

(4) 检查督导服务员按程序标准操作。

(5) 保管楼层总钥匙。

(6) 按照清洁标准检查客房卫生。

(7) 检查楼层公共区域、角间、防火通道的卫生。

(8) 随时检查、督导员工清除地毯、墙纸的污迹。

(9) 检查计划卫生执行情况。

(10) 确保每日对 VIP 房的检查。

(11) 报告房间状态。

(12) 检查报修、维修情况。

(13) 记录 DND、SO、NB 房间。

(14) 控制客用品、清洁品的发放、领取，严格控制酸性清洁剂。

(15) 负责楼层各类物品、床单、巾草的控制。

(16) 记录物品丢失、损坏，向上级报告。

(17) 督导新员工以及在岗员工的培训。

(18) 督导员工对服务车、清洁工具、设备的清洁与保养。

(19) 负责安全检查。

(20) 贯彻、执行客房部的规章制度。

(21) 调查客人的投诉，并提出改进措施。

(22) 处理客人的委托代办事项。

(23) 定期向上级提出合理化建议。

(24) 按照部门的临时性指令安排工作。

(25) 负责月盘点。

2. 素质要求

客房领班必须有客房服务经验，熟悉客房业务，有较高的业务技能，并有一定的管理水平。

(1) 能吃苦耐劳，工作认真负责。

(2) 熟悉客房业务，有一定的工作经验和较高的操作技能。领班的服务技能要高人一筹。如果领班不是全能的多面手，就无法带动全班员工工作。

(3) 有一定的英语水平。

(4) 有督导下属的能力。

(5) 具有本岗位较强的专业知识，如清洁知识、布草知识等。

(6) 有良好的人际关系能力。

(7) 有良好的个人品质，办事公平合理。

二、如何当好楼层领班

1. 做好客房的检查工作

"查房"是楼层领班最主要的工作任务和职责之一，是检验客房产品是否合格的工作步骤，是控制客房产品质量关的最后环节，直接影响对客人的服务质量。因此，做好客房检查工作具有极其重要的意义。

客房检查的主要内容有三项，即：清洁卫生状况；用品配备状况；设施使用状况。

2. 抓好班内的小培训

客房服务员所需要的服务技能不可能在岗前培训中全部解决，因此，楼层领班必须抓好岗位培训，包括利用交接班时间搞各种服务姿态、敬语和小技能的培训等，这是确保客房服务质量的重要环节。每次培训要有签字记录，这样，服务员就不能以“不会”作为借口了。

3. 建立客房用品核算管理制度

这项制度的目的在于控制物耗。客房部团队与散客、内宾与外宾、常住与暂住等不同类型客人的物耗是不一样的，楼层领班必须对其进行统计，摸索规律，在可靠的原始数据基础上，计算出各类客人的物耗比，从而使考核指标有可行性，在保证客人满意的前提下，使楼面库存用品不浪费也不积压，减少客房用品的支出，降低流动资金的占用。

4. 讲究工作方法和管理艺术

楼层领班除了要认真履行自己的职责，做好自己的本职工作以外，还要具备起码的人际沟通的能力与经验，即：处理好与上级、平级和下级三个方面的关系，这是做好督导工作的前提条件。具体可参见本章第三节之相关内容。

三、楼层领班忌讳

实践证明，以下几种楼层领班是不受员工欢迎的。

（1）亲疏有别类。对下属员工亲疏有别是不公平的。

（2）不注意聆听类。如果一位楼层领班从不听取员工对工作的见解，员工将会非常失望，慢慢地就会没有兴趣与其谈论任何工作情况，积极性受挫。

（3）听喜不听忧类。只喜欢听好消息，而不愿听坏消息，当员工报告坏消息时，即大发雷霆或指责员工。

（4）爱讽刺挖苦类。对员工喜欢讽刺挖苦，这样会使员工的自尊心受损，容易引起对立情绪。

（5）犹豫不决类。很多员工说他们最讨厌的是每次向领班请示，领班都拿不定主意。

（6）自以为是类。听不进员工的意见。其实，员工提出的实际操作上的意见往往是十分宝贵的，有建设性的。

（7）时间管理不当类。处理事情没有条理，没有轻重缓急。

（8）难觅踪影类。员工工作上遇到困难时，总是找不到领班。

（9）缺乏尊重类。忽视员工的情感，不喜欢客气的语气指挥员工，对员工缺乏尊重。

此外，在管理活动中，独断专行、粗言秽语、喜怒无常的领班也是不受欢迎的。

本章小结

➢ 本章主要介绍了客房部的组织结构、各班组的职能以及各主要岗位的职责和素质要求等。特别是比较详细地论述了客房部经理、楼层领班等主要管理岗位的职责和素质要求，并对如何做好客房管理人员进行了讨论。通过本章的学习，应该对如何做好客房管理人员有一个初步的认识。

➢ 客房组织机构的设计，应该根据酒店规模的大小等因素加以确定，通常包括宾客服务中心、楼层、公共区域、布草房、洗衣房等。

➢ 出于安全的考虑，国内很多城市的公安部门都要求酒店设置楼层服务台，这也是我国酒店、招待所传统的服务和管理模式，但这不符合酒店的经营规律，不仅浪费了大量的人力，大大增加了客房经营成本，而且常常引起客人的不满，从发展的趋势看，楼层服务台将逐渐被高效率的宾客服务中心所取代。

思考题

1. 解释下列概念：定员　有效开工率
2. 试画一张大型酒店的客房部组织架构图。
3. 客房部各班组的主要职能有哪些？
4. 如何进行客房定员？
5. 客房部经理应具备哪些素质，怎样当好客房部经理？

即测即评

补充与提高

一位客房领班谈怎样当好客房部领班

有人说，领班是“三明治中的夹心”，上要对主管负责，下要管理服务员，弄不好就是猪八戒照镜子——里外不是人。我认为只要依照以下诸条去做，便绝非难事。

（一）“下马威”法

“新官上任三把火”是一定要烧的，且要烧得轰轰烈烈。所以，我从卫生班开始抓起：该严的地方就一定要严。比如查卫生该达到什么标准就必须达到，不然就不放责任者回去。有一位女服务员想和我闹，结果，我一直让她干到下午6点，完全达标了才让她下班(下班时间是5点)。从此，她在我面前服服帖帖。另外，我还坚持一视同仁的原则。时间一长大家自然服我了。

（二）威信管理法

为提高我的威信，我就努力做好以下两件事：

(1) 工作中服务员能做的，我自己必须能做，且做得更好。比如铺床等技能。服务员做得不好或不能做的工作，我要求自己也能做得好。再如，我努力做好处理客人投诉等需要较高业务水平的工作。

(2) 培训服务员。一是对新服务员的培训，内容有业务知识和操作技能。另外就是淡季培训。对有争议的问题，还让大家讨论，共同找出一个最好的答案，如此便能解决很多实际问题，对自己也是一种提高。

（三）按意愿分配不同的工种

服务员上班的动机各式各样。有人是为了赚钱(如外地“打工妹”)。有人家景好，只是混混日子。对前者我多派房间(计件工资制)。对后者则安排些较轻松的工作，基本符合了他们个人的意愿，所以各自的工作积极性就被激发起来了。

（四）不吝啬表扬，创造良好的工作氛围

服务员渴望被尊重，我就尽量让下属的这种要求得到满足。那么如何才能满足呢？我认为鼓励和赞扬比什么都有效，一旦碰到称心的事，我就从内心赞扬，毫不吝啬地说出赞扬的话。

我对服务员经常表扬，他们的心自然会开朗起来，慢慢地就会创造出一个良好的工作氛围。

（五）“偏心”激励

何谓“偏心”激励？“偏心”激励是指我先通过技能比武和观察平时工作表现等方法找出一位工作出色的服务员做榜样，在平时工作中处处对他偏心照顾，以激励其他服务员达标的一种管理方法。做榜样的服务员有时是一个人，有时是几个人，也可能每个服务员都能成为被“偏心”的对象，只要他有一技之长。比如，通过平时的观察，我发现卫生班A服务员表现很好，体现在：床铺得挺括，卫生搞得干净，工作主动，可贵的是天天如此，有时人员不够，要她加班也很爽快。这样，我自然对她另眼相看；她若提出要求，只要是合理的、能够满足的，我都满足她。有次一位资历更深的B服务员来质问我：为什么同一要求，照顾A却不照顾她？我回答B服务员：“因为目前你的表现还不如她好。比如你卫生搞得没有她干净等，不信你去看看她搞的房间！”B服务员听后未吭声。第二天查卫生时．我发现B服务员搞的房间比以前干净了很多，我当时就表扬了她。从此B服务员的表现也越来越好了。

（六）对服务员犯错时采用不同的批评法

1. 个别谈话法

工作中有时会出现争吵，等冷静下来后，我便主动找服务员们个别谈话。先静听服务员的申诉，然后站在他的立场考虑表示理解，但也请他站在我的立场考虑问题，求得他的谅解。其实不管什么事，只要双方坐下来，将心里话都说出来，问题就迎刃而解了。有一位干了十多年的老服务员和我发生矛盾，我找她谈话后，她对我心服口服。

2. “开玩笑”式批评

对表现一向较好的服务员，偶然犯错时，我以用开玩笑的方式提醒他，在一笑之间解决问题。有次一位服务员由于一时大意致使两个房间里的地巾忘了补放，在查到第二次时，我笑着说：“小姐，你好像不喜欢地巾，是吗？”从此以后她搞的房间再也没有少放过物品，且常将此事说给人家听，说我很幽默，在组里工作很愉快。

3. 通过第三者批评法

有时，个别资格较老的员工犯了错却不来认错，为避免与他正面冲突，我便在跟他关系较好的员工面前狠狠地批评他，并说：“到某某时还不来认错，就让他走着瞧”。我敢保证，这位员工肯定会在此时间前主动来认错。

4. 表演法

巡查时发现值台服务员在无客人时趴在服务台上，形象不佳，又较普遍，我便在值台例会时，将他们的形象表演出来，让大家在笑声中接受批评。

此外，先表扬后批评法、当众表扬批评法等，也颇行之有效。

(七) 参与式管理

对有些有争议的决定让服务员讨论，听取意见，让他们参与管理。一旦有些建议被采纳，提出建议的服务员，势必积极响应，带头遵守。我店新楼改建以后进了一批新式床，床架特别重。我在检查时发现有些服务员偷懒，铺床时没有把床拖离床片就直接铺上床单。就这件事，我让卫生班服务员讨论：到底是床拖离床片铺好呢，还是直接铺好？有两个老服务员提出：还是直接铺好，因为不但省力，而且照样可以将床铺得挺括，其他做新楼房间的人都赞成，于是我就此事向部门经理请示，结果，经理同意了他们的做法(因床太重有人拖不动)。于是提建议这两人的床就铺得特别挺括，有其他人不懂时，还主动指教。

酒店经理人对“经理的困惑”的答复：
Re：做部门经理与做主管有哪些不同？

邓红华　深圳华侨城洲际大酒店　行政副总经理
Doris Deng
InterContinental Shenzhen Executive Assistant Manager i/c Rooms

作为一名客房部经理，要具备良好的心理素质；应该从大局出发来思考问题，有问题及时沟通；做好每个月度、季度、年度的工作安排，并要执行好；给直接下属在工作上一定的指导，要会激发员工的工作热情，关心员工；保证客房整体的服务与卫生质量。当你是楼层主管的时候，你需要配合上级领导的工作安排，管理好自己所管辖的工作区域，在检查工作中发现员工的不足之处，并给予正确的督导，并负责解决员工解决不了的问题。

高新利 西安古都文化大酒店 总监

面对面观看西安古都文化大酒店高新利总监谈：做部门经理与做主管有哪些不同?

方式一：请登录刘伟酒店网(www. LiuweiHotel. com)—院校服务—视频—做部门经理与做主管有哪些不同?

方式二：扫描以下二维码

第十一章　客房卫生管理

客房卫生工作主要包括客房的日常清扫、客房计划卫生和酒店公共区域的清洁保养等几方面的内容。

卫生是客人对酒店客房的最基本要求，也是客人决定是否选择某家酒店时首先要考虑的因素，因此，做好客房的卫生管理具有极其重要的意义。

本章学习目的

★ 掌握客房清洁知识。
★ 了解客房清扫程序及其相关管理问题。
★ 熟悉客房计划卫生的组织和管理工作。
★ 掌握对客房清洁质量进行控制的方法。

关键术语：客房清扫　公共区域　计划卫生

Key Words：Housekeeping，　P. A.，Planned Sanitation

经理的困惑

——要睁一只眼，闭一只眼呢，还是要严格管理？

酒店一般都要求客房服务员在做房时，要用不同的抹布擦拭不同的部位(浴缸、洗脸盒、马桶等)，并禁止员工把刚从房间撤下的脏布草当抹布用，可实践中，据我所知，很多酒店(包括国外的酒店)的很多员工在搞房间卫生时，为了图方便、省事，在搞卫生时，并没有分开，而且总是喜欢用撤下的床单等来擦浴缸，甚至擦马桶，对此，总是屡禁不止。作为客房管理者，对此应该加以理解，睁一只眼，闭一只眼呢，还是要严格管理？如何才能有效地防止这种情况的发生……

第一节　客房清扫作业管理

客房清扫是饭店每天要进行的工作。客房的清洁程度是客人入住酒店最关心的问题之一，同时也是客人选择酒店的标准之一。整洁的房间，优雅的环境能使客人心情舒畅、轻松愉快，因此服务员必须按时、按服务规程和标准的要求，认真、高效地清扫客房。

清扫客房时要注意有些项目是每天都要进行的工作，如床铺的整理、地毯的除尘、写字台的干擦等。而有些项目则是隔一段时间才进行的工作，如翻转褥垫、换床罩、除污、维修等，其间隔有的是周期性的，有的则是不定期的，视具体情况而定。

一、不同类型房间的清扫要求

客房状况不同，对其清扫的要求和程度也有所不同。一般来说，对于暂时没人居住，但随时可供出租的空房(vacant)，服务员只需要进行简单清扫或小扫除；对于有客人住宿的住客房间(occupied)以及客人刚刚结账离店、尚未清扫的走客房间(check-out)，需要进行一般性清扫或中扫除；而对于那些长住客人离店后的客房以及将有重要客人(VIP)光临的客房则要进行彻底清扫或大扫除。

进行简单清扫，服务员只需要视具体情况每天擦擦灰尘；过几天吸一次地毯、检查一下设施设备是否管用，看看卫生间水龙头是否有锈水(如有黄色的锈水,则应打开水龙头1—2分钟,将锈水放掉)；如室内空气不新鲜，也应打开窗户换换空气；调节温度，使室温比较适宜。

进行一般清扫，还需要整理床铺、撤换脏布草(床单、枕套、浴巾、毛巾等)、补充客房用品并较为全面地清扫客房(倒垃圾、倒烟灰缸、擦洗卫生间、整理衣物等)。

长住客人离店后，要进行彻底清扫，要仔细地刮地毯，进行地毯除污，认真擦洗客房内各个角落、设施设备的里里外外，如墙纸脱落或有污损，还应更换墙纸，翻转褥垫甚至撤换窗帘。此外，接待重要客人的房间也应进行大扫除，除污、打蜡、抛光，做到窗明几净，没有尘埃，床也要铺得整齐、美观、没有褶皱，床单上不留任何污迹。

二、清扫作业的标准时间

清扫作业的标准时间是客房管理者确定服务员工作定额和进行客房定员的依据。

打扫一间客房需要花费的时间，取决于：

(1) 服务员体力的大小。

(2) 服务员工作经验的多少。

(3) 服务员劳动熟练程度的高低。

(4) 服务员做床方法的科学与否。

(5) 客房面积的大小。

(6) 床的大小。

(7) 客房状况的不同(空房、走客房、VIP 房,等等)。

(8) 客房类型的不同(单人房、双人房还是套房)。

(9) 住客素质的高低(外宾住过的房间易整理,而很多内宾住过的房间则需要较长时间去整理)。

一般而言，各种不同类型的客房所需要的清扫时间大致如下：

双人房：25—30 分钟

单人房：20—25 分钟

套　间：50—60 分钟

由此可见，清扫一间客房平均需要 25—30 分钟，按照这个标准，在美国，每个服务员每天清扫的房间数最少 14—16 间，而我国很多地方的酒店每个服务员每天打扫的房间数还不到 10 间，工作量明显不足。但近年来，情况已经发生很大变化，越来越多的酒店(特别是南方城市的酒店)为了提高工作效率，节约人力资源开支，适应竞争的需要，纷纷开始加大服务员的工作量，将服务员的工作定额提高到 15 间/人 · 天，已基本上向国际标准看齐。

三、不同类型房间清扫的先后顺序

为了提高客房利用率和服务质量，客房清扫要根据实际情况，按一定的先后次序进行。

客房清扫顺序应根据酒店淡旺季的不同，而有所不同。

(一) 淡季时的清扫顺序

淡季时，应按以下顺序进行：

(1) 前台指示要尽快打扫的房间。

(2) 门上挂有“请速打扫”(make up room immediately)牌的房间。

(3) 走客房(check-out)。

(4) VIP 房。

(5) 其他住客房。

(6) 空房。

(二) 旺季时的清扫顺序

旺季时，酒店用房紧张，客房清扫顺序与淡季时应有所不同。一般来说，旺季时，要依照下列顺序进行：

(1) 空房。空房可以在几分钟内打扫完毕，以便尽快交由前台出租。

（2）前台指示要尽快打扫的房间。

（3）走客房(check-out)。旺季时，走客房应优先打扫，以便前台能及时出租，迎接下一个客人的到来。优先打扫走客房的意义还在于可以及时发现是否有丢失或损坏室内物品，如有，则可以及时报告客房部或前台结账处以便酌情处理。另外，这样做还可以及时发现客房内是否有客人的遗忘物品以便及时送交客人。

（4）门上挂有“请速打扫”（make up room immediately)牌的房间。

（5）VIP 房。

（6）其他住客房间。

（三）清扫顺序的灵活调整

客房清扫应以不打扰客人或尽量少打扰客人为原则，这是对客服务的基本要求，因此，以上客房清扫顺序还应根据客人的活动规律加以调整。通常应尽量安排在客人外出时进行。那么，如何判断客人是否在房间呢？这是问题的关键，方法很多，有高科技红外线监控的、也有人工的。

案例

“牙签”与客房服务

泰国曼谷东方饭店有一种跟踪服务，即客人入住后，楼层服务员会在客房门口底下立上一根类似“牙签”，与房门颜色接近的小木棍。巡查的服务员以小木棍立着还是倒了来判断客人是否在客房里，当小木棍立着的时候，服务员一般不去敲门整理客房，而只有当小木棍倒了，客人不在房间里，服务员才会进入客房整理房间。

四、客房清扫的一般原则和卫生标准

（一）客房清扫的一般原则

（1）从上到下。例如，抹拭衣柜时应从衣柜上部抹起；

（2）从里到外。尤其是地毯吸尘，必须从里面吸起，后到外面。

（3）先铺后抹。房间清扫应先铺床，后抹家具物品。如果先抹尘，后铺床，铺床而扬起的灰尘就会重新落在家具物品上。

（4）环形清理。家具物品的摆设是沿房间四壁环形布置的，因此，在清洁房间时，亦应按顺时针或逆时针方向进行环形清扫，以求时效和避免遗漏。

（5）干湿分开。在抹拭家具物品时，干布和湿布要交替使用，针对不同性质的家具，使用不同的抹布。例如，房间的镜、灯罩，卫生间的金属电镀器具等只能用干布擦拭。

（二）房间清洁卫生标准

房间卫生达“十无”①。

① “十无”：a. 天花板墙角无蜘蛛网；b. 地毯（地面）干净无杂物；c. 楼面整洁无害虫（老鼠、蚊子、苍蝇、蟑螂、臭虫、蚂蚁）；d. 玻璃、灯具明亮无积尘；e. 布草洁白无破烂；f. 茶具、杯具消毒无痕迹；g. 铜器、银器光亮无锈污；h. 家具设备整洁无残缺；i. 墙纸干净无污迹；j. 卫生间清洁无异味。

五、客房清洁剂的种类及使用范围

清洁剂是客房部服务员在进行客房清洁和保养工作时所必需的用具和物品，选择和使用合适的清洁剂不仅可以增强工作效果，提高工作效率，而且对于做好客房设施设备的保养工作具有重要意义。客房管理人员应该熟悉各种清洁剂的性能和使用范围。

按照不用的划分方法，客房部使用的清洁剂可以划分为不同的类型。

（一）按清洁剂的化学性质划分

按照化学性质，清洁剂可分为以下几种类型：

1. 酸性清洁剂

酸性清洁剂一般含有盐酸、磷酸、硫酸和醋酸等酸性化合物。可用于清洁茶渍、咖啡等碱性物质。另外，酸性清洁剂还可以用来还原氧化物，故常被用来去锈(将深咖啡色的高铁还原为浅绿色的亚铁离子)。清洗冷气机的蒸发器及冷凝器(将氧化铝或凝结在钢管内的氧化物还原)。含浓硫酸的清洗剂，则主要是利用其脱水性。

2. 碱性清洁剂

碱性清洁剂含氢氧化钾、氢氧化钠或其他碱类，可以清洁酸性污渍。另外，碱性清洁剂还可以用来清洁油污，因为它可以将不溶于水的油脂变成半溶于水的物质。强碱(如氢氧化钠)非常活泼，故亦常被用作起蜡剂，因为它能将蜡水中的金属链切断，令“亚加力块”浮于水面，从而起到起蜡作用。通常，碱性清洁剂的应用最为广泛。

3. 中性清洁剂

中性清洁剂含合成化合物，呈中性，其“清洁”能力不很显著，主要用于“保养”方面，一般不会损坏物体表面。

（二）按用途划分

按用途划分，常用的清洁剂有以下几种：

1. 多功能清洁剂

这种清洁剂呈中性，多用于去除家具表面的污垢、油渍、化妆品渍，有防霉功效。原装的清洁剂一般为浓缩剂，使用前要根据使用说明进行稀释。此种清洁剂不能来洗涤地毯，对特殊污垢作用也不大。

2. 三缸清洁剂

这种清洁剂属酸性清洁剂，能去除马桶、便池上的污垢，有较好的除臭、杀菌功效。使用时必须在马桶、便池有水的情况下倒入少许，稍过片刻用毛球轻轻刷洗，再用清水冲净。日常清洁三缸最好选用碱性剂，以利保养。

3. 玻璃清洁剂

客房内的玻璃和镜面，特别是卫生间内的镜面常有一些不易清除的污迹，像油渍、化妆品迹等。清除这类污迹使用装在高压喷罐内的玻璃清洁剂效果最好。使用时对准污迹喷洒少许，然后用干布擦拭便可光亮如新。

4. 金属抛光剂

客房内有很多金属制品，像门锁把手、水龙头、浴缸配件、扶手、卷纸箱、毛巾架、浴帘杆等，容易染上手印和锈蚀。金属抛光剂只对金属制品除锈去渍有效。使用时用抹布蘸上抛光剂或将抛光剂直接喷在物件上，用干布反复擦拭直至光亮为止。

5. 家具蜡(家具保养蜡)

为使家具保持光洁，服务员应按计划卫生的要求定期对家具物品上蜡保养。客房部选用的家具蜡多为浓缩乳蜡，家具蜡能较好地为木质家具、皮革制品去污除尘，并能在家具表面上形成保护膜，防尘、防潮、防污。使用时只需在家具物品上均匀喷洒，再用柔软的干布来回擦拭，即能光亮如新。

6. 空气清新剂

空气清新剂含有香精和杀菌成分，喷洒在客房内或大厅中，有灭菌和清新空气的作用，且芳香四溢。但有些客人不喜欢空气清新剂的香味，因此，在住客房中要慎用。

7. 杀虫剂

杀虫剂含除虫菊脂，能杀灭像蟑螂、苍蝇、蚊子等害虫。客房区内一旦发现虫类，应立即施放杀虫剂。杀虫剂属于易燃品，所以要谨慎使用和妥善保管。

六、客房清扫时的注意事项

在整理客房时，应注意下列问题：

(一) 以不打扰客人为原则

做客房卫生时，应选择客人不在房间时进行，以免打扰客人工作或休息。此时，应正确判断客人是否在房间。假如敲开门后，发现客人在房间，需要问明客人现在是否可以整理房间，征得客人同意后，方可开始做房。

(二) 敲门时，应报明身份

进入房间做卫生时，要报称："Housekeeping"，同时要注意敲门的声音大小适中，不可过急，力度过大，否则，不仅是没有礼貌的表现，而且还会使房内客人受到惊吓，或给客人带来不便。有些性急的服务员往往敲一下门就进房，还有些往往从门缝里瞅，这些都是缺乏礼貌和修养的表现。

(三) 不得在客房内做清扫之外的其他事情

不得在客房内吸烟、吃东西、看报纸杂志(特别是客人的书刊)。

(四) 不得使用客房内设施

服务员不得使用房内厕所；不得接听客人电话，也不得使用客房内电话与外界通话。除维修、检查外，不得收听、收看客房内音响、电视机。也不许躺或坐在床上休息。

(五) 清理卫生间时，应专备一条脚垫

服务员清理卫生间时，进出频繁，卫生间门前的地毯特别容易潮湿、沾污、发霉，日久天长，这一部位较之室内其他部位会提前损坏，破坏客房地毯的整体美观。因此，服务员在清扫客房时，应随车带上一小块踏脚垫，工作时，将其铺在卫生间门前，工作后收起带出客房，以保护房内地毯。

(六) 清洁客房用的抹布应分开使用

客房清扫使用的抹布必须是专用的。一般应配备 6 块抹布，其中：房间 2 块(湿、干各 1 块)；卫生间 4 块(擦马桶 1 块，擦浴缸、面盆 1 块，擦地面 1 块，镜布 1 块)。房间抹布及擦拭镜子的抹布应用平布，其余用毛巾。另外，根据不同的用途，应选用不同颜色、规格的抹布，以便区分，防止交叉使用。用过后的抹布最好由洗衣房洗涤消毒，以保证清洁的高质量。

（七）注意做好房间检查工作

服务员在做客房卫生时，特别要做好房间的检查工作。除了在抹尘时要检查房内电器设施设备以外，还要检查一下淋浴器、抽水马桶等设施是否好用。发现问题应记入“客房服务员工作日报表”里“备注”一栏。必要时，还要填写“维修通知单”。并及时通知工程部进行维修(紧急维修可先用电话报修后再补开报修单)。由客人造成的设施设备的机械损伤。还要由客人负责赔偿。

如果是走客房间，服务员还应检查一下床上、枕头下、桌面上、抽屉里是否有客人的遗留物品。如钱、手表、录音机、戒指、书、衣物等。如果发现有客人遗留的物品，则应在“工作日报表”上注明遗留物品的名称、发现地点以及发现时遗留物品的状况等事项。并立即上交客房部经理室或前台(视酒店不同规定而定)。同时由接收遗留物品的有关人员填写客房“遗留物品登记卡”，然后将遗留物品加以妥善保管。

（八）不能随便处理房内“垃圾”

清理房内垃圾时，要注意扔掉的瓶、罐必须是空的，而且要确认所扔掉的报纸、杂志一定是客人废弃不用的。否则，不可将这些报纸、杂志随便扔掉或擅自留归己有。有些东西，如一份画报，服务员很难判断到底是客人遗忘在房内的，还是废弃不要的，这时也应上缴或请示楼层领班加以处理。

（九）浴帘要通风透气

浴帘易长霉斑点，给人一种不洁之感。即使服务员擦干了清洗后的浴帘，但不可能十分干燥，此时若将浴帘束成条状拢在浴缸尾部，就会造成浴帘产生霉斑点的情况。因此，应适当地展开浴帘，让其通风透气。方法是将浴帘朝浴缸尾部方向较松散地展开(与卫生间门的宽度相当)。

（十）电镀部位要完全擦干

在打扫卫生间时，服务员必须要用干抹布(绝不能用湿布)将卫生间洁具上，特别是电镀部位的水迹擦干，否则，电镀部位很快就会失去光泽，甚至留下深色的斑块，严重的还会生锈。

（十一）不得将撤换下来的脏布草当抹布使用

清扫卫生间时一定要注意卫生，绝对不能为了方便而把毛巾、脚巾、浴巾或枕巾、床单等撤换下来的脏布草当抹布使用，擦拭浴缸、马桶、洗脸池甚至客房内的水杯。也不能把擦洗浴缸马桶或洗脸池的不同抹布混用。

（十二）拖鞋应摆放在床头柜下

国外的酒店一般在客房不提供拖鞋，但国内酒店通常都将拖鞋作为客房低值易耗品向客人提供。有的酒店将其摆放在床前；有的摆放在沙发前；有的摆放在写字台下；还有的则摆放在壁柜里。实际上，将拖鞋摆放在上述地方都不合适，因为，摆放在壁柜里或写字台下不容易被客人发现，失去了摆放的意义；放在床前或茶几(沙发)前，虽然容易被发现，但不雅观。那么，到底应将拖鞋置于何处呢？著者认为，将其放在床头柜下比较合适，既方便客人，也不影响房内整洁。

（十三）房内物品的摆放，要注意将商标面对客人

房间物品的补充要按照酒店规定的品种、数量及摆放要求补足、放好，并注意商标面对客人。

（十四）损坏客人的物品时

进行住房清扫卫生工作时应该小心谨慎，不要随意移动客人的物品，必要时应轻拿轻放，清扫完毕要放回原位。如万一不小心损坏客人的物品，应如实向主管反映，并主动向客人赔礼道歉，如属贵重物品，应有主管陪同前往，并征求意见，若对方要求赔偿时，应根据具体情况，由客房部出面给予赔偿。

（十五）离开房间时，应要求服务员打开房内照明灯

服务员打扫完房间离开时，应打开房内台灯、落地灯、床头灯等主要照明用灯，这样，客人进房后，只要插上钥匙卡（牌），灯就会自动亮起，以免客人进房后在黑暗中摸索，给客人带来不便。

（十六）不能在下午 2 点以前打电话进房要求清扫房间

房间的清扫，原则上要在不打扰客人的前提下进行，特别是不能在客人午休时间（下午 2 点以前）打电话进房，以免影响客人休息。酒店管理人员和服务人员要清楚：对于客人而言，午休比清扫房间重要得多。

第二节　客房的计划卫生

客房的计划卫生是指在日常客房清洁的基础上，拟定一个周期性清洁计划，针对客房中平时不易或不必进行清洁的项目，采取定期循环的方式做彻底的清洁保养工作的客房卫生管理制度。

客房服务员每天的清洁整理工作的工作量一般都比较大。例如，一个卫生班的服务员平均每天要负责 14—16 间客房的清扫工作，到了旅游旺季，甚至更多。所以对客房的某些部位，如通风口、排气扇、天花板、门窗玻璃、窗帘、床罩等，不可能每天清扫或彻底清洁（有些项目也没有必要每天进行，如地毯的清洗等）。为了坚持清洁卫生的质量标准，使客人不仅对客房那些易接触部位的卫生感到满意，而且要对客房的每一处卫生都放心，同时又不致造成人力浪费或时间的紧张，客房部必须通过定期对清洁卫生的死角或容易忽视的部位进行彻底的清扫整理，以保证客房内外环境的卫生质量。

一、计划卫生的项目和清洁周期

针对不同的项目，客房的计划卫生应按不同的时间周期进行。

下面是某酒店楼层计划卫生项目及清洁周期安排（见表 11-1）

表 11-1 楼层计划卫生项目及清洁周期安排(示例)

每天	3天	5天
1. 清洁地毯、墙纸污迹 2. 清洁冰箱，扫灯罩尘 3.(空房)放水	1. 地漏喷药(长住逢五) 2. 用玻璃清洁剂清洁阳台，房间和卫生间镜子 3. 用鸡毛掸清洁壁画	1. 清洁卫生间抽风机(味)机罩 2. 清洁(水洗)吸尘机真空器保护罩 3. 员工卫生间虹吸水箱、磨洗地面
10天	**15天**	**20天**
1. 空房马桶水箱虹吸 2. 清洁走廊出风口 3. 清洁卫生间抽风主机网	1. 清洁热水器、洗杯机 2. 冰箱除霜 3. 酒精球清洁电话 4. 清洁空调出风口、百叶窗	1. 清洁房间回风过滤网 2. 用擦铜水擦铜家具、烟灰筒、房间指示牌
25天	**30天**	**一季度**
1. 清洁制冰机 2. 清洁阳台地板和阳台内侧喷塑面 3. 墙纸吸尘、遮光帘吸尘	1. 翻床垫 2. 抹拭消防水龙带和喷水枪及胶管 3. 清洁被套(十二月至次年三月,每十五天洗一次,四月至十一月一季度洗一次)	1. 干洗地毯、沙发、床头板 2. 干(湿)洗毛毯 3. 吸尘机加油(保养班负责完成)
半年	**一年**	
清洁窗纱、灯罩、床罩△保护垫△	1. 清洁遮光布△ 2. 红木家具打蜡 3. 湿洗地毯(2、3项由保养班负责完成)	注：有△项目由财产主管具体计划，组织财管班完成，注意与楼层主管在实际工作中协调

二、计划卫生的组织

客房的计划卫生通常有三种组织方式：

1. 要求客房清洁工每天大扫除一间客房。

例如，要求客房清洁工在她所负责的14间客房中，每天彻底大扫除1间客房，14天即可对她所负责的所有客房作一次计划卫生。

2. 规定每天对客房的某一部位或区域进行彻底的大扫除。

除日常的清扫整理工作外，可规定客房清洁工每天对客房的某一部位进行彻底清洁。这样，经过若干天对不同部位和区域的彻底清扫，也可以完成全部房间的大扫除。其日程安排可参考表11-2。

表 11-2 客房计划卫生安排表

星期	一	二	三	四	五	六
项目	门窗玻璃	墙角	天花板	阳台	卫生间	其他

3. 季节性大扫除或年度大扫除

这种方式即集中在淡季对所有客房分楼层进行全面大扫除，一个楼层通常要进行一个星期，必要时，可请前厅部对该楼层实行封房，并与工程部联系，请维修人员利用此时对设备进行定期的检查和维修保养。

在实践中，以上三种计划卫生的组织方式可配合使用。

三、计划卫生的管理

（一）计划卫生的安排

客房管理人员可将客房的周期性清洁卫生计划表贴在楼层工作间的告示栏内或门背后。也可由楼层领班在服务员做房报告表上每天写上计划卫生的项目，督促服务员完成当天的计划卫生任务。

（二）计划卫生的检查

服务员每完成一个项目或房间后即填上完成的日期和本人的签名(参见表 11-3)。

表 11-3　客房周期清洁表

姓名　项　目 日期 房号	地毯	墙面	卫生间	家具	窗户	小酒吧				备注

领班等根据此表予以检查，以保证计划的落实和卫生质量。

（三）计划卫生的安全问题

客房的计划卫生中，有不少是需要高空作业的，如通风口、玻璃窗、天花板等。因此，在做计划卫生时，一定要要求和提醒员工特别注意安全，防止出现各种工伤事故。清扫天花板、墙角、通风口、窗帘盒或其他高处物体时，要用脚手架或使用凳子；站在窗台上擦外层玻璃要系好安全带，等等 。

此外，在做计划卫生时，还应注意选择合适的清洁剂和清洁工具，以便提高工作效率，确保清洁卫生质量，同时，防止因清洁剂和清洁工具的选择和使用不当而损坏家具设备。

第三节 客房清洁质量的控制

如前所述，客房部的首要任务是生产干净、卫生、舒适的客房，客人对酒店产品的需求主要表现在食、宿两个方面，无论是食还是宿，他们都有很高的卫生要求，从心理学的角度来看，整洁、卫生的酒店客房可以给客人一种安全感和舒服感，因此，作好卫生管理对于提高客房产品质量、满足客人需要具有头等重要的意义。

做好客房清洁质量的控制要从以下几个方面入手：

一、强化员工的卫生意识

作好卫生管理，首先要求服务员及管理人员要有卫生意识，对于卫生工作的重要性要有足够的认识，为此必须经常强调、考核。此外，还应要求管理人员及服务人员注意个人卫生，可以想象一位不修边幅，不洗衬衣的领班要求服务员搞好卫生，只能成为天方夜谭，同样，对于一位不勤剪指甲常洗澡的服务员来说，要他搞好客房卫生，也是不可能的。

其次，强化员工的卫生意识还要求客房员工要对涉外星级酒店的卫生标准有足够的认识，不能以自己日常的卫生标准作为酒店的卫生标准，酒店的卫生标准要与国际标准接轨，否则，很可能将国际客人正常的卫生要求视为“洁癖”。

二、制定卫生工作的操作程序和卫生标准

要作好客房卫生，还应制定一些服务规程、操作程序和卫生标准，这是确保客房清洁卫生的基础，也是对客房清扫员的工作进行考核、监督的依据。

在制定操作程序和卫生标准时，要注意体现两个原则：一是要依据酒店的档次确定。酒店的档次不同，其清扫标准和服务规格应当有所区别。二是“双方便”原则，即：方便客人和方便操作。

三、严格检查制度

酒店应建立完善的客房检查体系，应严格检查制度，这是作好客房卫生，确保客房产品质量的关键。

（一）建立客房的逐级检查制度

检查客房简称查房，客房的逐级检查制度主要是指对客房的清洁卫生质量检查实行领班、主管及部门经理三级责任制，也包括服务员的自查和上级的抽查。实行严格的逐级检查制度，是确保清洁质量的有效方法。

1. 服务员自查

自查要求服务员每整理完一间客房，要对客房的清洁卫生状况、物品的摆放和设备家

具是否需要维修等进行检查。通过服务员自查不仅可以提高客房的合格率，还可以加强服务员的责任心和检查意识，同时，减轻领班查房的工作量。

服务员自查的重点是客房设施设备是否好用、正常，客用品是否按规定的标准、数量摆放？自查的方式是边擦拭灰尘边检查。此外，在清扫完房间，准备关门前，还应对整个房间进行一次回顾式检查。

2. 领班普查

领班检查是服务员自查之后的第一关，常常也是最后一道关。因为领班负责 OK 房的报告，前台据此就可以将该客房向客人出租，客房部必须加强领班的监督职能，让其从事专职的客房某楼面的检查和协调工作。有的酒店既让楼层领班担负客房清扫的检查工作，又给规定一定数量的客房清扫任务，这是不合理、不科学的(个别情况，如用房紧张或人手不够时，领班帮忙清扫客房则另当别论)，会影响其检查职能的发挥。

(1) 领班查房的作用。领班查房不仅可以拾遗补漏，控制客房卫生质量，确保每间客房都属于可供出租的合格产品，还可以起到现场监督作用和对服务员(特别是新员工)的在职培训作用。

领班查房时，对服务员清扫客房的漏项、错误和卫生不达标情况，应出返工单，令其返工。

(2) 领班查房的数量。领班查房数量因酒店建筑结构(每层楼客房数的多少)、客房检查项目的多少以及酒店规定的领班职责的多少的不同而有所不同。一般而言，日班领班应负责约 80 个房间左右的工作区域的房间检查工作(负责带 5—7 个服务员)。而夜班领班的查房数量一般为日班领班数量的两倍，要负责约 160 间客房的工作区域。需要说明的是，上述工作量标准基本上是满负荷的，相对偏大，酒店对领班的工作定额一般不应超过上述标准。

日班领班原则上应对其所负责的全部房间进行普查，但对优秀员工所负责清扫的房间可以只进行抽查，甚至“免检”，以示鞭策、鼓励和信任。

(3) 领班查房的顺序。一般情况下，领班查房时应按环形路线顺序查房，发现问题及时记录和解决。但对下列房间应优先检查：

① 首先检查那些已列入预订出租的房间；

② 尽快对每一间整理完毕的走客房进行检查，合格后尽快向前台报告；

③ 检查每一间空房和 VIP 房；

④ 检查维修房，了解维修进度和家具设备状况；

⑤ 检查每一间外宿房并报告前台。

3. 主管抽查

楼层主管是客房清洁卫生任务的主要指挥者。加强服务现场的督导和检查，是楼层主管的主要职责之一。

(1) 主管检查的方式。主管检查的方式是抽查，数量一般可控制在 20 个房间左右。抽查的好处在于这种检查事先并未通知，是一种突然袭击，所以检查的结果往往比较真实。

主管抽查的意义在于：检查督促领班工作，促使领班扎扎实实地做好工作；进一步保证客房卫生质量；确保客房部经理管理方案的落实；为客房部管理收集信息。

(2) 检查的内容。主管主要检查领班实际完成的查房数量和质量，抽查领班查过的房间，以观察其是否贯彻了上级的管理意图，以及领班掌握检查标准和项目的宽严尺度是否得当。主管在抽查客房卫生的同时，还应对客房楼层公共区域的清洁状况、员工的劳动纪律、礼节礼貌、服务规范等进行检查，确保所管辖区域的正常运转。

(3) 检查的重点。主管检查的重点是：

① 检查每一间 VIP 房；

② 检查每一间维修房，促使其尽快投入使用；

③ 抽查长住房、住人房和计划卫生的大清洁房。

4. 经理抽查

楼层清洁卫生工作是客房部工作的主体。客房部经理也应拿出 1/2 以上时间到楼面巡视和抽查客房的清洁卫生质量。这对于掌握员工的工作状况，改进管理方法，修订操作标准，更多地了解客人意见，具有十分重要的意义。

经理抽查房间应每天保持一定的数量，应特别注意对 VIP 客房的检查。

客房的逐级检查制度应一级比一级严，所以，经理的查房要高标准，严要求，亦即被称为“白手套”式的检查(参见图 11-1)。经理的检查宜不定期不定时，检查的重点是房间清洁卫生的整体效果、服务员工作的整体水平，以及是否体现了自己的管理意图。

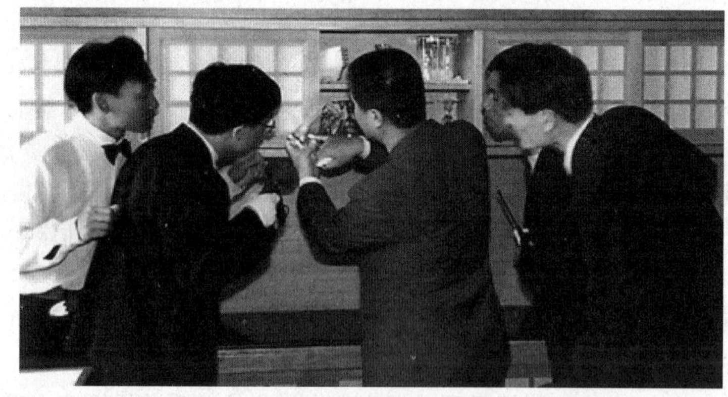

图 11-1　酒店管理人员戴着白手套，用放大镜检查卫生

5. 总经理抽查

酒店总经理要控制客房的卫生和服务质量，也必须充分运用检查这一手段。检查的方式为不定期、不定时，可亲自抽查，也可委派大堂副理或值班经理代表自己进行抽查，以获得客房部管理水平和服务质量信息，激励客房部经理的工作。

除过上述方式以外，酒店还可以组织其他方式的检查，包括：

(1) 定期检查。定期检查是一种有计划的公开检查，一般事先有布置，有明确的检查时间和检查内容。目的是制造声势，创造气氛，促进工作。酒店对客房的定期检查，一般采取由总经理办公室主任、质检部经理、工程部经理、客房部经理、前厅部经理及大堂副理组成检查小组，由总经理或住店经理带领，每月定期对客房清洁卫生进行检查，或选择重要任务来临前进行检查。

(2) 邀请第三者检查。可聘请店外专家、同行、住店客人等，检查客房的清洁卫生质量乃至整个酒店的服务质量。这种检查看问题比较客观，能发现一些酒店管理者自己不易觉察的问题，有利于找到问题的症结。

（二）客房检查的内容和标准

检查房间时，除了检查房间整理、擦洗是否干净、合乎要求，用品配备是否齐全等卫生情况以外，还要检查客房设施设备及各类机器的完好情况，具体检查项目和内容参见表11-4。

表 11-4　客房检查的内容和标准

项目	内容和标准
（一）卧室	
门	是否擦洗干净，把手上有无污迹； 门转动是否灵活，有无吱呀声； 房间号码是否清楚，窥镜、安全链是否好用、安全； 门锁后是否挂有“请勿打扰/请速打扫”牌； 门后磁吸是否起作用
壁柜	有无灰尘，衣架及衣架杆是否有积尘； 门轨有无损坏，柜门是否好开； 衣架、衣刷、鞋刷以及洗衣袋、洗衣清单是否配备齐全； 柜内的自动开关电灯是否正常
天花板	有无蜘蛛网； 有无裂纹和小水泡(如有说明天花板漏水,应及时报修)
墙壁	墙纸有无不洁或脱落之处； 墙上挂的画是否摆正，有无灰尘
窗户	窗框、窗台有无灰尘，窗玻璃是否已擦干净； 窗帘有无破损，是否干净，窗帘轨、钩是否完好
灯	天花板灯、台灯及壁灯等灯具有无落灰； 开关是否完好
空调	运转是否正常； 开关上有无污迹
床	床铺得是否匀称、平展； 床罩、床单、毛毯、枕套、床头板及床架是否干净； 床脚是否稳固
床头柜	有无灰尘； 音响、灯光以及电视等的开关是否灵用； 叫醒钟是否准时，电话机是否正常、干净； 台面上有无放置禁止在床上吸烟的卡片“Please refrain from smoking in bed”
茶几	茶几部位是否擦净，烟灰缸有无清洁； 火柴、茶叶有无配备，茶杯是否干净、足数； 冷热水有无备好

续表

项目	内容和标准
写字台	桌椅及沙发各部位有无灰尘，抽屉内外是否干净； 文件夹内的欢迎词、征求意见表、饭店简介、疏散图、明信片、信封、信纸、圆珠笔等是否配齐； 电话号码簿以及电视节目单等是否按规定放置
电视机	荧光屏、外壳及电视机架是否干净； 音响是否良好，图像是否清晰、稳定
电冰箱	内外是否干净，工作是否正常； 饮料是否按规定配齐，是否已备好饮料签单及开瓶器
行李架	是否干净、稳固
垃圾桶	垃圾有无处理，桶内外是否已清洗干净
地毯	是否干净，有无污迹或破损
（二）卫生间	
门	门锁是否清洁，正常
灯	天花板灯、镜灯有无落灰； 开关、插头是否灵用，有无损坏
地板	是否清洁，有无打蜡
墙壁	瓷砖是否干净，有无破损
浴缸	缸内是否擦洗干净，有无污迹或毛发； 冷、热水龙头及浴缸放水用塞子是否正常(由服务员检查)
淋浴帘	是否干净，有无异味； 杆、钩是否好用
毛巾架	是否牢固、干净
抽水马桶	有无消毒、有无封条、有无异味； 马桶盖、坐圈及桶内外是否刷洗干净
垃圾桶	垃圾有无处理，桶内外是否已清洗干净
洗面池	内、外侧有无污迹、水珠
化妆台	台面有无落灰，镜面有无污迹或水珠
排风口	是否干净
用品配备	手巾、脸巾、脚巾、浴巾、洗澡巾、香皂、卫生纸、卫生帽、浴帽、牙刷、牙膏、漱口杯、刀片盒等卫生用品是否配备齐全，并按规定位置放置

以上是房间检查时的内容和项目。特别对于楼层领班而言，一定要严格检查制度，把好卫生工作的最后一关，卫生不合格的客房要重做，对此，不能心慈手软、“下不为例”。

第四节　公共区域的清洁保养

除了客房以外，客房部还要负责酒店所有公共区域的清洁卫生工作。公共区域清洁卫生工作的好坏，常常是客人评价一家酒店服务质量和酒店水准的一个重要因素，特别是公共洗手间，是反映酒店卫生状况的一面镜子，常常是一些专家评价一家酒店卫生状况和档次的重要指标。“要了解一家酒店的卫生状况和档次，看它的公共洗手间就行了！”

酒店公共区域的清洁卫生工作通常由客房部的公卫班组负责，这样组织的好处在于能够使清扫工作专业化，提高劳动效率和工作质量。

为了保持公共区域的清洁卫生，这项工作有时每天要进行数次，如厕所的冲洗、大堂的保洁以及烟灰缸的清洁、家具的复位等。

一、公共区域的范围

凡是酒店内公众共同享有的活动区域通称为公共区域。

酒店的公共区域可划分为室内部分和室外部分。室外公共区域是指酒店的外围区域，包括酒店的外墙、花园、前后大门等。室内公共区域又划为前台区域和后台区域两部分。其中，前台区域通常指专供宾客活动的场所。如，大堂(lobby)、前台(general service desk)、电梯(elevator)、楼梯(stairway)、休息室(lounge)、康乐中心(entertainment centre)、游泳池(swimming pool)、餐厅(不包括厨房)(dining boom)、会议室(meeting room)、舞厅(ball room)、公共洗手间(toilet)等。后台区域通常指为酒店员工设计的生活区域。如，员工休息室、员工更衣室、员工餐厅、员工娱乐室、员工公寓等。

二、公共区域清洁卫生工作的特点

首先，由于公共区域涉及的范围相当广，因此，其清洁卫生的优劣对酒店影响非常大。

其次，公共区域的客流量非常大，客人活动频繁，这就给公共区域的清扫工作带来不便和困难。为了便于清洁，同时尽量减少对客人干扰，公共区域的清洁卫生工作应尽量安排在没有客人或客人活动较少的时间段进行。

最后，公共区域的清洁工作烦琐复杂，工作时间不固定，人员分散，因此，造成其清洁卫生质量不易控制。这就要求公共区域服务员在日常工作中必须具有强烈的责任心，同时，管理人员要加强巡视和督促。

三、公共区域清洁保养的内容

（一）大堂的清洁

大堂是酒店客人来往最多的地方，是饭店的门面，往往会给客人留下第一印象。因此，这里的卫生工作非常重要。

大堂的清洁卫生工作主要在清晨或深夜进行，白天进行维护和保持。主要包括大堂地面的清洁、家具的清洁、扶梯及电梯的清洁、铜器上光等(参见图 11-2)。

公卫班组每天晚上应对大堂地面进行彻底清扫或抛光，并按计划卫生定期打蜡。白天用吸油拖把循环迂回拖擦，维护地面清洁，保持光亮。操作过程中应根据实际情况，适当避开客人或客人聚集区，待客人散开后，再进行补拖。客人进出频繁的门口、梯口等容易脏的地面要重点清扫，并适时增加拖擦次数，确保整个地面的清洁。

遇有雨雪天气，要在大堂入口处放置伞架和脚垫，并树立防滑告示牌，同时注意增加拖擦次数，以防客人滑倒。

对大堂扶梯、电梯的清洁保养主要在夜间进行，白天只对其进行清洁维护，保持干净整洁。夜间对大堂内扶梯和电梯进行彻底清洁，确保电梯内外光亮无指印、无污迹。另外，夜间应注意更换电梯内的星期地毯，并对地毯或梯内地面进行彻底清洁。

对大堂内所有家具、台面、烟具、灯具、标牌等的清洁也要在夜间进行，使之无尘无污渍，保持光亮，并对公用电话进行消毒、擦净，使之无异味。

除了对大堂的上述区域和设施进行清洁以外，还应对大堂等公共区域的铜器进行上光保养。

图 11-2　酒店公共区域保洁员(PA)在倾倒并擦拭大堂烟筒

（二）酒店门庭清洁

夜间对饭店大门口庭院、停车场或地下停车场进行彻底清扫，并对门口之标牌、墙面、门窗及台阶进行全面清洁、擦洗，使其始终以光洁明亮的面貌迎接客人。白天对玻璃门窗的浮灰、指印和污渍进行抹擦，尤其是大门玻璃的清洁应经常进行。

（三）餐厅、酒吧、宴会厅的清洁

对餐厅、宴会厅的清洁，主要进行以下工作：

（1）地毯吸尘。

（2）清扫板壁上的鞋印、指印及客人张贴的画和其他饰物。

（3）清扫大厅吊灯。

（4）每月一次的通风口除尘。

此外，餐厅、酒吧、宴会厅或其他饮食场所，常常会有苍蝇出现（尤其是在夏季），应随时或定期喷洒杀虫剂，防止蚊蝇滋生。

（四）公共洗手间的清洁

公共洗手间清洁的主要内容有：

（1）按顺序擦净面盆、水龙头、台面、镜面，并擦亮所有金属镀件。

（2）用清洁剂清洁马桶及便池。

（3）擦座厕内的门、窗、隔档及瓷砖墙面。

（4）拖净地面、保持无水渍、无脏印。

（5）喷洒适量空气清新剂，保持室内清新，无异味。

（6）洗手台上摆放鲜花。

（7）按要求配备好卷筒纸、卫生袋、香皂、擦手纸、衣刷等用品。

（8）检查皂液器，自动烘手器等设备的完好状况。

（五）其他区域的清洁卫生

除了作好上述前台区域的清洁卫生工作以外，还应作好酒店后台区域的卫生工作，特别是员工食堂、服务通道等的卫生。这些场所的卫生状况对员工的思想和精神状况，进而对酒店的服务质量有重要影响。有的酒店把卫生工作的重点放在接待顾客的餐厅里，而对员工食堂的卫生情况、饭菜质量不予以重视，结果在寄生虫容易滋生的夏季，同时也是旅游旺季，由于食堂卫生不过关，使很多员工病倒，致使酒店连正常的接待工作也难以进行，更不用说提高服务质量了，这种教训是应当吸取的。

员工通道的卫生也常常被忽视，饭店正门前客人进出的通道一般打扫得比较干净，而员工通道则是另一个天地。有的酒店通往酒店大楼的员工通道甚至连水泥地面都没铺，一遇到雨天，员工便不得不踩着泥泞的路，拖着沉重的步伐，走向酒店的各个岗位，致使楼道地毯上沾满泥巴，这样不但影响卫生，而且会使地毯严重受损。

本章小结

➢ 客房部的卫生工作主要是按照酒店的要求和标准，做好楼层客房及卫生间的清洁整理工作，确保出租给客人的客房、床铺、卫生间保持干净、整洁的状态。

> ➢ 房间清洁的具体卫生标准是：眼看到的地方无污迹；手摸到的地方无灰尘；设备用品无病毒；空气清新无异味；房间卫生达“十无”。
>
> ➢ 为了确保楼层客房的卫生标准，除了做好日常清洁卫生工作以外，客房管理者还应组织和安排好客房的计划卫生工作，定期对一些卫生死角、难清洁的部位以及长住客人离开后的客房，进行彻底清洁。
>
> ➢ 除了做好楼层客房的卫生工作以外，客房部还要负责整个酒店公共区域的卫生工作。包括酒店大堂的日常保洁，电梯、门窗的清洁，以及酒店外墙的清洁等，还要负责餐厅的除污工作。
>
> ➢ 为了确保客房的卫生质量，必须建立严格的卫生检查制度。包括楼层领班的全面检查、主管及客房管家的每日抽查以及酒店质管部门的不定期检查等。

思考题

1. 解释下列概念：计划卫生　做夜床
2. 简述客房清洁剂的种类及使用范围。
3. 如何做好客房计划卫生的管理？
4. 怎样控制客房清洁质量？

即测即评

案例分析

尴尬的洗手间服务……

小王来到市中心一家五星级酒店放松心情。他在酒店的酒吧喝了几瓶饮料，然后向洗手间走去。但是突然间，轻松休闲的气氛被搅和了。“您好，先生！”一个穿着得体的洗手间服务生在小王走进小隔间时和他打招呼。当他从小隔间出来时，服务生马上把洗手液喷到他手上，给他打开水龙头。就在客人洗手的瞬间，服务员已转身到了客人的身后，一阵敲背拿捏。小王知道他不得不给点小费。“你可以脏着手并且省10元钱，”小王说，“但如果你想洗手，就不得不经过服务生这个环节。而经过这些服务，你不给小费的话，心里多少有点过意不去。”

问题：对于很多高星级酒店的这种做法，你如何评价？

补充与提高

日本酒店如何杜绝“用毛巾擦马桶杯子”现象？

日前，国内多家快捷酒店被曝“清洁门”——用毛巾擦马桶后又擦杯子。余波未消，当地媒体暗访在华一家国外知名五星级连锁酒店时，发现存在同样问题。事件一经曝光，消费者连呼“毁三观”。

笔者常驻日本多年，既住过各种星级酒店，也住过很小的家庭旅馆，但这种事情却闻所未闻。问及一些旅日华人和当地朋友，他们从未对酒店的卫生问题有过担心，更很少有人住酒店时还要自备毛巾甚至床单。可以说，在日本出行，带上钱包就足够了。

清扫酒店客房的工作，看似简单，实际上却既繁重又需要经验，也最容易出问题。日本的高级酒店、大型连锁商务酒店，一间客房通常同时由两三个人分工打扫，现场还有领班在一旁监督，以确保保洁质量。目前，日本很多酒店为了节约成本，将清扫客房委托给专业保洁公司，如果被聘用的保洁公司不能达到酒店要求，一旦被发现不合格，其信誉宣告破产，日后也将难以再获得其他订单。

对于酒店的卫生清洁，日本有相应的法律法规和行业协会的具体规定予以规范。早在1970年，日本就制定了《确保建筑物卫生环境法》。次年，厚生省（厚生劳动省前身）制定了详细的《确保建筑物卫生环境法施行规则》。2002年厚生劳动省又根据施行规则，制定了更加详细的《关于清扫作业以及清扫器械设备维护管理办法》，对如何检查室内卫生，如何使用保洁用具、清洗剂，如何消毒，如何制定作业计划和作业顺序等都进行了详细的规定。

日本酒店行业协会对于如何确保房间卫生也制定了详细的章程。日本“中央职业能力开发协会”对于酒店业的职业能力制定有专门的评估标准，细到对从业人员着装、头发、指甲都有规定。“日本扫除能力鉴定协会”还专门设有对从业人员扫除能力的鉴定。而获得该协会的证书，无疑是求职者的优势。

当然，有法律规章是一回事，是否遵守则又是另一回事。日本人的敬业精神一直为人称道。一名中餐馆的中国厨师说，在饭馆打工的日本人，即使没有任务，也会用筷子包上毛巾把厨房瓷砖的缝隙擦洗得干干净净，容不得半点马虎。日本最年轻的邮政大臣野田圣子“洗马桶”的故事曾被视为个人奋斗并获得成功的典范。为了证明自己擦过的马桶是最干净的，她曾多次在擦完马桶后喝里面的水。当然，酒店保洁无须达到能喝马桶水的地步，而且如今很多冲马桶的水是不适宜直接饮用的中水或者雨水，不过酒店清洁质量体现了从业者良好的职业道德和职业素养。

酒店的卫生清洁更是涉及社会诚信的一个大问题。在日本，不守诚信的代价是非常大的，任何不守诚信的事情一旦被曝光都会成为社会舆论的热点。丧失诚信，即使是百年老店，也会一朝破产。

建立诚信机制，对全社会都是有利的。从小的方面看，诚信减少了很多不必要的矛盾和冲突，促进了社会的和谐。从大的方面看，诚信也减少了社会运营成本，甚至增加了对国家的认同，增强了对国家的向心力。

诚信社会的建立，显然并非一朝一夕之功，也并非通过局部努力就能实现，它需要的是全社会方方面面的投入。建设法治社会，有法必依、违法必究显得尤为重要，如果不守法律、不守规矩者反而得利，不啻为鼓励劣币而驱逐良币，甚至导致“互害社会”的产生，人人自危，社会诚信无从建立。

酒店经理人对“经理的困惑”的答复：
Re：要睁一只眼，闭一只眼呢，还是要严格管理？

刘继华　深圳东华假日酒店　客房部经理
http://www.holidayinn.com

这种情况确实是非常普遍和非常难以完全杜绝。但是我们在这个问题上还是采取了一些行之有效的方法，实践证明，也有很不错的效果。我不知道别的酒店是如何来解决的，这里我只是说说我的方法，不敢保证对别的酒店有用。

（1）首先是培训，这个很重要，要让员工知道为什么不能这么做，这不仅仅是保护布草，降低损耗，节约成本，更重要的是这是一种职业道德行为，是做人的准则，原则问题，试想如果你是客人看到员工用自己用的东西来做卫生，做何感想，以后还敢入住这样的酒店吗？

（2）一定要准备足够的可用作清洁的抹布给员工使用，以前我们也有这种情况，通过跟员工了解，是因为我们没有提供足够的抹布给他们使用。

（3）如果有足够的抹布供应，那么使用起来是否好用，是否吸水也很重要，员工用得好就不会去用客用的了。我们是用报废的客用毛巾，通过剪裁后给员工使用，区别于客用的，非常好用。

（4）规章制度的限制，发现使用客用布草的一律签警告单，并通报所有员工。

（5）让员工知道保护布草，节约成本跟他们息息相关，和他们每月的奖金挂钩，成本控制的好，就有奖金，否则就没有奖金。

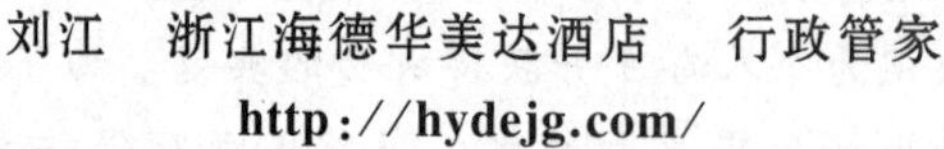
刘江　浙江海德华美达酒店　行政管家
http://hydejg.com/

从职业道德来说我们应该严格管理，从方便员工操作，提高做房速度来说，我们应该睁一只眼，闭一只眼。但从以往酒店管理中和客人反映中，我认为还是应该严格管理，杜绝此类不当操作。不要说把撤下的床单、被套拿来擦浴缸、马桶，就是有员工把撤下的床单、被套扔在地毯上，如果被客人看见，不但客人要投诉，而且还会有损酒店形象。另外如果这样操作对棉织品的损耗也是相当大。原本客房内配备毛巾、浴巾是给客人擦身体的，现在拿来擦马桶、地面，会有很多难以去除的污迹，在与马桶、地面摩擦过程中也减少了棉织品的使用寿命。

如何防止此类事情发生：

（1）加强员工思想的培训。告诉员工酒店是我们的“家”，到酒店的每一位客人是家里来的“客人”，如果真的在我们家里来了客人，我们会拿一条擦过马桶的毛巾给客人使用吗？

（2）酒店应给员工配足抹布。酒店给员工配足抹布，而且抹布要用颜色来区分，哪些抹布是擦杯子，哪些是擦马桶，哪些是擦地面。这样员工手中有足够的用具，也就不会再使用棉织品了。

（3）加强巡查。楼层领班、主管要加强巡查力度，发现有员工在使用棉织品做卫生要及时纠正。如多次违反规定，可采取一些处罚手段，让员工慢慢形成一种习惯。

第十二章　客房服务管理

酒店客人大部分时间是在客房度过的，因此，客房服务质量在很大程度上反映了酒店的服务质量。服务质量管理是客房管理的是三大任务(服务、卫生、安全)之一。客房部应通过设立适当的服务组织模式，为客人提供热情、主动、高效、个性化的服务。

本章学习目的

★ 了解客房服务工作的组织模式。
★ 了解客房服务项目及其服务规程。
★ 掌握提高客房服务质量的途径。
★ 了解个性化服务和酒店“贴身管家”
★ 掌握客房部与酒店其他部门沟通的内容。
★ 学会对客房服务和管理中常见问题的处理方法。

关键术语：宾客服务中心　服务项目　服务质量　个性化服务　贴身管家　客房消费遗留物品招领

Key Words: Guest Service Centre; Service Item; Quality of Service; Personalized Service; Butler Service; Consumption; Lost & Found

经理的困惑

——"一样的"个性化服务：怎么不见好评如潮？

我是一家酒店的客房部负责人，不久前，听了一位酒店专家讲了这样一个服务案例：他有一天入住广州的一家酒店，台子上的一张手写小便签引起了他的注意，上面写着"尊敬的×××，我是本房间的服务员，如果您有什么需求的话可致电××××，祝您住店愉快！服务员小张"，专家觉得非常温馨，对这个个性化服务也是予以了高度好评，多次在给酒店从业人员的上课中讲到。听了这个案例后，觉得这是一个可以实施的优质个性化服务，因此马上就在客房内开展了。为此，我们设计了一张打印有上述文字的卡片，取名"专职服务员联系卡"，还特意贴上了服务员照片，并进行了塑封，但是从宾客的反响来看却并没有出现好评如潮的现象，我有些困惑……

第一节　宾客服务中心的管理

客房对客服务的组织模式有两种：一种是"楼层服务台模式"，另一种是"宾客服务中心(房务中心)"(guest service centre)模式。

我国传统酒店对客服务都采用楼层服务台模式，这也是很多地方公安部门对酒店的要求。但国外酒店以及国内中外合资(合作)酒店基本上都采取宾客服务中心的模式。与楼层服务台模式相比，宾客服务中心模式不仅能够节约用地，增加营业面积，节约客房部人力资源的成本和费用，而且更能保持楼层的安静，更能保护客人的隐私，也更能提高经营效率。因而受到越来越多酒店的欢迎，国内星级酒店及中高档酒店开始普遍采用宾客服务中心模式为客人提供服务(即使有楼层"服务台",也是形同虚设)，应该说，这是酒店经营管理的发展趋势。

一、宾客服务中心的职能

宾客服务中心的主要职能如下：

1. 信息处理

凡有关客房部工作的信息几乎都要经过宾客服务中心的初步处理，以保证有关问题能及时得以解决或分拣、传递。

2. 对客服务

由宾客服务中心统一接收服务信息，并通过电话、手机等现代化手段，向客房服务员发出服务指令。即使宾客服务中心不能直接为客人提供有关服务，也可以通过调节手段来达到这一目标。

3. 员工出勤控制

所有客房部员工的上、下班都要到此签名，这不仅方便了考核和工作安排，而且还有利于加强员工的集体意识。

4. 钥匙管理

客房部所使用的工作钥匙都集中于此签发和签收。

5. 失物处理

整个酒店的失物和储存都由宾客服务中心负责，这大大方便了失物招领工作的统一管理，提高了工作的效率。

6. 档案保管

宾客服务中心保存着客房部所有的档案资料，并必须作及时的补充和更新整理，这对于保持有关档案资料的完整性和连续性具有十分重要的意义。

为了及时了解和处理客房服务和管理中随时出现的各种问题，掌握宾客和员工的动态，客房部管理人员，特别是主管，应将自己的办公室设在宾客服务中心内。一些主管将自己隔绝起来，根本不管每天发生什么事情，也不知道宾客中、员工中每小时发生的各种各样的问题，不利于管理工作。

二、宾客服务中心的运转

宾客服务中心 24 小时为客人提供服务。可设一名领班或主管负责日常事务。宾客服务中心每天三班倒，根据酒店规模的大小和客房数量的多少，每班可设 2 位或以上接听电话及处理相应问题的服务员，另外，当然也要设相应的专职对客服务人员。

宾客服务中心的理想位置是处于员工更衣室和员工电梯之间的同一平面上，其内部设计因条件而异。一般而言，它应具有同时接听两个以上电话的能力。最好有小型交换机的功能，以保证信息的畅通。在对内联络方面，要求有快速、灵便的呼叫手段。

另外，从某种意义上讲，宾客服务中心的主要工作是接听客人有关客房服务需求的电话。因此，在宾客服务中心工作的员工必须具备话务员的素质，能够用礼貌、悦耳的声音为接听客人电话，回答客人问询。否则，必将影响服务质量，损坏酒店的形象。

案例

叫醒失误的代价①

小杨是刚从旅游院校毕业的大学生，分配到某酒店房务中心是为了让他从基层开始锻炼。今天是他到房务中心上班的第二天，轮到值大夜班。接班没多久，电话铃响了，小杨接起电话："您好，房务中心，请讲。"

"明天早晨 5 点 30 分叫醒。"一位中年男子沙哑的声音。

① 陈文生. 叫醒失误的代价. 中国旅游报，2005-6-29.

"5点30分叫醒，是吗？好的，没问题。"小杨知道，叫醒虽然是总机的事，但一站式服务理念和首问负责制要求自己先接受客人要求，然后立即转告总机，于是他毫不犹豫地答应了。

当小杨接通总机电话后，才突然想起来，刚才竟忘了问清客人的房号！再看一下电话机键盘，把他吓出一身冷汗，这部电话机根本就没有号码显示屏！小杨顿时心慌，立即将此事向总机说明。总机告称也无法查到房号。于是小杨的领班马上报告值班经理。值班经理考虑到这时已是三更半夜，不好逐个房间查询。再根据客人要求一大早叫醒情况看，估计十有八九是明早赶飞机或火车的客人。现在只好把希望寄托在客人也许自己会将手机设置叫醒。否则，只有等待投诉了。

早晨7点30分，一位睡眼惺松的客人来到总台，投诉说酒店未按他的要求叫醒，使他误了飞机，其神态沮丧而气愤。早已在大堂等候的大堂副理见状立即上前将这位客人请到大堂咖啡厅接受投诉。

原来，该客人是从郊县先到省城过夜，准备一大早赶往机场，与一家旅行社组织的一个旅游团成员汇合后乘飞机出外旅游。没想到他在要求叫醒时，以为服务员可以从电话号码显示屏上知道自己的房号，就省略未报。

酒店方面立即与这家旅行社联系商量弥补办法。该旅行社答应让这位客人可以加入明天的另一个旅游团。不过今天这位客人在旅游目的地的客房预订金270元要由客人负责。接下来酒店的处理结果是：为客人支付这笔定金，同时免费让客人在本酒店再住一夜，而且免去客人昨晚的房费。这样算下来，因为一次叫醒失误，导致酒店经济损失共计790元。

点评：因为一次叫醒的失误，酒店竟为此付出790元的代价。可谓："花钱买教训！"

由本案得出的教训和应采取的改进措施有三：

一是缺乏岗前培训（或培训不到位）。所有新入职的员工，都应该接受部门安排的严格的入职培训，使其掌握部门服务程序、操作标准和规范。

二是所有"新手"上岗，都应当有"老员工"或领班带班一段时间，关注他们的工作情况，包括哪怕接一次电话的全部过程。比如与客人对话是否得体、完整，是否复述、是否记录等，必要时要做好"补位"工作。

三是所有接受客人服务来电的电话机都必须有来电显示屏，并有记忆功能。这样既利于提高效率、方便客人，也可防止类似事件的发生。

第二节　客房服务项目及其服务规程

楼层对客服务主要集中在两个环节：一是客人住店期间的服务；二是客人离店时的服务。

一、客人住店期间的服务项目及服务规范

（一）客房小酒吧（mini-bar）

为了方便客人，大部分酒店都在客房内安放了冰箱（一些高档酒店还在客房内设有小型吧台。参见图 12-1）向客人提供酒水、饮料和一些简单的食品。

图 12-1 客房小酒吧

为了加强对这些食品和饮料的管理，饭店应设计一份记有冰箱内（或吧台）食品、饮料的种类、数量和价格的清单，并要求客人将自己每天饮（食）用的食品、饮料如数填写（如表 12-1 所示）。酒单一式三联，第一、二联交结账处作为发票和记账凭证，第三联作补充酒水食品的凭证。

客房服务员每天早晨对其进行盘点，把客人实际饮用的数目通知前台收款员处，随后，对冰箱（吧台）中所缺饮料予以补充。

提供客房小酒吧服务时，客房服务员应注意以下事项：

（1）如发现客人使用过小酒吧时，应核对客人新填的酒水耗用单。

（2）如客人填写有误，应注明检查时间，待客人回房时，主动向客人说明并更正；如客人未填写，应代客补填并签名和注明时间。

（3）如客人结账后使用了小酒吧，应礼貌地向客人收取现金，并将酒单的第一联作为发票交给客人，收取的现金连同酒单的第二联记账凭证及时交给结账处。

（4）领取和补充小酒吧的酒水和食品时，要检查酒水的质量和饮料、食品的有效保

质期。

有些高级饭店对客房内的冰箱采用计算机管理，当客人从冰箱里取出一瓶饮料后，冰箱内的开关信号将指示机器驱动，结果将使前台收款处该客人账单上的账目自动增加。但这种装置也有缺点，例如，客人取出一瓶啤酒后，发现品牌不中意，便放回原处，但这时计算机已经记下了这瓶啤酒的账。

表 12-1　客房迷你吧酒水单

Mini Bar Voucher

Guest Name(姓名)：______

Room No.（房号)：______

Date(日期)：______

STOCK 贮量	ITEM 品名		UNIT PRICE 价格 RMB	CONSUMED 消耗数量	AMOUNT 金额
2	Martell VSOP	金牌马爹利	28.00		
2	VSOP Remy Martin	VSOP 人头马	28.00		
2	JW Black Label	黑牌威士忌	38.00		
2	JW Red Label	红牌威士忌	38.00		
2	Gordon's Dry Gin	哥顿金酒	28.00		
2	Grant's	格兰威士忌	38.00		
2	Imported Beer	进口啤酒	15.00		
2	Juices	各式果汁	8.00		
2	Coca Cola	可口可乐	8.00		
1	Sprite	雪碧	8.00		
2	Watsons	屈臣氏蒸馏水	8.00		
2	Chocolate	巧克力	20.00		
4	Mineral Water(Imported)	进口矿泉水	20.00		
1	Local Beer	本地啤酒	8.00		
2	Wine	葡萄酒	25.00		

第一联：客户（白）第二联：前厅（红）第三联：存根（黄）

Plase indicate daily the number of items you have consumed and kindly sign this form and leave it on your mini bar. The amount will be added to your room account.

请将您每天消费的饮料记入本账单并把账单放在吧台上收费金额将记入贵账户。

______________　　　　　　______________

Guest Signature　　　　　　Room Attendant

（二）房餐服务（room service）

房餐服务在欧美国家旅馆业中称为“room service”，它是指应客人的要求将客人所点之餐饮送至客房的一种服务。常见的房餐有早餐、便饭、病号饭和夜餐等项目，其中以早餐最为常见（参见图 12-2）。

图 12-2　房餐服务

如提供房餐服务，酒店应设计专门的房餐服务餐牌，摆放在客房床头柜或写字台上，上面标明房餐服务电话号码。另外，提供房餐服务，通常要收取 20%～30%的服务费。

房餐服务的方式有好几种。在一些大型酒店里，这项服务是由餐饮部负责的，餐饮部设有房餐服务组，由专职人员负责提供房餐服务，在另外一些酒店，房餐则是由餐厅服务员送到楼层，再由楼层服务员送进客房，采用这种服务方式的酒店，要求楼层服务员必须熟悉菜单，并掌握一定的餐厅服务技能。

房餐可以用托盘提供，也可以用餐车送上，这要视所送餐食饮料的多少而定，如用餐车送餐，要小心谨慎，以免因地毯不平或松动而翻车。另外，送餐时，必须要使用保温、保暖、保凉和保持清洁卫生的用具。

提供房餐服务时，要注意及时将客人用过的餐具和剩物撤出（一般在一小时后，征得客人同意后撤出），以免影响房内卫生和丢失餐具，收东西时，要注意清点餐具并检查有无破损，同时还要注意随手更换烟灰缸、玻璃杯，擦净桌上的脏物，以保持房内清洁。

最后，用餐完毕，不要忘记请客人在账单上签名。

（三）洗衣服务（laundry service）

客人离家在外，生活很不方便，再加上每天的旅游和商务活动安排都很紧，而自己的衣服又得勤换洗，自己动手洗衣服费时又费力，因此，酒店一般都向客人提供洗衣服务，且大型酒店一般都设有自己的洗衣房。

酒店向客人提供的洗衣服务，从洗涤方式上讲，有三种类型：即干洗（dry-cleaning）、水洗（laundry）和烫熨（pressing）。其中，干洗的一般是一些高档衣料以及毛织品、绸缎真丝等。从洗涤速度上，可以分为“普通服务”(regular service)和“快洗服务”(express service)两种，每种服务都要在规定的时间内完成，普通服务一般在上午九点以前收取衣服，当天送回，快洗服务则要求收到客衣后 3~4 小时内洗完送回，由于快洗服务会为洗衣房的工作带来不便，因此，一般要加收一倍的服务费。

无论是干洗、水洗还是烫熨，也不管要求普通服务还是快洗服务，都要求客人预先填好洗衣登记表(见表 12-2)。

表 12-2 洗 衣 清 单

Laundry 湿洗 Dry-cleaning 干洗 Pressing 熨衣

<table>
<tr><td colspan="6">For services please touch 3 (洗衣请按内线 3)</td></tr>
<tr><td colspan="2" rowspan="2">Room No. 房号</td><td>Name
姓名</td><td colspan="3">Signature
签名</td></tr>
<tr><td>Date
日期</td><td colspan="3">Time AM/PM
时间 上午/下午</td></tr>
<tr><td colspan="6">Special Instructions 特别指示</td></tr>
<tr><td colspan="2">□Same Day Service:
Collected by 11: 00
Delivered on Same Day
□普通服务:
上午 11 时前收取的衣物即日可送回</td><td>□Express Service (4 hours): Latest collection by 14: 00
Delivered on the Same Day. 50% surcharge.
□加快服务 (4 小时):
收取截止时间为下午 2 时，即日可送回，50%附加费</td><td colspan="2">□Pressing Service (1 hour): Pressing is available from 7: 00 to 18: 00
□熨衣服务 (1 小时):
早上 7 时至晚上 6 时提供服务</td><td>□Overnight Pressing Returned by 8: 00
□隔夜熨衣:
于次日早上 8 时送回</td></tr>
<tr><td>Guest Count
宾客点数</td><td>Hotel Count
酒店点数</td><td>Laundry Items
湿洗项目</td><td>Price RMB 价目
Laundry 湿洗</td><td colspan="2" rowspan="3">Shirts Return
恤衫交回
□On Hanger
挂起
□Starch
上浆
□Folded
折叠</td></tr>
<tr><td></td><td></td><td>Normal Shirt
普通恤衫</td><td>26</td></tr>
<tr><td></td><td></td><td>Blouse
女装恤衫</td><td>26</td></tr>
<tr><td></td><td></td><td>Sport/T-Shirt
运动衣/T 恤</td><td>20</td><td colspan="2" rowspan="2">Plus 15% Surcharge
加 15%附加费用</td></tr>
<tr><td></td><td></td><td>Jacket 外套</td><td>38</td></tr>
<tr><td>Guest Count
宾客点数</td><td>Hotel Count
酒店点数</td><td>Laundry Items
湿洗项目</td><td>Price RMB 价目
Laundry 湿洗</td><td colspan="2">Amount 金额</td></tr>
<tr><td></td><td></td><td>Dress 连身裙</td><td>43</td><td colspan="2" rowspan="2"></td></tr>
<tr><td></td><td></td><td>Skirt 短裙</td><td>26</td></tr>
</table>

续表

Guest Count 宾客点数	Hotel Count 酒店点数	Laundry Items 湿洗项目	Price RMB 价目 Laundry 湿洗	Amount 金额
		Pants/Jeans 西裤/牛仔	32	
		Shorts 短裤	20	
		Pyjamas（2pcs）睡衣裤（二件/套）	26	
		Night Gown 睡袍	26	
		Undershirt 内衣	12	
		Underpants 内裤	12	
		Socks/Stockings（Pair）短/长袜（对）	8	
		Handkerchief 手帕	8	

Guest Count 宾客点数	Hotel Count 酒店点数	Dry-cleaning/Pressing Items 干洗/熨衣	Price RMB 价目	
			Dry Cleaning 干洗	Pressing 熨衣
		Suit（2pieces）西装（二件/套）	78	42
		Jacket/coat 外套	48	26
		Slacks/pants 西裤	32	16
		Shirt/Blouse 恤衫	32	16
		Skirt 短裙	32	16
		Skirt（Full peated）有褶短裙	62	36
		Dress 连衣裙	68	36
		Dress（Evening）/Tuxedo 晚礼服	85	45
		Vest 背心	20	10
		Sweater 毛线衣/羊毛衫	38	16
		Tie/Scarf 领带/领巾	16	10
		Overcoat/Long coat 大衣	88	36

Remarks:

1. Should the list be omitted or not itemized, the Hotel count will be taken as correct.

2. All Laundry/Valet/Dry Cleaning, is accepted by the Hotel at the owner's risk. While the utmost care will be exercised by the Hotel, the liability of the Hotel is limited to TEN times the value of the Laundry/Valet/Dry Cleaning charges. The Hotel shall not be responsible for any further loss or damage howsoever arising.

3. Shirts will be folded and blouses will be on hanger unless otherwise requested.

说明：

1. 如客人未填写衣物数量，将以本酒店所计数量为准。

2. 本酒店在正确的洗涤操作下若造成衣物的任何损坏，最高赔偿额不超过衣物洗熨单价的10倍。衣物上的装饰品和衣兜里的物品损坏或遗失，酒店概不负责。

3. 送衣时，除有特殊要求，男装衬衫将以折叠方式送回，女装衬衫将以挂架送回。

这张表可置于写字台上或与洗衣袋一起放在壁橱里，客人有洗衣要求时，要在上面注明自己的姓名、房号、日期、所需洗涤各类服装的件数，并标明要求提供普通服务还是快洗服务。服务员进房收取衣服时，要仔细核对表中所填需洗涤衣服的数目是否与客人放进洗衣袋的衣物相符，同时检查一下口袋内有无物件、纽扣，有无脱落、严重污损、褪色、布质软弱不堪洗涤等情况，发现问题应向客人指明，并在登记表上注明。

为了避免一些不必要的麻烦，酒店方面还应在印制的洗衣登记表上注明在洗涤过程中出现某些情况时的处理方法，如关于洗涤时客衣缩水或褪色的责任问题以及如出现洗坏或丢失情况时的赔偿问题(按国际惯例,赔偿费一般不超过该件洗衣费的10倍)。鉴于很多客人待洗衣服的价值远远超过洗涤费的10倍，如衣服损坏或丢失，按洗涤费的10倍进行赔偿远远不能补偿客人的损失，酒店可考虑推出“保价洗涤收费方式”，即按客人对其所送洗衣物保价额的一定比例收取洗涤费。

案例

洗衣单引起的思考

香港　闵惠斯

最近，在某酒店投宿，早餐时，因西装袖口沾上了油污，想送酒店洗衣房洗涤，但仔细看过洗衣单的“说明”后，却打消了原来想洗衣的念头。

洗衣单说明栏注：“……如有任何于洗熨过程中损坏或失去纽扣或饰物，本酒店概不负责。”

这条说明分为两个部分，一是“损坏”，二是“失去”。先说“损坏”，据我所知，由于科技的发展，纽扣制作的材料呈多种多样，日新月异的趋势，酒店洗涤人员不是某学科的专家，不可能全部识别它的材料是否能水洗以及是否耐高温，是否会引起其他的化学变化等。所以，在培训中，许多酒店洗涤人员就会被告知：除了多掌握专业知识外，遇到没把握的情况时，采用先剪下来再洗的方法，就不应该存在“损坏”的问题，更不应该损坏后“本酒店概不负责”。至于“失去”纽扣，其实说白了这个“失去”就是“遗失”，酒店等于在说，我丢失了你的纽扣是不赔的！

这家酒店平时的信誉情况我不太清楚，假设我真的“中头彩”，“损坏或失去”纽扣，洗衣契约中已白纸黑字明明白白，找酒店是白搭，接下来就为补齐纽扣而奔波忙碌去吧。

再看洗衣单说明栏注二：“任何衣物的丢失损坏，其赔偿将不超过洗熨费的十倍。”

该酒店西装洗涤的收费是每套12元。本人西装极其普通，商店买来也要900元，也就是说，如果酒店丢失了我的衣服，赔偿上限是120元，拿到120元应额手称庆，但反过来问一问，120元能补偿西装的损失吗？更不要说有些国外客人几千美金的高档西装了。

丢失客人的衣服，赔偿不超过洗衣费的十倍，这一点国外比较流行，我们酒店写上这一条应该说也是符合国际惯例，问题是国外洗衣收费也贵，洗衣费与赔偿费的差距也没有国内这样大。

洗衣单上这些说明，从表面上看，酒店维护了自己的利益，但客人的利益没有受到充分的保护，于是，我因此而打消了洗衣的念头，是否会有许多人有我这样的心理呢？客人如遇到以上诸“说明”中的一项，虽然只有自认倒霉，但他又会对酒店产生什么样的印象呢？

有些饭店现在推出保价洗涤，也即客人可以开出自己衣服的价值，洗衣价也按比例相应上升，这样，客人、酒店利益两不误，各家酒店不妨一试。

洗烫干净平整的客衣送回时，应根据洗衣单存根联仔细核对清楚，比如衣物的件数、房号、客人姓名等。随后，将客衣送至客房，请客人查收，待客人点检清楚后再离房，并向客人道别。最后，在存根联上注明送衣日期、时间，并签上姓名。

（四）其他服务

1. 托婴服务(babysitting)

住店客人外出旅游或从事公务时，带小孩有时会很不方便，为了解决这个问题，很多酒店都为住店客人提供托婴服务，客人外出或有商务应酬时，可以把小孩交托给客房部，由客房部委派专人照管(或由客房服务员兼管)，并收取适量服务费。

照看婴儿(或小孩)时要注意按客人的要求进行，不要随便给小孩吃东西，尤其要注意小孩的安全。

2. 擦鞋服务

高级酒店一般都为客人提供擦鞋、钉纽扣和缝补等服务。以此为客人提供方便，并提高服务质量。

客人需要擦鞋服务时，会将鞋放在壁橱内的鞋筐内(或打电话到宾客服务中心)，服务员做房时，应将鞋筐里的鞋子收集起来，并在擦鞋服务单上写清房号。擦完后，要按房号将鞋子连同鞋筐放回客人房门口或壁橱内。

另外，遇雨雪天气，客人外出归来，鞋子上易沾有泥泞，此时，服务员应主动要求帮客人擦鞋，这样做不仅会使客人满意，又可以避免弄脏酒店和房内地毯。

3. 手机充电服务

在当代社会，手机已经成为人们的生活必需品，酒店为客人提供手机充电服务已经成为酒店服务的必不可少的服务项目。酒店应该准备好各种常用手机的充电器或多功能充电器，满足客人的需要。为客人提供手机充电服务以及免费 wifi 服务，已经成为住店客人的基本需求。

二、客房消费与在住客人查询

（一）客房消费

客房消费项目包括小酒吧、洗衣单、赔偿单等(参见图 12-3)。

输入账单：点击“输入账单”，输入房号，选定账户和账单，选择客房消费的项目，再输入消费明细的数量。

冲减账单：选中待冲减的一张或多张客房消费账单，点击“冲减账单”并确认即可。

显示账单：显示客房消费账单的明细内容。

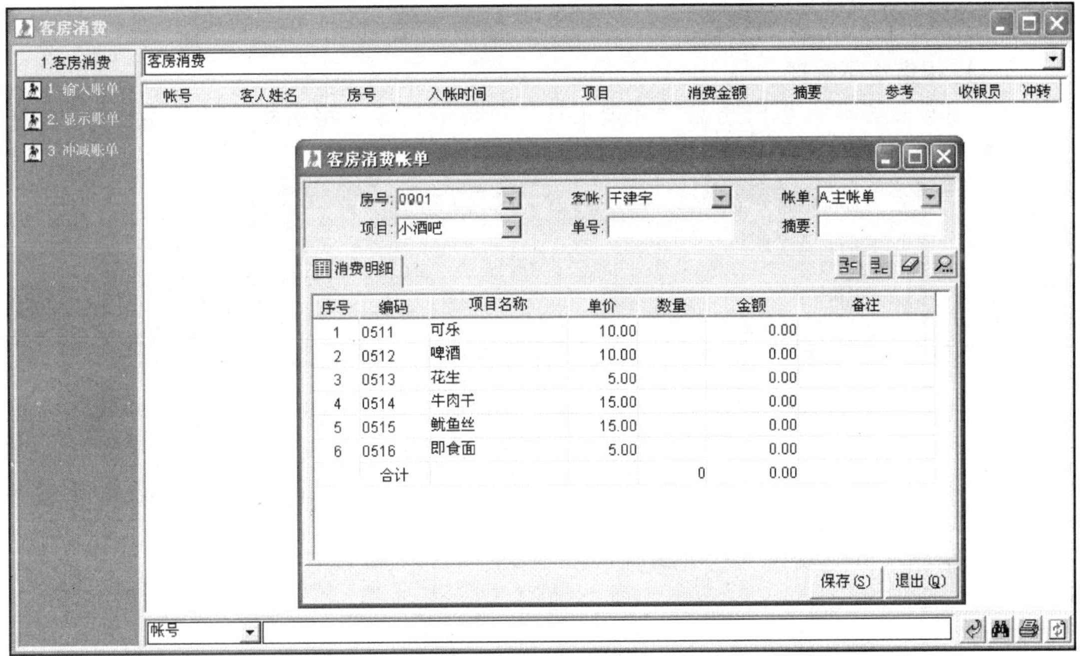

图 12-3　客房消费项目

(二) 在住客人查询

在客房部的在住客人视图中，可以查询在住客人，并且可以穿透查询详细的客单资料和客历档案(参见图 12-4)。

客房管理

1.管家：1. 显示客单；2. 显示客历；2.留言

在住客人

A	M	$	房号	客人姓名	帐号	抵店日期	离店日期	房数	房类	房价代码	实际房价	附加费	帐户余额
	✉		0409	宁岗1	1496	03-11-20 18:33	06-01-16 12:00	1	BR	RACK	500.00	50.00	0.00
			0410	蔡建荣	1501	03-11-20 18:29	06-01-16 12:00	1	BR	RACK	500.00	50.00	0.00
		$	0412	易晋	1520	03-11-21 18:08	06-01-16 12:00	1	BR	RACK	500.00	50.00	4,400.00
	✉	$	0417	陈建明	1495	03-11-21 10:55	06-01-16 12:00	1	BR	RACK	500.00	50.00	4,543.00
		$	0606	翁总	1519	03-11-21 10:57	06-01-16 12:00	1	BR	RACK	500.00	50.00	4,400.00
		$	0702	新客人	1551	06-01-03 10:23	06-01-16 12:00	1	SR	RACK	300.00	0.00	600.00
		$	0703	STEVE TO	1498	03-11-20 18:29	06-01-16 12:00	1	ES	RACK	500.00	50.00	4,950.00
	✉	$	0901	王建宇	1469	03-11-20 18:29	06-01-16 12:00	1	SR	RACK	300.00	30.00	2,970.00
		$	0911	郑国晖	1497	03-11-20 18:29	06-01-16 12:00	1	SR	RACK	300.00	30.00	2,970.00
			0918	新客人	1555	06-02-08 20:48	06-02-09 12:00	1	SR	RACK	300.00	0.00	0.00
		$	1205	黄浩英	1493	03-11-20 18:29	06-01-16 12:00	1	DR	RACK	400.00	40.00	3,960.00
		$	1205	姜萍	1494	03-11-20 18:29	06-01-16 12:00	1	DR	RACK	400.00	40.00	3,960.00
		$	1206	谢枫	1471	03-11-20 18:29	06-01-16 12:00	1	DR	RACK	400.00	40.00	3,960.00
			1208	刘佳	1556	06-02-09 12:23	06-02-10 12:00	1	PS	RACK	1,000.00	0.00	0.00
		$	0402	全国水稻大会017	1489	03-11-20 18:31	06-01-16 12:00	1	BR	GRP	300.00	30.00	2,970.00

帐号

图 12-4　在住客人查询

三、租借物品与遗留物品管理

（一）租借物品管理

客房部要做好客人租借物品的管理工作，负责登记客人租借物品及归还情况（参见图 12-5）。

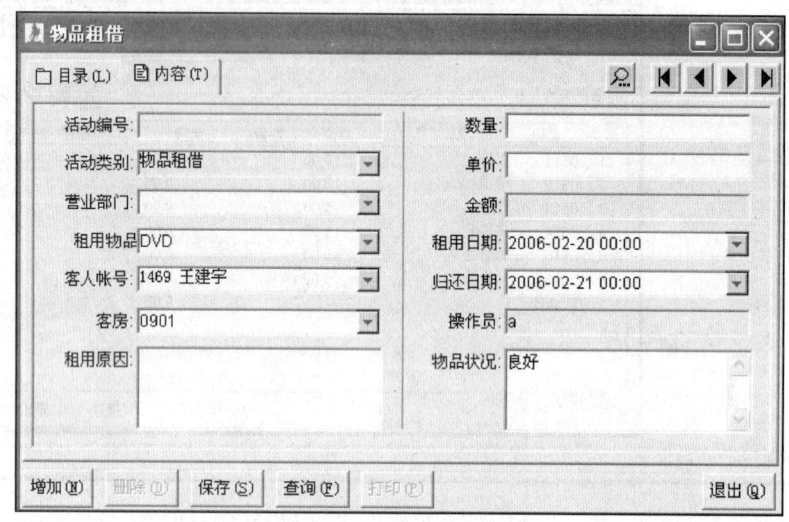

图 12-5　租借物品管理

租借物品通常由宾客服务中心统一管理，客房部为客人提供的租借物品通常包括以下内容（参见表 12-3）。

表 12-3　客房租借物品

客房租借物品	
茶具（tea set）	吹风机（hair dryer）
电熨斗（iron）	剪刀（scissors）
烫衣板（ironing board）	指甲刀（nail-clippers）
充电器（charger）	各类枕头（如软枕头、荞麦皮枕头等）（pillow）
调压器（adaptor）	活动衣架（hanger）
插线板（socket）	电脑音箱（sound box）

（二）遗留物品管理

客房部要负责登记客人遗留物品的拾获情况、处理情况、认领情况（参见图 12-6）。

客房员工在查房时，经常会发现客人的遗留物品。对于客人的遗留物品，酒店方面要通过相应的制度保障，加以妥善处理。

通常，客人遗留物品应该由客房部统一管理，酒店内客人遗留物品通常主要来自客

遗留物品

目录(L)　内容(T)

拾获物品

序号:

客人帐号:

客人姓名: 刘佳

拾获物品: 手机

物品特征: 黑色

拾获地点: 房间

拾获日期: 2006-2-21 00:00:00

拾获人: Mary

说明:

处理情况

保管地点: 前台

保管人:

有效日期:

处理情况:

处理人:

处理时间:

认领记录

认领人:

认领日期:

工作单位:

证件号码:

联系地址:

联系电话:

经手人:

备注

目前尚未有人前来认领，认领时请询问其手机号码等信息，以防冒领

已处理完毕

增加(N)　删除(D)　保存(S)　查询(F)　打印(P)　退出(Q)

图 12-6　遗留物品管理

房，因此由客房部统一保管在操作上也比较方便。服务员在查房时若发现遗留物品，应在第一时间(争取在客人退房前)通知到前台，以便客人及时领回物品。

对于客人遗留物品是否应主动送还给客人，以洲际酒店为代表的欧美酒店和以香格里拉为代表的亚洲酒店有不同的处理方法。欧美贵族式服务酒店褒扬将遗留物品主动迅速送到客人手中，甚至形容为当某客人旅游完刚入家门即遇到所入住酒店行李生搭乘火车将他遗失的物品亲自送至客人家中，令客人无比愉悦，享受“尊贵之体验”。亚洲式管理的酒店通常要求等待客人自己主动索取，经核实后退送，原因简单到可以解释为回避客人之隐私或不悦，如果此遗留物对客人真的非常重要的话客人会回电查询的，为送还遗留物而私擅自联系到其家庭/公司或预定系统的做法，极可能引起不悦及不必要事情发生。例如，许多客人不愿公开自己入住酒店的行踪、行程、私人活动等。

当然，如果客人离开酒店不久，酒店就应尽量主动联系客人，而非坐等客人回来找，这不仅能够尽量减小客人的损失，也可在很大程度上减少客房部文员的工作量。

对于不能及时归还给客人的物品保管问题，酒店通常分为食品、药品、普通物品以及贵重物品几大类，分别有不同的保管期限。如食品类通常为 3 天，统一放置于客房部的大冰箱，无须入库；药品则为一周，部分酒水类归入贵重物品，通常 6 个月进行一次处理。

每年年末将所有已过领取期限的而无人认领的遗留物品列出清单，重新盘查贵重物品并提交管理层审议，可捐献或发给拾获者，也可在员工活动中进行拍卖或抽奖。

案例

制度比敬业更重要
——客人找不到东西的现象再也没有发生过

在一家酒店里，一位员工接到一位台湾地区客人的电话，说自己不慎在酒店里遗落了一包回家祭祖时从祖坟上带来的泥土，这包故土对于他来说非常珍贵，请工作人员一定要帮他找到。这位员工翻遍酒店所有的垃圾袋，最后找到那包泥土。毫无疑问，那位客人自然非常感激。

可有一次，我问一酒店的经理："你们酒店发生过类似的事情吗？如果有的话，你们的员工又是怎么做的呢？"

经理摇了摇头，笑呵呵地说："我们的酒店从来不会发生这样的事情。"

很奇怪，我问："难道你们从来没有遇到过丢了东西的客人吗？"

他回答说："怎么会没有呢？不过，我们酒店有规定，在客人退房以后，服务员如果发现客人遗落下来的东西，一律要保存。不管值不值钱，哪怕只是一张废纸，也要完整无缺地保存下来。少则3天，最长保存一年。这样做的目的，就是怕无意中扔掉客人有纪念意义的东西。"

他们的做法非常好。我接着问："你们是怎么想到要出台这样一个制度？"

经理回答说："刚开始时，我们也没有这样的制度。每次碰到遗落东西的客人，负责客房部的经理就得挨个问、一遍遍地找，有时还因为找不到而引起客人的不满。有了几次这样的经历后，客房部经理就向高层递交了一份报告，大意是说，与其等客人丢了东西再去寻找，不如先把客人遗留下来的东西保留一段时间，这样既显示出对客人的尊重，也给酒店的工作人员节省了精力和时间。"

"酒店采纳了客房部经理的建议，专门腾出一个房间做保管室，将客人遗留下来的东西进行编号保存。这样的制度一出台，客人找不到东西的现象再也没有发生过。工作人员可以有把握地对需要寻找失物的客人说：'请您放心，只要是遗落在我们酒店的东西，我们都已经为您妥善保管好了。'这种做法赢得很多客人的心，也为酒店带来了良好的口碑。"

同样是对待客人遗落物品的问题，两相比较，前面所讲的那家酒店员工的表现诚然让人感动，但毫无疑问，他们的管理者并没有做到位，因此才让问题发生。而提出建立客人遗留物品保管制度的客房部经理，才是一流中层的做法。这个案例给很多管理者一些很好的启示：

第一，只有制度化，才有规范化和专业化。执行只有在制度的保障下才能到位和高效。

第二，当问题出现时，员工所想的可能是现在如何解决它。作为一位管理者，应该想到如何彻底解决它，让类似的事情再也不要出现，这时候，就需要有制度上的保证。

四、客人离店时的服务规程

客人离店时的服务规程包括以下三个方面：

（一）客人离开楼层前的准备工作

（1）确切了解客人离店的日期、时间以及乘坐的交通工具。

（2）检查客人有无委托代办事项？有无办妥？该送前台的账款单是否已结清，以免错漏。

（3）如有清早离店的客人，要问清是否要准备早餐？是否需要叫醒？

（4）如客人要求代叫行李员搬送行李，应问清何时搬送以及行李件数，并立即通知前厅部行李组做好准备。

（二）客人离开楼层时的送别工作

（1）客人出房时，应向客人微笑道别，并提醒客人是否有遗忘物品。

（2）为客人按电梯铃，电梯到达楼面，应用手挡住电梯活动门，请客人先进入电梯并协助行李员将行李送入电梯内放好。

（3）当电梯门即将关闭时，要面向客人，微笑鞠躬告别，欢迎客人再次光临并祝旅途愉快。

（三）客人离开楼层后的检查工作

（1）客人离开楼层后，应迅速入房仔细检查。

（2）如发现客人离房前使用过小酒吧酒水，应立即告知结账处，并将酒水单送前台。

（3）同时检查房间物品有无丢失，设施设备有无损坏，如有应立即报告大堂副理，以便及时妥善处理。

（4）如发现客人有遗留物品，应立即追送，如来不及，应按有关程序处理。

（5）作好离店客人情况记录，送客房部存档备查。

案例

我在丽嘉酒店提供房膳服务……

第三节 提高客房服务质量的途径

“踏入金棕榈，从大堂到房间、从泳池到空中花园，你所能碰到的每一个服务员，不管他(她)在做什么，都会稍停下手上的工作，望向你，然后，给你一个或是灿烂，或是羞涩，或是恬淡，但却透出无比真诚的微笑……。

正是这一笑，使你的心与这个酒店一下亲切了许多，一下子放松了，有了回家的感觉……”①

一、客房服务质量的基本要求

(一) 真诚

是否真诚，反映服务员的服务态度问题。要为客人提供最佳服务，首先要突出“真诚”二字，要实行感情服务，避免单纯的完成任务式的服务。客房服务员为客人提供的服务必须是发自内心的：热情、主动、周到、耐心、处处为客人着想，也就是“暖”字服务。饭店许多服务质量差的现象发生，究其原因，都是由于服务人员的态度不好造成的，服务态度不好，主要是缺乏真诚和热忱，表现在实际工作中，就是对待客人没有微笑，不使用敬语，甚至与客人争辩。这里有一个心理因素，认为客人是人，自己也是人，我为什么要服侍他，将人与人之间的关系和社会角色之间的关系混在一起。客房部的每一个员工都要调整好自己的心理角度，把饭店的客人当成自己请来的朋友一样，以主人的身份来接待客人，替客人着想，这是提供优质服务的保证。

真诚服务，实际上也是感情服务，是在用“心”为客人提供服务，体现在细枝末节之处和服务过程的各个环节之中。下面这一案例可以很好地说明这一点：

案例

一只没有清洗的茶杯

某大学的刘教授出差去桂林，住在四星级的桂湖饭店，在参加完一整天的会议之后，晚上回到房间，发现床头柜上有一张留言条，仔细一看，是客房服务员留给自己的，上面写着：

---

① 摘自王健生．记三亚亚龙湾金棕榈度假酒店．中国旅游报，2005-9-26.

桂林桂湖饭店
GUILIN PARK HOTEL
电 访 阁 下
YOU WERE CALLED

先生，太太，小姐
MR. MRS. MISS 尊敬的刘教授

房号
ROOM No. 224#

于 上午 下午
AT 11:00 AM PM

由：先生/太太/小姐
BY：MR/MRS./MISS 管家部办公室

电话号码
TEL. No.： 内线“80”

请回复电话
□PLEASE RETURN CALL

再来电话
□WILL CALL AGAIN

留言
MESSAGE： 您好！

因不知您是否保留杯里的茶，故没有帮您清洗杯子，如需清洗，请随时与我们联系。给您带来不便，敬请谅解。

日期
DATE： 祝您在我店入住愉快！

当值职员
CLERK： 2002 年 3 月 27 日

李丽

看了这张留言条和放在一旁自己只喝了一口的茶，刘教授心里非常感动，心想，这里的服务员可真心细，工作这么认真，处处替客人着想。又一想，服务员是怎么知道这杯茶不是酒店提供的普通茶叶泡的，而是客人自己带来具有特殊功效的保健茶呢？噢，肯定是从茶杯里茶水的颜色上判断的！这么一想，他更为服务员的细心、真诚所感动。刘教授在国内外住过很多高星级酒店，几乎每一家酒店的房间里都有一张“征求客人意见表”，他从来没有填过，可这次，他忍不住提起笔来，在“征求客人意见表”上表达自己对服务员的感激和对酒店服务的赞赏之情。

（二）高效

效率服务就是快速而准确的服务。在客房对客服务中的很多投诉都是由于缺乏效率而引起的。因此，国际上著名的酒店集团都对客房各项服务有明确的时间限制。例如，希尔顿酒店集团对客房服务员的要求是：在 25 分钟内整理好一间符合酒店卫生标准的客房。

（三）礼貌

客房服务中的礼貌礼节，是客房服务质量的重要组成部分，也是客人对客房服务人员的基本要求之一。

礼节、礼貌是两个不同的概念。礼节是向他人表示敬意的某种仪式；礼貌是待人谦虚、恭敬的态度。礼节礼貌就是饭店员工通过一定的语言、行为和程式向客人表示欢迎、尊敬、感谢和道歉。

礼貌待客表现在外表上，就是客房服务员要讲究仪容仪表，注意发型服饰的端庄、大方、整洁，挂牌服务，给客人一种乐意为其服务的形象；在语言上，要文明、清晰，讲究语言艺术，注意语气语调，服务中始终以从内心发出的微笑相迎；在举止姿态上，要文明、主动、彬彬有礼，坐、立、行和操作均有正确的姿势。

案例

“礼貌服务+真诚服务=温馨服务”

客房是住店宾客的主要休息场所，客房服务员要承担宾客大部分的日常生活服务，因此，做好客房个性化温馨服务作用重大。客房服务员必须在礼貌服务中切实做到热情迎宾送客，例如：接到住客通知后，应及时做好迎接准备，宾客一到楼层要致辞欢迎：“您好！欢迎，欢迎！”如：碰到节、假日迎宾时，应对每一位宾客特别问候：“新年好”“欢迎光临”“圣诞快乐”“欢迎你到来”等，对于老、幼、病、残的宾客，应及时搀扶，给予关心和帮助，对于重要宾客(VIP)，主动上前引领帮助宾客提携行李物品，同时要察言观色，予以必要的帮助。宾客离店时，要心怀感激之情告别，“感谢光临”“欢迎再来”，语调要亲切柔和，感情要显得诚恳真挚，目光柔和，面带微笑，使宾客忘掉旅途的劳累，温柔体贴的话语使宾客真正享受到“宾至如归”之感。

(四)“微笑”

微笑服务是客房部员工为客人提供真诚服务的具体体现，是服务工作所要求的基本礼貌礼节，是优质服务的基本要求。微笑不仅是热情友好的表示，真诚欢迎的象征，而且是客人的感情需要，能给客人带来宾至如归的亲切感和安全感。

“在日本的酒店，楼层很少能见到酒店员工，但有一点感受却很深，就是一旦有一位员工为你服务，肯定是始终面带微笑，彬彬有礼，让客人有一种很舒服的感觉。而且，无论你出现在酒店哪里，无论你遇到酒店里任何职位的员工，他们都会面带微笑，给你让道并驻足向你点头打招呼，总是很亲切。”

——广东温泉旅游协会考察团赴日考察印象

二、提高客房服务质量的途径

(一) 培养员工的服务意识

员工的服务意识是员工的基本素质之一，也是提高服务质量的基本保证。很多情况下，客房部服务质量上不去，服务员遭到客人的投诉，并不是因为服务员的服务技能或操作技能不熟练，而是因为缺乏作为服务员所必需的服务意识，不懂得“服务”的真正含义和服务工作对服务人员的要求，这正是我国很多酒店的员工所欠缺的。客房部很多工作是有规律性的，客房部管理人员可以将这些有规律性的东西制定为服务程序和操作规范来保证服务质量，同时，也有很多问题或事件是随机的，正确处理这些问题，要求服务员必须具有服务意识，必须掌握服务工作的精髓。

（二）强化训练，掌握服务技能

客房服务员的服务技能和操作技能是提高客房服务质量和工作效率的重要保障，也是客房服务员必备的条件。客房管理者应通过加强训练，组织服务技能竞赛等手段，提高客房服务员的服务技能。

（三）为客人提供“微笑服务”

一位日本客人曾经说过：“论长相，中国的服务小姐比我们日本姑娘漂亮得多。论微笑，我们每位日本姑娘都比你们的小姐笑得好。”此话不假，正如一位酒店管理专家对我国酒店的评价：“多数员工的面部表情是‘冷冰冰、木呆呆、阴沉沉’。平时员工之间的交谈笑意盎然，一见到客人就立即板起面孔。”

要使客房员工为客人提供微笑服务，必须使员工认识到：

- 微笑服务是客房服务质量的重要组成部分，是客人对酒店服务的基本要求。
- 为客人提供微笑服务是对酒店员工的基本要求。
- 笑脸常开会使自己的服务生辉。
- 是否为客人提供微笑服务，反映一个人的礼貌礼节和整体素质。

（四）为日常服务确立时间标准

服务质量是与一定的服务效率相联系的，服务效率是衡量服务质量的重要标准之一，客人所需要的服务，必须在最短的时间内为客人提供，尤其是商务客人，惜时如金，时间观念极强。因此，为了提高服务质量，客房部必须为各项日常服务确立时间标准，并以此作为对服务员进行监督、考核的标准。

以下客房服务项目及其时间标准可供参考（参见表 12-4）。

表 12-4　客房服务项目及其时间标准

服务内容	标准时间（分钟）
补充客房用品（如茶叶、开水、信纸等）	2~3
取冰粒	4
特别用品	5（如变压器等）15（如 DVD 机等）
房餐服务	10
加床（含婴儿床）	8
请速打扫房（赶房）	30
领取客人遗留物品	15

案例

金海湾大酒店客房服务“六快”

五星级的汕头金海湾大酒店与ISO9004-2国际标准——《服务指南》接轨，通过强化服务的时间观念来提高服务质量，推出了充分体现服务效率的“十二快”服务，其中，涉及客房服务的有：

(1) 接听电话快：铃响两声内接听电话。

(2) 客房传呼快：2分钟。楼层服务员配BP机，凡向宾客服务中心提出的任何要求，服务员必须在2分钟内送到客房，如送开水、茶叶等。有些在2分钟内提供不了的服务，服务员也必须在2分钟内到达客房向客人打招呼，然后尽快解决。

(3) 客房报修快：5分钟内处理好小问题。如更换灯泡、保险丝、垫圈以及设施设备运转中的各种操作性问题等。这就要求酒店设有24小时分班值岗的“万能工”，粗通水、暖、电、木、钳等各个工种。对于重大问题，一时不能解决的，也要安慰客人，并给予明确的回复。

(4) 客房送餐快：10分钟。酒店规定，员工电梯必须首先保证送餐服务，即使有员工想去低于送餐的楼层，也必须让送餐完毕后再返下。

(5) 回答问询快：立即。为此，酒店就客人常常问到的问题，对员工进行全员培训。

(6) 投诉处理快：10分钟。小问题，10分钟内圆满解决；大问题，一是先安慰客人，稳住客人，10分钟内给予回复。

（五）与酒店其他部门的合作与协调

要提高客房服务质量，还应做好与酒店其他部门的合作与协调，特别是前厅部、工程部、餐饮部、保安部等部门。客房部与这些部门的联系密切，客房部的对客服务工作必须得到上述部门的理解和支持。同样，客房部也必须理解和支持上述部门的工作，同时，加强与这些部门的信息沟通。

（六）征求客人对服务质量的意见，重视与客人的沟通

客人是服务产品的消费者，对服务产品的质量最有发言权，最能发现客房服务中的薄弱环节，因此，征求客人意见，重视与客人的沟通，是提高客房服务质量的重要途径。

1. 设置“表扬卡”

征求客人意见，传统的方式是通过在客房放置客人意见表进行，但这种方式已逐渐被淘汰，原因一是管理人员对其不够重视，服务员只对客人的表扬意见感兴趣(可以据此领取奖金,获得上级管理者的表扬和认可)，而对批评意见则置之不理，或随手扔掉，使客人意见表流于形式。二是这种方式效率较低，客人怕麻烦，现代客人很少选择这种方式提意见或投诉，有问题时，还不如打电话直接找管理人员提意见或投诉，或者通过个人微博、微信表达自己的意见和心情。

取代“客人意见表”的一种新的征求意见的方式是在客房放置“表扬卡”（customer delight card)，对于收到表扬卡，为客人提供了超值服务(a service that is truly above and beyond the guest's expectation)的员工，管理方面应以某种特殊的方式给予表扬或奖励，成为其他员工学习的榜样(参见表 12-5)。

表 12-5　表　扬　卡

(Customer Delight Card)

尊敬的客人：

您好！

感谢您下榻于大连香格里拉大酒店。我们很想知悉在您逗留本酒店期间，是否得到了超前服务。如果您能抽出时间填写此表扬卡，以帮助我们认可及鼓励为您提供超前服务、令您喜出望外的员工，我们将不胜感激。这对于被您提名表扬的员工有着极其重要的意义，谢谢！

您得到的超前服务是____

____

为您提供该服务的员工是____________提供该服务的日期是______________

您的名字是____________________房间号或联系电话______________

为您方便起见，您只需将此卡交给您下榻酒店的任何员工即可，

他们会非常乐意为您将卡片投入指定的信箱。

2. 拜访客人

客房部经理定期或不定期地拜访住店客人，可以及时发现客房服务中存在的问题，了解客人的需求，便于进一步制定和修改有关清洁保养的标准和计划。同时，这种拜访也会增进与客人的感情交流，是客房部改善宾客关系，提高客人满意度的重要途径。

3. 通过客房留言条，加强与客人的沟通

除了通过上述两种方法征求客人意见以外，客房部还可以通过“客房留言条”，加强与客人的沟通(参见本节案例:一只没有清洗的茶杯)。

客房服务的特点是“暗服务”，与餐厅服务员面对面的服务不同，客房服务员通常不接触客人(客房清洁卫生工作要求服务员在客人外出时进行)，这就减少了与客人沟通的机会。实践证明，通过在客房放置“客房留言条”这种书面形式，加强与客人的沟通，是一个非常行之有效、能够从内心感动客人的情感沟通方法，对于提高客人感觉中的服务质量，增强客人对酒店的好感，加深客人对酒店的良好印象，都具有重要的意义。国内很多酒店通过这种方法，鼓励客房服务员与客人进行沟通，都取得了良好的效果，心与心之间的沟通，拉近了客人与服务员之间的距离，使服务员的服务增加了感情色彩，也使她们的服务更加专注、用心和细微化。

(七) 加强对员工仪表仪容与礼貌礼节方面的培训

服务员的仪表仪容与礼貌礼节不仅体现员工的个人素质，而且反映酒店员工的精神面貌，是房务部对客服务质量的重要组成部分。管理人员必须加强对员工在这方面的培训。

(八) 为客人提供个性化服务

见下一节内容。

第四节　客房部个性化服务

为客人提供个性化服务，不仅是提高客房服务质量的重要途径，而且是未来酒店管理的发展趋势。

要使客人高兴而来，满意而归，光凭标准的、严格的、规范化服务是不够的，只有在规范化的基础上，逐渐开发和提供个性化服务，才能给客人以惊喜，才能让客人感觉到“宾至如归”，才能使客人“流连忘返”。

规范化服务是保证客房服务质量的基本要求，但规范化服务只能满足客人的共性需求，而不能满足每位客人的特殊服务需求，因此，规范化服务只能维持客房部最基本的服务质量，要使客房服务质量上一个台阶，必须为客人提供个性化服务(参见图12-7)。

案例

一次，客房部员工史良在给一位香港地区客人做房。当她打开毛毯，发现客人枕过的两个枕头中间有一道折痕。细心的小史在想：为什么两个枕头同时都出现一道折印呢？她分析了半天，认为只有一种可能：客人嫌枕头矮，把两个摞在一起同时对折使用的结果。当她确认自己的判断以后，便把想法告诉了领班和主管，经领导批准，小史给客人多加了两个枕头。

晚上，客人回到房间，发现床前多了两个枕头，顿觉奇怪：我没跟任何人讲过，他们怎么知道我嫌枕头矮呢！他要探个究竟。第二天，客人没有外出，专等服务员做房。当他见到小史，劈头便问：“你为什么把我的两个枕头换成四个枕头！”史良吓坏了，连连说道：“对不起，先生，实在对不起。如果您不喜欢，我马上撤掉，您看好吗？”客人看到服务员的紧张情绪，马上笑了：“不是，小姐，我是说，你怎么知道我嫌枕头矮？”小史如释重负，就把她思考的前前后后一一道了出来。当小史说完全过程，他再也抑制不住自己的激动，抢前几步，紧紧握住史良的手说：“小姐，您在用‘心’为客人服务！”……

这一案例足以说明，个性化服务对于提高客人的满意程度，具有何等重要的意义。要为客人提供个性化服务，客房服务员必须在日常服务中，注意观察客人的需求特点，还应加强与前厅部的联系，建立并充分利用客历档案(内容包括客人的姓名、性别、年龄、出生日期、婚姻状况以及通讯地址、电话号码、公司名称、头衔等基本资料；客人旅行的目的、爱好、生活习惯；宗教信仰和禁忌；住店期间要求的额外服务等)。

一、对客人以姓氏相称

称呼客人姓名也是为客人提供个性化服务的一个重要方面。在国外，有一句谚语：“A guest's name is music to his ears”(客人听到别人称呼他的姓名，就如同听到音乐一般美妙)。对客人以姓氏相称，是对客人的一种尊重，是承认客人的与众不同，表明酒店对客

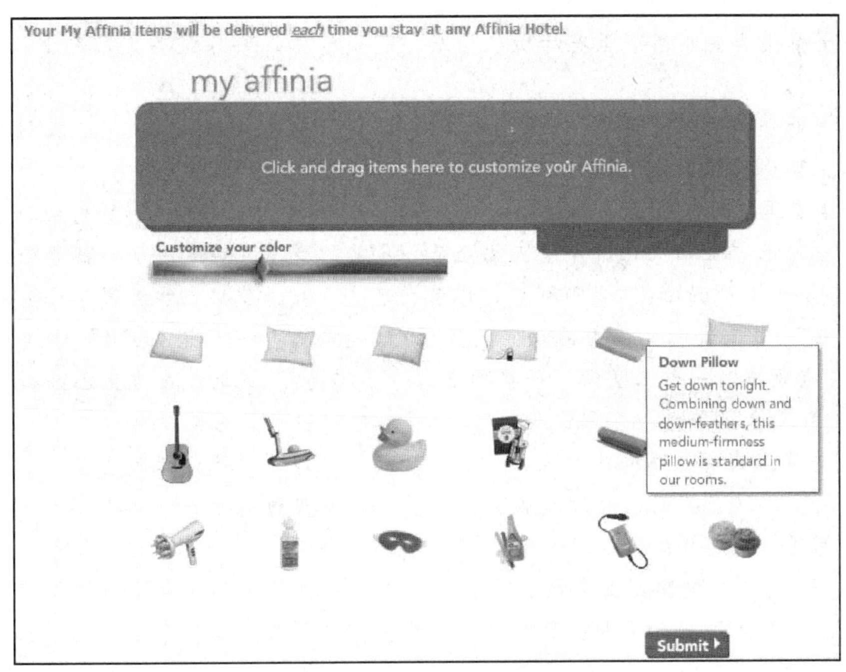

图 12-7　酒店客房：定制您的个性化需求

人的一种特殊关照。凡是服务质量好、受到客人称赞、给客人留下深刻印象的酒店，无一不对每位住店客人以姓名相称。如连续 10 多年被评为世界第一的泰国曼谷东方饭店，其引以为荣的主要服务特色之一就是能够对每一位预定客人和住店客人做到以姓氏相称，增加亲切感和客人对酒店的认同感和归属感。我国大连的香格里拉大饭店也要求其员工对每一位住店客人以姓氏相称。当客人办理完入住登记手续后，总台人员会迅速将客人的资料传递到有关接待部门，如行李服务处、客房楼层、宾客服务中心、电话总机等，以便这些部门的员工在为客人提供服务时，能够对客人以姓名相称，增强人情味和个性化色彩，拉近酒店与客人之间的距离，增加亲切感。如当客人打电话到宾客服务中心时，对方会说：

“您好，宾客服务中心。可以为您效劳吗？”

“……”

“您是 1704 房的刘先生吗？我们马上派人去您的房间，好吗？”

……

案例

让客人热泪盈眶的个性化服务

企业家 A 先生到泰国出差，下榻于东方酒店，这是他第二次入住该酒店。

次日早上，A 先生走出房门准备去餐厅，楼层服务生恭敬地问道：“A 先生，您是要用早餐吗？”A 先生很奇怪，反问“你怎么知道我姓 A？”服务生回答：“我们饭店规定，晚上要背熟所有客人的姓名。”这令 A 先生大吃一惊，尽管他频繁往返于世界各地，也入住过无数高级酒店，但这种情况还是第一次碰到。

A 先生愉快地乘电梯下至餐厅所在楼层，刚出电梯，餐厅服务生忙迎上前："A 先生，里面请"。

A 先生十分疑惑，又问道："你怎知道我姓 A?" 服务生微笑答道："我刚接到楼层服务电话，说您已经下楼了。"

A 先生走进餐厅，服务小姐殷勤地问："A 先生还要老位子吗?" A 先生的惊诧再度升级，心中暗忖"上一次在这里吃饭已经是一年前的事了，难道这里的服务小姐依然记得?" 服务小姐主动解释："我刚刚查过记录，您去年 6 月 9 日在靠近第二个窗口的位置上用过早餐"，A 先生听后有些激动了，忙说："老位子！对，老位子!" 于是服务小姐接着问："老菜单？一个三明治，一杯咖啡，一个鸡蛋?" 此时，A 先生已经极为感动了"老菜单，就要老菜单!"

给 A 先生上菜时，服务生每次回话都退后两步，以免自己说话时唾沫不小心飞溅到客人的食物上，这在美国最好的酒店里 A 先生都没有见过。

一顿早餐，就这样给 A 先生留下了终生难忘的印象。

此后三年多，A 先生因业务调整没再去泰国，可是在 A 先生生日的时候突然收到了一封东方酒店发来的生日贺卡：亲爱的 A 先生，您已经三年没有来过我们这里了，我们全体人员都非常想念您，希望能再次见到您。今天是您的生日，祝您生日愉快。

A 先生当时热泪盈眶，激动难抑……

二、了解、识别和预测客人的需求

满足客人提出的需求，不足为奇，能捕捉到连客人自己都没想到而又确实需要的需求，才是服务的真功夫。了解、识别和预测客人的需求，这是为客人提供个性化服务的基础。"客人想到了，我们替客人做到，客人没想到的，我们要替客人想到而且做到"，只有这样的服务，才能使客人感到意外的惊喜，才能体现个性化服务。比如，发现客人走向电梯，服务员上前一步，为客人按亮电梯开关；看到客人买水果回来，主动送上水果刀；客人在会议室开会，钢笔突然没有墨水时，及时从身后递上一支笔……

案例

酒店做夜床的方式

下午三点多，莫小姐入住某酒店 1801 房间，因为公司业务的需要，她将在此逗留一周。莫小姐放下行李，休息了一会儿，近 6 点时到餐厅用餐。当她用餐完毕回到房间时，发现夜床已经做好，服务员为她开的是靠卫生间墙壁的一张床，床单和毛毯已经拉开一只角。莫小姐打开电视机，靠在开好的一张床上看电视，但觉得电视机的位置有些偏，不是很合适，于是又去将电视机的方向转至合适位置。

第二天，莫小姐办完事情回到酒店已经是晚上 7 点左右，夜床已经做好。莫小姐惊奇地发现这次服务员为她开的是靠窗户的一张床，而且电视机也已经摆正。

由此可见，在酒店服务中，只要服务人员有心，就能发现客人的服务需求，进而为客人提供更加细致温馨的服务，使客人感受到酒店对他的特别关怀。

三、将自己的姓名留给客人

同样是为了增强个性化色彩和与客人之间的亲切感，客房部还可要求当天为客人提供客房服务的服务员将其姓名以某种方式告知本楼层客人，使客人真正感到宾至如归(参见表 12-6)。

表 12-6

欢迎回家！ 尊敬的宾客，希望我为您整理的房间能使您在入住期间感到如在家般的舒适。为使您入住期间更加方便、愉快，欢迎您请随时使用房间电话拨打“3”——酒店宾客服务中心，告诉我您对房间服务和清洁方面的个人要求。 再次感谢您选择入住大连香格里拉大酒店！ 最美好的祝愿来自于您今天的房间服务员________ **Welcome Home!** While you are here as our guest, I have taken great pride in preparing your room. It is my wish that you feel as comfortable here as you do in your own home. Please let me know if there is anything I con do to make your stay more enjoyable. I con be reached through our Guest Service Center at extension 3. Thank you for choosing the Shangri-La Hotel, Dalian. Your room Attendant ________

另外，服务员在服务过程中给客人的任何留言，都应签上自己的姓名。

四、给客人充满个性化的手工留言

上述客房个性化服务似乎已经不错了，然而，这还不是最完美的个性化服务。广州从化碧水湾温泉度假村客房部员工不仅有这样一张留有客房服务员亲笔签名的留言卡，而且这张卡是针对入住酒店客房的每位客人的不同特点和不同需求，由员工用稚嫩的字体、“用心”手工书写的，这才是真正的个性化服务，也更能感动客人(参见图 12-8)。

五、为客人提供个性化枕头

客人旅游度假或出差在外，最重要也是最基本的需求之一是要有良好的睡眠，以便第二天能够以饱满的精神状态从事旅游或商务活动之中。因此，住酒店期望有良好的睡眠质量。调查表明，睡枕是影响个人睡眠质量的一个非常重要的因素，而每位客人对枕头的要

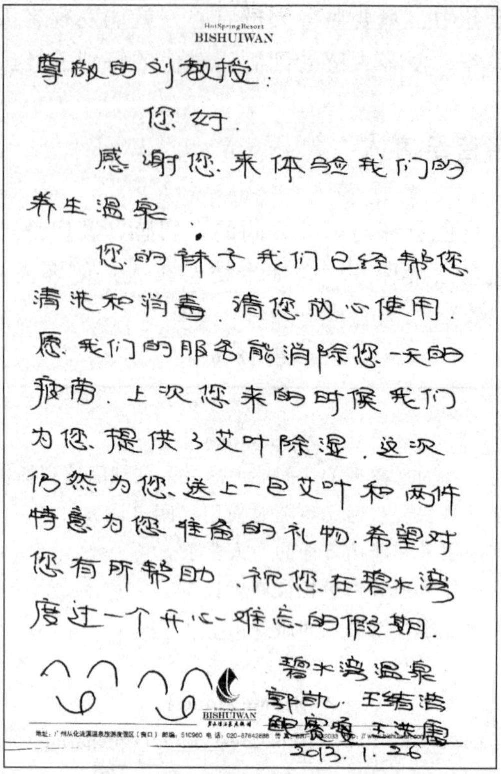

HotSpringResort
BISHUIWAN

尊敬的刘教授：

您好。

感谢您来体验我们的养生温泉。

您的袜子我们已经帮您清洗和消毒，请您放心使用。愿我们的服务能消除您一天的疲劳。上次您来的时候我们为您提供了艾叶除湿，这次仍然为您送上一包艾叶和两件特意为您准备的礼物。希望对您有所帮助，祝您在碧水湾度过一个开心难忘的假期。

碧水湾温泉
郭凯、王绪浩
殷赛爱 王洪国
2013.1.26

图 12-8　广州从化碧水湾温泉度假村员工给客人的个性化留言

（碧水湾员工服务的目标不仅仅是满足客人的要求，还要给客人带来惊喜和感动）

求又是不一样的，因此，酒店应努力为客人提供多样化枕头选择，满足客人的个性化需求。

以下是深圳洲际酒店为客人提供的枕头列表。

PILLOW MENU

睡枕列表

1. Foam Pillow（海绵枕）

Designed specially for you with good resiliency and air-permeability to give you a quiet night's rest.

专门为您设计的具有良好回弹性和透气性的枕头，给您带来一整晚舒适的睡眠。

2. Adjustable Health Care Pillow（护颈枕）

Designed to support your neck and back to achieve an ideal sleeping posture and healthier rest.

独特设计的枕头，有支持和调节颈部和背部的作用，助您达到最佳睡眠姿势。

3. Natural Lavender Scented Pillow（香薰枕）

Very soft pillow withi the scent of "Natural Lavender" to provide you with pleasant aromas that promotes a peaceful sleep.

柔软的触感，薰衣草的芬芳，让您在梦境中感受回归自然的愉悦。

4. Non-Allergenic Pillow（防过敏枕）

A 100% non-allergenic pillow that offers resiliency and softness for a healthy and sound sleep

100%防过敏，柔软舒适、富有弹性，让您拥有高质量的睡眠。

续表

5. Hugger Candy(糖果枕)

A long pillow that offers you comfort.

造型可爱的抱枕，能够使您安然入睡。

6. Wheat Cereal Pillow(荞麦枕)

Wheat cereal is a natural herb with tonic qualities to relax your body, heal your tired muscles, and calm your senses.

天然荞麦具有放松肌肉、安神的功效，使您在休息中得到完全的放松。

7. Extra-soft Pillow(纯棉超软枕)

Pure cotton gently supports your head, and especially for those who prefer softness.

百分百纯棉，轻轻托住您的头部，专为喜欢柔软的您而设计。

8. Soft Pillow(纯棉软枕)

Superior natural cotton contoured to offer optimum support during sleep.

选择纯棉枕，另类感受，却是一样的舒适。

六、谨防将“个性化”退化为“机械化”服务

提供个性化服务，还要注意与客人沟通，并根据实际情况进行调整。否则，不但打动不了客人，而且还有可能让宾客不满，甚至出现服务笑话。

案例

虾酱玉米饼子的故事……

某省领导是胶东人，喜欢吃虾酱玉米饼子，所以他每次到各市地调研，各市地的接待单位都把他的客史记得牢牢的，早餐上虾酱玉米饼子，午餐上虾酱玉米饼子，晚餐上虾酱玉米饼子；这个市、地上虾酱玉米饼子，下个市、地也上虾酱玉米饼子。每次不想吃，地市领导给帮忙加，服务员给帮忙分。让他见了虾酱玉米饼子都想吐，最后一站，一下车就给接待单位讲，今天能不能不上虾酱玉米饼子！

七、个性化服务的全面实施

要使个性化服务在酒店全面落实，并取得切实的成效，必须采取以下措施。

(一) 完善一套激励机制

保持个性化服务的持续性需要依赖于基层管理人员和员工高度敬业精神和良好的职业习惯。而高度敬业精神和良好的职业习惯需要酒店有一套行之有效的激励机制来保证。山东新闻大厦采取“用心做事报告会”的形式，让用心做事的员工把自己的个性化服务案例在报告会上宣讲，然后进行评比。这种形式的好处在于员工现身说法，用员工教育员工，同时，通过宣讲，让其他员工从中学到个性化服务的方法。作为宣讲的员工，本身就是一

种自我精神激励。然后通过评选，酒店颁发物质奖励进行肯定。这种激励机制保证了个性化服务的持续性。

（二）实现两个转化

1. 偶然性向必然性的转化

通过对于个性化服务案例的分析、推介，实现由个别员工出于“偶然性”的个性化服务，向全体员工有意识的“必然性”的个性化服务的转化。个性化的服务案例为岗位员工提供了个性化服务的方法和学习的榜样。

2. 个性化向规范化的转变

通过对于个性化服务案例的全面分析，对于其中反映客人普遍需求的服务，实现由“个性化”的服务向“规范化”服务的转化。往往一些客人个性需求也许是客人的共性需求。客房部管理人员应对个性化的服务案例进行认真分析，研究个性化服务是否是客人的普遍需求，衡量推广的难度和可行性。某酒店有一位客房部员工在清理房间时主动为客人脱落纽扣的衬衣缝补纽扣。客房部分析认为这是客人的共性需求，而且容易操作，随后作为规范化服务在部门中推广。总之，个性化服务转化为规范性服务是服务质量的一个飞跃。

（三）提倡“三全”，即全员参与、全过程控制、全方位关注

提倡“三全”是做好个性化服务的必然要求。个性化服务不仅是对基层管理者和一线员工的要求，也是对酒店全体员工的要求。一线员工的对客个性化服务离不开二线员工直至管理人员的帮助。没有部门与部门之间的合作，其他员工的参与，个性化服务也许只停留在员工的心里，很难实施。

（四）注重“三小”

“三小”即“生活小经验”“宾客小动向”和“言谈小信息”。生活小经验是提供个性化服务的依据和源泉，掌握更多的生活小经验会采取正确有效的个性化服务。关注媒体小消息，会为个性化服务提供指导。“宾客小动向”和“言谈小信息”是提供个性化服务的线索，客人的一举一动和客人的谈话可以提供许多有价值的信息。

（五）强调“五个环节”

五个环节，即① 客历档案的建立和使用；② 宾客信息的快速反馈；③ 创建优质的内部服务链；④ 关注长住客人和续住客人的生活习惯；⑤ 不断激励和培训，塑造员工的良好的职业习惯。

客房个性化服务案例

第五节　客房贴身管家

一位两次到苏州接洽商务的外企老总，住到了曾经下榻过的新城花园酒店。刚走进房间，他吃惊地发现，眼前的一切，竟与上次自己提出过的要求完全吻合：桌上摆着他喜爱的康乃馨、床上特意放了两个枕头，电视设定的开机频道也是自己喜欢的CNN……事先秘书并未与酒店沟通，这些细节安排，酒店是如何预先做到的呢？

原来，这一切都是“贴身管家”的功劳。在欧美，很多大酒店都有贴身管家，为客人提供个性化服务。在中国，20世纪90年代初“贴身管家”最早出现在北京、上海等中心城市，主要是为国外来的领导人配备的。目前，上海锐吉红塔、凯宾斯基等酒店都能找到贴身管家的身影。当客人首次踏进酒店大堂，事先指派的管家就会上前奉上名片……

一、贴身管家

贴身管家(butler)服务源于欧洲贵族家庭的管家服务，演变到今天成了一种专业化、私人化的一站式高档酒店服务。下榻酒店的贵宾将得到一位指定的专业管家专门为他(她)服务。训练有素的贴身管家将为客人提供体贴入微的个性化服务，无论是商旅事务还是娱乐休闲，都会为客人安排得尽善尽美，让客人居住愉快，体验现代商旅的舒适与便捷。

简言之，酒店的贴身管家服务是一种高档酒店针对入住贵宾的更加个性化的服务方式，它通过为入住贵宾提供专业化、私人化的服务内容，极大地方便和满足了酒店贵宾的需求。

二、贴身管家的素质要求

贴身管家24小时为贵宾提供殷勤周到的服务，要求具备相当高的素质。

(1) 流利的外语水平。很多贵宾来自国外，因此，贴身管家要能够用流利的英语与客人交流，为客人提供服务。特别是对一些西餐、酒水的翻译都达到相当标准。

(2) 良好的沟通能力。良好的沟通能力和沟通语言是提高服务质量，使客人满意的前提条件。

(3) 良好的礼仪、礼貌修养。这是贴身管家的必修课，为贵宾服务，必须要有良好的礼仪礼貌修养(参见图12-9)。

(4) 良好的服务意识。为客人提供体贴、周到的服务，良好的服务意识是必不可少的。

(5) 专业的服务技能。比如为客人沏茶、熨衣服也是非常必要的功课，甚至还要在短时间里了解客人的性格喜好(参见图12-10)。

（6）宽广专业的知识面：如了解各种酒类的常识等。

图 12-9　贴身管家：良好的礼仪、礼貌修养

图 12-10　“贴身管家”要有专业的服务技能

链接

深圳华侨城洲际大酒店的私人管家

私人管家不是人人都能当，在深圳华侨城洲际大酒店，首先要主管级以上的人员，其次要通过各种考核，包括技能的和人文知识的考核等。

“华大”有专门的私人管家课程。深圳的历史文化、旅游景点、主要政府部门地址、香港游注意事项等都是管家要重点掌握的知识。私人管家每天通过微信平台分享心得，好的做法，大家学习，不足的地方，大家一起讨论。

华侨城洲际大酒店的40多位管家，不仅是员工学习的榜样，也是人见人夸的“华大名片”，他们接待过比尔·盖茨、巴菲特等国际名人以及多国政府要员，广东省政府接待办曾专门组织人员前去取经。

三、贴身管家的工作内容

依据接待 VIP 客人的流程，贴身管家的工作内容可分为以下三个方面：

（一）抵店前的沟通

在客人抵店之前，贴身管家就要与客人进行热情、礼貌地沟通，了解客人的行程，抵达时间，对客人表示欢迎，并为客人提供相关信息，这是贴身管家做好管家服务的第一步。参见图 12-11。

（二）迎宾

根据与客人的沟通结果，了解客人抵店方式和所乘坐交通工具的抵达时间，做好迎宾

图 12-11　客人抵店前贴身管家要与客人进行沟通

工作。必要时，贴身管家要带上点心、茶水、毛巾(冷或热毛巾、依据季节而定)去机场、车站迎宾。参见图 12-12。

图 12-12　贴身管家准备好时令水果、点心去机场迎接 VIP 客人(刘伟　摄)

(三) 在店服务

贴身管家主要负责客人在酒店的“生活起居”，同时兼当客人的“业务助理”。其工作内容主要包括：办理抵离店手续；照顾客人生活起居；会议或会见安排；行程提醒；文件打印；衣物整理；生病护理；客房、餐饮预定；陪同购物、文化观光等。

曾经有位笃信伊斯兰教的中东老板入住某酒店，为了“做礼拜”，客人特别关注每日太阳升起的确切时间和方向。酒店的“贴身管家”便主动与气象局联系，查明每天日出的精确时间，还算出了表加的确切方位提供给客人，客人因此赞不绝口。

除了照顾客人的生活细节，“贴身管家”还要兼当客人的“业务助理”。特别对于高档商务客人而言，初来乍到，可能不了解当地的情况，管家要替他们向工商、税务等部门沟通、咨询信息；推荐并预订地方特色餐厅以供客人商务洽谈。

（四）送行

客人离店时，贴身管家要在酒店门口为客人送行，必要时，要去机场(车站)为客人送行，使得接待服务工作有始有终，为客人留下良好印象。

贴身管家的详细工作内容如下：

(1) 客人抵店前检查客人的历史信息，与相关部门沟通协调，迎候客人的抵达。

(2) 客人抵店前做好预订客人房间的检查工作及餐室的准备，准备好客人的房间赠品。

(3) 引导客人至房间并适时介绍客房设施和特色服务，提供欢迎茶及行李开箱服务。

(4) 与各前台部门密切配合安排客人房间的清洁整理、夜床服务及餐室、餐前准备工作的检查、点单和用餐服务。

(5) 为客人提供客房餐饮服务的点单、用餐服务、免费水果、当日报纸的准备、收取送还客衣服务。安排客人的叫醒、用餐、用车等服务。

(6) 对客人住店期间的意见进行征询，了解客人消费需求，及时与相关部门协调沟通予以落实。

(7) 为客人提供会务及商务秘书服务，根据客人的需要，及时有效地提供其他相关服务。

(8) 客人离店前，为客人安排行李、车辆服务，欢送客人离馆。

(9) 整理、收集客人住馆期间的消费信息及生活习惯等相关资料，做好客历档案的记录和存档工作。

总之，贴身管家要通过对客人体贴入微、周到、私密性的服务，使客人感受到生活起居的方便和酒店的特别关怀，从而使酒店的服务上一个档次。

下面以香格里拉“贴身管家”为世界拳王霍利菲尔德服务为例，说明酒店贴身管家的服务内容和服务方式。

案例

香格里拉“贴身管家”为世界拳王服务

世界拳王霍利菲尔德大连之行已经结束了。在连期间，大连市民的热情好客、整洁美丽的市容以及良好的组织接待工作，给他留下了深刻的印象，特别是大连香格里拉大酒店在其入住期间提供的“贴身管家”服务，让他感到十分满意。

为了更好地为霍利菲尔德提供个性化服务，饭店充分利用香格里拉集团的优势，首先从霍利菲尔德中国之行上一站的下榻酒店——哈尔滨香格里拉大酒店得到了拳王生活喜好的相关信息，并指定了一名经验丰富的员工担任其贴身管家，为其提供24小时的专业服务。当霍利菲尔德抵达大连香格里拉大酒店时，贴身管家已恭候在其下榻的总统套房门前热情地欢迎他，并安排了专业按摩师立即为其进行放松按摩。当拳王外出参加活动期间，管家又亲自去为霍利菲尔德购买其喜爱的麦当劳1号套餐和苹果派，回来放入保温箱以便客人随时食用。在服务过程中，这位贴身管家发现霍利菲尔德吃不惯中餐，就主动为他每餐都准备了他爱吃的全熟的牛排和牛肉汉堡，令这位世界拳王喜出望外。当霍利菲尔德有客人来访时，管家会在门外等候，以便随时提供帮助……

四、贴身管家服务的组织模式

由于涉及服务成本问题，贴身管家服务一般只有高档酒店才提供，三星以下的中低档酒店没有必要提供贴身管家服务。

贴身管家服务可以有两种组织模式

（一）临时模式

临时模式是指对于偶尔入住酒店的贵宾(如高级政府官员、体育明星、演艺界人士、企业高级行政人员以及其他社会名人等)，临时抽调酒店精兵强将，充当客人的贴身管家角色。这种模式主要适用于接待贵宾数量不多的中小型高档酒店。所抽调的“临时贴身管家”，可以来自于客房部，也可以来自于酒店其他部门。

（二）固定模式

固定模式是指在客房部(管家部)设立专职贴身管家岗位，为入住酒店的贵宾提供贴身管家服务。这种模式主要适用于经常有各类贵宾入住的大型高档酒店，或各类高档精品酒店。

第六节 客房部与酒店相关部门的沟通

一日，服务员小王正在打扫A房间，这时，行李员领着一位客人来到楼层，对小王说：“你先打扫B房间吧，这位客人现在要住了。”其实，当时楼层有好几间已打扫好的空房，而前台却把B房间这间没打扫的房间出租了。小王只好停下手头工作，到B房间打扫。B房间是客人刚离店的走客房，房内很乱、很脏，行李员走后，客人的行李放进B房，而客人没地方去，只好坐在房里看着服务员收拾凌乱的床和一堆堆垃圾……

客房部要生产出高质量的服务产品，必须得到酒店其他部门的合作与支持，做好客房部与酒店其他部门的沟通与协调工作是提高客房部服务质量的重要保证。

一、与前厅部的沟通与协调

客房部与前厅部的联系最为密切，很多酒店的前厅部与客房部是合二为一的(rooms division)。正因如此，这两个部门之间的信息沟通也就最频繁，内容也最多。

（1）前厅部应将客人的入住信息及时、准确地通知客房部。以便客房服务员随时掌握房态，并对入住的客人能够做到“七知三了解”（知客人到店时间、人数、国籍、身份、接待单位、客人要求和收费办法;了解客人的宗教信仰和风俗习惯、生活特点和活动日程安排,以及离店日期等)，从而为客人提供针对性服务。

（2）前厅部应将客人的换房、离店等信息及时通知客房部，而客房服务员则应在客人离店时，及时检查房间，查看有无客人的遗留物品，客房内的设备、用品有无丢失和损坏现象，并将检查结果立即通知前台。

（3）客房部应将客房的实际使用状况通知前台，以便核对和控制房态。楼层领班应每日按时填写房态表，说明楼层每间客房的使用状态，并交由客房部宾客服务中心汇总，然后交前台。前台接待员拿到这张表后，要用它核对计算机上所显示的房态。核对的内容主要有两项：即客房状态及各房间住客人数。如果计算机上的资料与房态表上的信息不相符，则有可能是前台服务员工作疏忽所致，但也有可能在客房管理中存在着问题。例如计算机上显示某一房间为住客房，而房态表上却标明是“CO”房，即走客房间；计算机上显示的空房，而房态表中却标为占用房；计算机上显示为一人占用，而房态表中却注明二人使用……针对这些异常情况，必须立即调查处理。

对于下列几种状况的客房，客房部在查房时，应注意掌握并通知前台。

① 外宿房(sleep out)。如果客人住店期间，在外过夜，前台接待员应在计算机上对该房做外宿未归标记，同时，将此信息通知大堂副理及客房部，大堂副理会双锁客人的房间(双锁前,客房部应派人清扫客房)，并作记录，客人返回时，大堂值班经理再为客人开启房门。

② 携少量行李的住客房(occupied with light luggage)。为了防止发生逃账等意外情况，客房部应将此种客房状况通知总台。

③ 请勿打扰房(DND)。如客房的请勿打扰灯亮着，或门把手上挂有“请勿打扰”牌，则服务人员就不能进房为客人提供服务。请勿打扰房通常属于住客房，但也有可能是走客房或空房，所以，有必要对此种客房状况加以关注，到了酒店规定的时间，前台或客房部应打电话与住客联系，以弄清情况，进房打扫或检查。

④ 双锁房(double locked)。有时，住客为了不受干扰，在房内把门双锁，服务人员用普通钥匙无法开启房门。对双锁房也要加强观察，因为有可能在双锁房内发生了刑事案件或其他不测事件。

需要说明的是，房间状况是随着时间的变化而不断变化的，因此，房态表是一张动态的表格，为了取得客房状况的最新资料，楼层领班应每天多次查房(以2-3次为宜)。并将每次查房的确切时间填入表格。

(4) 客房部应在最短的时间将走客房清洁完毕，并通过电话或计算机尽快向前台报告房态，以便提高酒店客房利用率。

(5) 根据前厅部提供的客情预报，安排客房的维修和定期清洁计划，并做好人员的安排。

二、与工程部的沟通与协调

(一) 客房部与工程部沟通与协调的主要内容

(1) 客房部负责客房设施设备的日常保养工作，而工程部则主要负责客房设备的维修事宜。

(2) 客房部要及时向维修部提供客房设施设备的维修信息，并为维修人员进入客房进行工作提供方便。

(3) 向工程部提供客情预报，以便工程部对客房进行大修理。

(4) 安排及时封闭房间以便进行保养修理。

(5) 工程部维修时，做好各项配合工作。如维修后房间的清洁等。

(二) 沟通的主要手段

客房与工程维修部的沟通主要采取填写“维修通知单”的方式(参见表 12-7)，这样做能够提高工作效率，易于落实责任，同时也便于考核。

表 12-7 维修通知单

<table>
<tr><td rowspan="2">安排
Ordered</td><td>Phone 电话</td><td></td><td rowspan="2">日期
Date</td><td rowspan="2">部门
Department</td></tr>
<tr><td>Written 书面</td><td></td></tr>
<tr><td>收到
Rec. Eng</td><td colspan="2">日期
Date</td><td>时间
Time</td><td>文书
Clerk</td></tr>
<tr><td>批准
Approved</td><td colspan="2">总经理
GM</td><td>成交商
Con. tr</td><td>工程师
Eng.</td></tr>
<tr><td>负责
Incharge</td><td colspan="2">工程师
Eng.</td><td>组长
Supervisor</td><td>小组
Crew</td></tr>
<tr><td colspan="5">Work Place/Eq No.：工作地点/设备编号</td></tr>
<tr><td colspan="3">Work Description：工作说明</td><td colspan="2">例行维修
Routine</td></tr>
<tr><td colspan="3"></td><td colspan="2">紧急
Urgent</td></tr>
<tr><td colspan="3"></td><td colspan="2">停止
Shutdown</td></tr>
<tr><td colspan="3"></td><td colspan="2">预防性维修
P. R. Main</td></tr>
<tr><td colspan="3"></td><td colspan="2">房内有客
Guest in room</td></tr>
<tr><td colspan="5">联系人：</td></tr>
<tr><td colspan="5">联系电话：</td></tr>
<tr><td colspan="5">Charge to account：负责计算（财务部）</td></tr>
</table>

<table>
<tr><td>工作完成
Work completed</td><td>日期
Date</td><td>时间
Time</td><td>执行人
Done by</td></tr>
<tr><td>工作开始
Work started</td><td>日期
Date</td><td>时间
Time</td><td>执行人
Done by</td></tr>
<tr><td>工作检查
Work checked</td><td>组长
Supervisor</td><td>所用时间
Time used</td><td>发单日期
Date posted</td></tr>
<tr><td>工作接收
Work received</td><td>日期
Date</td><td>时间
Time</td><td>执行人
Received by</td></tr>
<tr><td colspan="4">在背面列出所有使用的零件及材料
List all spare parts materials used on reverse side</td></tr>
</table>

“维修通知单”是酒店工程部与其他部门在业务上进行沟通的主要手段，如表 12-7 所示。维修单一般包括日期、部门、维修地点、维修项目、报修时间及完成时间等内容。工程部接到维修通知单以后应立即派人查修，并在尽可能短的时间内完成维修任务。

维修通知单一般为一式三联，就客房部而言，第一联留给客房部经理，第二联送交工程部，第三联交给修理技工。小修应立刻进行，花时间的修理则要封房几小时，甚至几天，修理工作结束后，要通知客房部经理检查验收，并在维修单上签字，如有必要，应立即派人重新打扫客房。

三、与餐饮部的沟通与协调

（1）客房部负责所有餐厅的地面清洁(厨房除外)、餐巾清洗、员工制服更换清洗及式样设计。如果客房部公卫班组负责打扫餐厅，则一定会与餐厅服务员发生联系，餐厅人员可能会抱怨客房部员工工作干得不理想，这时客房部管理人员就必须与餐饮部管理人员进行协调，解决问题，处理好部门间的相互关系。

（2）协助客房餐饮服务组，收集房间内饮食餐具及餐车。

（3）客房部每日清点房间“迷你吧”（mini-bar)的酒水数量，由餐饮部食品仓库提供酒水。

（4）为 VIP 提供的水果篮和蛋糕等，由餐饮部负责送上楼层。

四、与洗衣部的沟通与协调

任何布草(床上用品、巾类)、员工制服和住客的衣物，均由洗衣部负责洗涤。在大部分酒店里，客人的待洗衣物由洗衣部员工上楼层收集和送回，楼层服务员应主动协助做好此类工作。在一些中小型酒店里，洗衣部是由客房部直接管理的。

除了上述部门以外，客房部还应与酒店人力资源部、采购部、保安部、公关销售部等作好协调与沟通工作。

总之，为了做好对客人的各项服务工作，客房部与其他部门进行的沟通与协调是非常重要的，而要做好协调工作，客房部与其他部门员工之间的互谅互让十分重要。为此，客房部员工应该多了解其他部门的工作，在工作中，多理解对方，多支持对方。要明白客房部与其他部门之间是合作的关系，而非竞争关系。

第七节　客房服务创新

进入 21 世纪，酒店竞争更加激烈，酒店的经营管理和服务必须进行全方位创新。客房服务创新不仅是提高服务质量的重要方法，也是提高酒店竞争力的重要手段。客房部管理人员必须发动客房部所有员工，对客房服务理念以服务的方式、方法、程序、内容等进行全面创新，从而给客人带来全新的住店体验。

本节将主要介绍几种客房服务创新的方法、思路和案例。

一、创新服务，注重细节

客房部可在客房内根据一年四季的变化不断变换问候卡，如“愿您拥有夏日的浪漫与激情”，又如“尊敬的宾客，您一路辛苦，赶快给家人报个平安吧”等暖人心肠的问候与关爱。亦可遇到住客生日，赠送坑具小熊猫、小松鼠等小动物玩具以替代常见的巧克力，其效果可能会带给客人更多的惊喜。若在VIP客房的布置中，在客厅显眼处摆上一缸活泼乱游的金鱼，附着翠绿的珊瑚草，这充满生气及灵性的小金鱼又会给客人带来多少惊喜：又如在新婚房中摆放象征着纯洁爱情的玉兰花或百合花，置放些花生、红枣等寓意着客人“永结同心、早生贵子”的吉祥物，定会带给客人更多的体贴与亲情，让客人实在地感受“家”的温馨。

二、用CD和耳塞代替“晚安糖”

通常，酒店服务员做夜床后放的是晚安糖。而美国一家皇冠假日酒店(CROWNE PLAZA)则别出心裁，服务员做完夜床后，会在床上放上一个精致的小口袋，里面放的是一张催眠CD，还有耳塞等。客人可以将碟片放进床边的迷你音响中，在美妙的音乐中进入梦乡，或将耳塞放入耳朵里，在几乎不受干扰的环境中睡着；也可以将其留给自己作为纪念。小礼物成了宣传酒店形象的大使。

三、要以方便客人为前提

不少酒店强调客房内四方形电话机线应绕机一圈布置，以求美观，但客人使用过程中极不方便，容易绊起电话机，应予调整。又如浴帘的拉启，萧山宾馆客房部原来的做法是在浴缸的尾部拉开，靠近莲蓬头一侧拉拢，为的是防止客人浴水外溅，打湿坐厕盖。但细细琢磨，客人冲淋前大多喜欢调试水温，不得不先拉开浴帘，造成不便。因此，从方便客人的角度出发，他们将浴帘重新改为靠近莲蓬头一侧拉开。做夜床时，原先按规程应将客房中的床头灯亮度调至微暗，以营造就寝气氛。但随着现代社会客人的夜生活越来越普遍，客人进房后往往一下子还未打算入睡，昏暗的灯光通常会令客人不舒服，客人不得不自己动手重新调高亮度。为适应客人这一消费习惯，宾馆已将夜床服务规程加以修改，规定开夜床时将床头灯亮度调至最高档，以利营造明亮舒适的居家气氛。再如，某酒店最新改造的商务客房中，管理者在物品布置上特意在写字台靠近电脑接口插座及不间断电源插座附近留有空间，以方便商务客人摆放随身携带的电脑设备，体现宾馆对客人的细心关爱。

四、推行“中式管家服务”

三亚亚龙湾五号度假别墅酒店推行“中式管家服务”，并为此举办了新闻发布会。

亚龙湾五号度假别墅酒店推出的“中式管家服务”是“英式管家服务”和“菲佣服

务”的发展和创新。据酒店董事长介绍，酒店充分吸收了中国古代豪门宅院由一位管家统领一个仆人群的传统服务模式，在服务中加入了亲情等中国传统文化元素，最终提炼出了一种独具特色的“中式管家”服务新模式。

“中式管家”目前主要包括私人管家、贴身保姆、高级家厨和专职司机四项服务内容。管家与贴身保姆、高级家厨、专属司机共同组成一个服务小组，管家主要负责安排及统筹其他三人的工作和与各部门之间的协调，同时还要具体负责客人的行程安排、景点介绍与组织聚会、宴会、代购机票等委托服务；贴身保姆主要负责日常起居清洁、烹饪家常菜、洗衣（水洗）、擦鞋、婴儿看护、海边游览、物品租借、代收物品、叫醒等24小时个性化贴身服务；高级家厨负责别墅内家宴、聚会、烧烤等高档烹饪；专属司机每天免费提供10小时专车服务。另外，根据客人需求，酒店还可在此基础上提供保安、清洁工、园丁、财务等公共服务。

案例

创新服务，雅禾国际大酒店的辉煌

本章小结

➢ 客房服务的基本要求是：真诚、高效、礼貌、微笑。

➢ 客房部要做好客房房态的控制、客人消费与在住客人查询、客人遗留物品与租借物品的管理。

➢ 住店客人大部分时间是在客房度过的，因此客房服务质量是保障客人在酒店获得舒适、方便的住宿体验的重要因素，也是客房管理的主要任务之一。

➢ 客房服务项目主要包括：迎送服务、客房小酒吧服务、房内用餐服务、洗衣服务、托婴服务、茶水服务、擦鞋以及其他委托代办服务，客房管理人员要为每项服务确立程序和标准。

➢ 为了提高客房服务质量，必须加强对客房服务员的培训，确保员工具有良好的仪表仪容和礼貌礼节，同时，不断提高员工的服务意识和服务技能，为不同类型的客人提供针对性的个性化服务，另外，还要与前厅部、工程部、公关销售部等相关部门做好信息沟通。

➢ 以客历档案为依据，努力为客人提供个性化服务是客房服务的发展趋势，而客房部“贴身管家”则是个性化服务的极致。

思考题

1. 解释下列概念：宾客服务中心 个性化服务 Room Service
2. 宾客服务中心的职能有哪些？
3. 客房管家系统主要包括哪些内容？
4. 如何提高客房对客服务质量？
5. 客房部与其他部门沟通与协调的主要内容有哪些？
6. 什么是“贴身管家”？客房贴身管家需要具备哪些素质？
7. 谈谈你创新客房服务的思路。

即测即评

案例分析

“请勿打扰”的麻烦

1809 房客人 Mr. Smith 向值班经理投诉他在房门上挂了请勿打扰牌，服务员还是来打扰他。客人表示其最近在公司经常需要加班到深夜，为了白天能保障睡眠，这段时间房门上一直悬挂请勿打扰牌。但还是受到了打扰。一开始，是接到电话询问他清理房间的时间。然后是服务员来敲门，按门铃，没有应答就直接开门进入房间，看到他睡在床上，又什么也不说，关门走掉。之后又接到数次电话询问清洁房间的时间，他一气之下把电话拔掉后，几名工作人员又要进来检查房间。客人认为请勿打扰牌没有起到应有的作用。工作人员无视它的存在。

值班经理如何处理？

参考答案

补充与提高

我做“国王”的贴身管家

5 月份对于嘉华大酒店来说是有特殊意义的一个月，因为在这个月我们非常成功接待了来自马来西亚前最高元首及皇室成员。作为最高元首的私人管家，我对这次服务接待的体会非常深刻：既感受到酒店高层领导的重视，又感受到酒店部门之间相互协作、积极配合的团队精神。同时，我对自己的工作也感到比较满意，虽然之前为此而付出了很多时间和精力，但看到客人满意的笑容，我深感欣慰。我非常感谢酒店领导对我的信任，感谢酒店各部门同事对这项工作的支持和配合，以及我的英文老师对我不厌其烦的培训。我很愿意将我这次接待马来西亚最高元首的经历和大家一起分享。

因为本店是第一次设有私人管家的服务项目，没有现成的培训资料和工作经验。参照同行的资料，在总经理助理兼市场销售部总监乔少波先生的指导下，在客房部的配合下，我多次熟悉总统套房的设备设施及客房的服务程序，针对本店的营业特点制定出了这次接待国家元首的服务程序，并多次在总统套房现场练习。

这次接待主要是用英文沟通。酒店总监特地专为我安排一位英语老师，并结合我的实际情况为我制定了培训计划：每天上午培训酒店各部相关的英文：如客房的设备设施、中、西餐厅的菜单，厚街的商贸中心、交通情况、东莞旅游景区等；下午在总统套房现场练习实际操作；晚上进行针对性的口语练习。为了这次服务接待，我必须作好充足的准备。

服务接待是最艰巨、最关键的一个环节。从见到元首及夫人要用非常流利、自然的英语问好“good evening，your highness！welcome to the presidential suite”起，我就开始进入最高元首私人管家的这个角色。我多次同皇室的总管家，元首、元首夫人的贴身管家沟通，了解元首的饮食规律、喜好、禁忌、起居时间等细节。从当天入住本店到顺利离开，我基本上都严格按照制定的服务程序进行，接待过程相当顺利。其间有三个给我留下深刻印象的小插曲，虽然有的事发比较突然，但在各部门的积极配合下，最终得以顺利解决。

在元首入住当天，因交通堵塞，到店比较晚。当时马来西亚团队负责人 Sally 小姐要求提供 10 人的中餐送餐服务，20 分钟内全部送到，并且当时就急着点餐。这怎么可能？在确定人数及要求后，我向 Sally 小姐建议：若在中餐厅特别为元首安排一间豪华包房，有专业的服务人员服务，有更多的菜式供选择，这样安排会更好。于是 Sally 小姐询问元首，征得其同意后，我同皇室总管家在中餐厅选择了一间豪华包房并点了菜。如果选择中餐送餐服务，时间是一个大问题，不可能在 20 分钟保证 10 人的食品全部送上，况且食品的温度和鲜度也会直接影响食品的质量。晚餐后，元首对本店的中餐出品非常满意，并称赞用餐包房豪华舒适。

5 月 22 日下午 6：00，元首从深圳打完高尔夫球回来，我在电梯迎接他时发现他的右腿不方便，面部表情比较痛苦，当时元首夫人、元首的总管家、贴身管家等皇室成员都比较紧张。本来我已准备好了欢迎茶水，看这一情形，我知道他们需要帮助，于是我立刻向总管家建议为元首安排一名中医按摩师，所幸元首在接受按摩后，脚部疼痛得到了缓解，可以参加当晚的宴会了。但在晚宴结束回房后，元首的右腿再度不舒服，总管家非常紧张地说要热水袋。我问清楚原因后，建议给元首安排两名沐足技师，用本店的健康帝王包为元首消痛。在我通知沐足部杨经理后不到 8 分钟，两名优秀的技师及时赶来，用熟练的手法为国王按摩了 2 个小时，国王感觉舒服了很多，心情非常好。

元首与夫人每天晚上有项活动：喜欢在晚餐后同多人一起玩纸牌。第一天晚上他们在总统套房的客厅里从 9：00 玩到 12：00，觉得餐桌有点摇晃，比较高，拿牌不舒服。元首要求第二天换一张矮一点的圆桌。可是这个餐桌是固定的，无法搬走。我只好在客厅靠近书房处另外摆了一张中餐8人台的餐桌，用马来西亚皇室颜色的台布装饰，并为元首与夫人安排了特别的椅子。活动区域看起来比较小，我心里有点忐忑不安。没想到元首与夫人看到我为他们安排的座位后，一阵惊喜，接连对我说了好几声谢谢。

元首在住店期间对本店的服务接待非常满意，特别是对5月22日晚上在五楼宴会厅为皇室成员准备的盛大晚宴。元首非常欣赏本店别出心裁的现场布置、精心策划的节目、丰富多样的中国菜式以及井然有序的热情服务。元首特别要求把当晚的宴会场景拍摄下来带回马来西亚。元首在当晚玩牌时还同其他皇室成员提起晚宴的情景，盛赞本店中餐准备的一道香酥可口的食品：宫廷满生辉(美味萝卜酥)。在5月23日上午用午餐时，他又点了这道菜，与家人分享。

常言道：天下无不散的宴席，相聚总有离别的一刻。5月23日中午12：00客人们就要回国了，酒店在大堂准备了隆重的欢送仪式。我没有忘记元首右腿的伤痛，在元首用完午餐后，我递上前一天晚上就为他准备好的热水袋，并祝福他们一路顺风。

为期两天的接待工作顺利完成，而我作为私人管家的角色也暂告一段落。我有幸亲身体验了整个接待过程，这对我来说是一次难得的经历。我想，以后再有这样的机会，我一定乐于受命，并且接待得更好。(宾军成)

酒店经理人对“经理的困惑”的答复：Re：“一样的”个性化服务：怎么不见好评如潮？

冯健　广州东方宾馆　副总经理
www.hoteldongfang.com

原因可能出在贵酒店的所谓个性化服务并不“个性”，似乎也与案例中广州的那家酒店的做法不尽相同。广州某酒店的做法是让服务员手写便签，而贵酒店则是设计并打印的“专职服务联系卡”。这两者给客人的感觉是截然不同的。客人入住一间酒店，到处可以看到酒店方打印的各种提示，已经习以为常，而服务员手写的便签就不同了，这里面似乎充满了更多感情的因素在里面，就像现代人收到一封 E-mail 已经习以为常，而收到一封亲朋手写的书信会感动良久！另外我觉得，手写服务留言的内容不应局限于案例中所写，而应该根据客人入住期间的实际情况，由服务员根据场景去积极与客人沟通和提供针对性的服务。例如：看到客人房间有已经开了包装的零食，可以用食品密封袋帮客人将零食包装好，然后写下服务留言；又例如，看到客人的床头柜上有感冒药，估计客人可能是感冒了，不妨给客人提供一个体温计，然后写下真诚的服务留言，等等。我想，个性化服务不着重表现形式，而在于用心服务。真正做到了“个性”，就不怕不好评初潮了。

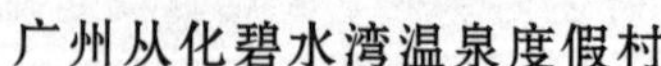

广州从化碧水湾温泉度假村

扫描以下二维码，观看广州从化碧水湾温泉度假村管理人员回答：“一样的”个性化服务：怎么不见好评如潮？

广州从化碧水湾温泉度假村：“一样的”个性化服务：怎么不见好评如潮？

第十三章　客房成本控制与预算管理

客房成本控制是客房管理的主要任务之一。客房成本控制主要是在严格执行客房预算的基础上，做好客房设备用品的采购、保养和管理工作。

客房各种设施设备及客用品是为客人提供服务的物质基础。做好客房设备用品的管理，不仅是提高对客服务质量的保障，同时，也是节约客房部经营的成本费用的重要途径。

本章学习目的

★ 了解和掌握客房物品与设备管理的任务和方法。

★ 了解和掌握客房成本控制主要途径和方法。

★ 掌握客房设施设备清洁保养技术。

★ 掌握对客用品进行控制的方法。

★ 掌握客房预算编制方法。

关键术语：客房设备 客房用品 客房预算

Key Words：Rooms Equipment， Room Supplies，Budget

经理的困惑

——聘用社会劳务公司做客房卫生工作，靠谱吗？

近年来，酒店业竞争十分激烈，降低客房部人工费用无疑是酒店成本控制的重要途径。听说上海等一些发达城市的酒店已经开始使用社会劳务公司进行客房清洁卫生工作，这样做能够保证高星级酒店的服务质量吗？这样做“靠谱”吗？

第一节 客房物品与设备管理

一、客房物品与设备

客房物品与设备主要包括以下几种内容(参见图 13-1)：

(1) 电器和机械设备，如空调、音响、电视、电冰箱、传真机等。

(2) 家具设备，如床、写字台、沙发、衣柜等。

(3) 清洁设备，如吸尘器、吸水机、洗衣机、烘干机等。

(4) 房内客用品，如客房免费赠品、客房用品(包括床单等布草、衣架、烟茶具等)以及宾客租借用品(吹风机、熨斗、熨衣板等)等。

(5) 建筑修饰品，如地毯、墙纸、地面材料等。

以上内容基本上可分为两大类：即客房设备和清洁设备。加强对客房设施设备的管理工作，对于提高客房服务质量，降低客房经营成本和费用，具有重要意义。

图 13-1 客房设备与用品

二、客房物品与设备管理的任务

客房物品与设备管理的任务主要有：

（1）编制客房物品与设备采购计划。

（2）制定客房物品与设备管理制度。

（3）做好物品与设备日常管理和使用。

（4）对现有设备进行更新和改造。

三、客房物品与设备管理的方法

（一）编制客房物品与设备采购计划

客房部要根据实际工作需要，及时做好要求增加物品与设备的计划，报酒店采购部门及时采购所需的各种物品与设备，以保证客房经营活动的正常进行。

酒店客房设备及清洁设备一般在开业之初就已准备就绪，但作为客房部管理人员，如果在酒店开业之初就参与管理，就要提出客房设备及清洁设备的采购计划。或者，管理人员虽然是在酒店开业后才介入酒店客房管理工作的，那么，当客房更新改造计划需要制定与实施之际，也必须要参与其中。

下面介绍客房设备选择的基本原则和选择清洁设备时应考虑的因素。

1. 客房设备选择的基本原则

（1）协调性。首先，设备的大小、造型、色彩、格调等必须与客房相协调，从而使客房显得轻松、柔和、舒适、美观。其次，要特别注意，在选择床单、毛毯、床罩等床上用品时，一定要与床的大小相适应，很多酒店在采购上述物品时，采购部门与客房部沟通不够，结果采购回来的床上用品与床的大小不匹配，包不住床，给服务员的做床工作带来很大困难，也影响了床铺的美观。最后，客房设备的豪华程度还应与酒店的档次相协调。

（2）实用性。应选择使用简便、不易损坏的设备，此外，还要考虑其清洁、保养和维修是否方便。

（3）安全性。如客房电器的自我保护装置，家具、饰物的防火阻燃性。

（4）经济性。既要考虑设备的价格，又要考虑其使用寿命，同时还要考虑售后服务的便利程度和价格以及零部件修配的可靠性。

2. 清洁设备的选择应考虑的因素

清洁设备在一定程度上决定着客房部清洁保养的工作能力和效果。清洁设备的选择除了应遵循以上基本原则以外，应特别注意以下要点：

（1）安全可靠(电压是否相符？绝缘性如何?)。

（2）操作方便。

（3）易于保养。

（4）使用寿命长。

（5）噪声小。

（二）做好设施设备的审查、领用和登记编号工作

设施设备购进以后，客房部管理人员必须严格审查。同时，设立物品与设备保管员，具体负责物品与设备的分配、领用和保管工作。保管员应建立设备登记簿，将领用的设备按进货时的发票编号分类注册，记下品种、规格、型号、数量、价值以及分配到哪个部门、班组。低值易耗品也要分类注册，凡从库房领取物品都要登记，每个使用单位一本账，以便控制物品的使用情况。

（三）分级归口管理

客房物品与设备应实行分级归口管理，专人负责，将物品与设备管理同部门、班组的岗位职责结合起来，在确保服务质量和合理限度的情况下，实行增收节支有奖，浪费受罚的奖惩措施。

客房设备的日常管理和使用是由各部门、各班组共同完成的，各部门、班组既有使用这些设备的权利，也有管好、使用好这些物品与设备的责任。因此，必须实行分级归口管理。分级就是根据客房部门管理制度，分清这些设备是由部门、班组或个人中的哪一级负责管理。归口是按业务性质，将物品与设备归其使用部门管理。分级归口管理使客房设备的管理有专门的部门和个人负责，从而使客房设备的管理落到实处。

对客房设备分级归口管理的关键是：一要账面落实，各级各口管理的物品与设备数量、品种、价值量要一清二楚，有案可查；二要完善岗位责任制、维修保养制和完全技术操作制等规章制度；三是要和经济利益挂起钩来。

（四）做好客房物品与设备的日常保管和使用

客房物品与设备分级归口以后，各班组和部门要设立物品与设备管理员，他们在客房部领导下，与服务员共同负责本班组或部门的物品与设备的日常管理和使用。班组管理员一般由班组长兼任，在物品与设备的使用过程中，班组管理员要定期和客房物品与客房部保管员核对，发现问题，及时解决。

客房物品与设备在日常使用中，要特别注意严格遵守维修保养制度。

客房设备在使用中要努力防止事故发生，一旦发生事故，要立即通知工程部及时修理或采取措施，使设备尽快恢复其使用价值。事故的发生，如果是由于个别员工玩忽职守，要严肃处理。如果是由于客人的原因造成的，必要时，应要求客人赔偿。

（五）建立设备档案

设备档案主要有客房装修资料（记录客房家具、地毯、建筑装饰和卫生间材料等）和机器设备档案。内容包括设施设备的名称、购买日期、生产厂家、价格、维修记录（时间、项目、费用等）。这是对设施设备进行采购和管理的依据。

（六）及时做好客房物品与设备的补充和更新工作

酒店是高消费场所，客人对酒店及客房物品与设备的要求很高，不仅要干净卫生，而且要常变常新，从而使客房物品与设备具有折旧快、更新期短的特点。因此，要求客房管理者必须事先做好计划，根据物品与设备的品种、规格、质量等规定各种物品与设备的使用周期，并定期检查设备性能和使用效果，提出设备更新计划，报领导批准，及时做好物品与设备的补充和更新工作。

客房设备的更新，依据其类型的不同而具有不同的特点和要求。清洁设备的更新往往要根据其质量、使用和保养情况决定。通常，只要机器不出现明显问题，如老化、严重磨损、

清洁效果不佳和维修费用过高等，就可以照常使用，而不实行强制性淘汰。而其他设施设备，特别是各类家具及装修设施则有所不同，为了酒店的规格、档次，保持并扩大对客源市场的吸引力，酒店一般都要对客房按计划进行更新改造，并对一些设备用品实行强制性淘汰。这种更新按其更新周期的不同，分为部分更新和全面更新两种情况(参见表 13-1)。

表 13-1　客房设备的更新

更新类型	更新项目	使用年限
部分更新	地毯 墙纸 沙发布、靠垫等装饰品 窗帘 床罩	5 年
全面更新	衣柜、写字台 床垫和床架 椅子、床头板 灯具、镜子、画框等装饰品 地毯 墙纸和油漆 卫生间设施设备(包括墙面和地面材料、灯具和水暖器件等)	10 年

以上更新计划应根据各酒店的具体情况提前或到期进行，如果延期，则应警惕可能出现补漏洞式的跑马工程和酒店规格水准的下降或不稳定。

第二节　客用品的管理

客用品指客房各类客用低值易耗品。客用品的使用和消耗量伸缩性比较大，因此，做好对客用品的控制是客房成本控制的重要环节。

一、客用品的选择

案例

宾馆牙刷刺破住客牙龈

消费者林先生近日来广州出差，在机场路的某宾馆入住，结果发现宾馆所提供的免费洗护用品质量很差，香皂没有香味，牙刷在使用时会掉毛，牙膏连生产日期和保质期都没有，是典型的“三无”产品。

林先生向广州市消委会投诉说，该宾馆提供的洗漱用具的质量都很差，尤其是牙刷，他刷牙时竟然被刷伤了牙龈，导致第二天早上吃饭都很困难。

市消委会有关人士表示，质监部门曾经对广州酒店的一次性洗护用品进行过多次质量抽查，结果发现合格率一直较低。主要是淋浴液、洗发液有效物偏低，清洁效果不明显，细菌总数超过标准要求，对人体皮肤造成刺激。另外，牙膏菌落总数超标，牙刷磨毛粗糙、未磨毛的牙刷尖端有锋利毛刺，显现锋利锐角；顾客使用时会严重损害牙齿，也会造成牙龈出血等问题。

消委会提醒消费者，根据《中华人民共和国产品质量法》规定，宾馆酒店的经营者所经营使用的产品应当符合国家相关标准；如果宾馆酒店在经营过程中使用了假冒伪劣产品，按照法律规定，宾馆要承担相当于销售假冒伪劣产品的责任。

由此可见，酒店客用品的选择必须慎重，酒店要么不提供客用品(俗称“六小件”)，要提供就必须保证客用品的质量。

客用品的选择应遵循以下几项基本原则：

1. 质量

酒店没有义务为客人免费提供“六小件”（国外的酒店大都不提供)，但为了方便客人，也为了竞争的需要，如果选择提供，就要确保客用品的质量，以免给客人造成伤害，引起客人的投诉，甚至法律纠纷。

2. 实用

客用品是为方便客人的住店生活而提供的，因此，必须符合方便、实用的原则，所选购的客用品必须是客人所真正需要的，同时，要方便使用。一些酒店提供给客人的洗发液、淋浴液等卫生用品装在玻璃瓶或硬质塑料瓶内，客人使用时，半天倒不出来，也无法挤压，结果，不仅给客人造成极大的不便，也造成了很大浪费。而有的酒店考虑到客人对卫生的重视和防止各种传染病对客人造成的威胁，则在卫生间内为客人提供一次性塑料浴缸罩，受到客人的欢迎。

3. 美观

客用品应该精致、美观，避免给客人以粗糙、贬值之感。

4. 适度

选择客用品的适度原则是指客用品质量和种类必须与酒店的档次相适应，此外，客用品的量也应与客人的实际需要量相适应，避免造成不必要的浪费。

5. 价廉

客用品的选择除了要实用、美观、适度以外，还要考虑价格问题，这是客用品成本控制的关键因素之一。

考虑到以上原则，在选择客用品时，应注意以下要点：

(1) 牙具应选用牙膏、牙刷配套包装的，嵌装式接柄牙刷因不便使用而应予以避免。另外，牙刷不应太硬，以免造成客人牙龈出血。

(2) 香皂的重量一般应在 20 克以上，最好能在 30 克左右。此外，应选用质地细腻、无刺激性及不易受潮发软的香皂。

(3) 垃圾桶应选用拒水、阻燃材料制作的。

（4）烟灰缸宜选用直壁式浅烟缸，以方便清洗。

（5）火柴划着后不应有烟尘漂浮。

（6）梳子不应过尖，以免刺伤客人头皮。

二、客用品的控制

（一）确定消耗定额

客房部管理人员应按照客房总数、客房类型及年均开房率，确定各类客用品的年均消耗定额，并以此为依据，对各班组、个人的客用品控制情况进行考核。

由于团体客人和散客对客用品的消耗量有所不同，所以，也可以根据酒店每年接待的团体客人和散客的比例和数量，分别计算团客和散客的消耗定额，然后加总，即为客房部客用品总的消耗定额。

（二）确定储备定额

这是实施客用品控制的基础之一。应将其列成书面材料，以供日常发放、检查及培训之用。

1. 中心库房储备定额

客房部应设立一个客房用品中心库房，其存量应能满足客房一个月以上的需求。

2. 楼层布草房储备定额

通常需要备有一周的用品。储备量应列出明确的标准贴在布草房的门后或墙上，以供领料对照。

3. 工作车配备标准

工作车上的配备一般以一个班次的耗用量为基准。

（三）做好客用品的日常管理工作

1. 客用品发放的控制

客房用品的发放应根据楼层布草房的配备定额明确一个周期和时间。这不仅可方便中心库房的工作，也是促使楼层日常工作有条理、少漏洞的一项有效措施。

在发放日期之前，楼层领班应将其所辖楼层的库存情况了解清楚，并填写领料单。凭领料单领取货物之后，即将此单留在中心库房，以便统计（参见表13-2）。

表13-2　日常消耗品申领单

楼层：________　　　　　　　　日期：________

物品名称	申领数	实发数	物品名称	申领数	实发数
普通信笺			航空信封		
航空信笺			明信片		
普通信封			门后指示图		
便笺纸			卫生纸		
宾客意见书			面巾纸		
住客预订表			水杯		

续表

物品名称	申领数	实发数	物品名称	申领数	实发数
迷你酒吧酒水单			烟缸		
圆珠笔			火柴		
服务指南			（下列为服务员用的清洁用品）		
门把菜单					
房内用膳菜单			拖把		
干洗单			什物		
湿洗单			空气清洁器		
洗衣袋			除虫器		
卫生袋			鞋刷		
垃圾袋			鞋油（黑）		
枕套			鞋油（棕）		
浴帽			鞋油（棕黄色）		
浴液			鞋油（自然色）		
大香皂					
小香皂					

申领者________　　　　发放者________

2. 做好客用品的统计分析工作

（1）每日统计。服务员在做房时，应填写“客房服务员工作日报表”（参见表 13-3a），并在做完房后，对主要客用品的耗用情况加以统计。最后，由宾客服务中心文员对整个客房部所有楼层的客用品耗用量作汇总，填写“每日楼层消耗品汇总表”（参见表 13-3b）。

表 13-3a　客房服务员工作日报表

房号	状况	清扫时间		人数	补充用品																			备注
		入	出		肥皂（大）	肥皂（小）	卷纸	浴帽	洗发液	沐浴液	牙具	梳子	剃须刀	指甲刀	卫生袋	圆珠笔	拖鞋	购物袋	火柴	针线包	擦鞋纸			
01																								
02																								
03																								
合计																								

表 13-3b 每日楼层消耗品汇总表

文员____________ 日期____________

项目 楼层	卷纸	洗发液	沐浴液	擦鞋纸	圆珠笔	小铅笔	明信片	箱贴	梳子	牙具	针线包	香皂
餐饮层												
四 层												
五 层												
⋮												
合 计												
金 额												

备注：________ 当日做房数________

（2）定期分析。一般情况下，客房部应每月对客房客用品的耗用情况做一次定期分析。其内容有：

① 根据每日耗量汇总表制定出月度各楼层耗量汇总表(参见表 13-4)。

表 13-4 楼层日常消耗品月度用量汇总分析表

________年________月 制表人________ 审核者________

楼层	开房数（间天）	香 皂		卫生纸		圆珠笔		购物袋		……	
		总耗量（块）	平均量（块/间天）	总耗量（卷）	平均量（卷/间天）	总耗量（支）	平均量（支/间天）	总耗量（只）	平均量（只/间天）	……	……
总计											

② 结合住客率及上月情况，制作每月客用品及物资消耗分析对照表(参见表 13-5)。

表 13-5 每月物资消耗分析对照表

品 名	单位	单价（元）	上月消耗	金额（元）	本月消耗	金额（元）	与上月相比	
							增%	减%
圆珠笔	支							
夹纸笔	支							
开瓶扳手	个							
卫生袋	只							

续表

品　名	单位	单价（元）	上月消耗	金额（元）	本月消耗	金额（元）	与上月相比	
							增%	减%
针线包	个							
擦鞋纸	张							
杯　垫	张							
行李牌	张							
意见书	张							
维修单	张							
店　卡	张							
明信片	张							
塑料提包	个							
牙　具	个							
服务指南	本							
洗发液	袋							
沐浴液	袋							
洗衣粉	袋							
洗衣单	本							
电传纸	张							
剃须刀	个							
擦铜油	瓶							
矿物油	瓶							
筷　套	支							
菜　单	本							
橡皮圈	个							
早餐卡	张							
奇　妙	听							
家用蜡	听							
合　计								

上月住客率	本月住客率	与上月相比		上　月 每间房消耗额	本　月 每间房消耗额
		增	减		

制表人＿＿＿＿＿＿＿＿　时间＿＿＿＿＿＿＿

③ 制定每月客用品盘点及消耗报告

除了对客用品的消耗情况进行理论上的统计以外，还要在月末对客用品进行盘点，如两者不符，且差距较大，要分析原因，找出对策(参见表 13-6)。

表 13-6　客房部每月客用品盘点及消耗报告

ITEM 项目	单位	上月库存	本月领货	本月消耗	本月盘点	与统计结果差额	备注
TOILET ROLL 厕纸							
TISSUE 面纸							
SHOWER CAP 浴帽							
SHAMPOO 洗发液							
BATH FOAM 沐浴液							
SHOE SHINE PAPER 擦鞋纸							
SANITARY BAG 卫生袋							
SOAP 香皂							
LAUNDRY BAG 洗衣袋							
GLASS WRAPPER 杯纸							
TEA-BAG 茶叶袋							
ASH TRAY 烟灰碟							
MATCHES 火柴							
SLIPPER 拖鞋							
DOOR CARD 门卡							
FOLIO 文件夹							

续表

ITEM 项目	单位	上月库存	本月领货	本月消耗	本月盘点	与统计结果差额	备注
PEN 圆珠笔							
LETTER HEAD（L） 信纸							
LETTER HEAD（A） 信纸（航空）							
MEMO PAD 记事纸							
SEWING KIT 针线包							
HANGER（L） 衣架（女）							

④ 结合年初预算情况，制作月度预算执行情况对照表(参见表 13-7)。

表 13-7 月度预算执行情况对照表

部门________ 月份________ 年份________

费用项目	编 号	预 算	支出总数	所占比例	上月支出	结 余

（四）控制流失现象

客用品的“流失”是造成客用品失控的重要原因，有两种情况：一种是一些客人在服务员做房时从工作车上“顺手牵羊”，拿走部分客用品；第二种情况，也是更普遍、更严重的现象，则是服务员利用工作之便，经常且大量拿走客用品以自用或提供给他人使用，在管理不善的酒店，客用品甚至常常被大量带出酒店，形成客用品流失的“无底洞”。针对上述情况，客房部可采取以下措施：

（1）要求服务员在做房时，将工作车紧靠在房门口停放，以便监督。

（2）加强对服务员的职业道德教育和纪律教育。

（3）要求服务员做好客用品的领取和使用记录，以便考核。

（4）与保安部配合，做好对员工上、下班及员工更衣柜的检查工作。

（五）落实奖惩政策

年末要根据消耗定额、年初预算及其执行情况，落实奖惩政策。通过奖惩，严格管理制度，强化服务员对客用品的节约意识。

除过上述客用品的控制方法以外，还应努力做好客用品的节约工作。一方面，对于住客房内客人没有用过的客用品，应继续使用，不应随手扔掉。另一方面，客房管理工作应紧随“绿色潮流”，尽量使用固定的罐装容器盛放的卫生用品，以减少不必要的浪费和对环境造成的污染。

第三节　客房部预算

预算是管理人员用来控制和指导经营活动(特别是采购设备、用品)的依据。制定房务预算是客房管理者的基本职责之一。通过制定房务预算，可以有效地控制客房部各项成本、费用，提高客房部经济效益。同时，也能使客房管理人员为今后一段时间的工作做好详细的规划。

预算的制定应力求谨慎，一旦制定出来，就必须成为指导开支的纲领。可以说，预算是整个客房部经营管理工作的基础。

一、制定预算的原则

(一) 轻重缓急原则

制定预算时，所有预算项目必须分清轻重缓急，按以下先后次序排列：

(1) 第一优先：来年必须购置的项目。

(2) 第二优先：增加享乐程度和外观的新项目。

(3) 第三优先：未来两年内需要添置的项目。

一般而言，酒店在开业三年以后，总有必要对某些设施进行更新、改造和重新装饰，这些更新项目往往占了预算开支的一大部分，如果能将过去所购物品的购买和使用时间记录在案，就能给客房部管理人员的年度资金预算计划提供帮助。

(二) 实事求是原则

预算必须实事求是，按照客房部的实际状况和经营需要确定，否则，如果客房部管理人员为了得到预期的金额而在预算上报了多出两倍的金额，那么，将来的实际开支就将是实际预算的两倍。事实上，如果按轻重缓急序列制定预算，也没有必要做这种“预算外的预算”。

(三) 充分沟通原则

在绝大多数酒店，客房部要负责整个酒店的家具配备工作，因此，客房管理人员必须与其他部门负责人(特别是工程部)保持联系，以便协商确定客房部与这些部门预算有关的统一开支款项。

二、制定预算的依据

客房部制定预算的依据主要有以下几点：

(1) 酒店在计划期内的经营预测。

(2) 酒店经营的历史资料(参见表 13-8)。

(3) 客房部设施设备及人员现状。

(4) 计划期内物价及劳动力成本水平。

表 13-8　一家有 120 间客房的美国酒店的房务部(Rooms-Department)收支情况一览表

	美元	百分比(%)
客房销售收入(Room sales)	2 555 110	100.0%
部门费用(Departmental expenses)		
工资	355 160	13.9
员工用餐	10 220	0.4
工资税与员工福利	76 653	3.0
洗涤费用	38 327	1.5
瓷器、杯具、银器、布草等	25 551	1.0
佣金	38 316	1.5
预订费	17 886	0.7
其他支出	84 312	3.3
房务部总支出(Total rooms expenses)	$ 646 425	25.3%
房务部利润(Rooms-departmental income)	$ 1 908 685	74.7%

注：以上费用项目中不包括：行政管理费用(administrative and general expense)、酒店营销费用(marketing and guest entertainment)、资产经营费用(property operation)、维修和能源费用(maintenance and energy costs)等酒店未分配之经营费用(undistributed operating expenses)以及折旧和摊提费用(depreciation and amortization)、利息(interest)等资本成本(capital costs)。

三、预算的编制

(一) 客房部预算总表

客房部预算所包含的项目及预算表的格式如表 13-9 所示：

表 13-9　20××年客房部预算总表　　单位：元

项目	上年实际	上年预算	本年预算	备注（原因）
第一优先项目：				预计今年出租率上升 9%：补齐缺编 10 名员工
工　资	338 400	340 000	430 560	增加物价上涨因素（按 15%计）
工作服	16 920	17 000	26 000	增加员工：今年需发皮鞋每人一双（70 元/双）
医药费	25 560	23 560	27 960	240 元/人·年×104 人+3000 元重病超支保险费
床单			57 600	补充两套，30 元/床，急需补，否则会影响周转
洗衣房洗涤剂	36 000	35 000	45 000	业务量增加，洗涤剂价格上调 15%(已接到通知)
客房、公共区域洗涤用品	15 000	18 000	9 600	部分改用国产产品替代合资、进口产品
客房易耗品	245 000	230 000	226 000	去年还有一部分。 3.3 元/间×240 间×82%出租率×365 天×95%消耗率

续表

项目	上年实际	上年预算	本年预算	备注（原因）
维修保养费	70 000	75 000	38 000	去年增加烘干机一台 4 万元
第二优先项目：				
清扫工具等	9 000	15 000	11 000	考虑上涨因素
临时工工资	12 000	10 000	6 000	去年人手不足用得多，今年旺季用些临时工（5~10 月）
差旅、培训费	4 800	5 000	4 500	去年批量实习，今年少数骨干学习培训
邮电通信费	2 100	2 000	2 100	
第三优先项目：				
办公用品及印刷品	4 000	5 000	3 000	有些报表已够用
员工生日及生病等	2 700	3 000	2 800	每个员工生日及病假达三天者的探望
奖金	293 280	280 000	330 000	增加员工，业务增加，争取增长 10%
劳保用品	16 920	18 000	18 720	101 人×15 元/人・月×12 个月
		累计	1 238 840	

说明：第一优先中，床单须在旺季之前（三月底之前）解决；工作服中夏季服装及皮鞋在 5 月份前解决，冬季服装在 9 月底前解决。

共需资金壹佰贰拾叁万捌仟捌佰肆拾元整，当否，请审批。

（二）预算总表的分解

为了做好预算的控制，还应对预算的有关项目按月进行分解(参见表 13-10)。

表 13-10　月度预算表

项目	一月		二月		三月		……		十二月	
	本年	去年	本年	去年	本年	去年	本年	去年	本年	去年
工资										
客房用品										
清洁用品										
……										

四、预算的执行与控制

客房部年度预算一经批准，客房管理人员应严格执行，将经营活动控制在预算范围之内。为此，客房管理人员必须对预算执行情况进行检查，一般每年检查不得少于两次，最好是每月都检查一次，并填写预算执行情况控制表(参见表 13-11)。

表 13-11　预算执行情况控制表

项目	本月实际		本年累计		
	本年	去年	本年	预算	去年
工资					
客房用品					
清洁用品					
……					
直接开支合计					

由于预测不可能准确无误，所以预算指标与实际业务运行发生较大误差是不足为奇的，可以通过修订预算进行弥补。

在预算与实际状况发生较大误差时，客房部经理应立即召集所有管理人员通报情况，寻找现实可行的办法来消除因开支过大造成的赤字；或是寻找利用剩余资金提高效益的其他途径。

本章小结

➢ 客房成本控制是提高酒店经济效益的重要途径和客房管理的主要任务之一，客房成本控制的主要途径是做好客房预算及客房设备用品的管理工作。做好客房设备用品管理不仅可以降低客房经营成本，还可以保障客房服务质量。

➢ 客房设备用品管理的主要任务是：编制客房物品与设备采购计划；制定客房物品与设备管理制度；做好物品与设备日常管理和使用；对现有设备进行更新和改造；做好对酒店“六小件”等客用品的控制工作。酒店“六小件”的配备在为客人提供方便的同时，也造成了大量浪费和环境污染，同时为管理工作增加了难度。一些酒店为了节约成本，为客人配备的低质伪劣客用品还常常对客人造成伤害，引起客人投诉甚至法律诉讼。从发展的趋势看，这种“中国式传统”做法将逐步被淘汰，取而代之的是不在客房摆放，而是在客人提出要求时，由宾客服务中心随时为客人提供。

➢ 预算管理是客房管理人员应该掌握的一项技能。制定预算的原则是分轻重缓急，讲究实事求是，进行充分沟通。

➢ 客房部制定预算的依据是：酒店在计划期内的经营预测；酒店经营的历史资料；客房部设施设备及人员现状；计划期内物价及劳动力成本水平。预算一经批准，客房管理人员应严格执行，将经营活动控制在预算范围之内。为此，客房管理人员必须对预算执行情况进行检查，并填写预算执行情况控制表。

思考题

1. 试述客房物品与设备管理的任务和方法。
2. 怎样选择客用品？
3. 如何做好对客用品的控制工作？
4. 编制预算的依据有哪些？
5. 如何编制客房经营预算？

即测即评

补充与提高

节能降耗，分析费用

客房管理中，应在不影响服务质量的前提下尽可能节能降耗。为此，一些酒店客房部已尝试将所有客房的水位调低（不影响正常冲厕），将洗脸盆水龙头出水量适当调小，节水效果较显著；将所有公共区域的灯泡换成节能灯或感应灯，以利节电；提倡循环利用，如鼓励员工使用纸的正反双面，文件也是正反双面打印，利用旧文件、旧的打印纸作草稿纸。客房部还可坚持不懈地回收干净的一次性消耗品外包装盒，以便二次利用；将报损的床单制成婴儿床单、枕芯套或体重秤套。在客房卫生间墙上以及床头柜上，张贴或置放节能卡，动员客人尽量减少毛巾或床单、枕套的更换洗涤，以利节约水资源、洗衣粉和减少污水的排放，保护水资源。

酒店经理人对“经理的困惑”的答复：
Re：聘用社会劳务公司做客房卫生工作，靠谱吗？

张谦　广州从化享来斯登温泉度假酒店　执行总经理

在酒店行业，对酒店客人的满意度产生影响的诸多因素中，干净、整洁项排列第一。因而可见客房的清洁工作，在酒店管理中的比重，在客房的成本控制中，客房部员工数量的多少，也是影响成本浮动的重大因素之一。

因此，为了提高客房的服务质量和出于降低成本的动机，已有个别酒店悄悄地开始尝试起一种新的管理模式——客房清洁外包模式。

其优势有以下几点：

(1) 首先能大大降低招聘成本，酒店不用再担心招工难，不用到处打广告、“拉人头”了。招聘工作由外包公司做了分担。

(2) 可以大大降低福利成本。对于外包员工，酒店是不需要负责他们的社保、奖金，甚至住宿费，这笔费用的降低，几乎占了酒店原薪酬结构的30%以上。

(3) 外包公司出于利益的驱动，提供的员工基本上会以熟练工为主，大大节省了酒店培训新员工的时间成本，同时员工做房效率大大提高，缩短了清洁房间的时间，房间可在最短的时间里重新预售，客房销售的工作就能抢占到先机。

(4) 酒店的管理成本可以大大降低。不用担心员工流失，员工工作的积极性、服从性也会较原来的模式大大提高。

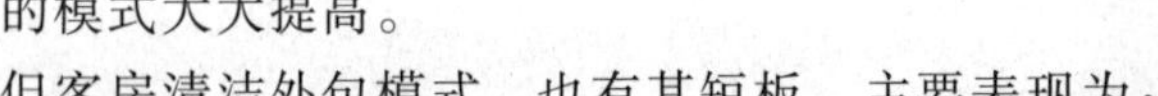

但客房清洁外包模式，也有其短板，主要表现为：

(1) 管理的标准需要有一个较长时间的磨合，清洁标准的落实程度、管理者管理尺度的把握，都需要时间来相互适应。

(2) 如果酒店与外包公司发生矛盾，短时间酒店因无自己的团队，招聘和培养需要假以时日，酒店可能会遭受较大的损失。

(3) 一旦有临时性的加班和突击任务，是很难获得外包员工愿意克服自身困难来帮助的。

(4) 由于楼层主力员工改外聘客，客房部的员工企业文化将较难开展。

(5) 外包模式只能降低部分成本，毕竟外包公司还是需要获取利润的，两相对冲，能降多大成本还是要看酒店具体情况。

(6) 请外包公司从事清洁，可以量化的酒店客房清洁一般不会出现争议，但涉及酒店公共区域及无法量化的工作内容，易出现扯皮的情况。

酒店业中，任何一种管理模式都有自己的优、劣势，从没有一个放之四海而皆准的真理，关键看我们的管理者去如何取舍。最终必然是：舍鱼，而取熊掌者也！

面对面观看广州从化享来斯登温泉度假酒店张谦总经理谈：聘用社会劳务公司做客房卫生工作，靠谱吗？

方式一：请登录：刘伟酒店网(www.LiuweiHotel.com)—院校服务—视频—张谦：聘用社会劳务公司做客房卫生工作，靠谱吗？

方式二：扫描二维码

马宁宁　西安古都文化大酒店　客房行政管家

面对面观看古都文化大酒店客房行政管家马宁宁谈：聘用社会劳务公司做客房卫生工作，靠谱吗？

方式一：请登录：刘伟酒店网(www.LiuweiHotel.com)—院校服务—视频—聘用社会劳务公司做客房卫生工作，靠谱吗？

方式二：扫描以下二维码

第十四章　客房安全管理

安全，是住宿业的大前提，也是客人对酒店的最基本要求。而客房是酒店建筑的主体，酒店的安全问题也主要发生在客房部，因此，做好客房的安全管理对于保护客人生命财产及酒店财产的安全具有极其重要的意义。安全管理是客房管理的主要任务之一。

本章学习目的

★ 了解客房部主要安全问题及其防范措施。

★ 掌握火灾预防、通报和扑救的方法。

关键术语：安全　偷盗　火灾

Key Words：Safety，Burglary，Fire

经理的困惑

——有人冒充“房客”盗窃怎么办？

住在我们酒店302房的刘小姐，见到隔壁304房间的客人衣着光鲜穿戴时尚，遂起歹意。当她看到并确认该房客人离开房间、房内无人后，就佯装成304的客人，站在304门口给服务中心打电话，要求楼层服务员送一瓶开水到304房。

服务员很快将水送到304房，见该小姐站在门口，就将水瓶递给她，刘小姐谎称，房卡忘带出来，请服务员开一下门。该服务员见状，立即为该小姐微笑着打开304房间的房门，然后离去。刘小姐进房后，立即将房内客人携带的贵重物品拿走，并马上到总台办理了退房手续。

304房客人回来后，发现自己的贵重物品不见了，便打电话问服务中心，是否有人进他房间，服务中心告知，曾有一位小姐说304房要开水，该客人立即明白他的东西已经被该小姐偷走，严厉要求酒店承担责任。

面对这样的问题，我该如何处理？还有，作为客房部经理，我应该采取哪些措施，防止类似事件的发生？

第一节 客房部主要安全问题及其防范

客人对酒店的要求是：提供热情周到的服务，舒适优雅、干净卫生的客房。但这些都是以安全为前提的，安全需要是客人的第一需要，一位日本酒店管理专家曾经指出：“酒店经营者应当记住：住宿业的大前提是旅客的生命、财产。安全第一，饭菜、服务、设施第二……如果一名旅客遇难，酒店就会受到致命的打击。”可见，安全管理是酒店，特别是客房管理的主要内容之一。

发生在客房部的安全问题，主要有以下几种类型：

一、各类事故

客房部所发生的各类事故通常因客房设施设备安装或使用不当而引起，经常发生事故有：

（1）浴室冷、热水供应不正常，烫伤客人。

（2）设施设备年久失修或发生故障而引起的各种伤害事故，如天花板等掉落、倒塌，砸伤客人。

（3）地板太滑，楼梯地毯安置不当以及由于走廊、通道照明不良而使客人摔伤。

对于以上可能发生的事故，饭店应给予足够的重视，要采取措施，确保浴室冷、热水供应正常，同时经常检查维修饭店的设施设备，消除隐患，如地板太滑可铺设地毯，照明不良可更换灯泡。如由于地毯铺设不当，经常绊倒或摔伤客人，就应考虑对其重新安置、调整。

此外，客房部员工在工作时，还要严格按照操作程序和操作规程进行操作，防止出现各种工伤事故。

二、传染病

传染病会危害客人和员工的健康，它的产生和传播大都与酒店的卫生工作有关，主要是食品卫生和环境卫生，有些酒店食品卫生工作做得很差，经常发生客人食物中毒的现象，轻则拉痢、传染，重则因此而丧生，给酒店的财产和声誉都带来不可估量的损失。

如果说食品卫生是餐饮部的责任的话，那么，环境卫生则主要是由客房部负责的。一般来说，客房部应该从以下几个方面着手做好环境卫生，防止传染病的发生和传播。

（1）按预定的清扫频率，组织正常的清扫工作。如果酒店所在地气温较高就应注意潮湿问题，对潮湿的角落经常检查，并定期或不定期地喷洒杀虫剂。另外，要避免灰尘的堆积，角落、家具的底部时间一长就会成为灰尘集聚的场所，因而要定期组织系统有效的行动来清除灰尘。

（2）布草的清洁。无论是客人使用的布草还是员工使用的布草都应保持清洁卫生，无懈可击，对于那些可能沾染上病菌的布草应尽可能放在沸水里加热消毒。

（3）卫生间设施的特别清扫。浴缸、淋浴器、便器以及洗脸池是客人身体直接接触的物体，病菌容易通过这些设施传染给随后租房的其他客人，因此做卫生时应特别予以关注，尤其是那些患有传染病的客人使用过的客房，客人离店之后，要对其卫生间设施使用消毒剂进行彻底的清扫。

（4）消灭害虫。我国很多旅游饭店老鼠成灾，酒店以及上级有关部门经常收到来自国际旅游者在这方面的投诉，他们气愤地说："我不能与老鼠同住一屋！"有的甚至在回国后有意无意地写文章，投书新闻界，诉说他们在这方面的"经历"，对我国旅游饭店业的声誉造成不良的影响。

事实上，像蟑螂、蚊子、苍蝇以及老鼠、蚂蚁、蜘蛛、跳蚤等害虫，不但影响环境卫生，而且往往也是各种病毒的传播者，因此，稍一露头就要进行控制，在害虫容易出没的地方经常喷撒杀虫剂和毒药。在此，做好客房的计划卫生具有重要意义。

此外，为了防止传染病的蔓延，保障住店客人的安全与健康，酒店方面也有权拒绝患有传染病的客人留宿。

案例

长水痘的客人

我曾经处理过一个 case，是一位长水痘的外国客人，让店医看了后，店医让去医院，他死活不肯去。好话说了一箩筐。他觉得这是他的事，it is not your business！酒店当局很重视这事，立场是怎么样都得让他去看病。我登门拜访了他三次(他住的是酒店公寓)。他烦了，我也腻了。他说自己打电话问过澳大利亚的医生，这种症状会在几天后消失。但这怎么能让酒店放心。酒店情愿出钱让他去医院，他也不理。说让医生来给他看，他也拒绝。后来想出个折衷的办法，通知防疫站。防疫站很重视这件事，几乎全体出动，还来了位刚从澳大利亚做访问学者归来的这方面的医生。在对他晓之以理、动之以情后，他终于肯让这位医生看病。医生说没事，让他别出去吹风，但他用过的寝具要严格消毒。

三、偷盗及其他刑事案件

（一）偷盗的类型

偷盗现象在酒店里时有发生，在管理不善的酒店更是如此，它是令酒店管理者非常头疼的一个问题。失窃物小到一包香烟，大到一颗戒指、上万元巨款。偷盗的对象既有住店客人，又有店方本身。一些管理不善的酒店中，成箱的名酒、成套餐具、成包的卫生用品等经常不翼而飞。

从窃贼的构成上看，发生在酒店的偷盗现象一般有以下三种类型：

1. 外部偷盗

外部偷盗即社会上的不法分子混进酒店进行盗窃，这些人往往装扮成客人蒙骗店方，盗取住店客人及酒店的财物。防止这种类型的盗窃行为发生，酒店只有靠加强管理，提高警惕性。

2. 内部偷盗

内部偷盗指酒店员工利用工作之便盗取客人及酒店的财物，这种类型的偷盗在偷盗事件中占很大比例，酒品、餐具以及卫生用品的盗窃大都是酒店内部员工所为，由于他们对于酒店内部的管理情况、活动规律以及地理位置了如指掌，因此作案也最容易。一般来说，酒店如发生失窃现象应先从内部入手进行侦破查找。

3. 内外勾结

这种类型的盗窃，一般是由酒店内部的员工向社会上的同伙提供“情报”及各种方便，由其同伙作案、销赃，这种作案方式手段“高明”，容易成功，给酒店造成较大的威胁。

（二）偷盗及其他刑事案件的防范

除偷盗行为外，客房部有时还会发生以谋财害命为主要特征的抢劫、凶杀案件，有效地防止盗窃及其他刑事案件的发生，是客房安全管理的重要任务。

客房部盗窃及其他刑事案件的防范可从以下几方面入手：

1. 加强对员工的职业道德教育

针对内部偷盗现象，客房部首先应做好员工的思想工作，对员工进行职业道德教育。其次，还应采取各种有效的办法、手段(如合理排班、加强员工出入的管制检查以及设置检举控告箱等)堵绝管理漏洞，严格管理制度，不给作案者以可乘之机，同时，一旦发现有人偷窃，应予以严厉打击，严肃处理，轻则留店察看，重则开除，直至诉诸法律。

为了使酒店具有良好的店风、店纪，酒店在对外招工时也要注意把那些流里流气、不三不四或有犯罪前科的应招者拒之门外。

2. 做好客房钥匙管理

酒店的钥匙通常有以下几类：

（1）住客用钥匙(guest key)。只能开启该号房门，供客人使用。

（2）通用钥匙(pass key)。供客房服务员打扫房间使用，可开启十几个房门。

（3）楼层总钥匙(floor master key)。供楼层领班使用，可开启该楼层所有房间。

（4）总钥匙(housekeeper master key)。可开启各楼层及公共区所有房门，专供客房部及工程部经理使用。

(5) 紧急万能钥匙(house emergency key or great grand master key)。只供总经理使用，也称饭店总钥匙。

(6) 楼层储藏室钥匙(floor pantry key)。供楼层服务员使用。

(7) 公共区总钥匙(cleaning master key)。供公共区领班使用。

酒店的钥匙是关系到客人生命财产以及酒店本身安全的一个重要因素。钥匙管理是楼层安全管理的一个重要环节。一般应采取以下几个措施:

(1) 做好钥匙的交接记录。

(2) 因公需用钥匙时必须随身携带，不得随处摆放。

(3) 禁止随便为陌生人开启房门，其他部门员工如需要进入房间工作(例如行李员收取行李,餐饮服务员收集餐具,工程部员工维修房间设施设备等)，均须由客房服务员开启房间。

3. 从来访客人和住店客人身上发现疑点

在日常工作中，应注意从来访客人和住店客人身上发现疑点:

(1) 从审查证件中注意

① 证件上照片与面貌不符。

② 印章模糊不清或有涂改迹象。

③ 证件已过时失效。

(2) 从言谈中注意

① 交谈中神态不正常，吞吞吐吐，含糊其词。

② 谈话内容、方式与身份不相符合。

③ 口音与籍贯不一致。

④ 说话自相矛盾，或说东道西，夸夸其谈。

(3) 从举止打扮中注意

① 进出频繁，神情异常，行动鬼祟。

② 服装式样、质量与职业身份不符。

③ 用小恩小惠拉拢腐蚀服务员。

④ 经常走窜其他客人房间。

⑤ 打探店内其他客人情况。

⑥ 携带麻醉剂、凶器等危险品。

(4) 从日常生活中注意

① 住店客人客房内有凶器或麻醉剂之类的物品。

② 只登记一人住宿的房间住了两个人。

③ 住宿中的客人没有行李或行李极少时。

④ 外来客人进出过多的客房。

⑤ 在走廊或其他地方发现可疑的人或物(如行李)时。具体表征如下：与不相识的人乱拉关系；用钱挥霍；起居不正常；终日闭门不出，神态不自然；匆匆离店，原因不明，等等。

遇有上述情况，服务员应向管理人员报告。但以上仅是可疑之点，客房服务员及管理人员只能对有以上特征的人提高警惕，注意观察，而不能主观臆断，以此定罪，以免得罪、冤枉好人，而给坏人造成可乘之机，使工作处于被动状态。

4. 抓好“三个重点、三个控制、六个落实”

除在日常服务中对住店客人进行以上观察以外，客房保安管理和内部防范还要抓好三个重点(重点部位、重点时间、重点对象)、三个控制(楼面的控制、电梯的控制、通道的控制)、六个落实(开房验证;住宿登记;来访登记;跟房——客人退房离去或来访者走后要人房安全检查;掌握客情;行李保管)。此外，还要加强对门卫及大堂保安工作的管理，保安人员应密切注意大堂内客人的动态，发现可疑的人或事应主动上前盘问、处理，及时消除各种隐患。

最后，酒店一旦发生安全事件，作为客房员工，要在报告领导及保安部门的同时，注意保护好现场，不准无关人员无故进入现场，更不许触动任何物件，这对调查分析、追踪破案极为重要。此外，发案后，在真像未明的情况下，不能向不相干的宾客等外人传播，如有宾客打听，应有礼貌地说：“对不起，我不清楚”。

客房还可能发生的一种安全事件，是某些客人可能对应客人要求进入客人房间为客人提供服务的服务员进行非礼或性侵。对此，酒店管理者也要做好防范工作。比如，可要求服务员为客人提供服务时，要把房门开着；深夜应客人要求进入客人房间为客人提供服务时，最好安排男性服务员，如为女服务员，则最好安排两个人，其中一个人(最好为保安人员)在房外等候，以防不测。另外，还可采取其他防范措施。比如，美国一些大酒店为进入客房服务的服务员设置紧急报警按钮，以方便她们在遇到紧急状况时呼救。

(三) 发生偷盗现象时的处理程序

一天，在北京长富宫饭店，两位美国人找到大堂副理，满脸怒气地说：“我放在房间茶几上的300美元不见了，请立即给我查清，赔还给我。”大堂副理向客人表示：“此事我们要先调查一下，进出客房是两位服务员同进同出，并有时间记录。”同时委婉地提醒客人再仔细查找一下，并且询问是否需要报案。

发生任何偷盗现象均需首先报酒店保安部。接到通知后，同保安人员赶到现场，若发生在房间，则同时通知客房部的管理人员一同前往，请保安部通知监控室注意店内有关区域是否有可疑人员。查询被盗物品的客人是否有客人来访的有关资料，并作记录。询问专业问题最好由保安人员询问，大堂副理做好翻译。要视客人要求由客人决定是否向公安机关报案。

发生偷盗事件后，最好由保安部与大堂副理同时出面下与客人交涉。

基于酒店作业规则，若客人有物品遗失，酒店不应轻言赔偿，在酒店的住房手册及客人签字确认的登记卡上，都有明确说明，“请将您的贵重物品保存在房间或前台的保险箱内，否则遗失饭店恕不赔偿。”

通常情况下，酒店不开据遗失证明，若客人信用卡遗失，可由大堂副理代为联络银行支付。

案例

“门外有不明人士敲门”

晚上8点钟，某酒店值班经理接到总机话务员报，1608房间客人李先生称门外有一不明人士敲其房门。值班经理接报后，立即与客人联系并了解当时的情况。

据李先生陈述，有一不明男子自称管家部服务员，以送水为由敲门，要求进入房间。此人着黑色夹克衫，身高约 170 公分。李先生从房门猫眼望出去看到他未穿制服，手上也没有水瓶，便打电话通知总机。听完李先生的陈述后，值班经理觉得事出蹊跷，马上与保安部主管，管家部主管上 16 楼巡查，并通知其他部门留意是否出现同一特征男子。在楼层展开巡查的同时，继续询问李先生具体细节。

当问到不明男子在入房未遂的情况后朝哪个方向行进时，李先生指出是向右边。值班经理仔细分析地形，左边是电梯出口，如果该男子是向左边行进的话可能已经离开本楼层。右边是客房，如果向右边行进的话，则此男子还停留在本楼层，并且可能伺机再向其他客房下手。值班经理将搜索范围缩小，目标锁定 16 楼，同时通知前台接待处停售此楼层。

16 楼共 25 间客房，其中 2/3 客房已经售出。如果一间间房查，不但会给住客带来影响，而且可能打草惊蛇。值班经理请李先生再回忆一下是否还有其他可疑的事情，李先生提起他曾经听到过隔壁 1606 房间有奇怪的声音传出，但分辨不出是什么声音。李先生所说的情况立即引起了值班经理的警觉，经查，1606 房间住客为王先生。值班经理与保安主管交换意见后，决定以烟感报警为由致电 1606 房间。电话长时间响铃后，终于有一位男子接听，回应已经入睡，不需要检查。值班经理分析当时才晚上 8 点多，不可能这么早睡觉。而且，检查烟感是为了防患火灾，客人一般都会予以配合。这时，1606 房门突然“吱”一声打开，一名男子走出来，保安部主管随即上前去与客人对话，该男子称他现在要外出，没有他的许可不得进入其房间。

值班经理仔细观察该男子说话时的反应，发现其额头冒出细密的汗珠，并且身着黑色夹克衫，身高也与李先生的描述相符。此人快步朝电梯走去。值班经理记下其所乘电梯之号码后，马上进 1606 房间查看，只见 1606 房间的客人被反绑在椅子上，嘴里塞着一团毛巾，手机及 5 000 元现金被抢。值班经理马上通知保安部抓人并报警。1606 房间客人因惊吓过度，全身发抖，值班经理指派一名管家部服务员陪伴客人到楼层工作间暂时休息，并封锁现场。

布置完毕后，值班经理随即冲下楼层协助保安部抓人。当此男子乘电梯到大堂时，大堂岗保安员已收到拦截此人的通知。而此人却强行向门口冲去并跳上门口一部候客的计程车，企图离开酒店。大堂岗保安员迅速通知车场岗保安员再次拦截。保安部领班奋不顾身地冲到已经启动的的士前拦车，要求乘客下车。该男子见乘车离店无望，即拉开车门向外逃窜，外围岗保安员火速赶来增援飞起一脚，正中其腰间，一把手枪跌落在地。其他保安员飞奔而来将其擒住。此时大批警察也赶至。值班经理在协助录完口供后，将疑犯转交警方处理，安排 1606 房间客人转入套房并送上水果篮。事后经警方证实，案犯携带的是假枪，但其抢劫的性质与携带真枪一样。警方在现场取证调查后，于 23:00 收队离开。

第二节　火灾的预防、通报及扑救

“我带队在验收优秀旅游城市时，去酒店重点检查了安全，总共查了几十家酒店，80%的泡沫灭火器都是过期的；接着问员工怎么使用，员工说不上来；我们在房间里对着报警器吹烟，把它吹亮了，但是没有一个消防员工能够按时到达；有的响了10来分钟了还没有人来，或者是赤手空拳的上来了，惊慌得不知道是怎么回事……”

除了第一节提到的几种安全问题，客房部还有一种安全问题：火灾。可以说，火灾是客房部的头号安全问题。客房部员工应该具有火灾的防范意识，掌握火灾的预防、通报和扑救知识。

一、火灾的危害

现代旅游酒店设备先进、设施豪华，投资额巨大，少的投资上千万元，多的往往上亿元，一场大火会使这些巨额财产顷刻间化为灰烬。无情的大火不但会烧毁饭店建筑物，而且直接威胁着人们的生命。

2005年6月10日发生在广东汕头市华南宾馆，造成31人死亡、21人受伤的特大火灾事故就是因为电线短路故障引起的。

2008年2月15日，在浙江义乌一家酒店共度“情人节”的一对青年男女连同其他9位住客因酒店起火而丧命，据调查，火灾是由于酒店总服务台计算机电线老化造成的。

2011年5月1日，吉林省通化市“如家快捷酒店”发生火灾，造成10人死亡，35人受伤。

……

因此，一位饭店总经理曾经深有感触地说：“作为饭店老总，我最为关心的，而且常常使我坐卧不宁的就是‘防火’，客人的财物丢失，我可以经营利润照价赔偿，可是一旦发生火灾，建筑物付之一炬，客人被烧死，那么，我坐监狱是小事，国家将遭受难以估量的巨大损失”。

二、火灾发生的原因

火灾发生的直接原因很多，据美国有关方面对487起酒店的火灾原因分析：因吸烟点火不慎者占33%；因电器事故占21%；因取暖、炊事用具占10%；因火炉上的食物和烟道的油占6%；因碎屑类着火占3%；自燃占2%；煤气泄漏占1%；纵火占17%；其他占7%。由此可见，饭店火灾主要发生在客房。其中，吸烟和电器事故不仅是引起客房部火灾的主要原因，而且也是整个酒店火灾事故的主要诱因。国外火灾多发生在深夜到黎明这一段时间，其原因就是国外旅客大都习惯夜生活，在酒醉和疲劳时，深夜卧床吸烟，容易引燃被褥、床单等物，或者乱扔烟头火柴，使地毯、纸篓等起火。北京有一家饭店，一位日本外宾因饮酒过量，又有睡觉前躺着吸烟的习惯，结果，人睡着了，小小的烟蒂致使这位客人丧生。

酒店在建设和大修时常发生火灾，这主要是由于使用电气焊而引起的。个别酒店因客人热水器使用不当，也已经引起重大火灾和伤亡事故。1986 年 12 月 31 日 15 点 30 分美国波多黎各都彭广场酒店地下锅炉爆炸，火势凶猛，使这座 21 层豪华酒店变成一片火海。1990 年，我国深圳也有一家酒店因锅炉爆炸引起火灾，使一人丧生。

发生火灾的直接原因虽然很多，但更重要的是酒店经营者对消防工作重视不够。消防意识不浓，思想麻痹，存在侥幸心理，总认为火灾只是偶尔发生的，一般不会出现，即使出现，“倒霉”的也不会是自己的饭店，因而在日常经营和管理中，措施不力，结果导致“引火烧身”。

三、火灾的预防

火灾的预防可从以下几方面入手：

1. 在酒店的设计建设中，安装必要的防火设施与设备

为了防止火灾的发生，饭店在建设时就应选用适当的建筑材料，设计安装必要的防火设施、设备，如自动喷水灭火装置及排烟设备等。像太平门、安全通道在一般酒店都是必不可少的，需要强调的是，在紧要关头，设置在楼体外侧的露天楼梯往往会起特别的作用，可以想象，酒店的封闭式楼梯在火灾情况是起不了多大作用的，尤其是如果酒店的强制排烟设备失效，封闭式楼梯就更显得力不从心，无济于事。除安全通道以外，大酒店还应在客房部安装急用电梯，并在客房内安装烟感报警器(smoke detector)。因为客房中被褥等物起火时，多产生大量浓烟，旅客往往在熟睡中就中毒昏迷，这时，烟感报警器就会发挥作用。

针对电器设备起火这一现象，酒店在各种电路系统中应设保险装置，并安装防灾报警装置。

2. 做好职工培训，增强防火意识

酒店建成开业后，要对新上岗的员工进行安全培训，增强其防火意识，教会他们如何使用消防设施与设备，并使他们懂得在火灾发生的非常时刻，自己的职责是什么，同时组织消防知识竞赛，必要时还可利用淡季组织消防演习。

为了做好这项工作，酒店经营者本身必须统一思想，提高认识，给防火工作以足够的重视。否则，将会出现本节开头时描述的现象。

3. 在日常经营中采取必要的管理措施

(1) 新落成的大型酒店一律设立防灾中心，全天执行警戒。

(2) 制定并贯彻执行消防安全制度、防火岗位责任制度。

(3) 专职消防和群众性的消防组织相结合，对于重点部位和隐患要定期检查评比。

(4) 经常检查、维修线路，防止因漏电而引起火灾。

(5) 经常检查各种报警装置是否正常。

(6) 定期检查消防设施是否良好，如消防用具、烟雾感应器等失效要及时更换。

(7) 针对客人躺在床上吸烟这一习惯，应在床头柜上放置“请勿在床上吸烟”的卡

片，提醒客人务必将未熄的火柴或烟头扔进烟灰缸。

（8）对于因酗酒过度而醉的客人以及烟瘾大的客人所住房间要经常检查。

（9）注意观察客人所携带的行李物品，如发现有易燃、易爆等危险品，要立即向上级或前台报告。

（10）服务员打扫房间时，注意不要把未熄灭的烟头扔进纸篓。

（11）统计资料表明，酒店火灾多发生在夜间，因此，夜间值班员应切实负起责任，加强夜间巡逻。

（12）对维修人员因工带进的喷灯、焊接灯、汽油以及作业产生的火花等要充分注意。并要对工作人员加以提醒。

（13）发现客人在房内使用自带电热器时，要及时向前台报告。

（14）太平门不能加锁，如发现太平门、急用电梯等处堆有障碍物，应及时排除。

以上是关于火灾的预防。为了把火灾所造成的伤亡减少到最低限度，客房部还应利用时机，通过适当的方式向客人宣传安全常识，并向他们指出在非常情况下紧急疏散的路线等(一般饭店都有印制好的紧急疏散图,参见图 14-1,有的贴在客房门内侧,有的则放在写字台上的文件夹内)。

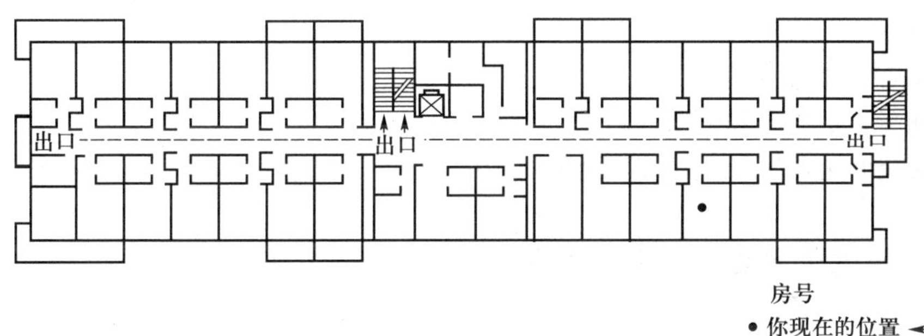

图 14-1　紧急疏散图

紧急疏散方案

您的安全对我们是很重要的，请花一分钟时间读完下面的安全建议：

（1）请您一定要熟悉放置在写字台的《旅客须知》内的紧急疏散方案。

（2）熟悉您客房内的窗户。

（3）请将您的钥匙放置在您容易找到的位置，离开房间时要随身携带，因为烟火阻碍您的出口时，您可能需要您的钥匙回到您的房间。

（4）当起火或有紧急情况时请按下面进行。

- 找到您房间的钥匙并随身携带。
- 在开门前试一试客房门是否烫手。
- 到达最近的可用的出口楼梯，并立即下到底楼。(注意:不要使用电梯)
- 如您不能平安到达出口楼梯口，应回到您的房间，立即拨“0”通知电话员。
- 在等待援助时，按您的最佳判断来操作窗户。
- 放置一块湿毛巾在客房门底部。
- 设法吸引楼房外面人们的注意。

四、火灾的通报

（一）酒店内部通报

发生火灾时，酒店有关部门（如防灾中心）应立即向消防部门报警，同时，要向客人发出通报，要求客人迅速撤离客房，但考虑到在这种情况下人们特殊的心理状态，因此通报应采用一定的艺术方法和步骤，以免因大恐慌而造成更多的伤亡。一般来说，火灾发生时，最好能够按以下步骤进行通报：

（1）一次通报。应由酒店保安人员及服务员对各客房逐个通知。为了使疏散工作顺利进行，通报应按步骤进行：首先向起火层报警；再向其上一、二层报警；然后通报上面其他楼层；最后通报起火层以下各层。

（2）二次通报。鸣警铃，进行全楼报警。

（二）报警

如火情严重，应立即打119报警。报警时要讲清以下事项：

（1）酒店的名称、地址。

（2）什么东西着火。

（3）哪一层楼着火。

（4）报警人的姓名和电话号码。

报警后应派人到门口或路口等候并引导消防车。

五、火灾发生时客房员工的职责

火灾发生后，酒店员工的职责是：

（1）向酒店防灾中心报警（如火势大，应同时向消防部门报警）。

（2）按顺序向客人发出通报。

（3）提醒客人有关注意事项，包括：

① 要求客人保持镇定，防止火未烧身人已跳楼身亡，或由于恐慌、拥挤而造成其他意外伤亡事故。

② 提醒客人穿好衣服或睡袍，勿将身体直接暴露在火焰之中，以免烧伤。

③ 提醒客人随身携带房门钥匙，以便在无法从安全通道出去时返回房间，等待救援或采取其他措施。

④ 最好能将一件针织衫用水浸湿，蒙在头上，当作“防毒面具”使用。

⑤ 如整个通道已被浓烟弥漫，可提醒客人匍匐前进。在火灾中，浓烟比烈火更危险，而浓烟较轻，所以一般先上升后下降，因而爬行有利逃生。

⑥ 提醒客人不要乘坐电梯，以免突然停电、电梯失控而被堵在电梯内。

（4）向客人指示安全通道，疏散客人，引导客人迅速撤离现场。

（5）协助消防人员灭火，力争将酒店财产损失减少到最低限度。

六、灭火的方法

（一）火灾的种类

依照国家标准，火灾分为四大类：

（1）普通物品火灾(A 类)。由木材、纸张、棉布、塑胶等固体所引起的火灾。

（2）易燃液体火灾(B 类)。由汽油、酒精等引起的火灾。

（3）可燃气体火灾(C 类)。如由液化石油气、煤气、乙炔等引起的火灾。

（4）金属火灾(D 类)。由钾、钠、镁、锂等物质引起的火灾。

以上不同类型的火灾，应用不同类型的灭火方法和灭火器材进行灭火。客房部的火灾通常属于 A 类，即普通物品火灾。

（二）常用的灭火方法

常用的灭火方法有以下几种：

（1）冷却法，即通过使用灭火剂吸收燃烧物的热量，使其降到燃点以下，达到灭火的目的，常用的这类灭火剂是水和二氧化碳。

（2）窒息法，即通过阻止空气与可燃物接触，使燃烧因缺氧而窒息，常用的这类灭火剂有泡沫和二氧化碳等，也可采用石棉布、浸水棉被来覆盖燃烧物。

（3）化学法，即通过使灭火剂参与燃烧过程而起到灭火的作用，这类灭火剂有易安龙灭火剂、惰性气体灭火剂等。

（4）隔离法，即将火源附近的可燃物隔离或移开，以此中断燃烧。

灭火的方法很多，但具体采用哪种方法，要视当时的实际情况、条件而论。

（三）灭火器种类及使用方法

常用灭火器种类及使用方法如表 14-1 所示。

表 14-1　灭火器种类及使用方法

类别	适用范围	使用方法
酸碱灭火器	扑灭一般固体物质火灾	1. 将灭火器倒置 2. 将水与气喷向燃物。
泡沫灭火器	用于油类和一般固体物质及可燃液体火灾 (注意:不可使用于 C 类火灾。另外,由于容易造成污染,现已逐步淘汰)	1. 将灭火器倒置 2. 将泡沫液体喷向火源。
二氧化碳灭火器	用于低压电气火灾和贵重物品(精密设备、重要文件)；易燃液体和可燃气体 (注意:不适用于 A 类火灾)	1. 拔去保险锁或铝封 2. 压手柄或开阀门 3. 对准燃烧物由外圈向中间喷射
干粉灭火器	与二氧化碳灭火器适用范围相同，但不宜用于贵重物品的灭火	1. 拔去保险锁 2. 按下手柄 3. 将干粉喷向燃烧物

（四）火灾现场的急救

灭火时，如身上衣服着火，要立即躺倒打滚，使火熄灭，不可惊慌奔跑，如有人受烟熏窒息，或发生头昏、恶心、呕吐、失去知觉等症，应立即将其抬到空气新鲜的地方，解开上衣，在胸前、脸上稍喷冷水，如仍不清醒，应做人工呼吸，或急送医院抢救。

案例

用智慧赢回生命

——吉林中百商厦特大火灾逃生记

本章小结

➢ 客房部的安全问题主要涉及因客房设施设备的安装和使用而引起的各类工伤事故和对客人造成的伤害，各类传染病，偷盗及其他刑事案件，火灾等。

➢ 客房部员工要有安全意识，针对不同的安全问题，采取不同的防范措施。客房部管理人员不仅要教育员工洁身自好，还要防止店外犯罪分子入室盗窃和伺机作案，要教育员工做好客房钥匙的保管和管理工作，制定客房安全管理制度，并教育员工严格执行。对重点区域重点防范，对可疑人员严格盘查和重点关注，不给其造成可乘之机。

➢ 火灾是饭店最严重的安全问题，直接危及客人的生命和财产，因而也是客房部管理人员最需要重视的。客房部员工不仅要在平时做好火灾的防范工作，而且要在火灾的消防方面训练有素，一旦火灾发生，能够正确履行自己的职责，迅速灭火。

思考题

1. 解释下列概念：

C 类火灾　窒息灭火法

2. 客房部主要安全问题有哪些？如何防范？

3. 酒店火灾发生的原因有哪些？如何防范？

即测即评

案例分析

“小姐，开门!”

作为酒店从业人员，我们经常会遇到客人忘记带房卡、同来的朋友拿着房卡或是房卡丢失等现象。还经常听闻酒店服务人员为谎称是客人的窃贼开门，“帮助”其作案的例子。为了避免这种荒唐事，作为客房服务员，该怎么办呢?

如下是一位客房服务员和住客之间的对话。

“小姐，开门。”

“先生，您好！请您出示房卡好吗?”

“我不记得是放在哪里了。”

“先生，为了您的财物安全起见，我们酒店有严格的操作规定，凭房卡才能为客人开门。”

“那没有房卡，而我的磁卡又掉了，怎么办?”

“可以出示您的身份证吗?”

客人一脸的无奈：“真麻烦，规定是死的，人是活的嘛!”这时客人从包里拿出证件一脸不高兴。

“先生，请稍等，我与客房中心人员联系确认一下。”

经过一番核对证件与登记，服务员立刻把证件还给客人并为其开门，并向客人道歉：“先生，对不起，让您久等了，因为您是我们的客人，而作为酒店的一名服务员，有义务为您的安全负责。现在，您的磁卡与房卡已经遗失，那么请您去前台再补办一张好吗? 谢谢您的合作!”

点评：作为酒店所应提供给客人的，除了优良的环境，当然还有保护客人的安全。以上案例经过看似简单，但却危机重重，如果马虎的服务员经不起客人的不高兴而马上为其开了门，这就会给许多不法分子提供作案的机会。而案例中的这位服务人员就是按照严格的规定层层把关，让客人出示房卡（证件），并经过核对、确认，才开门放行并及时地向客人道歉。服务员最后依然礼貌地向客人解释我们的义务与责任，并再次提醒遗失钥匙的客人补一份新的住宿手续，从而避免了安全事故的发生。这就既按规定但又灵活地不失礼节地处理了这个安全检查问题。

在酒店客房的服务工作中，安全检查一直是行业中的一个敏感话题，尤其作为客房服务员更要严格把关，照章办事，此外没有捷径可走。

补充与提高

如何做好“安全服务”

安全是客人的最低层次的需求，酒店服务员必须保障客人的人身和财产安全，尽一切可能使客人获得安全感。那么，服务员如何才能做好“安全服务”工作呢? 服务员至少应做到以下几点。

1. 严守客人的资料

例如，有些住店客人不愿将自己的情况告诉别人，酒店员工应为其保密，不要轻易地将其房号等信息告诉外来人员。一个冬日的夜晚，北京某酒店前台上的电话铃响了，外来电话要求查询一位住店的美籍华人。这位客人事先已经提出为其保密的要求，而值班的接待人员由于大意，未加思索就告诉对方那位客人的房间号。之后不久，前台又接到这位“美籍华人”由外面打来的电话；称他的一位老友的儿子要来饭店探望他，由于他因故不能马上赶回，请接待人员将房间钥匙交给这位老友的儿子，以便他在房间等候。不多时，一位青年来到饭店，未遇任何周折便顺利拿到了美籍华人所住房间的钥匙。结果，美籍华人放在房间内的数千美元连同高级密码箱一并丢失。原来，接待人员所接的两个电话都是由这位青年人一人所为，他利用接待人员的疏忽，钻了空手，实施了盗窃犯罪。

2. 及时发现安全隐患

例如，应注意饮酒过量和吸烟的客人；打扫卫生时注意检查房内的电器、电线和插头等，看存无短路、漏电、超负荷用电、线头裸露等现象；在客人用餐时，随时注意客人未熄灭的烟头是否掉在烟缸外面。某饭店客房部楼层值班员夜班在岗巡视时，在楼道尽头突然嗅到一股烟味，内中还夹杂着煳味，虽然许多客房内并无异常现象，但高度的责任感使他未放松警惕，继续仔细查询烟煳味的来源。当走到一间客房门口时；烟煳味朋显增强，于是他便按门铃、敲门，却均无声响。他立即通知客房部其他人员，并用备用钥匙打开房门，发现住宿的一位欧洲来的客人仍在呼呼大睡，而他身旁的毛毯、床单、枕头等床上用品已大部分引燃，情况十分危险。服务人员一面尽力呼唤摇醒客人，一面和闻讯赶来的客房部、安保部人员一起采取果断措施将火源扑灭。

3. 正确进行服务操作

例如，在日常打扫客房卫生时，要把烟灰缸内没有熄灭的烟头用水浸湿，然后再倒入垃圾筐内，不能将未熄的烟头直接倒入垃圾筐内；餐厅服务员在收台布时，注意不要把未熄的烟头卷入台布内。电器、酒精点火的设备同样需要按照规程，谨慎操作。

4. 提防可疑分子混入酒店

20世纪80年代以前的酒店是封闭式的，有的酒店大门口甚至有军人站岗，外来无关人员一律不得入内。现在的酒店则是开放性场所，敞开大门，欢迎任何人员进入。不可否认的是，入住酒店的客人，有的举止优雅，也有的行为随便。但“来的都是客”“客人是上帝”，这些人在酒店中都享有绝对崇高的地位。因此，犯罪分子很容易混入酒店，服务员必须“多个心眼”。曾有一日本观光团下榻于广东韶关市某大酒店。某日晚上，独自外出的观光团成员宫本携一名打扮妖艳的女子来到酒店，后进入宫本的房间，这一切均未引起服务员注意。第二天凌晨，宫本一觉醒来，发现自己价值75万日元的劳力士手表和裤袋里25万日元现金不翼而飞。

5. 谨防被不法分子蒙骗

服务员如果没有很强的警惕性，很容易被不法分子蒙骗。前不久，多次行窃的两名盗贼来到了北京某饭店。他们在入住442房间后，打电话给隔壁的443房间。响过片刻却无入接，证明该房间无人。他们随即给客房中心拨通了电话：“请给443房间送杯茶来。”当服务贯端着茶水来到443房间门口，正要按门铃时，442房间的二犯之一蹑手蹑脚地来到服务员身后，带着歉意说：“对不起，我不小心，将门给锁上了。”服务员说：“没关系，我帮你开。”接着就用总钥匙打开了房间门。二犯进入443房间后大肆盗窃，又一次得手。

酒店经理人对“经理的困惑”的答复：
Re：有人冒充“房客”盗窃怎么办？

张谦　广西南宁邕州饭店管理有限责任公司　总经理

扫描以下二维码，观看发生在广西北海酒店的一个窃贼冒充酒店“客人”，盗窃住店客人财物的真实案例，以及酒店张谦总经理谈如何应对的视频。

邓红华　深圳华侨城洲际大酒店　行政副总经理

Doris Deng InterContinental Shenzhen Executive Assistant Manager i/c Rooms

www. intercontinental. com

安全管理问题一直都是酒店管理层非常重视的问题，尽管我们的标准操作程序已经很明确的告知我们应该如何预防此类事件发生，但真正操作起来时就难免被不法之徒钻了空子。因此我认为，首先，除了在原有的员工安全知识培训基础上加强力度外，还应经常与客人分享相关案例，包括发生在业内其他酒店的案例。其次，应鼓励员工在安全管理问题上严格按照标准操作程序执行，不要担心得罪客人而放松了警惕，尤其在应对部分客人的无礼、呵斥、甚至是辱骂时都应坚持原则，告知客人这是出于对他的人身以及财物安全考虑，管理方也必须承诺因此而引发的客人投诉不会给员工带来太大的影响。再次，加强客房钥匙程序的妥善管理，尤其是钥匙丢失后的处理程序，鼓励员工及时报告并采取及时有效的补救措施，尽量降低酒店及客人的损失。

第十五章　客房人力资源管理

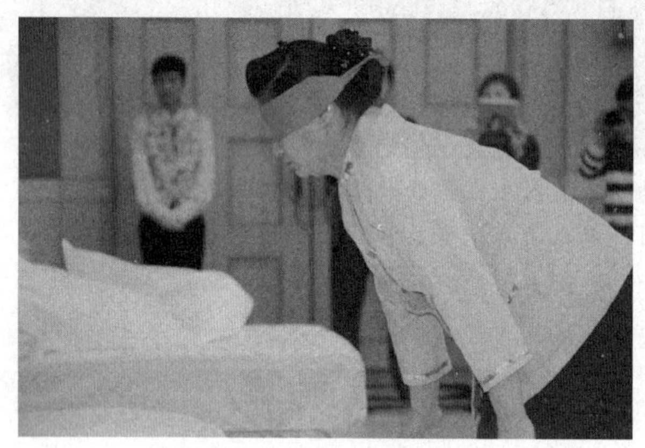

员工培训是酒店人力资源管理的重要环节。
（图为经过严格培训的广州从化碧水湾度假村客房部员工展示“蒙眼铺床”绝技）

提高服务质量，首先要提高员工的素质，包括服务意识的培养、职业道德教育、企业文化的熏陶、管理制度的灌输、专业知识以及技能技巧的培训等。

除了培训以外，本章还将讲述员工的评估问题。评估是员工激励的重要手段，是对员工工作全面的总结和评价，同时，也是酒店和部门奖金发放的依据。

同时，员工激励也是客房部人力资源管理的重要内容。做好员工激励工作能够提高员工的积极性，发挥员工潜能，改善工作态度，增强工作热情，提高工作数量和工作质量。

本章学习目的

★ 学会制定培训计划。
★ 学会对新员工进行入职指导。
★ 掌握培训的方法和艺术，成为合格的培训者。
★ 掌握对员工工作进行评估的依据、内容、程序和方法。
★ 掌握员工激励的方法。

关键术语：培训 考核 工作评估 激励

Key Words：Training，Routine Checks，Performance Evaluation，Motivation

经理的困惑

——酒店管理者如何与90后员工沟通、管理？

现在“90后”的大学生已经走入社会中，因他们所处年代的不同，所以养成了年轻一代的特性，我所接触到的“90后”，表现出桀骜不驯、自负等，酒店也即将开启聘用“90后”工作者的时期，作为“60后”或者“70后”“80后”的管理者，如何与“90后”员工沟通、管理，是我们所头疼的问题……。

第一节 客房部员工的素质要求

案例

一天晚上，住在某酒店的一位美国女士觉得房间内温度太低，有些冷，就叫来客房服务员，希望能给她加一条“Blanket”（毛毯）。

“OK，OK！”服务员连声说。

过了一会儿，这位服务员拿了一瓶法国“白兰地”（Brandy）进房来。客人一见，哭笑不得，只好说：

“OK，‘白兰地’能解决我一时的温暖问题，可不能解决我一晚上的温暖问题啊！”

……

一、客房服务员的基本素质

因为工作性质所定，客房部员工需具备以下素质，在客房部员工招聘和培训时，应加以考察和培养：

（1）身体健康，没有腰部疾病。客房部的工作大都属于体力活，因此，员工必须具有健康的体魄，无论是站立值台服务还是弯腰搞卫生，都要求服务员不能有腰部疾病。

（2）不怕脏，不怕累，能吃苦耐劳。客房部的工作主要是清洁卫生工作，包括客房卫生、公共卫生以及洗衣房客衣、布草的洗涤等，因此，要求在客房部的员工必须具有不怕脏、不怕累、吃苦耐劳的精神。

（3）有较强的卫生意识和服务意识。如前所述，客房部的工作主要是搞清洁卫生，要做好这项工作，服务员必须具有强烈的卫生意识和服务意识。否则，就不可能做好工作。

（4）有良好的职业道德和思想品质。因工作需要，客房服务员特别是楼层服务员每天都要进出客房，因而，有机会接触客人的行李物品，特别是贵重物品和钱物等，因此，客房服务员必须具有良好的职业道德和思想品质，以免发生利用工作之便偷盗客人钱物等事件。

（5）掌握基本的设施设备维修保养知识。酒店客房内有很多设施设备，如各种灯具、空调、电视、音响、窗帘、地毯、写字台等，这些设施设备的维修通常由酒店的工程人员负责，但对其保养则由客房部负责，客房服务员要利用每天进房间清扫整理的机会，做好对这些设施设备的保养工作。另外，一些小项目的“维修”，诸如换灯泡、插电源插座、换保险丝等，也应由客房部负责，因此，客房服务员必须有基本的设施设备维修常识。

（6）有一定的外语水平。有人认为，酒店的前台员工需要学英语，餐厅员工需要学英语，而客房部员工不必要学英语。其实不然，客房部的员工有时也需要面对面为客人提供服务，因此，作为涉外星级饭店的客房服务员，也必须有一定的外语水平，能够用英语为客人提供服务，否则，不仅会影响服务质量，还可能闹出很多笑话，本节开头所引述案例很好地说明了这一问题。

案例

一位外国司机的职业道德

扫描以下二维码，观看一位外国司机的职业道德：

二、客房服务员准则

除具备以上素质以外，客房部管理人员还要教育和提醒客房服务员在工作中注意以下事项：

（1）上、下班及工作时，只能乘员工专用电梯，不得乘客用电梯。

（2）注意服务的礼貌、礼节，遇客要微笑致意。客房管理人员要使服务员意识到服务的礼貌、礼节是客房服务质量的重要组成部分，为客人提供礼貌的服务属于自己的本职工作，而非分外之事。

（3）走路要靠边（客人是饭店的主角）。不允许从客人面前横穿过去。

（4）接听电话时，先通报“Housekeeping, can I help you?”（这里是客房服务，可以帮您吗？）。与客人通话时，要注意措辞、语气。如有要事，应适当记录，并复述一遍。

（5）因工作需要进入客房时，必须先敲门，得到许可后方可进入。敲门时，还应通报自己是客房服务员“Housekeeping”，如果三次以后仍没有回答，方可用钥匙轻轻地打开房门。

（6）退出房间时，要站在门边向客人微笑点头致意，出房后轻轻把门关上。

（7）尊重客人的隐私权（privacy）。与客人私生活有关的事情（包括客人的姓名），不得向外人透露，尤其是不能泄露男、女演员，财、政界要人等易于成为评论对象的客人的秘密。另外，不得随意打听客人的年龄、职务、工资等私事，也不要轻易询问客人所带物品，如服装及金银饰品的价格、产地等，以免引起误会。

（8）要与客人保持应有的距离，不可过分随便。不得与客人开过分的玩笑，打趣，不可表示过分亲热，严格掌握好分寸，尤其是对于常住客人，绝不能因为熟悉而过于亲热、随便。

（9）在客房内，即使客人让坐也不能坐下。

（10）应保持楼层的绝对安静。不可在楼层或其他工作场所大声喧哗、聚众开玩笑、哼唱歌曲。应客人招呼时不要高声回答，如距离较远，可点头或打手势示意领会意思；如逢客人开会、座谈、会见时须接听电话，应到客人身边轻声呼叫或请其出场，伸手指示电话所在处。

（11）在岗位工作时，不准吃口香糖，也不允许因工作劳累而靠墙休息。

（12）注意保管好客房钥匙。客房钥匙要随身携带，切勿随处摆放，领取或交钥匙时，要做好交接记录。

（13）掌握说“不”的艺术。在客房服务工作中，很多情况下，需要对客人说“NO”，但客房服务员不能简单地对客人说“NO”，生硬地将客人回绝，而应根据实际情况，用委婉的语言进行表达，必要时，要向客人解释，取得客人的谅解。

（14）在工作中不能失态。要有涵养，有耐心，善于控制自己，绝不能随客人情绪的波动而波动，不能与客人争吵。

三、客房服务员在服务中的常见问题

（一）礼貌礼节方面

1. 称呼礼节方面的常见问题

称呼客人时不使用“先生”“太太”“女士”“小姐”等敬语，而用“男的”“女的”“老头”“老太太”等词语。

2. 接待礼节方面的常见问题

（1）客人抵达时，不热情主动地问候客人。

（2）遇到客人不主动问候或向客人微笑点头致意。

（3）接待客人时，不全神贯注，常用粗鲁和漠不关心的态度待客；不与客人保持目光接触，而将眼光注视着计算机屏幕或别的目标，甚至与其他服务员闲聊。

（4）和一位客人谈话太久，而忽略了其他需要服务的客人。

（5）歧视客人。对外国人热情接待，而对国内客人，则态度冷淡。

（二）言谈举止方面

1. 站立时的常见问题

（1）无精打采，倚靠门窗家具，或单腿站立。

（2）单手或双手插在衣兜或裤兜内。

（3）双臂抱于胸前或交叉于身后。

（4）脚在地上划来划去，大腿小腿晃来晃去。

（5）站立姿势难看，不规范，未能做到肩平、头正、两眼平视前方，也未能挺胸、收腹。

(6) 向客人指示方向时，手势不够规范，用手指或笔杆指点。谈话时手势过多，幅度过大。

2. 行走时的常见问题

(1) 走得过慢或过快。

(2) 摆臂过大，或双臂僵直。

(3) 抱臂行走。

(4) 低头或昂首行走。

(5) 行走时不够轻稳，晃肩摇头，上体左右摇摆。

3. 说话时的常见问题

(1) 为客人提供服务或与客人交谈时，缺乏微笑。

(2) 在客用区域内与同事扎堆聊天，说家乡话。

(3) 与客人谈论自己的私事。

(4) 与客人或同事争吵。

(5) 随意打断客人的谈话，不等客人把话讲完就做应答。

(6) 与客人谈话时左顾右盼，将头低下或玩弄手指，或捏揣衣服。

(7) 与同事议论客人的短处或讥笑客人的不慎(如跌倒、打碎物件等)。

(8) 与客人谈话时，流露出厌烦、冷淡、愤怒、僵硬的表情。

链接

酒店员工应树立的12种观念

1. 服从

酒店是半军事化管理的组织结构体系，层层负责、逐级管理。管理人员和服务人员必须以服务为天职，以工作指令为行动准绳。服从观念的树立是做好酒店服务工作，以及优秀服务人员应具备的首要条件。

2. 纪律

酒店服务人员要有严谨踏实的工作作风，同时更需要树立严格且严肃的组织纪律观念。酒店企业像一部大型机器，要保证其正常运转，生产优质、合格的产品，就要树立强烈的遵章守纪观念，以严格的劳动纪律、规章制度、奖罚条例来约束行为。

3. 自律

酒店服务人员还应具备高度的自律观念，在日常员工服务工作中，做到自觉、自愿、自律地做好服务工作、守纪工作。做到管理人员在场和不在场一个样，服务质量、工作质量督导和不督导一个样，检查与不检查一个佯。服务人员的自律行为，主要表现在以下方面：行为规范的自律，仪容仪表的自律，言谈举止的自律，工作及生活小节的自律，工作质量、劳动纪律的自律。

4. 礼貌

作为酒店行业的从业人员，礼貌是其待人接物、文化素养、行为规范、服务优劣、管理水平高低的一面镜子。服务人员见到客人微笑、问好、谦让、彬彬有礼，客人会感到有回家的温馨感。礼貌是一名服务人员是否合格和职业水准高低的体现。

5. 技能

酒店工作看似简单，但要做好、成为一名优秀服务人员，还必须练就一身过硬的本领，熟悉自己的工作职责、工作程序、优质服务标准。良好的职业技能是为客人提供优质服务、高效服务、周到服务的基础。

6. 团队

酒店企业是一个需要各部门相互配合、协调，讲究群体合作、部门协作的现代企业，虽然各部门分工不同，每个员工的职责不同、岗位不同、任务不同，但酒店企业有两大核心任务是要全体员工从上到下、从内到外齐心协力才能够完成的。一是营造100%的顾客满意率和优质服务；二是创造良好的经济效益和社会效益。所以，酒店中每名员工都应树立高度的团队观念、集体观念、协作配合观念。

7. 吃苦

酒店许多部门(如前厅部、客房部)的工作是十分辛苦的，所以优秀员工要树立吃苦的观念。

8. 学习

文化知识是21世纪酒店核心竞争的基础，作为一名酒店员工，必须树立强烈的学习观念，唯有学习、学习、再学习，提高、提高、再提高，才能做好本职工作，提高业务技能和服务水准。

9. 诚信

诚信是酒店企业长远发展的根本，也是服务人员能赢得客人尊敬、建立友好宾客关系、培养忠诚客源的基础。作为一名服务人员应自觉树立良好的诚信观念。对客人的承诺一定要守信，为客人代办的服务一定要认真、可靠，向客人提供的服务一定要准确、及时。

10. 节约

酒店服务人员一定要注意节约一滴水、一度电、一方气、一张纸，努力把自己培养成懂得环保、节能、节约，设备设施维护保养的新型酒店服务人才。

11. 创新

创新是企业发展的灵魂。酒店服务人员除了扎实地掌握好服务的规范化、标准化以外，还要因人、因地、因时地做好个性化服务、特殊服务、超值服务。在工作中有创新意识，不能死搬教条和书本知识，创新是延伸服务和发展服务的生命。

12. 安全

没有安全就没有酒店业，安全是酒店服务与管理工作的生命线，是酒店企业最大的效益。酒店的服务人员要做好日常工作中的“防火、防盗、防抢劫、防食物中毒、防诈骗、防工程设备事故、防客人意外受伤、防个人工伤”等各项工作。

第二节　客房部员工的培训

对员工进行培训，不仅是管理人员实现管理目标的重要手段，同时，也是帮助员工获得发展的重要途径，是管理者应尽的义务。客房部管理人员不仅要配合酒店人力资源部做好员工的培训工作，而且要善于发现问题，发现各种培训需求，针对部门中存在的各种服务和管理问题，及时提供各种针对性培训。

“培训首先要选对人，也就是要‘聘用态度好的员工，给予技术的培训’，这样培训才是有意义的，否则就极有可能是‘对牛弹琴’。一个视酒店服务为‘低三下四伺候人的工作’的人，你再和他讲‘我们是绅士和淑女，我们为绅士和淑女服务’，都是白费劲。

We cannot train the people to smile, we just find the people who can smile.（我们不能培训员工微笑，我们只是找到会微笑的人）”

——迪士尼人力资源总监

一、培训的意义与原则

（一）培训的重要性

一名新员工的入职培训，应该花三天还是十天？在丽思-卡尔顿酒店，这个过程是21天，他们有一个特定的称谓，叫“D21”。在最初的几天，都是培训酒店的服务哲学——服务黄金准则，以及如何成为“为绅士和女士服务的绅士和淑女”。不过，“D21”并非全部，一位新员工在丽思-卡尔顿工作的第一年，通常接受的培训不会少于250个小时。

要想让员工的工作达到既定的规格水准，严格的培训是一种必需而有效的手段。培训的意义表现在以下几个方面：

1. 能够提高员工的个人素质

培训是员工获得发展的重要途径，通过培训，可以使员工增强服务意识，提高外语水平，获得专业知识，掌握服务技能和技巧，从而使员工的个人素质得到全面提高。

2. 提高服务质量，减少出错率

酒店员工，尤其是新员工，在工作中经常出错，这就是缺乏培训的表现。没人告诉新员工该怎么做、服务质量的标准是什么，以及遇到一些特殊情况应该怎样处理，因而“错误”百出，客人投诉不断。

3. 提高工作效率

培训中所讲授或示范的工作方法和要领，都是经过多次的实践总结出来的，通过培训，掌握服务的技能技巧和科学的工作程序，不但能够提高服务质量，还可以节省时间和体力，提高工作效率，起到事半功倍的作用。

4. 降低营业成本

员工掌握正确的工作方法，能够减少用品的浪费，降低物件磨损，从而降低营业费用和成本支出。

5. 提供安全保障

培训可以提高员工的安全意识，掌握正确的操作方法，从而减少各种工伤等安全事故。

6. 减少管理人员的工作量

如果员工素质低下，工作中将不断出错，管理人员将被迫“四处灭火”，永无宁日。

通过培训，员工素质得以提高，可以使房务部的工作有条不紊地进行，从而可以大大减少管理人员的工作量，也使管理者的管理工作变得轻松、愉快。

7. 改善人际关系

培训可使员工和管理层之间能够相互了解，建立起良好的人际关系。

8. 使酒店管理工作走向正规化

一家酒店设不设培训部，或一个部门是否组织培训工作，在很大程度上反映了该酒店或部门的管理工作是否正规。通过培训，可以使客房部的工作走向正规化、规范化，也可以增强客房部员工的服务质量意识。

值得说明的是，培训的作用是潜移默化的，它对员工和酒店的影响是长期的，可谓“润物细无声”，那种鼠目寸光、急功近利，要求培训取得立竿见影的效果的思想是不对的，也是不现实的。对此，客房部管理人员应该有个清醒的认识。

（二）培训的原则

客房部的培训工作应坚持以下原则：

1. 长期性

酒店业员工的流动性比较大，再加上酒店业也是在不断发展的，客人对酒店的要求也越来越高，科学技术在酒店的应用也层出不穷，因此，对员工的培训不是一朝一夕的事，必须长期坚持。

2. 系统性

培训工作的系统性表现在以下几个方面：

（1）培训组织的系统性。对员工的培训，不仅是人力资源部或培训部的事，也是各个部门自身的重要工作。系统性就是根据酒店的管理目标，把酒店的统一培训和部门自行培训结合起来，形成一个相互联系、相互促进的培训网络。部门培训与酒店培训部培训的内容和侧重点有所不同，客房部应该加强与酒店培训部的沟通、合作与协调。

（2）培训参加者的全员性。客房部员工，下至服务员，上至部门经理都必须参加培训，避免出现服务员经过培训而部门经理却是个“门外汉”，结果造成“外行管内行”的混乱局面。

（3）培训内容的系统性。客房部每次培训活动应该是酒店及部门长、中、短期整体培训计划的一个组成部分，培训的内容应该与前一次及下次培训的内容相互衔接，避免培训工作的盲目性、随意性，以及培训内容上的相互冲突和不必要的重复。因此，前厅部及客房部管理人员应该建立培训档案，做好培训记录。

3. 层次性

虽然客房部所有员工都必须参加培训，但由于岗位不同、级别不同、工作内容和要求不同，因此，培训工作要分层次进行。比如，服务员培训、督导人员培训、经理培训等，以便取得良好的培训效果。

4. 实效性

培训工作是提高员工素质和服务质量的重要保障，酒店为此需要投入可观的人力、物力、财力，因此，培训工作不能走形式，必须注重培训效果，客房部管理者必须认真组织，严格训练，严格考核。对于考核不合格的员工不允许上岗，不达要求决不放行。培训的内容要针对部门服务和管理中存在的问题和薄弱环节加以确定，达到“缺啥补啥”的目的。

5. 科学性

要按照制定的岗位责任书的内容，利用科学的方法、手段进行培训，不能图省事，采取“师傅带徒弟”的简单、陈旧的方式。

二、培训的内容与类型

（一）培训的内容

客房部员工的培训通常包括以下内容：

（1）酒店及部门规章制度。

（2）服务意识。

（3）职业道德。

（4）仪表仪容与礼貌礼节。

（5）服务程序、规范与技能技巧。

（6）客房销售艺术。

（7）英语。

（8）安全知识。

（9）管理人员的管理技能。

（二）培训的类型

1. 岗前培训

岗前培训包括对新员工的入职指导(job orientation)和岗位工作所需要的操作程序、服务规范以及基本的服务技能技巧的训练。客房部必须贯彻“先培训，后上岗”的原则。

2. 日常训练

应针对工作中发现的问题随时进行培训，可以在不影响日常工作的情况下，穿插进行一些个别指导或训示，也可利用各种机会对一定范围内的员工进行提示和研讨。日常训练的目的在于逐步强化员工良好的工作习惯，提高其工作水准，使部门工作趋向规范化和协调化。客房部的日常训练是一项长期的、无休止的工作，班前班后的会议、部门例会和工作检查等都应与此联系起来。

3. 下岗培训

对于上岗后，在业务、技术、职业道德等方面不称职的员工，要撤下岗位进行培训，直至经严格考核合格后方能上岗。对于经二次下岗培训后，考核达不到要求的，则应考虑将其调离岗位。

4. 专题培训

专题培训是就某个专项课题对员工进行的培训。随着工作要求的逐步提高，有必要对员工进行有计划的单项训练，以扩大员工的知识面，进一步提高员工的专业素质。

专题培训的方式和内容可以是灵活多样的，主要包括以下几类：

① 业务竞赛，可以是知识性的，也可以是操作性的。业务竞赛是激发员工自觉学习、训练和交流的好方法。

② 专题讲座，可根据工作需要，选一个主题，由本部门员工或聘请其他专业人员来

讲授或示范，如接听电话的技巧、处理客人投诉的方法、督导人员管理技巧等。

③ 系列教程，如通过举办初、中、高级英语学习班，来满足不同员工学习英语的需求，提高员工的外语水平。

5. 管理培训(management trainee)

又称为“晋升培训”或“发展培训”。是一种针对有潜力的服务员和管理人员在晋升高一级的管理职位之前所设计的培训项目。以便使其能够有机会了解其他部门或岗位的工作内容、性质、特点，掌握必要的管理技能、技巧，以适应未来管理工作的需要。因此，管理培训实际上是员工在晋升前的热身运动。

三、发现培训需求

前厅部与客房部管理人员通过分析工作中带有普遍性的问题和根据酒店或部门制定的工作目标与现状之间的差距来确定是否需要培训、何时实施培训和怎样进行培训。

在下列情况下通常需要培训：

(1) 酒店开业时。

(2) 新的设备、工作程序和管理制度投入使用时。

(3) 当员工从事一项新工作时(无论是新员工入职,还是老员工改变岗位)。

(4) 当管理者想帮助员工在事业上得到发展时。

(5) 工作效率降低时。

(6) 工作中不断出现差错时。

(7) 各岗位之间经常产生摩擦时。

(8) 顾客投诉较多，或员工工作不符合酒店的质量和数量要求时(在这种情况下,可能需要培训,但也可能不需要培训,因为有些问题并不是因为缺乏培训引起的。比如,对某个员工的工作安排不当或设备出现故障等都可能导致员工工作不符合酒店的质量标准和数量要求等)。

(9) 酒店或部门制定的工作目标与现状之间有较大的差距时。

四、制定培训计划

确定培训需求以后，就要制定培训计划。一个完整的培训计划应该包括以下内容。

1. 培训目标 (objectives)

培训目标即通过培训，受训者应该达到的要求。培训目标要着眼于提高员工的实际工作能力。目标不能是笼统的，应该有具体、明确的要求，规定经过培训必须学会做哪些工作和达到什么要求。

2. 培训时间(when)

培训时间应尽量安排在淡季，以不影响或少影响工作为原则。在培训计划中，应明确培训的开始日期、结束日期及每日培训的准确时间，以便部门或班组据此安排好工作。

3. 培训地点(where)

培训地点可以在店外，也可以在店内；可以在培训课室，也可以在受训者的实际工作岗位，但一定要在不受人或物干扰的场所进行。

4. 培训内容(what)

培训内容应根据前厅部及客房部工作的实际需要、酒店的要求和员工的自身特点、能力确定。

5. 接受培训者及对受训者的要求(trainee)

确定接受培训的对象(trainee)及说明对受训者在受训期间的要求，以确保培训工作取得良好的效果。

6. 培训者(trainer)

根据培训的对象、培训的内容等实际情况，培训者可以由本部门或本酒店的优秀员工担任，也可聘请店外专业人士担任。

选择合适的人员来担任培训者，是保证培训效果和质量的关键环节之一。并非所有有能力、有技术专长的人都能担当此任。作为培训者，除了要具有自己熟知的所要传授的知识和技能外，还应具有培训他人的特殊素质和才能，具有一定的教学方法和技巧，明确对接受培训者的要求，善于发现受训者存在的问题，并进行及时分析，循循善诱，有计划、有准备，循序渐进地进行指导。此外，作为酒店的培训者，除了专业知识和高超的工作技能以外，还必须对部门和酒店的工作有一股热情，是员工学习的榜样。

7. 培训方式(how)

培训的方式通常有以下几种：

(1) 部门(酒店)内部培训或委托培训。

(2)“请进来”或“送出去”培训。

(3) 岗位培训或脱产培训。

(4) 课堂讲授或操作示范。

8. 培训所需要的设备、器材(equipment & materials)

根据培训的内容，培训工作可能需要投影仪、录像机、电视机、计算机等电器设备和“白板”、笔等教学器材以及书、笔记本等教学资料。这些均需在培训计划中一一列明，以便做好培训的准备工作。

9. 培训组织(organization)

说明负责实施培训计划的机构和人员。

五、如何增强培训效果

培训计划制定好以后，就要按计划的内容和要求，用选定的培训方式来组织实施。

培训计划的实施关键是要增强培训效果。培训工作能否取得成效，取决于酒店领导及有关方面和人员的大力支持，取决于培训组织者的精心策划，取决于培训者的业务水平和培训艺术，同时也取决于受训者的合作。要使培训工作卓有成效，必须做到以下几点：

(一) 有关人员能够真正认识培训的重要意义

要做好培训，有关人员(包括部门管理人员、酒店领导及接受培训的员工)必须对培训的重要性和重要意义有充分的认识。这是做好培训工作的思想基础。

（二）部门及酒店领导重视培训，并能给予大力支持

部门及酒店领导不但要认识到培训的重要性，而且必须在人、财、物、时间、道义等方面给予大力支持。这是培训工作得以顺利进行的前提条件和物质保障。在很多情况下，需要部门及酒店领导亲自抓培训工作。

（三）培训要有层次性

场面越大、参与人数越多的培训，往往越没有实用价值——因为越没有针对性。有些酒店请来了一位著名教授或行业专家，支付了不菲的讲课费，为了让钱花得更值，就举行“大课”，只要酒店不上班的员工和管理人员，都要求来听。就像把小学生、初中生和高中生集中在一起，听一位老师讲授古典文学或几何学一样，这样的培训是起不到很好作用的。

（四）要使培训工作长期化、制度化

培训工作要长期化、制度化，长年坚持不懈，将其作为酒店发展战略之一。不能随心所欲，想培训了就培训，不想培训就不培训，上面抓了，就应付一下，上面不抓，就放一边。其结果势必造成员工对培训工作的偏见，使培训的组织更难，培训也起不到应有的效果。

（五）要做好本部门的年度、季度和月度培训计划

各部门要做好培训的计划、组织和管理工作。要根据本部门的工作内容、工作特点，员工的实际情况，配合酒店人力资源部，制定本部门的年度、季度和月度培训工作计划。培训的组织和管理者要切实负起责任，认真制定培训计划，选择不受干扰的地点、最佳的培训时间，挑选高素质的、合格的培训者，确定恰当的培训方式和能够满足实际需要的培训内容。这是使培训取得实效的有力保证。

（六）运用培训的艺术

要使培训取得良好的效果，培训者(trainer)必须具有较高的专业素质和培训技能。除了认真准备和讲授以外，还要讲究培训的艺术性。

(1) 频繁而短暂的授课，要比偶尔的、为时甚长的授课效果好。

(2) 所选用的学习材料的数量和类型都要适合于受训者的需要和水平。

(3) 尽量使用有助于教学的教具。人的各种感官在学习时能起到的作用是不同的。当人的感官功能充分运用时，学习的效果就会好得多。所以，培训者在任何时候均应尽可能多地使用足以调动学员感官作用的教学用具(如黑板、幻灯机、投影机、录音机等)来辅助教学。以提高学员的兴趣，加深印象，增强学习效果。

(4) 注意培养学员的学习兴趣。培训者必须了解学员的学习动机和内心想法，强调培训对于学员工作及个人发展的重要性。另外，对于受训者在培训中的良好表现，要不断给予正面表扬和支持，这不仅可以激发受训者的学习兴趣，而且有助于他们记住所学的东西，并鼓励他们在工作中加以运用。

(5) 增强学员的信心。由于学员的程度和知识背景及工作经验不同，各人掌握培训内容的难易程度就有所不同，有时会遇到挫折，这时，作为培训导师应给予理解和帮助，帮助学员树立信心。批评和失去耐心只能降低信心，延缓学习速度，甚至失去学习的兴趣。

(6) 掌握授课的技巧

① 做好讲课的“开场白”，以激发学员的学习兴趣。比如，讲一个笑话。

② 援引（或编造）一个令人感兴趣的“亲身经历”的事件；向受训者提问；操作示范或展示有关物品；讲清培训的必要性；阐明授课的主题(title)；说明授课的范围(range)；讲清培训的目标(objective)等。

③ 在开始授课之前，先复述一下听课者已经学过的内容。每一小节教学内容应该是“三明治”式的，即一部分激励学员学习兴趣的材料，一部分激励学员运用已学知识的材料，中间夹一层“佳肴”——知识或技能的精华。

④ 善于运用提问技巧。适时、适当的提问，对于增强培训效果具有重要作用。提问不仅要求学员回答“是”或“否”，而且要回答“何故”(why)、“何处”(where)、“何时”(when)、“何物”(what)、“何人”(who)，及“如何做”(how)。提问的重点应该放在所培训内容的“关键点”和“难点”上。

⑤ 有幽默感，善于运用幽默生动的语言进行培训。幽默的授课语言对于提高学员的学习兴趣和培训效果会起到意想不到的好作用。一一列举或复述所有关键点，使学员得到再次巩固已学知识或技能的机会。

（七）尽量增加实践课程，鼓励学员自己动手

为了增强培训效果，要尽量增加实践课程，鼓励学员自己动手，自己体验。研究表明：通过阅读，可记住10%；通过听课，可记住20%；又看又听，可记住50%；自己复述一遍，可记住80%；一面复述，一面动手做，可记住90%。

通过体验式培训，既可以提高学员的学习兴趣，又可以使学员体会深刻，起到很好的培训效果。

案例

雅高集团的体验式培训

在对新员工进行入职培训时，法国雅高集团进行了体验式培训。

“培训的第一天，参训的所有人用一种独特的方式——以问答的形式介绍自己，让彼此陌生的关系拉近了距离。为什么以这样的形式介绍自己呢？其实这也是待客的基本原则。

随后我们进行了一次有意思的外出活动——虚拟购物，就是所有的人到附近的商场自己扮演一次购物的客人，感受自己成为顾客的时候，柜台的售货员是如何对待自己的。回来后大家一起分享了自己购物时的感受：有的售货员热情、礼貌、认真、专业，有的售货员不理不睬、毫不关注我们。很明显我们要学习前者的工作态度，热情待客就是服务与关注相结合的产物。在接下来的一天半中，我们共同探讨学习了关于热情待客、语言规则、处理投诉方面的知识。”

（八）做好培训的考核和评估

培训结束后，还应通过笔试、口试或实际操作测试等方式对受训者进行考核，以确定是否达到了培训的目标，同时征求参加培训员工的意见，收集他们对培训的看法，并从培训的内容、方式、组织管理和培训效果等方面进行评估，总结经验和教训（参见表15-1）。

表 15-1　培训课程评估表

培训课程评估表

请将你所接受的这期培训作一评估，你诚恳的意见将会帮助我们改进今后的培训工作，谢谢！

1. 目标：课程是否达到了目标

达到□　　部分达到□　　未达到□

2. 教材：教材是否适用

适用□　　一般□　　不适用□

3. 教学方式：教学方法是否满意

满意□　　比较满意□　　不满意□

4. 培训内容：培训内容是否于工作有利

是□　　一般□　　否□

5. 评论：

（1）你感兴趣的内容

（2）你不感兴趣的内容

（3）其他

（九）做好培训的激励

为了增强培训效果，还应做好培训的激励工作。

（1）做好培训的考勤工作。对于出勤情况好，听课认真的员工予以表扬，而对于迟到、早退，甚至无故不参加培训者，予以批评或惩罚。

（2）将培训同任用相结合。根据每个员工的具体条件、个人愿望和工作需要，实行定向培养，定向任用，并把培训成绩作为任用的依据之一。

（3）将培训同晋升相结合。对于积极参加培训，且培训成绩优异的员工，在晋升时，优先予以考虑。

案例

客房部的班前会——凯宾斯基一道亮丽的风景

每天清晨，在凯宾斯基酒店客房部办公室外走廊的一角，一准儿会传出清脆、悦耳、整齐的朗读英语的声音，这就是客房部楼层服务员的每日班前会。

班前会的第一项内容即教员工英语。随着酒店业竞争的日益激烈，员工提高英语会话能力势在必行，“每日两句”早已成为客房部班前会的开场白。每个月底还要进行一次英语考核，目的就是要尽快提高员工的英语水平，更好地为客人服务。

英语朗读过后，一位位员工被轮流叫到队列的前面，让大家去点评。原来这是班前会的第二项内容，检查员工每日的仪容仪表。其用意在于树立员工对仪容仪表的重视，将良好的精神面貌展现在客人面前，让客人看到的永远是最美最好的。

第三项内容是在客房部行政副管家杨森先生的倡议和指导下，开展“每日教一项”的活动，即每日在班前会上培训一项对客服务的技巧，或是一项处理问题的方法。客房部的每日班前会，既交接安排了各项工作，又成为一堂开放的课堂，大家从中学到了很多知识，积累了许多经验。随着时间一天天过去，每日班前会已融入了客房部员工的工作与生活，成为人们感情沟通的桥梁、信息来源的渠道、学习知识的园地和展现英姿的舞台，它还是我们全体员工的凝聚力所在。

高文燕 凯宾斯基饭店客房部

第三节　客房员工的考核与工作评估

为了提高服务质量和工作质量，必须实施并加强对员工的日常考核和定期评估工作。否则，将会出现有令不行，工作涣散，服务质量恶化的状况。

一、日常考核

前厅部和客房部各级管理人员平时应做好对属下员工工作表现的观察与考核记录。这不仅是提高服务质量和工作质量的重要手段和途径，同时也是对员工进行客观、公正地评估的基础。

考核应该逐级进行，涉及部门内包括管理人员在内的每一位员工。领班对服务员进行考核，主管对领班进行考核，而部门经理则对主管进行考核。如果服务员工作质量出现问题，领班没有发现，或没有处理，或没有在考评表中予以反映，就是领班的失职，主管发现后就要对领班进行扣分，而如果主管没有发现，或没有处理，则部门经理发现后，要对主管扣分和处理，其结果除了对当事人进行批评教育以外，还将在每月业绩奖中予以体现。当然，管理者任何时候都应明白，考核、评估只是手段而已，提高服务质量和工作质量才是最终目的。

考核的内容可以因考核对象的不同而有所区别，对服务员的考核主要包括员工的出勤情况、仪容仪表、服务态度、客人投诉情况、工作差错情况、违反店规店纪情况、与其他员工的合作程度、对管理人员的服从性以及工作的责任心与自觉性等。而对管理人员的考核则还应增加现场督导和管理情况、财产管理情况及考评工作执行情况等。

为了增强考核工作的客观、公正性，考评员还应在考评表上注明扣分的理由和出现的问题，使被考评者心服口服，而且，也是日后对员工工作进行评估的客观依据。

二、工作评估

对员工的工作评估，就是按照一定的程序和方法，根据管理者预先确定的内容和标准，对员工的德、才表现和工作业绩进行的考察和评价。客房部员工的工作评估可以定期进行，也可以不定期进行。

（一）评估的作用

1. 能够激励员工更好地工作

通过工作表现评估，能充分肯定员工的工作成绩及良好表现，这是对员工所做工作的肯定，能够激发员工的进取心。

2. 有助于发现员工工作中的缺点和不足，以便采取相应的管理措施

如果属于员工工作态度不端正、努力程度不够，应分析原因，解决问题，帮助员工端正，改进工作。如属于缺乏专业知识或技能技巧不熟练的问题，则应确定进一步培训的需要，并纳入下一步的培训计划。

3. 为今后员工的使用安排提供了依据

评估可发现各方面表现突出，并有发展潜力的员工。可对这类员工制定发展计划，提出更高的要求，为今后提升职务或担任更重要岗位的工作打好基础。通过评估，也可发现不称职、不合格的员工，为保证工作质量和服务质量，应调动或解聘其工作或职务。

4. 有助于改善员工和管理人员的关系

评估能够加强员工与管理者之间的双向沟通，促进他们的相互了解。认真、客观、公正的评估，能够对员工起到激励作用。但上级管理人员对下属带有偏见的、不够客观公正的评估，也会恶化员工和其上级管理者之间的关系，对于日后工作的开展造成不利的影响。

（二）评估的依据和内容

对员工评估的依据是酒店“岗位责任制”或“工作说明书”中对该岗位员工的基本要求（包括工作职责、标准、任务等）以及员工对岗位职责的履行情况。

评估的内容包括被评估者的基本素质、工作业绩、工作态度等。参见表 15-2。

表 15-2 评估的内容

基本素质	工作业绩	工作态度
专业知识	工作数量	进取精神
理解能力	工作质量	责任感
语言能力		服务态度（有无微笑服务）
礼节礼貌		考勤及守时
仪容仪表		合作性
与上司之关系		服从性
与同事之关系		工作的自觉性
个人品德		
工作能力		

对于上述内容，在考核时，可以根据其重要性的不同，给予不同的权数，进行打分，以全面、客观地反映该员工的整体素质。

（三）评估的程序和方法

1. 填写评估表

对员工的评估通常为每年一次，评估的表格一般由酒店统一设计和印制（参见表 15-3）。为了给年度评估提供依据，使年度评估更为准确，同时也为了进一步激励员工努力工作，客房部也可以对员工进行月度评估，月度评估的形式和内容以简单为宜。

表 15-3 员工工作表现评估表

EMPLOYEE PERFORMANCE EVALUATION REPORT

员工表现评估报告

To be completed two months after the employee's starting date, transfer date or promotion date. 由部门经理在员工上任、调转或升职两个月后完成 Name of Employee 员工姓名：　　Employee Number 员工号： Position 职位：　　Department 部门： Hire Date (New Employee) 聘用日期(新员工)： Promotion/Transfer Date 提升/调转日期：		
1. INDUCTION AND TRAINING 入职培训		
1.1 Outline the efforts which have been made to induct and train the employee in this new position.	简述对新员工入职所做的引导及培训	
1.2 Outline the employee's response to the training given.	简述员工对所做培训的反应	
2. WORK PERFORMANCE 工作表现		
2.1 Job Knowledge Does this employee understand and recognize the specific duties	业务知识 该员工是否懂得工作的具体任务和责任？	
2.2 Job Interests How much enthusiasm has this employee shown in the job?	工作兴趣 该员工对工作表现出多少热情？	
2.3 Job Performance Is the quality and quantity of work up to the standard expected	工作表现 该员工的工作质量和数量是否达到所期望的标准？	
2.4 Job Attitude Is this employee responsive to suggestions and instructions? Does he/she cooperate willingly and work well with others as a team?	工作态度 该员工对建议和指示是否做出反应？是否愿意同别人在工作中合作？	
2.5 Ability To Learn How fast does this employee understand and follow instructions within a given time period?	学习能力 在指定的时间里，该员工理解和执行指示有多快？	
2.6 Adaptability Is this employee able to meet changed conditions with ease and accept them willingly?	适应能力 该员工是否能轻松地适应变化了的情况并愿意接受变动？	
2.7 Personal Grooming/Appearance	仪容和仪表	
2.8 Attendance & Punctuality	考勤及守时	
2.9 Conduct	品行	

为了使评估更加客观、准确，可以采用定性和定量相结合的方法。比如，可对上述评估表中的每个项目确定权重，对 A、B、C、D、E 不同档次，确定不同的分值，最后加总，就可得到该员工的整体评估分。再按照总评分的多少划分为不同的档次，作为月度或年度奖励的依据。

2. 评估面谈

评估表填写好以后，评估者(部门经理或主管)要与被评估者进行面谈，就评分表上的各个项日及评分情况逐条向被评估的员工解释说明。被评估者可以在面谈时对自己的评估意见提出不同的看法，并与评估者进行深入的讨论。如不能取得一致意见时，可由人事部约谈该员工，听取其意见，并做适当的处理。

另外，为了取得良好的面谈效果，评估者应当掌握一些面谈的方法和技巧：

(1) 批评应注意对事不对人，切不可进行人身攻击。

(2) 尽量不要涉及其他员工，尤其不要在面谈的员工面前批评其他员工，以免人为地制造矛盾和员工之间的不团结。

(3) 面谈时要集中思想，注意聆听员工的谈话，以便建立起双方相互信任的沟通渠道。面谈时心不在焉，会使员工对评估者的诚意产生怀疑，继而失去信任。

(4) 谈话的用词要合适，尤其是在对员工进行批评时，必须注意选用恰当的词汇。切忌在被评估者情绪激动时，对其提出对抗性的指责，以免双方情绪对立而使面谈无法进行。

(5) 评估应该实事求是，当被评估者对评估结果感到不满意时，应向员工解释清楚。如属必要，可以修改评估结论并再作讨论。

(6) 面谈过程中，要强调员工的长处，即使是表现欠佳的员工在结束面谈时也应该用积极的话语加以鼓励。但是，对于员工的不足之处，也应该严肃地向他指出。

(7) 评估者应该尽力创造轻松和谐的面谈气氛，以利于双方的自由沟通。

(四) 评估注意事项

1. 评估必须客观、公正

评估者对评估工作必须严肃认真、客观公正，以日常考核和员工的工作表现为依据，决不能主观臆断，凭印象或个人好恶进行。

2. 与被评估者面谈的地点要安静

与被评估者进行面谈时，选择的地点要安静，不受其他人或各种噪声的干扰。

3. 鼓励对话

评估过程本身就是为酒店经营管理活动提供反馈信息的途径和上、下级之间的沟通渠道。单向性的评估容易引起员工的不满，最终使员工的工作情绪与评估的宗旨背道而驰。因此，与被评估者面谈时，应当鼓励被评估者提不同意见或看法，而不能一味压制。

4. 不能有报复思想

评估的目的是向被评估者实事求是地指出其缺点与不足，提出改进的方法和努力的方向，热情地肯定其优点，提出发展要求和希望。切忌将评估当成整人的“秋后算账”。有些管理者平时对员工工作中出现的缺点和毛病，不及时指出和提出善意的批评，而是积累起来，在评估时进行“秋后算总账”，这样做是极其错误的，难以实现评估的目的，无法对员工起激励作用。

（五）对客房部经理的绩效考核

除了对员工进行考核与评估以外，酒店还要对房务部经理进行绩效考核，考核的主要指标包括：

（1）销售收入定额完成率。

（2）部门 GOP（营业毛利）值。

（3）部门 GOP 完成率。

（4）部门管理费用。

（5）客房服务用品成本率。

（6）对客服务主要设施完好率。

（7）顾客满意度。

（8）人均劳动生产率。

（9）员工满意度。

第四节 客房部员工激励

酒店有些员工具有较高的文化水平和外语水平，掌握较好的服务技能和技巧，但在工作中就是不表现出来，工作缺乏积极性、主动性，服从性、合作性差，工作质量低，这往往是缺少激励的表现。为了充分发挥员工的潜能，调动员工的积极性，客房部管理人员必须学会激励员工，掌握有效激励员工的方法。

案例

“认 可 卡”

在某大酒店，管理层每人口袋里都有一些“认可卡”，员工在工作中有好建议，或者见到员工做得好的地方，可写一张认可卡作为鼓励。该卡可在人力资源部兑换 10 元至 50 元不等的现金。

一、客房部员工激励的方法

（一）实行等级工资制度

打破工资一成不变的状况，启用工资等级制度，将员工按工作技能、知识及工作表现分为初、中、高级，通过考核拉开员工工资差距，从而激励员工不断进步。

（二）对客房部优秀员工实行免检制度和高质奖励方案

1. 免检制度

这是一种角色激励法，即通过给予表现较好的员工及具有一定资质的员工自做、自查、自检、自报完成一间客房的清洁、查房的权利，来达到节约人力成本、激励员工的目的。该制度首先可由符合条件的员工自己申报，部门进行审核，完成提名工作，同时给予被提名的人员进行为期一周的系统培训，培训后安排在特定的楼层独立上岗。对于一个月内抽查结果优良的，部门申请奖励。实施这一制度，由于事先需给员工进行系统的培训，员工的进步较大，同时由于给予员工充分的信任，员工得到一定程度的尊重，积极性被充分调动起来。

2. 高质奖励方案

具体做法如下：通过领班每天查房，当场视员工所清洁的房间状况，根据评定标准评出A(优)、B(良)、C(中)、D(差)等级。登记在白板上以直观的形式告知员工当天的工作情况，并且当月统计，与员工的出勤天数以及每天平均的做房量相结合。在当月住房不低于80%的基础上对于做房总量在前10名，优良率在85%以上，平均每天做房在10间以上的员工，分别给予一定的奖励，对于当月做房效率最低的给予处罚。为了避免领班在评估时出现偏差的现象，可制定一系列保障措施，例如，各班组一个月内有三次评估出入太大的，则取消本班组员工的评定资格，同时给予领班甲类过失处罚，与此同时，主管、助理、经理不定期抽查，酒店质检人员每日抽查等有效地促进领班的工作。由于激励范围的扩大，保障制度的完善，可以有效地调动楼层服务员的工作积极性，确保楼层工作效率和卫生质量。

3. 优质服务奖励制度

除了针对客房部员工的清洁卫生质量和工作量进行奖励以外，还针对员工的对客服务质量进行奖励，以鼓励客房员工为客人提供优质的个性化服务。

案例

某酒店的“留言条制度”

为了鼓励客房员工为客人提供优质服务，某集团酒店客房部管理层制定了以下奖励制度。

首先是“留言条制度”，要求员工关注客人的个人习惯和需求，贴心地以留言条的形式与客人互动，只要客人有回复，即予以10元奖励；月底还会按照班组评比出前两名，分别奖励100元、50元。

其次是“AM（大堂副理）报表、网络点评、宾客意见信制度”，凡是客人点名提到表扬的班组或者个人，个人奖励50元，领班奖励30元。

最后是“开元关怀制度”，凡是被评为本酒店或集团“开元关怀案例”的班组或个人，员工奖励100元，领班奖励50元。

当然也有相应的惩罚措施，当员工以语言不当、行为过失造成客人投诉或抱怨的，领班要承担连带责任，员工处罚50元，领班处罚30元。

（三）评选“先进班组”

评选“先进班组”是一种集体激励方案。通过对班组的出勤率、仪容仪表、卫生质量、服务质量、班组纪律、成本控制、培训学习等内容的评定，员工当月的表现及班组的整体表现既作为评选先进班组唯一条件，又作为对员工及领班半年的评定参考条件。这样将各区域的员工与领班有效捆绑起来，荣辱与共，共同品尝成功的喜悦、失败的苦恼。

（四）实施“好人好事举荐制度”

一些著名酒店实施好人好事举荐制度，对于被举荐者和举荐者本人都不失为一种很好的激励手段和制度(参见表15-4)。

表 15-4 香格里拉大酒店好事推荐表

香格里拉大酒店
Shangri-La hotel

"GOOD THINGS I HEAR" NOMINATION FORM
"我听说的好事推荐表"

NAME OF NOMINEE
被推荐人的姓名：____________________
DEPARTMENT
部门 ：____________________
DATE OF EVENT/INCIDENT
事情发生时间：____________________
GOOD THINGS THAT I HEAR
我听说的好事

IF YOU NEED ASSISTANCE IN COMPLETING THIS FORM, PLEASE CONTACT HUMANCE RESOURCES DEPARTMENT
如果您需要帮助，请到人力资源部

YOUR NAME
您的姓名：____________________
DEPARTMENT
部门 ：____________________

（五）竞争激励

竞争激励实际上也是荣誉激励。得到他人承认、荣誉感、成就感、受到别人尊重，是著名心理学家马斯洛需求层次中的高级需求。客房部服务人员中大部分是青年人，他们争强好胜，上进心强，对荣誉有强烈的需求，这是开展竞赛活动的心理基础。根据客房部的特点，可以开展一些英语口语竞赛、服务知识竞赛、服务态度竞赛和服务技能技巧竞赛等。通过组织这些竞赛，不仅可以调动员工的积极，而且，还可以提高员工的素质。

（六）情感激励

在一个部门中，如果大家情投意合、互相关心、互相爱护、互相帮助，就一定会形成一个强有力的战斗集体，从而为客人提供良好的服务。因此，前厅部和客房部管理人员必须重视"感情投资"。

在运用情感激励这一规律时，管理者要注意做好以下两方面的工作：

（1）注意启发和诱导员工创造一个互相团结、互相帮助的环境。

（2）以身作则，对员工热情关怀、信任、体贴。对他们做出的成绩，要及时给予肯定；对他们的缺点，诚恳地帮助改正；对他们工作中遇到的困难，要尽力帮助解决。特别是当员工家庭或个人生活遇到什么不幸或困难时，要给予同情、关怀，以至于在经济上予以支持和帮助，员工对此会铭记在心，感恩戴德，从而起到极大的激励作用。在关键时刻，对员工伸出同情与援助之手，比平时说上一千句，一万句激励的话要管用得多。

（七）晋升与调职激励

人人都有上进心理，所谓“不想当将军的士兵不是好士兵!”。利用人们的上进心理，给予员工职位的晋升，无疑是一种极为有效的激励方法。

除了对工作表现好的员工晋升以外，还可以通过在部门内部调换员工的工作岗位来激励员工。通常有两种情况：一是个别管理者与员工之间由于下意识的偏见、古怪习性或意外事故的发生而引起尖锐的矛盾，如通过协调或其他方式仍无法解决，可将该职工调离本班组(岗位)，以调动矛盾双方的工作积极性；二是员工与管理者之间虽然不存在矛盾，但目前的工作岗位不适合其本人，不能充分发挥其个人专长和才干，通过调换工作岗位，不仅可以充分利用人力资源，还可以激励员工，极大地调动员工的工作积极性。

（八）示范激励

“没有良将就没有精兵”客房部管理人员要以身作则，以自己的工作热情、干劲去影响和激励下属员工。

“榜样的力量是无穷的”，一个组织的士气和精神面貌很大程度上取决于其领导成员。有什么样的管理者，就有什么样的下属员工。没有一流的管理人员，就不可能有一流的酒店和一流的服务员，因此要造就一流的员工，客房部管理人员首先应该从各方面严格要求和提高自己，把自己塑造成为一流的管理者。

二、员工激励应注意的问题

在员工激励中，各级管理人员要特别注意以下问题。

（一）要尊重、理解和关心员工

对员工在工作上要严格要求，但在生活上则要关心员工、尊重员工，以“情”动人。所谓尊重员工，就是要尊重员工在酒店的主人翁地位；理解员工，就是要理解职工的精神追求和物质追求；关心员工，就是要心系员工，尽可能解决员工的实际困难。只有员工真正意识到自己受到了尊重，真正是酒店的主人，他们才会以主人翁的精神积极工作。

案例

北京建国饭店的总经理连续两个钟头站在职工食堂门口，一次又一次地拉开大门，向来参加春节联欢会的员工点头致意，说：“您辛苦了!”，中外方经理们头戴白帽，腰系围裙，一溜站在自助餐台后，微笑着为员工们盛菜打饭，使员工心里涌起阵阵暖流，使员工的心与企业贴得更紧。被誉为超五星级的福建悦华酒店规定：管理者见到员工时必须首先向员工打招呼或问好，从总经理到部门经理概莫能外，总经理数十年如一日，几乎每天早晨坚持在酒店门口迎候员工上班，送去清晨最美好的祝愿，“悦华给了员工一个家的氛围和环境，员工也把悦华当成了家”。

（二）要经常为员工“理气”，使员工“气顺”

有些员工之所以缺乏工作热情，主要是因为“气不顺”，一怨分配不公；二怨有些管理者搞特殊化；三怨官僚主义令干群关系疏远。对此，管理者应根据实际情况，认真分析，采取改进措施，为员工“理气”。

（三）多一些培训、指导与实干，少一些指责、惩罚与埋怨

常常听到一些客房部管理者埋怨服务员没有清理好房间，引起客人的投诉；埋怨设备维修差，以致经常出现问题；埋怨某处卫生差，从而影响了酒店形象；埋怨服务员素质不高，从而使酒店软件管理跟不上……如此种种，好像我们的管理人员有许多理由“横挑鼻子竖挑眼”，于是，埋怨、指责与惩罚便成了家常便饭。殊不知苦口并非都是良药，埋怨、指责与惩罚只能在管理者与员工之间竖起一道墙壁。正如一位酒店员工所言：

> “试想，我们背井离乡、千里南下，以极大的热情投身酒店行业，哪一个不想将工作干得出色、圆满？哪一个不想得到领导和宾客的认可与赞扬？又有哪一个不想让自己的青春年华闪耀光芒？出现问题、客人投诉，服务人员本已在自责愧疚之中，若我们的管理人员不问青红皂白，劈头盖脸地埋怨、指责，岂不使其乱了方寸，增加精神包袱，产生逆反心理？”

因此，工作中出现问题，客房部管理者首先应进行自查、自纠，对自己的管理工作进行反省，问问自己到底给予员工多少培训、多少指导？管理中还有哪些失误？哪些漏洞？而不是一味地去埋怨、指责与惩罚员工。

虽说惩罚是一种“负强化”激励手段，在一定条件下能够起到一定的积极作用，但管理者要记住：惩罚只是一种手段，而非目的，不能滥用，否则，不仅起不到激励作用，反而会引起对抗情绪，不利于团队精神的形成。有些客房管理人员工作方法简单粗暴，不管三七二十一，动不动就使用手中“惩罚”的大棒，结果使部门（班组）内一片怨声载道。因此，管理者在管理实践中应该遵循的原则是：在正强化能解决问题的情况下，尽量少用或不用惩罚手段

（四）激励要遵循公平性原则

客房部管理人员在对员工进行物质激励时，一定要注意公平原则，否则，不但起不到激励作用，反而会挫伤员工的积极性，甚至造成矛盾，影响团结。事实证明，下属对领导者的能力和工作水平低大多可以原谅，而对领导者不能一视同仁，处理问题不公平，则往往表现出不能容忍的态度。

（五）激励要有针对性

员工激励要有针对性，即针对不同的情况，采取不用的激励方法。如：有些员工原本确有认真努力去工作的想法，但由于工作在一种松散的环境氛围之中，久而久之养成懒散的工作习惯，管理者一旦发现这种趋势，就必须加强劳动纪律，严格工作制度。又如，有的员工原本工作热情很高，但因承受不了同事的冷眼与讥笑，工作热情渐渐冷却。这时，管理者就要考虑通过各种方法，营造良好的、积极向上的企业文化氛围。

三、客房部员工的过失行为与纪律处分

针对员工工作中的过失，给予一定的纪律处分，也是员工激励的方法和组成部分。

一方面，客房部员工应该按照酒店的规定，严格要求自己，避免工作中出现过失。另一方面，客房部管理人员也可以运用酒店赋予的管理权限，根据酒店的规定，给予过失员工一定的纪律处分，对员工进行“负激励”，以消除或减少工作中的各种过失。

前厅部和客房部员工在工作中的过失，根据其严重程度的不同和所造成危害的大小，分为“轻微过失”“严重过失”和“极端过失”，可分别给予“口头警告”“书面警告”“辞退或开除”等不同的纪律处分。

房务部员工列入“轻微过失”“严重过失”和“极端过失”的过失行为可参见表 15-5。

表 15-5　房务部员工的过失行为与纪律处分

轻微过失：口头警告	• 当值时，不保持仪表的整洁及制服整齐。 • 当班期间聚堆聊天、打闹、高声喧哗或发出不必要之声浪。 • 工作时间看报纸、吸烟。 • 在员工食堂以外进餐。 • 不使用酒店指定之员工通道。 • 搭乘客用电梯。 • 下班后，无故逗留在酒店内。 • 不遵守更衣室或值班宿舍的规定。 • 当班时吃东西。 • 工作散漫，粗心大意。 • 当班时，办理私人事务，打私人电话。 • 随地吐痰或乱丢杂物。 • 对客人无礼(视严重程度可列为严重过失)。 • 无故迟到或早退。 • 未按规定佩戴员工证。 • 上下班不打卡。 • 违反规定携带私人物品上岗。 • 偷带酒店物品出店。 • 拒绝酒店授权之有关人员检查手袋等。 • 在酒店范围内粗言秽语。 • 因疏忽或过失损坏酒店财物程度较轻。 • 违反酒店有关制服管理的规定，穿酒店制服上街或回家。 • 挑拨打架事件情节较轻。 • 提供假情报、假资料或隐瞒事实，情节较轻。 • 擅自标贴、涂改酒店各类通告及指示。 • 未经许可，擅自将酒店物品搬往别处。 • 酒后当班，带有醉态。 • 散布虚假或诽谤言论，影响酒店、客人或其他员工声誉。 • 擅取酒店物品自用。

续表

严重过失：书面警告	• 旷工。 • 擅自脱岗。 • 当班时打瞌睡。 • 对上司不礼貌，违背或不服从主管或上司合理的工作安排或指令。 • 因疏忽搞坏酒店或客人财物，罚款 1~10 倍。 • 擅自使用专供客人使用的设备及物品。 • 对客人粗暴或不礼貌，与客人争辩。 • 向客人索取小费或其他报酬。 • 偷食酒店及客人之食物。 • 委托他人或代他人打钟卡。 • 拾遗不报。 • 在酒店内赌博或变相赌博。
极端过失：即时辞退或开除	• 贪污、盗窃、索贿、受贿、行贿。 • 侮辱、谩骂、恐吓、威胁他人，与客人吵架。 • 私换外汇。 • 利用或参加黑社会组织。 • 组织、参加或煽动罢工、斗殴聚众闹事。 • 使用毒品、麻醉剂或兴奋剂。 • 蓄意损坏酒店及客人财物。 • 玩忽职守，违反操作规程，造成严重损失。 • 经常违反酒店规定，屡教不改。 • 连续旷工三天或一个月内累计旷工二次。 • 触犯国家法律，造成刑事责任。

对于犯有“轻微过失”的员工，可给予口头警告。员工若第二次出现轻微过失，则应由部门主管或领班向过失员工签发“过失单”，并记录在案。

对于犯有严重过失者，可由客房部经理向过失员工签发“警告通知书”，如再次出现严重过失，则向其发出“最后警告”。对于犯有严重过失的员工(三次以上的轻微过失,将被视作严重过失)，可视情节轻重分别给予临时停职、降职、降薪、记过、留店察看、劝退或辞退处理。客房部员工的严重过失由部门经理签批后，报酒店人事部备案。

客房部员工如犯有极端过失，将被酒店立即辞退或开除。另外，如员工被“最后警告”后，再次出现严重过失，也将视为极端过失。对员工的辞退、除名由酒店人力资源部签批后，报总经理批准；开除则由总经理批准后报职代会通过。

本章小结

➤ 培训是提高客房部员工素质的根本途径，进而，也是提高客房服务质量的主要方法之一。

➤ 培训的意义表现在：提高员工的个人素质；提高服务质量，减少出错率；提高工作效率；降低营业成本；提供安全保障；减少管理人员的工作量；使酒店管理工作走向正规化。客房部员工培训的内容包括员工的服务意识，职业道德，仪表仪容与礼貌礼节，服务程序、规范与技能技巧，英语，安全知识，管理人员的管理技能以及酒店和部门规章制度等。

➤ 为了使培训工作取得成效，客房部培训工作应该坚持长期性、系统性、层次性、实效性和科学性的原则，同时要做好培训的考核和评估工作。客房部管理人员还应特别重视并做好新员工的入职培训工作。入职培训通常包括两方面的内容，即：酒店介绍(general property orientation)和具体工作指导(specific job orientation)。

➤ 为了提高服务质量和工作质量，客房部管理人员还必须实施并加强对员工的日常考核和定期评估工作。否则，将会出现有令不行，工作涣散，服务质量恶化的状况。

➤ 员工激励是提高客房工作数量和工作质量的重要手段。客房部员工的激励与其他部门员工的激励有共性，也有其特殊性，客房部管理人员应该探索有效的客房员工的激励方法。

思考题

1. 对客房部员工进行培训的意义表现在哪些方面？
2. 简述对客房部员工进行培训的内容与类型。
3. 如何制定培训计划？
4. 客房部员工工作评估的依据和内容有哪些？
5. 试述客房部员工工作评估的程序和方法。
6. 如何对客房员工进行激励？

即测即评

案例分析

这是谁的责任？

佳节刚过，南方某宾馆酌迎宾楼，步入小淡季，宾客稀少。客房管理员 A 紧锁着眉头，考虑着节后的工作安排。突然，她喜上眉梢，拿起电话与管理员B通话——目前客源较少，何不趁此机会安排员工休息。B答："刚休了七天，再连着休息，会不会太接近，而以后的二十几天没休息日了，员工会不会太辛苦。"A说："没关系，反正现在客源少，闲着也是闲着了。"两人商定后，就着手安排各楼层员工轮休。

刚到中旬，轮休的员工陆续到岗，紧接着客源激增，会议一个接着一个，整个楼又恢复了昔日的热闹，员工们忙个不亦乐乎。

紧张的工作夜以继日地度过了十几天，A正为自己的"英明决策"感到沾沾自喜时，下午四点服务员小陈突然胃痛；晚上交接班时，小李的母亲心绞痛住院；小黄的腿在灌开水时不慎烫伤。面对接二连三突然出现的问题，A似乎有点乱了方寸。怎么办？姜到底是老的辣，A以这个月的休息日已全部休息完毕为由，家中有事、生病者，要休息就请假。而请一天的病事假，所扣的工资、奖金是一笔可观的数目，面对这样的决定，小黄请了病假，小陈、小李只好克服各自的困难，仍然坚持上班。

第二天中午，管理员B接到客人的口头投诉：被投诉的是三楼的小李及四楼的小陈，原因是：丢三落四，所答非所问面无笑容，对客不热情，服务出差错。A交接班时，B转达了客人对小李、小陈的投诉。A听后，陷入深思。

问题：这是谁的错？管理员A的管理方式是否得当，为什么？

补充与提高

朋友一瘸一拐地把经理送到电梯口……

去医院看望一位在酒店工作的朋友。

上午9时许，朋友所在酒店的主管前来慰问。主管说："小童呀，你就不要想那么多，酒店没有你地球照转，你就给我安心养病吧！"听完，朋友侧过身去，一句话都没说。

10时许，部门经理也来了，经理说："小童呀，虽说单位没有你地球照转，但你要安心把病养好，单位很多事情真离不开你！……

听完，朋友挣扎着起来，请我帮他提着挂瓶，一瘸一拐地把经理送到电梯口……

酒店经理人对"经理的困惑"的答复：
Re：酒店管理者如何与90后员工沟通、管理？

张立　山东东方儒家酒店集团　总经理

让"90后"员工拍摄培训"大片"

酒店长期的培训实践告诉我们，针对"90后"的培训比以往更加困难，他(她)们不仅是学历高(与"70后"、"80后"相比)，思维活跃，而且世界观与价值观也非常现实和前卫，他(她)们更喜欢参与和表现，传统的照本宣科式的培训只能使他们昏昏欲睡，无论酒店费多大的功夫，也很难取得理想的培训效果。因此，只有采取适合他们特点的培训才能充分调动员工学习的热情和参与的激情。

针对"90后"的特点，我们酒店采取的方法是模拟场景培训，即按照饭店运营质量的标准要求，分门别类(按部门不同、岗位不同)进行场景 DV 拍摄，让员工成为表演服务规范的“明星”，来对照其岗位的服务规范“演绎”自己的服务“大片”。一时间，酒店各部门积极组织，认真备战，导演、编剧、摄影、男女主角、男女配角等“群英荟萃”，群策群力，认真演绎起自己的服务“大片”来。拍摄大片的过程本身就是学习的过程，如果对服务规范不了解，怎能拍好自己的服务“大片”？为了让自己的“大片”拍摄效果最佳，成为酒店评比中最佳的男女主角，员工们根据自己的影像行为来对照服务规范一遍遍找不足，“对照、修正、再对照、再修正”，连续三次的服务场景拍摄，达到了意想不到的效果，员工的服务规范达到了酒店运营质量的要求。原因是我们的员工都有“自尊、自强、自爱、自我”的特点！

随后，我们将酒店独有的服务项目的“大片”作为《酒店岗位服务规范》的标准培训版本，刻录成光盘下发到各部门，要求各部门、各岗进行班前(后)培训学习。推行班前“观看 30 分”，进行岗位视频培训，推行班后“自评 10 分钟”，反思工作中在服务规范上存在的不足，交流处理非正常事件(宾客的特殊要求、宾客的过失、员工的过失、个性化服务等)的心得。在保持酒店运营质量方面和服务规范方面，员工通过事前“大片”的观看和事后心得的交流，变得成熟了，也变得更加自觉了，因为不能破坏“偶像”在“观众”心目中的高大形象，也不能对不起自己的“粉丝”……

拍摄精美大片，酒店员工人人开心参与；针对 90 后员工选择快乐培训，酒店运营质量有效提升，因此，只有适宜的培训才是最好的培训！

吕爱英　浙江永康明珠大酒店

从近两年招聘情况来看，“90 后”年轻人已越来越多，他们思想活跃、兴趣爱好广泛，尤其对网络知识或信息接收很快，与人沟通有自己的方式，追求新、奇、特等特点，所以，在平时的管理过程中，如果还用简单的招聘、培训、上岗工作的方法来管理他们，已很难“俘获”他们的心。在新时期，管理者也应随“新”而动，针对现今新员工的特点采取新的管理方法。

1. 建个所辖员工 QQ 群

在新员工入职的第一天，详细了解他们的爱好、特长、愿望，掌握具体的家庭、亲戚朋友等信息，基于此建立员工档案很重要。尤其要让他加入你的 QQ 群，这样做的好处有三：一是第一时间让他感受到你也爱用计算机，减少认识上的代沟；二是加入你的 QQ，说明你们已成为好友，能很快拉近彼此的距离；三是最关键也是最重要的，你可以在 QQ 里捕捉到员工的思想、情绪、工作上变化的蛛丝马迹。对积极的，可以及时给予肯定、表扬和鼓励，你的员工会因此在心里把你视作真正的朋友和可信赖的上司，和你无话不谈。对消极的，可以第一时间与其交流，了解情况，疏导情绪，化解心结，引导他们更好地融入企业。管理者可把 QQ 群当作一个无声胜有声的课堂，用心去经营，密切关心每一个员工的动态，在每一个节日通过 QQ 给予他们真诚的问候或祝福。细语润无声，只要用心做，团队的凝聚力、忠诚度一定会不断提高。

2. 学会读懂员工

帮助员工成长是每个管理者责无旁贷的工作。现代年轻人大多由于家庭成长环境良好，从小备受长辈的宠爱，多少都有些任性，甚至情绪化。对工作中出现的问题，如果一味用简单的行政管理或处罚手段来处理，效果将不会理想，因此，管理者在工作时间应加强走动，善于观察员工工作时的状态，在他们的一言一行中捕捉点滴信息，适时地给予帮助，就会赢得员工的心。

酒店服务中，我们始终把读懂每一位客人作为要求灌输给员工。然而作为管理者，则要把读懂每一位员工作为自己的责任，无论是工作上还是生活上的，都要全心全意，耐心、真诚、无私地帮助员工，允许员工犯错，而不是一味地指责、批评、苛求，这样我们管理和服务的品质，特别是团队建设都会达到事半功倍的效果。

3. 学习流行新知识

现代员工需要现代的管理者，但现实中往往担任管理职务者和员工之间因年龄、文化等不同，会存在爱好、兴趣、习惯、认识方面的差异。如何合作融洽，很值得去研究和学习的。

比如，管理者要知道最新的网络流行语言，当你的员工在休息时间叫你一声“亲”时，你不仅能和他会心一笑，更要从内心接受或理解，而不是排斥；还有对新近发生的新闻事件，特别是网络最先报道的新闻，也要了解一二，可以互相交流，发表意见，甚至正确引导，而不是一问三不知，两耳不闻窗外事，否则，你会让员工觉得你们彼此只是工作上的上下级关系，而缺乏其他共同语言。

总之，要想成为有效的管理者，就必须获得员工的信任，而要想成为让新生代员工信任、信服的管理者，就必须不断地与时俱进，像对待宾客一样真诚地去对待你的员工，做员工工作上的贴心人和生活上的知心者。其结果一定是员工的离职率大大降低，而你也必将成为一名优秀的管理者。

第十六章　21 世纪酒店房务经营管理的发展趋势

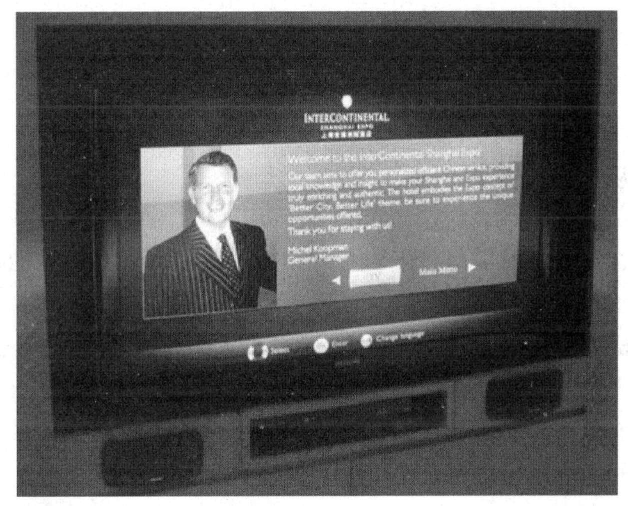

随着社会的发展和科学技术的进步，21 世纪酒店前厅和客房的经营管理和服务将发生一些重大的变化，及时准确地预测和把握这些变化趋势，对于指导并搞好酒店前厅部与客房部的经营管理工作具有重要意义。

本章学习目的

★ 把握 21 世纪前厅部经营管理的发展趋势。

★ 了解 21 世纪酒店客房及卫生间设计与装修的发展趋势。

★ 了解酒店客房的绿色经营管理。

★ 把握 21 世纪客房部经营管理的发展趋势。

关键术语： 发展趋势 绿色管理

Key Words： Development Trends，Green Management

经理的困惑

——客房“六小件”到底撤不撤？

近年来，为了实现旅游业的绿色可持续发展，很多地方政府、旅游协会和旅游主管部门纷纷要求酒店取消为住店客人提供“六小件”，要与国际接轨的口号。可当一些酒店取消后，又收到很多人投诉，认为酒店这样做是“偷工减料”，也给客人带来不便。我们真不知道如何是好？要不要撤掉“六小件”，我们陷入了两难……

第一节　21 世纪酒店前厅经营管理的发展趋势

进入 21 世纪，酒店前厅部的经营管理将发生以下变化。

一、精简机构，节流挖潜

为了节约成本、费用，前厅部将采取各种措施，提高管理和服务的效率，节流挖潜。

1. 精简机构，合理定编

前厅部的组织机构将化繁为简。人力上讲求最大限度的节约，不会雇用一个多余的人。酒店会根据来年预计的营业情况，重新定编。同时，充分利用社会上的专业公司为酒店服务，如将酒店外围的保安工作(正门、停车场等)交由专业的保安公司承包，将商务中心出租等，使酒店的组织机构虚拟化。

2. 一职多能，人尽其才

一职多能既可以精简机构，也可以培养人才。就前厅部而言，根据客人的活动规律，上午是客人退房较为集中的时段，收银员的工作较为繁忙，接待员则没有多少事干，而下午入住客人较多，办理住宿登记的前台接待员较为繁忙，而办理结账退房手续的收银员则较为清闲，考虑到这一特点，大部分酒店的前台都会将接待与收银的工作合并，前台每一位职员都可为客人提供登记、问讯和结账服务。此外，总机接线员也将承担起多项职能。按下很多酒店房间电话机上宾客服务中心的功能键，可以发现接听电话的是总机话务员，她会将接收到的信息及时传递给相关部门跟办。

对员工进行一职多能的培训，可让他们掌握更全面的业务技能，成为出色的服务从业员，为客人提供全方位的服务，能拥有这样的员工队伍，不仅为酒店节约了人力成本，更可提高酒店的整体服务水平。

二、服务优化、细化

1. 一步到位服务(one-stop service)

前厅部任何一位员工都必须为有需要的客人提供服务及帮助，不会由于部门的不同而怠慢客人，客人只需要将其问题向一位员工提出就可得到解决，不会遇到将同一个问题向不同的员工复述或被推来推去的现象。

2.“一条龙”服务

越来越多的酒店将为客人提供一条龙服务：酒店代表在机场接到客人后会致电有关部门，接待组就会准备客人的入住资料、钥匙等，司机在快到达酒店时会再致电回店，金钥匙或行李员会在门口迎候客人，客人一下车会称呼其姓名并带客人往接待处登记，取钥匙上房，整个过程一气呵成。为客人提供一条龙服务，要求部门和岗位之间有良好的沟通和衔接。

三、商务中心的职能退化

由于信息技术的飞速发展，越来越多的客人拥有自己的手机和计算机，也可以通过互联网直接订票，发送、接收电子邮件和传真，对酒店商务中心的依赖程度将大大减少，酒店商务中心的职能将弱化，直至消失或发生转换。

四、酒店的定价策略将更加灵活

1. 前台接待人员将拥有更大的定价权

前台接待人员将得到更大的授权，根据客人及酒店的实际情况，灵活定价。

为了提高前台销售人员工作的积极性，最大限度地提高酒店的经济效益，酒店会将接待人员的奖金与其每月的销售效果挂钩。

2. 酒店将根据当天的开房率来定价

越来越多的酒店将没有固定的房价，而是根据当天的开房率来定价，以创造最大的利润。与此同时，也有些酒店为了维持其档次及其在消费者中的信誉，会保持其相对固定的价格水平，不会轻易降低价格或提高价格。

五、酒店预订网络化趋势

随着信息技术的发展，网络预订将成为酒店预订方式的主导，要么是通过本酒店（或酒店集团）的网站预订，要么通过第三方的中介网站。未来几年，网络预订将占到酒店预订数的20%~50%。但是当饭店只是一个劲地涌向在线批发商以“填满客房”时，他们或许正在减少饭店的长期收益率，侵蚀自己的品牌价值。

现在关键的问题是饭店业者必须战略性地管理这些销售渠道。

六、前台接待将发生一些重大变化

1. 度假型酒店前台接待由站式改为坐式

传统的酒店是由客人站立办理住宿登记手续，进入21世纪，将有越来越多的酒店，特别是度假式酒店，将改站式接待为坐式接待。主要基于以下几方面的原因。

（1）能够使经过长途旅行的客人彻底放松。客人经过旅途劳顿，到达酒店后，都比较疲劳，改坐式后，可以使客人彻底放松，不必站立登记。

（2）增加酒店的亲和力。坐式登记能够拉近酒店与客人之间的距离，使客人有回到家里的感觉。

2. 入住登记 DIY（自助）化，传统的前台接待流程将发生革命性变化

谁愿意排队等着登记入住呢？随着电子信息技术的发展，未来入住酒店的客人可能不再需要在总台排队等候办理入住登记手续，取而代之的是“自助式”服务或“直通式”入住模式。

很多国际连锁酒店集团开始采用自助入住登记模式。它与现在凭电子机票在机场值机柜前自助提取登机牌是同样的。当客人到达酒店时，不需要去前台办理入住手续，而是在类似机场值机柜的一个信息处理终端机上输入个人信息（主要是身份证件和信用卡），就可直接选择客房及所需要的服务，然后取出房卡，即可乘电梯直接去自己选定的客房下榻（参见图 16-1）。

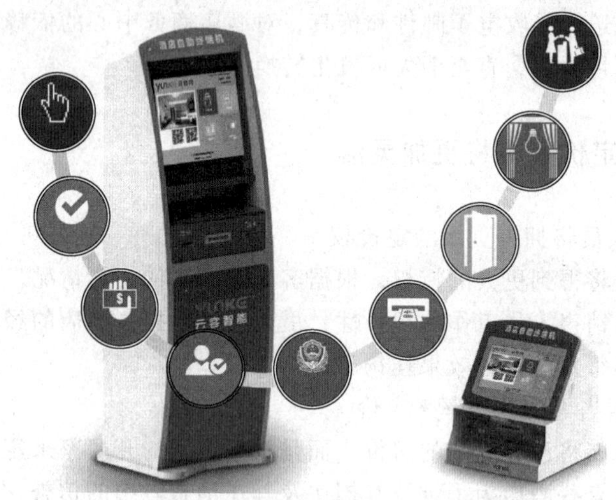

图 16-1　我国某公司开发的酒店自助终端机

前台另一个发展趋势是“直通式”服务。喜达屋的雅乐轩酒店经常为优先顾客计划（preferred guest program）会员提供“智能登记”。会员收到使用无线电频识别技术的验证码，然后在计划入住的当天，客人会收到一条短信被告知房间号。到达之后，客人直接找到房间，输入验证码房门就被打开了。

七、越来越多的酒店将实施“收益管理”

收益管理能够使酒店的客房等资源得到最有效的利用，使酒店管理从经验管理上升为科学管理，从而较大程度的提高酒店的经济效益。因此，越来越多的酒店及酒店集团将日益重视并实施收益管理。正如万豪国际酒店集团董事长兼 CEO Willard Marriott，Jr. 所言，“收益管理不仅为我们增加了数百万美元的收入，同时也教育我们如何更为有效地管理，（酒店）最高层必须对酒店施行收益管理，CEO 则需要 100%地支持这项工作。”

从发展的现状和趋势而言，收益管理已经从一种管理思想转化为一种先进的计算机管理系统，好的酒店计算机管理系统都会有收益管理的内容。

第二节　21 世纪酒店客房经营管理的发展趋势

进入 21 世纪，酒店客房的经营管理和服务将发生如下变化。

一、客房服务社会化

越来越多的酒店客房清洁卫生工作将由社会上的专业清洁公司或家政公司承担，以提高工作效率，降低成本。

二、客房服务将更加突出人情味和个性化

服务产品是无形的，服务质量最终是由客人评价的，客人评价旅游服务质量优劣的标准是能否满足客人的需求。而客人的需求又是千差万别的，既有共性的部分又有个性化的部分，因此要使服务质量上一个台阶，必须满足客人的个性化需求，为客人提供个性化服务（personalized service or individualized service）。与此相适应，21 世纪酒店客房服务模式将从“标准化”走向“定制化”。

标准化的特征是：酒店生产什么，客人消费什么，以一种模式面对所有客人。而定制化的特征是根据每个客人的不同情况和需求，生产不同的产品，强调客人需要什么，酒店就做什么。因此，“定制化服务”实质上就是以标准化为基础的个性化服务，包括针对服务、灵活服务、超常服务、心理服务等基本内容。

如果说服务的标准化、规范化是保障酒店服务质量的基础，那么，“个性化”服务就是服务质量的灵魂，要提高客房服务质量，必须为客人提供更加富有人情味的、突破标准与规范的“个性化”服务，这是服务质量的最高境界，是酒店服务的发展趋势。

三、行政楼层普及化

行政楼层也叫“商务楼层”，是专门接待消费能力较强的商务客人及公司高级行政管理人员，并为他们提供特殊服务的楼层。

行政楼层通常设在四星级以上之高档酒店，但近年来，一些三星级酒店也纷纷仿效，在其客房部为光顾酒店的普通商务客人设置行政楼层，提供有别于其他客人的特殊服务，取得了较好的效果。未来，将有更多的酒店加入这一行列。

四、客房服务和管理中将更加注重客人的人身安全和健康问题

在 21 世纪，旅游者将更加注重自身的安全与健康，因此，客房服务和管理中将充分考虑客人的这一需求，采取各种有效的措施和手段，防止恐怖活动、各类犯罪分子、艾滋

病以及各种新、旧类型传染病等对客人的袭击，确保客人在酒店住宿期间的安全与健康。

为了加强对客房的安全管理，越来越多的酒店将在其大堂通往客房楼层的电梯中安装房卡感应装置，无房卡人士上不了楼层，从而为客房楼层增加一道安全保护屏障(参见图 16-2)。

图 16-2 酒店楼层电梯通过房卡识别住店客人的身份

五、对“单人房”和“钟点房”的需求将大幅增加

进入 21 世纪，各国(特别是第三世界国家)的城市化进程以及经济的发展速度将进一步加快，与此相适应，从事商务旅游活动的旅游者人数将空前增加，商务旅游在旅游业中所占的比重将大幅提高。而商务旅游者的基本需求特点之一，就是喜欢住单人房。这一方面是为了不受他人干扰，保护个人隐私和追求安全感，另一方面，公务性质的商务旅游也决定了他们与观光旅游者相比，不太在乎客房的价格。在这种背景下，客人对单人房的需求将大幅增加，酒店(尤其是以接待商务客人为主的商务型酒店)在建设和改造中，应大量增加单人房的数量和比例。

在对单人房的需求增加的同时，在快节奏的现代社会，人们对以按小时收费的“钟点房”的需求也在不断增加，这是一种新的客房经营模式，它以其灵活性和便利性受到客人的欢迎，这种经营模式尤其适用于中、低档酒店和位于机场、车站、市中心等流动人口较多地方的酒店。另外，每年参加高考的城市高考生也是钟点客房的一大市场，全国各地饭店及时推出了“考生房”，进一步扩充了钟点房的概念，为钟点房增加了新卖点。

六、“绿色客房”将大受欢迎

“可持续发展”是未来人类所追求的自然、社会、经济、文化等的发展模式和发展目标，社会进入 21 世纪，符合可持续发展思想的绿色酒店、绿色客房将受到酒店经营者及顾客的普遍推崇和欢迎。

七、客房市场将进一步走向细分化

进入 21 世纪，客人对酒店服务的要求将越来越高，这将促使酒店市场细分化，以最大程度地满足不同类型客人的不同需求。传统的一家酒店以一种模式接待所有客人的时代将一去不复返，酒店市场将被分割为商务酒店、旅游观光酒店、度假酒店、青年旅馆、经济型酒店、豪华酒店、精品酒店、特色酒店等多种类型，不仅如此，同一家酒店和客房还会被划分为行政楼层、女性楼层以及儿童客房、长者客房等。不仅客房的硬件会发生变化，而且服务的内容和方式也会发生重大变化(参见图 16-3)。

图 16-3　为了适应度假市场变化的新趋势，广州从化碧水湾度假村新装修的“亲子客房”

第三节　酒店客房的绿色管理

美国著名管理大师乔格·温特在其《企业与环境》一书中指出：“总经理可以不理会环境的时代已经过去了，将来公司必须善于管理生态环境才能赚钱。”

的确，企业经营不仅要追求经营效益，而且要追求环境效益和社会效益，要为环境负责，为社会负责，实现社会、经济的可持续发展。

一、酒店实行绿色管理势在必行

近年来，绿色管理已“风靡”全球酒店业，犹如一股势不可挡的世纪浪潮，席卷世界各地。国内外不少酒店纷纷实施绿色管理战略，成效显著。开始席卷全球酒店业的绿色浪潮，正一浪高过一浪，跨入新世纪，绿色管理不再仅仅是一种时尚选择，而是酒店为取得竞争优势，赢得顾客、占领市场所必须采取的一项管理战略。

此外，政府为了保护环境，走可持续发展道路，制定了一系列法规政策，限制了企业为单纯追求经济效益而忽视环境效益的种种做法，使得酒店必须调整管理战略，重视环境管理，实施能实现长期利润最大化的绿色管理战略。

实行绿色管理，企业可能需要添置一定的设备，增加一定的成本和费用，但另一方面，实行绿色管理，也可以在许多方面为企业节约很多费用，带来可观的经济效益，对于酒店来说更是如此。

最后，绿色消费的兴起，使得旅游消费者对“绿色”情有独钟。消费者的绿色偏好对酒店来说，既是市场压力，又是市场卖点，酒店实施绿色战略既迎合现代顾客的“绿色”需求，又可为酒店创造经济效益。

因此，从环境成本和风险、政府法规、市场力量、公众压力等外部因素分析，酒店实施绿色管理战略势在必行。我国《旅游饭店星级的划分与评定》(GB/T14308—2010)标准也特别强调饭店客房的绿色管理，“倡导绿色设计、清洁生产、节能减排、绿色消费的理念”。

二、酒店客房绿色管理的基本内容

“绿色客房”主要表现在以下几个方面：

(1) 选择那些同意将其产品废弃物减少到最小程度的供应商，或者坚持生产厂商将非必要的包装减少到最少或重新利用；

(2) 注意回收旧报纸、易拉罐和玻璃瓶等，并将有机物垃圾专门堆放在一起；

(3) 合理安装各种设施设备，减少能源浪费现象；

(4) 在客房中注意使用各种节能设施设备及节能新技术。如节能灯以及各种自动化控制的节能设施和技术。

(5) 节约用水。严格控制客房淋浴喷头、洗脸盆龙头以及马桶抽水每分钟的出水量。在酒店建设、客房装修和改造时，注意选用节水型卫生洁具。

(6) 鼓励住宿超过一天的客人，继续使用原有的毛巾，或不更换床单，以减少清洗所需的水和洗涤剂用量(参见图 16-4)。

Using My Linens Twice
Is Just As Nice

Sheets are customarily changed daily, but if you feel it is unnecessary, please leave this card on your pillow in the morning and your sheets will not be changed that day. Thanks very much.

シェラトンホテルは毎日客室のシーツをお取り替え致しておりますが、シーツを取り替える必要がない場合は、朝、このカードを枕の上に置いて下ちい。この日にはお客ちまのシーツをお取り替え致しません。ご協力に心から感謝致します。

通常我们每天都对客人的被单进行换洗，如您觉得不必要时，请于早上将此卡放在枕头上，这一天您的被单将不再更换。多谢合作！

图 16-4　环保卡

（7）减少客房整理次数。国内一些酒店为了体现档次和“服务质量”，盲目地要求服务员每日多次进房进行无谓的整理，结果不仅增加了服务成本，造成资源的浪费，而且还常常引起客人投诉(妨碍和影响了客人的工作和休息)。其实，每天整理一次客房，就足够了。国外有些酒店只在客人招呼整理时，服务员才进房整理。这些酒店或在床头柜上明显处立牌告示，或在服务指南中予以说明。大致内容是：为了不打扰您的休息，我们尽量减少服务人员的进房次数，您需要我们服务人员派人整理房间时请将门后“请进房整理”的牌子挂在门外的门把手上(或电话通知,或请按床头柜控制板上的呼叫键)。其实，不少客人住几天时间，不仅床单、枕套以及卫生间浴巾等不必天天更换，香皂、牙具、梳子等用品也根本没有必要天天丢弃换新。

（8）减少使用含氯漂白剂和漂白过的布草等。

（9）尽可能使用有利于环境保护的商品和可再生利用的产品。如将客房放置的洗衣袋从塑料制品改为纸制品，或用可多次使用的竹篮或布袋代替。

（10）改变客房卫生用品的供应方式。传统酒店的卫生间每天都要为客人配备肥皂、罐装浴液、洗发液等卫生清洁用品，凡客人用剩的都要扔掉，既浪费了资源，又污染了环境。未来酒店应将客房内惯用的肥皂和沐浴液小罐子，改为可添加的固定容器，既可减少浪费，也能避免丢弃用剩的肥皂，以减少资源浪费。

第四节　酒店客房装修的发展趋势

总体而言，21世纪，酒店客房的装修和布置将更加注重文化品位和高科技的应用，客房的结构、家具的设计和摆设、色彩和灯光的运用将突破传统，表现更为大胆。

21世纪，世界范围内(包括中国在内)市场经济将日趋成熟，竞争也将更加激烈，但竞争的层次将不断提高，酒店的竞争将从低层次的价格竞争逐渐转向高层次的文化和品牌竞争。有文化品味、有鲜明的个性和特色的酒店将受到顾客的青睐，因此，酒店客房在装修、布置和服务方面，将注重文化、艺术品位，追求个性和特色，与此相适应，客房的结构、家具的设计和摆设、色彩和灯光的运用等将突破传统，更为大胆。那种千篇一律的、毫无个性和特色的酒店客房将被市场所抛弃。

一、卧室设计与装修的发展趋势

进入21世纪，客房设计与装修将更加体现“以人为本”的理念，出现以下发展趋势。

（1）窗台下落，落地窗将更加普遍。

（2）客房上网，电视计算机化及点播系统。

（3）去除移动式小型集中控制器，床上只设床头灯的控制及总开关，房内其他灯具就地控制(参见图16-5)。

图 16-5 床头控制开关由中央控制面板(移动式小型集中控制器),改为只设床头灯的控制及总掣开关。

(4) 去除节电牌,改为红外线与空调一体化的控制器,房间、卫生间无人时,灯就自动熄灭,有人时就保持正常的照明状况。

(5) 变压缩式小冰箱为吸收式小冰箱,实现无噪声。

(6) 房内灯光向顶灯、槽灯方向发展,摇臂灯及台灯越来越少用。

(7) 吧台改顶射灯为背后照明,台面石材化,吧台配电热水壶,有电源插座。

(8) 电源插座同时具备中国标准和英国标准,减少提供接线板的麻烦。

(9) 家具多元化,布置分散,有挂墙趋势。

(10) 走火图、房门号码、空调风口工艺化,安装位有上墙的趋势。

(11) 房门外有光源不强的局部照明射灯,看房门号及插锁孔更方便。门锁除电子门锁外,还会出现指纹锁、虹膜锁等。

(12) 客房地面改变满铺地毯的传统,常在小过道和窗前用硬地面。

(13) 墙面有涂料的趋势。

(14) 客房配计算机及可移动的电脑桌、椅。

(15) 房内配置手电筒及消防防毒面罩。

(16) 窗帘逐步电动化。

(17) 客房色彩多元化。

(18) 对床本身的关注与改造也是一种趋势。很多酒店开始使用能够改善客人睡眠,具有各种功能的保健床。这场世界范围内的变革起源于 1999 年喜达屋酒店与度假村国际集团发起的“睡床革命”,其睡在“天堂般”的床上的理念一石激起千层浪,各大品牌酒店纷纷在替换高质量的被褥和床具后推出新的市场攻势,如君悦的“变革床的品质”、万豪的“重拾朝气”、雷迪森的“令人深睡”、希尔顿的“舒适的睡眠”等。这场“床第革命”也带来了丰厚的收益,“舒适的床——希尔顿之家”每晚卖到 300 美元,“万豪之家”每晚卖到 260 美元,威斯汀则号称向全球提供了 3 万张“天堂般”的床。

二、卫生间设计与装修的发展趋势

客房卫生间是体现酒店整体硬件标准的最重要特征之一,客房卫生间的设计原则除了完整的功能和方便、卫生、安全的因素之外，还要考虑格局的创新空间的变化，视觉的丰富和照明光效的专业化标准等。

1. 功能上的多元化

卫生间最基本的功能是满足客人盥洗如厕、淋浴等个人卫生要求，而在 21 世纪，除了这些基本功能外，卫生间将成为健身与享受温馨的空间，其设施性能、室内装修等都有了相应的改变。

在卫生间的诸多功能中，化妆功能将得到进一步强化。台面上可供客人摆放各种自带的梳洗、化妆用品。为此，要求台面要宽阔，此外，一些酒店化妆台除正面使用大面积的镜子外，侧面还设有供化妆、剃须用的放大圆镜，豪华酒店的卫生间镜面后还装有加热导线，以提高温度，消除镜面雾气。

此外，包括三星级在内的越来越多的酒店还在卫生间放置磅秤和安置吹风机，以满足客人保健和美容美发的需要。

2. 设施的现代化

现代化的卫生间设施设备将为客人提供更加方便、舒适的享受：

（1）具有保健功能的按摩浴缸。很多高档酒店竞相在豪华套间设置冲浪式浴缸，以显示档次，其四周与下部设有喷头，喷射水流冲击人体肌肉，起按摩作用，以消除疲劳，恢复体力。

（2）由计算机控制的自动化马桶的使用将更加普遍。客人如厕时，可根据需要调节坐盖的温度。如厕结束后，可自动冲洗下身(水温自动调节)，并带有自动烘干装置(参见图 16-6)。

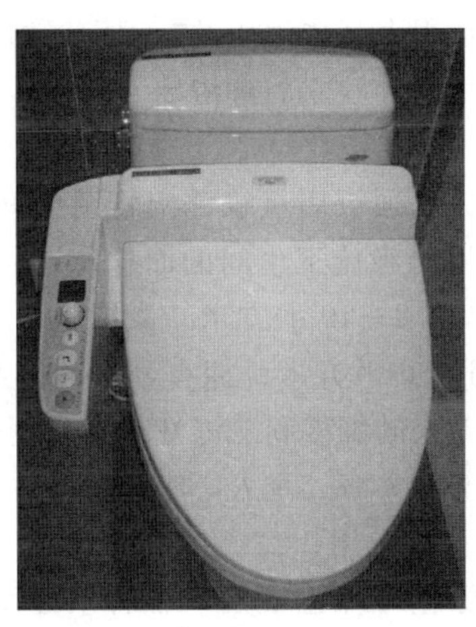

图 16-6　客房卫生间使用的全自动微电脑便洁器

（3）在卫生间安装音响和电视。为了使客人在使用卫生间(如在浴缸沐浴时)时得到彻底的放松和享受，越来越多的酒店除了在卧室内安装音响以外，还将在客房卫生间安装音响设施，以便为客人提供更加舒适的享受和高标准的服务。除了音响以外，有的豪华饭店在卫生间内安装小电视，方便客人随时收看经济行情、重要新闻、球赛和各种娱乐节目(参见图 16-7)。

图 16-7 丽思-卡尔顿酒店卫生间浴缸(可以边沐浴边看电视——图中白色反光处为电视机屏幕)

(4) 卫生间不用排风扇。为了降低噪音，卫生间排风不采用排风扇，而采用管井集中排风。

3. 独立的淋浴装置将在客房卫生间装修中大行其道

越来越多的酒店将在其客房卫生间设独立的箱式淋浴间，且多为拼装结构，采用玻璃或有机玻璃箱体。这一趋势将从很多豪华酒店及套间发展到普通酒店与普通房间。在一些热带国家和地区，还可能出现用这种独立的淋浴装置替代传统的浴缸的趋势。

4. 卫生间的空间扩大化

总的趋势是面积越来越大，我国饭店星级评定将卫生间的面积定为 4—6 平方米，这与国际上三件套(洗盆、浴缸、马桶)设施卫生间的面积相同，但对 5 件套设施(增加净身盆和箱式淋浴器)的卫生间来说，需 8—10 平方米。豪华卫生间的经典之作当属香港丽景酒店的海景套间，其卫生间面积达 36 平方米，拥有豪华的按摩浴缸及独立的桑拿浴室，卫生间三面采用大面积镜子，将迷人的维多利亚港湾风景采用借景的手段尽收眼底，沐浴在按摩浴缸之中，仿佛置身于蔚蓝的大海，令人心旷神怡。

5. 节能型洁具将在卫生间普遍采用

为了节约经营成本，建设绿色环保型酒店，各种节能型卫生洁具将在卫生间普遍采用。不少坐便器将注明用水量。

6. 卫生间的“开放化”

迄今为止，酒店客房的卫生间基本上都是一个“小黑箱”(little black box)，而今后的设计将更趋向于有联通外部空间的窗户和回归自然的气氛，特别是在度假酒店中的单人房内更应倡导这种客、卧室相通（可以用玻璃隔开，也可以在卫生间内加 PVC 卷帘），使客人通过落地窗欣赏户外景观的设计风格和理念。

案例

上海金茂君悦大酒店——所有客房的浴室都不设窗帘

上海金茂君悦大酒店最低层的客房也在 55 层，用一个字来概括它的特点就是——高。它的客房装修设计巧妙地利用了这个优势，特别注重浴室的细节处理，所有客房的浴室都不设窗帘，而且一反惯例，把所有的浴缸都用台基升高至窗台高度（参见图 16-8），为的就是让客人泡浴的时候可以舒舒服服地一抬头就能一览外滩、浦东璀璨的夜景……

图 16-8　卫生间的开放化：可以远眺浦西、俯瞰黄浦江夜景的上海金茂君悦大酒店浴室

7. 卫生间的设计将更加注重“美感”“温馨”和“浪漫”

卫生间将力图为客人创造“温馨”“浪漫”，富有美感的情调和氛围。高档、豪华酒店将在洗面台、镜面、浴缸等位置陈设或安装一些特别的工艺品、装饰画、插花等，同时，要为每一件陈设品安装相应的低压石英灯照射。

8. 卫生间设双人洗漱盆

酒店卫生间空间将越来越大，越来越多的豪华酒店卫生间将设双人洗漱盆（参见图 16-7）。

9. 在普通客房内，浴缸将逐渐被淘汰

除非预订套房，你下一次入住酒店可能享受不到奢侈的浴缸了。很多新酒店只提供淋浴。例如万豪酒店集团，就“建议新建的酒店中 75% 的客房提供淋浴，25% 提供浴缸。”其发言人 Laurie Goldstein 称，“我们的研究表明商务旅客更喜欢淋浴，而家庭旅客则希望两者都有。

此外，卫生间的设计与装修还将出现以下变化趋势：

（1）在卫生间内安装“呼叫”和“请等候”按钮，以便在出现紧急情况或在客人使用卫生间时有来访客人敲门时使用。

（2）沐浴液、洗发液改为盒装、挂墙。

链接

新概念客房

扫描以下二维码，了解全球酒店集团开发的各种“新概念客房”

第五节　高科技、智能化——酒店房务管理新趋势

随着互联网技术的飞速发展，酒店房务经营管理和服务将发生重大变化，数字化、智能化将成为显著的发展趋势。

一、“数字客房”大行其道

进入21世纪，高科技在酒店客房服务与管理中将得到广泛的应用。入住酒店的客人在打开电视时，首先映入眼帘的是写有其名字的酒店真诚、热情的欢迎词，可以看到酒店特制的开机欢迎画面，酒店服务、设施和信息化服务内容可一览无遗。客人在客房内可以无线上网，所需要的一切服务只要在计算机或电视屏幕上按键选择即可（如点播电影、查询留言、账单等），更可坐在屏幕前与异地商家进行可视的面对面会议或洽谈，从而可真正使客人“运筹帷幄之中，决胜千里之外”；房内拥有可视电话，电动按摩床、椅，使客人真正体会到方便和舒适。客房内的设施设备也将完全由计算机控制：客人在客房内可以随心所欲地变换四季景色，也可以将“窗户”按照自己的意愿通过遥控器转变为美丽的沙滩，或是绿色的草原；客房叫醒钟将由叫醒光代替；甚至连席梦思床都可以由客人控制调节弹性和硬度……客房空调可由前台控制。当客人办好入住手续后，前台可通过遥控开启客房内的空调，以方便客人入住，为客人带来舒适的入住体验。

根据世界最负盛名的旅游院校之一，美国休斯敦大学酒店及餐饮管理学院的专家们的研究成果，“21世纪的酒店客房”将具有如下特征：

（1）光线唤醒。由于许多人习惯根据光线而不是闹钟来调整起床时间，新的唤醒系统将会在客人设定的唤醒时间前半小时逐渐增强房间内的灯光，直到唤醒时刻时灯光亮得如同白昼。

（2）无匙门锁系统。客房将以指纹或虹膜鉴定客人身份。

（3）虚拟现实的窗户。提供由客人自己选择的窗外风景：他看到的将不再是千篇一律的停车场或是没有任何特色的城市街道，而可能是自家的小院，森林草地，绿色的田野，迷人的沙滩或其他任何能够使他感到宁静舒适、赏心悦目的风景。

（4）自动感应系统。光线、声音和温度都可以根据每个客人的喜好来自动调节。

（5）“白色嗓音”。客人可选择能使自己感到最舒服的背景音响。

（6）客房内虚拟娱乐中心。客人可在房间内参加高尔夫球、篮球等任何自己喜爱的娱乐活动。

（7）客房内健身设备。供喜爱单独锻炼的客人使用。

（8）电子控制的床垫。客人可根据自己的喜好随意调整床垫的硬度。

就门锁系统而言，将发生很多革命性的变化，出现智能门锁。很多新概念门锁将相继出台。例如，我国常州科新永安公司推出一种“会说话的门锁”，不仅完全保留了传统IC卡门锁所有的保安和管理功能，而且增加了服务的功能：可以针对不同的情形用中英文进行提示和问候。例如，当客人初次开门时，会向客人表示“欢迎光临”；当客人插卡方向错误时，提示“您插入卡片的方向错误”，当客人在晚上7：00—12：00开锁进房，会提示“请您反锁房门”；当房门虚掩时，提示“请关好门”……就像一位忠于职守的客房服务员在随时恭候着客人的光临，关心着客人的安危，充分满足客人受尊敬的需要。

二、服务和管理智能化

科学技术不断提高，各种现代化、智能化设施设备管理技术越来越多地应用在酒店的经营当中，为酒店开展人性化、个性化的服务提供了完善周到、可靠先进的技术支持。新建酒店或老酒店改造时，要注意以下智能技术在酒店中的应用。

（一）智能门锁系统

电脑智能门锁的锁舌为防插、防锯的结构，为防止客人开锁后忘记拔卡，智能门锁等卡拔出后才开启。一旦转动把手后立即锁上，防止有人跟踪进门。如果客人未关好房门，门锁会自动报警提示，同时智能门锁可与酒店管理系统接口使用，以实现酒店信息资源统一化、网络化管理。现在酒店内常用的智能门锁主要有IC/磁卡门锁、TM卡门锁和射频门锁，同时智能门锁卡还可以一卡多用，可以开门锁、保险箱、取电、付费、乘电梯，具备安全、方便、易管理的特点。

（二）智能保险箱

智能保险箱将智能卡技术、微电子技术、电磁技术和机械制造技术有机地融为一体，是高科技的结晶。有密码、IC卡、TM卡、液晶显示等多种规格，其钥匙都采用与开门卡统一的智能卡，安全性高、管理方便，而且可以与房间智能控制器、门锁一起联网到中央监控系统，一旦遭到非法侵犯会自动报警。客人退房时，前台甚至可以看到保险箱开关状态，提醒客人以免造成遗漏，真正体现“影子”服务(参见图16-9)。

（三）智能客房中心

智能客房中心（IGC）由智能门锁、智能卡、智能身份识别器、门磁开关、联网组件(网络控制器、转接器等)、智能管理软件系统组成（包括能源管理系统、服务管理系统、安全管理系统和互动平台等)。通过智能客房中心，酒店可以提升服务细节品质，提供“贴身侍从”般的服务。例如客人到前台登记入住时，前台员工可以通过远程控制系统，

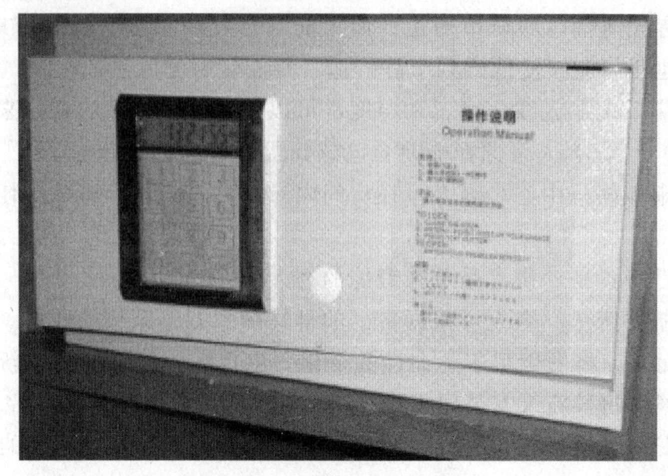

图 16-9 客房智能保险箱

打开房间灯光和空调；客人进入房间打开电视，带有其姓氏的问候语随即映入眼帘，使客人有宾至如归之感，当客人不在房间时，检测系统会及时提醒中心控制人员，及时通知服务人员进行清洁，退房预告功能可以将客人下楼结款的时间减到最短；特别是当白天房间无人时，如果房门一直处于打开状态或客人晚上入住后门未锁好，智能客房中心会自动提醒服务人员对该房间进行检查，大大提高了安全性能。由于管理系统控制中心界面上包括了正在维修、清洁请求、呼叫请求、V/D 房、V/R 房、维修房、正在清洁、房门打开/关闭、保险箱开/关、客历档案自动弹出、温度显示等 20 多项状态显示并可实时查看，使得对客人的多种需求的关注程度大大提高，真正体现以客人为中心的关注焦点。

三、服务质量评价网络化

随着网上预订酒店逐渐成为潮流，越来越多的客人习惯参考网上的酒店点评信息来选择酒店。根据携程网进行的调查，网络订房在酒店订房量中所占比例越来越高，有近八成的客人表示在预订酒店前会参考酒店点评信息。事实上，对于网络订房者而言，其他住客的体验评价将成为他们是否入住的重要参考。房间大不大，是否通风，是否整洁，有没有特色，服务质量好与坏，看一下网络上大多数人的评价便一目了然。而且，同成熟的网购点评一样，客人在选择酒店时就如同网上购物一样，不会仅参考一家网站的点评。

目前，旅游网络在线平台日渐成熟，“网评”，已悄然成为继“价格”“位置”之后，当今人们选择酒店的又一重要参考因素。再加上相对于传统的在酒店客房放置“征求客人意见表”的方式而言，网评的影响更为广泛、其内容也更为客观(点评无论好坏,只要已经发表,网站一般不作删除,以维护酒店网络点评的真实性和客观性)，正因如此，酒店管理者对于网评这一新的服务质量评价形式更为重视，不敢怠慢(尽管在不良的信用环境下,网络环境也绝非一方净土,一些网站也可能因与酒店有一些利益关系,而使其评价体系变得更多为利益所操控)，越来越多的酒店将其作为提高服务质量和改善经营管理的抓手。

当然，一则点评，往往说明不了问题，但多则点评，尤其是某个时间段内多家网站的多则点评，则能揭示酒店服务质量的真实面貌。面对各种各样的网评信息，酒店管理人员既不能抱怨视之，也不能麻木不仁，而是要积极地、理性地进行分析和反思，找出服务质量的问题所在。

由于网评信息能较实在地反映酒店服务质量的症结所在。酒店一线部门负责人应定期召集各班组管理人员和员工共同讨论近期网评中具有代表性的客人意见，并把网评信息作为日常培训的教材。例如可以每月或每季度专人收集网评信息资料，统计整理后公布，并将网络点评案例作为培训教材，做到有的放矢地培训，让所有员工切实了解客人的真实评价，并解决好存在的问题。酒店管理人员充分重视网评信息，利用网评作为检查自己酒店服务质量的一面镜子，这无疑是当今加强酒店服务质量管理的重要举措之一。

案例

以"网评"为抓手，提高酒店服务质量

——金海湾(嘉柏)大酒店高度重视酒店网评

本章小结

➤ 本章主要介绍并预测了 21 世纪酒店前厅和客房经营、管理的发展趋势。进入 21 世纪，前厅部经营管理的发展趋势是：服务将更加优化和细化；商务中心的职能退化；酒店的定价策略将更加灵活。

➤ 客房经营管理的发展趋势是：服务和管理智能化和高科技化；客房服务个性化；行政楼层在酒店设计和经营中将更为普遍；客房装修和布置将更加突出特色，注重文化品位；与可持续发展和节约型社会相适应的"绿色客房"将大受欢迎。

➤ 酒店前厅与客房的智能化管理将成为新趋势。

思考题

1. 酒店客房绿色管理的基本内容有哪些?
2. 简述客房卫生间的发展趋势。
3. 论 21 世纪酒店前厅部及客房经营管理的发展趋势。

即测即评

补充与提高

杭州黄龙饭店：全球第一家智慧饭店①

杭州黄龙饭店是一家有着二十余年历史的酒店，杭州旅游集团耗资10亿元对其进行升级改造。改造后的黄龙饭店成为全球第一家智慧酒店，更重要的是在其改造实践中走出一条从智能系统到智慧酒店的创新之路，实现了内部管理、对客交互和顾客体验三个层面的智能化系统升级，成为名副其实的“聪明”酒店。

何为智慧酒店？智慧酒店至少要在以下三个层面实现高度智能化。

1. 顾客体验智能化

酒店首先是为顾客提供服务的载体，因此顾客体验的智能化是智慧酒店的第一要义。伴随信息科技的日新月异，顾客对酒店体验的智能化有着越来越高的要求。在十年前，客房的网线配备还不曾普及。而今再看，无线网络基本上成为高星级酒店的必备。顾客，尤其是高星级酒店的客人，对现代科技有着高出常人的接受能力和热爱程度。酒店设备如果不能与时俱进，顾客只能压抑自己的需求。一旦酒店能够提供这种需求，顾客对其消费的热情将得以充分释放。更有甚者，顾客体验具有消费的“棘轮效应”，简单地说就是“由俭入奢易，由奢入俭难”。一旦体验到最新的科技，次新的体验将不再具有吸引力。

黄龙饭店给顾客多重智能体验，第一次住店往往令客人耳目一新，再次住店则得心应手，对其智能体验欲罢不能。这就是黄龙饭店的核心竞争力：我所提供的体验是最高端的，是唯一的！

（1）客房智慧导航系统。所有入住黄龙饭店的客人都可以拿到一张独一无二的房卡，进电梯只需刷卡即到达所住楼层，出电梯后系统会自动感应客人的房卡信息，走廊内三道指示牌指引直至自己的房间。这轻松解决了客人在酒店里找不到房间的困境。

（2）VIP快速通道。VIP客人开车入车库的同时完成登记入住和房卡制作，非常便于保护高端客人的隐私。

（3）全世界第一套电视门禁系统。大多酒店门禁就是猫眼，黄龙饭店则有巨大改进。门铃一响，不必看猫眼，门外的图像会主动切换到电视屏幕上，方便客人判断以什么形象去开门。

（4）客房智能手机。每间客房配备一台智能手机，号码就是客房电话，可实现全球漫游，免费拨打，免费接听。这极大地方便了出差在外的客人，尤其是国外客人。

（5）互动服务电视系统。黄龙饭店将电视的功能用到极致，内设八国语言系统，会自动选择以母语欢迎客人入住，自动弹出客人上次入住时常看的频道；能显示客人祖国气候及杭州当地天气；显示机场航班动态，方便客人合理安排时间，甚至可以在酒店商务中心打印登机牌；为客人提供点餐服务；为客人提供杭州各类信息，等等。

（6）苹果iPad点菜系统。黄龙饭店是全球酒店业第一家采用iPad用作点菜的酒店，并且自己研发出一套点菜系统i-Menu，所有菜品均可清晰显示，除了形象的画面，各种食物的原料也清楚标示，方便搭配。

诸多创新体验令客人目不暇接，流连忘返。新奇的体验，舒适的住宿，黄龙饭店用全方位的智能系统“俘虏”了一批又一批客人的芳心。系统化的智能体验客房完全超越数字客房的狭

---

① 摘编自：郑世卿．杭州黄龙：中国最智慧的饭店．饭店世界，2011（3）．

隘范畴，实现顾客体验的全面覆盖，为饭店在高端客源市场开辟出前景光明的蓝海之路。

2. 对客交互智能化

现代酒店服务涉及的信息稍纵即逝，服务环节增多更会导致信息传递过程中的损失，进而直接导致服务失败。因此对客交互的智能化是提升服务品质的关键，但是很少有成功的案例。黄龙饭店则很好地破解了这一难题，利用智能系统实现对客交互的智能化，极大地提升服务品质。下面以酒店常见服务作为切入点阐述对客交互的智能化。

(1) 客人识别。服务员见到客人要问好，但是存在的问题是酒店客房规模大，再好的服务员也难以记清楚每位客人的姓名，叫错了姓名更是尴尬。如果对客人不加区别地问好，客人也会因为不被尊重而心生反感。在黄龙饭店这种情况不会发生，因为每位客人都有一张独一无二的房卡，当客人走进饭店，这张房卡就会被感应，服务员就能收到相关信息，上前问好并提供服务。

(2) 对客服务。客人住店期间有服务需求，这种信息在很多酒店往往经过多次传递而无法及时完成，甚至因此而招来投诉。在黄龙饭店这种情况不会发生，因为每个当班员工都配备一台HTC手机。客人将服务需求信息告知服务中心，服务中心立即将服务信息发给当班员工。如果员工有时间有能力完成则确认，有事难以抽身则可以转给其他员工。服务完成后员工会向服务中心确认完成，而服务中心则会征询客人意见。这样的一个服务过程不存在信息损耗，可以说实现了顾客—信息中心—职能部门之间的完美对接。

(3) 点菜系统。客人用iPad点菜，服务员则用i-Touch确认。客人的需求通过信息系统直接传到厨房间，厨师与服务员实现无缝对接。

(4) 会议系统。会议自动签到系统无须与会的宾客一一签到就能统计已到和未到的人数，还能分析各类数据，并能将参会人员的具体信息汇总成报表，让每次会议的结果均可见可查。例如智能会议管理系统会自动统计客人在不同的展区停留的时间、每个展区参观的人次等，展会主办方就能轻松地分析出哪些产品更加有市场吸引力。

如此种种，基于智能系统的对客交互实现了服务的高效率，实现了传统人力所不能达到的新型服务，这也是黄龙酒店核心竞争力的重要方面。

3. 内部管理智能化

管理智能化是提升管理绩效的有效手段，也是智慧酒店的重要方面。目前大多数酒店采用的智能化系统主要针对物流和资金流，用于成本控制，对于员工服务的考核管理仍主要靠逐级负责人考核的办法，其中人的主观因素占了很大比重。酒店经营得好则所有人都忙于接待服务，管理力度就下来了，长此以往就形成了“经营和管理不能兼得”的悖论。而服务是服务员对客人的不可储存的劳动，很难精准计件计量，忙起来就是一笔糊涂账。在黄龙饭店不会发生这种情况，员工的付出有着精确的统计，因此才能真正有效地激励员工。

(1) 员工管理。当班员工的制服内有专业专用标签，在各个分区都有读写器，显示员工定位。员工通过随身携带的HTC手机接收任务并汇报完成情况，所有的服务都会在中央系统留下“痕迹”，便于统计员工的工作量。

(2) 资产管理。在贵重物品上粘贴专用标签，当资产非法移动，系统自动报警，这直接解决了酒店贵重物品的资产管理难题。

(3) 流程管理。无论是客房服务还是餐饮服务，整个流程都是无纸化办公，所有的流程都经过中央系统，流程控制一目了然，信息通畅，管理高效。

正是由于采用智能化管理，酒店员工考核成为激励的有效工具，有凭有据的奖惩让员工心服，激励员工以更大的热情投入工作。

酒店经理人对“经理的困惑”的答复：
Re：客房“六小件”到底撤不撤？

姜东皓　北京中旅大厦客务部经理　北京客务经理协会理事
http://www.ckoy.com/BeijingCTS/index.html

既然行业协会有明确要求那么还是要执行，况且这是绿色环保等级评定中重要的一项，房间都换成三合一的大包装，但是行政楼层和套间可以考虑摆放高档一些的非一次性个人卫具，最好不要带酒店的标志，这样客人可以拿走继续使用，肯定可以赢得客人的好感；对于普通房间的住客还是要备有一些一次性的用具，当客人提出要求时无偿提供，这一点可以通过服务指南、欢迎信、节能提示牌等方式告知客人，时间长了也就习惯成自然了。

刘继华　深圳东华假日酒店　客房部经理
http://www.holidayinn.com

首先，需要弄明白的是："六小件"究竟会在多大程度上影响环保？酒店是服务行业，对高品质服务的追求是每一个酒店，尤其是星级酒店不懈努力的目标。因此，与取消"六小件"给客人带来的不便相比，其环保上的意义似乎就大打折扣了。在我看来，要更好地达到环保、节约的目标，与其硬邦邦地取消"六小件"，还不如温馨地提示客人，不要让热水无所事事地流着，不要让电灯一刻不息地亮着。

其次，需要弄明白的是：酒店在取消"六小件"之后，有没有担当起告知消费者、教育消费者的责任？很多事情决定起来是容易的，执行起来却是困难的。我丝毫不怀疑酒店当初取消"六小件"的初衷是好的，问题是，它有没有让消费者也认同并实践这个行动。换句话说，虽然酒店取消"六小件"的政策出来了，但它相应的配套措施是不是也跟进了。因此，当很多消费者对五星级酒店没有牙刷表示很不理解时，这不能怪消费者在环保理念上的"无知"和"落后"，只能怪酒店在告知、教育消费者上做得还不够到位。

最后，需要弄明白的是：酒店取消"六小件"是不是借"环保、节约"之名行"跟风、作秀"之实？当今提倡节约、讲究环保的确是刻不容缓，但我们追求的应该是科学的理性的节约观和环保观，既要实事求是，还要具体问题具体分析，而不是简单地做些表面文章，更不是哗众取宠地抛几个噱头。事实上，不经过可行性分析，不经过缜密思考，就匆匆"问世"的政策、措施，往往是经不起现实的考验而不得不"夭折"的。

附　录

（一）酒店各部门、各岗位名称英汉对照

董事总经理	managing director
总经理	general manager
副总经理	deputy general manager
驻店经理	resident manager
总经理行政助理	executive assistant manager
总经理秘书	executive secretary
总经理室	executive office
机要秘书	secretary
接待文员	clerk
人力资源部	human resources division
人事部	personnel department
培训部	training department
督导部	quality inspection department
计财部	finance and accounting division
财务部	accounting department
成本部	cost-control department
采购部	purchasing department
计算机部	E. D. P.
市场营销部	sales & marketing division
销售部	sales department
公关部	public relation department
预订部	reservation department
客房部	rooms division

前厅部	front office department
管家部	housekeeping department
餐饮部	food & beverage department
康乐部	recreation and entertainment department
工程部	engineering department
保安部	security department
行政部	rear-service department
商场部	shopping arcade
人力资源总监	director of human resources
人事部经理	personnel manager
培训部经理	training manager
督导部经理	quality inspector
人事主任	personnel officer
培训主任	training officer
财务总监	financial controller
财务部经理	chief accountant
成本部经理	cost controller
采购部经理	purchasing manager
采购部主管	purchasing officer
计算机部经理	EDP manager
总出纳	chief cashier
市场营销总监	director marketing
销售部经理	director of sales
宴会销售经理	banquet sales manager
销售经理	sales manager
宴会销售主任	banquet sales officer
销售主任	sales officer
客房部总监	rooms division director
前厅部经理	front office manager
前厅部副经理	asst. front office manager
大堂副理	assistant manager
礼宾部主管（首席礼宾司）	chief concierge
宾客关系主管	guest relation officer
接待主管	chief receptionist

接待员	receptionist
车队主管	chief driver
出租车订车员	taxi service clerk
行政管家	executive housekeeper
行政副管家	assistant executive housekeeper
办公室文员	order taker
客房高级主管	senior supervisor
楼层主管	floor supervisor
楼层领班	floor captain
客房服务员	room attendant
洗衣房经理	laundry manager
餐饮总监	f & b director
餐饮部经理	f & b manager
西餐厅经理	western restaurant manager
中餐厅经理	chinese restaurant manager
咖啡厅经理	coffee house manager
餐饮部秘书	f & b secretary
领班	captain
迎宾员	hostess
服务员	waiter, waitress
传菜	bus boy, bus girl
行政总厨	executive chef
中厨师长	sous chef(chinese kitchen)
西厨师长	sous chef(western kitchen)
西饼主管	chief baker
工程总监	chief engineer
工程部经理	engineering manager
值班工程师	duty engineer
保安部经理	security manager
保安部副经理	assistant security manager
保安部主任	security officer
保安员	security guard
商场部经理	shop manager
商场营业员	shop assistant

（二）房务部常用术语

A

adjoining room	相邻房
adapter	转换插头
advanced deposit	预付订金
all-purpose cleaner	多功能清洁剂
arrival time	抵达时间
air conditioner	空调
ash tray	烟灰缸
attendant	客房服务员
average room rate	平均房价

B

baby sitting service	照看婴儿服务
bathtub	浴缸
bathmat	浴垫
bathrobe	浴袍
bathroom	卫生间
basin	面盆
bed board	床板
bed pad	床垫
bedstead	床架
bedspread	床罩
bed-side table	床头柜
bed-side lamp	床头灯
bell boy	行李员
black tea	红茶
blackout drapes	厚窗帘
blanket	毛毯
booking	预订
brochure	小册子
bulb	灯泡
business center	商务中心

C

cancellation	取消预定
captain	领班
carpet	地毯
cashier	收银员
check-in	入住登记
check-out	结账离店
chemical fabrics	化纤服装
cleaning bucket	清洁桶
cloak room	衣帽间
clothes hangers	衣架
comb	梳子
complain	投诉
commercial rate	商务房价
confidential stay	保密房(客人要求对其入住酒店进行保密)
connecting room	连通房
confirmed reservation	确认类预订
cotton cloth	棉布服装
coupon	票证

D

day use	非全天用房
DDD(domestic direct dial)	国内直拨电话
departure time	离店时间
dining room	餐厅
DND(do not disturb)	请勿打扰
double room	双人房
double-double room	两张双人床的房间
deluxe suite	豪华套房
double locked(DL)	双锁房
dry cleaning	干洗
desk lamp	台灯
due-in	预计当日抵店客人/房间数量
due-out	预计当日离店客人/房间数量

E

electric shaver	电动剃须刀
executive floor	行政(商务)楼层
eiderdown	鸭绒被

F

fadeless	不褪色的
FIT(full independent fravller)	散客
front office	前厅部
front desk	前台
full house	房间客满

G

group	团队
guaranteed reservation	保证类预定
guest folio	客人账单
guest history record	客历档案

H

hair dryer	吹风机
handkerchief	手绢
hot card	已报失或被盗的信用卡
house credit limit	赊账限额
house use	酒店内部用房

I

IDD(international direct dial)	国际直拨电话
iron	熨斗
ironing board	熨衣板

J

jasmine tea	茉莉花茶
job description	工作说明书

L

lamp shade	灯罩
laundry service	洗衣服务
laundry bag	洗衣袋
laundry list	洗衣单
late check-out	逾时离店
lobby	大堂
log book	工作日记
long staying guest(LSG)	常住客
lounge	休息室

M

maid's cart	客房清扫工作车
MUR(make up room)	请速打扫房
message	留言
mop	拖把
mattress	床垫

N

night audit	夜审
night table	床头柜
no show	没有预先取消又无预期抵店的订房

O

occupied(OCC)	住客房
out of order (OOO)	待维修房
over-booked	超额预订

P

package	包价服务
pick up service	接车服务
pillow case	枕套
plug	插头
presidential suite	总统间
pressing	熨烫

Q

quilt	被子

R

rack rate	客房牌价
razor	剃刀
registration	住店登记
room forecast	住房预测
rooming list	团体分房名单
rollaway bed	折叠床
room attendant	客房服务员
room status	房间状态
room change	换房
rotary floor scrubber	洗地机
rubber glovers	防护手套

S

sewing kit	针线包
service directory	服务指南
sheer curtain	纱窗帘
sheet	床单
shirt	衬衫
shoe shine paper	擦鞋纸
shoe polishing	擦鞋服务
shower curtain	淋浴帘
shower head	淋浴喷头
shrinkable	缩水的
silk fabrics	丝绸织品
skipper	逃账者
skirts	裙子
sleep out	外宿客人
slippers	拖鞋
single room	单人间
socks	袜子
socket	插座
soiled linen	脏布草
sprinkler	花洒
stain	污迹
stationery folder	文具夹
suit	西服
supervisor	主管
sweater	毛衣
switch	开关

T

tap	水龙头
tariff	房价单
tea table	茶几
tie	领带
towel rail	毛巾架
twin room	双张单人床的双人房
transformer	变压器
triple room	三人房

U

upgrade	客房升级(将较高级的客房安排给客人入住)

upsell	上销客房(将较高级的客房推荐给客人)

V

vacant dirty	未清扫之空房
vacuums	吸尘器
VIP(very important person)	贵宾

W

wake-up call	叫醒电话
wall lamp	壁灯
wet vacuums	吸水机
woolen fabrics	毛料织品

(三) Opera 酒店管理系统常用术语

pickup	矛盾房(前台与客房部查房信息不一致的房间); 未确定房间
inspected	已检房
arrivals	预抵
arrived	已到店
stay over	续住房
due out	预离
ETA. (estimated time of arrival)	预计抵达时间
CXL(cancellation)	取消预订
IATA No. (international association of travel agents)	与本预订有关的国际旅行社联合会编号
CRS No. (central reservations system)	与本预订相关的 GDS 交易代码或其他中央预订系统交易码
TA Rec. Loc. (travel agent record locator)	旅行社记录定位
Conf/CXL No. (confirmation number or a cancellation number)	确认编号或取消编号
Mem. Type/No. (membership program type)	会员类型或编号
communication.	客人预订方式(如电话、传真、E-mail 等)
Conf. Letter	确认信
DLX(deluxe)	豪华房
S&C(sales & catering)	销售 & 宴会系统
profile	客历档案
Prs.	预订人数

auto assign.	自动排房
queue reservations	待排房之预订
Corp No.	预订公司编号
unassigned rooms.	尚未分配的房间
HK status.	管家部客房状态
component rooms	连通房
virtual suite	虚拟套房，将不同类型的房间相连，形成“虚拟套房”
DNM(Do Not Move Room)	保留房间，此预订房间房号不可更改
unassign.	取消分房
ORS(Opera reservation system):	Opera 预订系统
OCIS(Opera customer information system)	Opera 顾客信息系统
OCM(Opera channel management)	Opera 渠道管理系统
ORMS(Opera revenue management system)	Opera 收益管理系统
Trn. Code. (transaction codc)	交易代码
share	合住
FIT(foreign independent tourist)	散客预订
routing	分账
party	代表人
deposit	定金
room assignment	分房
room move	换房
extended stay	续住
extra bed	加床
pseudo room	假房
trace	需要跟办的事情
locator	客人某一段时间的去向
alerts	警告
articles delivery	转交物品
rented item	租借物品
saver	贵重物品寄存
post	入账
fast Posting	快速入账
billing	客人结账
quick check out	快速结账
AR(accounts receivable)	应收账
AR settlements report	应收账结算报告
arrivals actual	实际抵店人数
arrivals expected	预订抵店人数
arrivals with deposit balance	有押金的抵店人数

batch folios	成批账单
batch posting	成批入账
batch processing	成批处理
check out with open folio	未结账之离店客人
commissions	佣金、折扣
complimenttary and house use	免费房及酒店自用房
day use rooms	日租房
departures actual	实际离店客人数
departures expected	预期离店客人数
departures not checked out	预离而未离客人
end of day	夜审
end of day routine	夜审流程
extended stays	续住
f & b revenue	餐饮收入
fast posting	快速过账
fixed charges	固定费用
FO status	前台房态
housekeeping mgmt.	客房管理
housekeeping room status	管家部房态
in house guests	住店客人
market code	市场代码
mass cancellation	批量取消预订
Max.% occupied tonight	当日最大开房率
Opera channel management	Opera 渠道管理
Opera customer information system	Opera 客人信息系统
Opera customer marketing management	Opera 客房营销管理
Opera property management system	Opera 酒店管理系统
ORMS (Opera revenue management system)	Opera 收益管理系统
OCM (Opera channel management)	Opera 渠道管理
OEDS (Opera electronic distribution system)	Opera 电子分销系统
OXI (Opera exchange Interface)	Opera 交互界面
partial condition match	部分条件匹配
payment method	付款方式
petty cash	小额备用金
Pre-registered	预登记
registraqtion cards	住宿登记表
rooms management	客房管理

参考文献

1. 刘伟．前厅与客房管理．3 版．北京：高等教育出版社，2012.

2. 刘伟．前厅管理．2 版．北京：高等教育出版社，2012.

3. 刘伟．客房管理．2 版．北京：高等教育出版社，2012.

4. 刘伟．前厅与客房管理．2 版．北京：高等教育出版社，2007.

5. 刘伟．前台与客房管理．北京：高等教育出版社，2002.

6. 刘伟．现代饭店客房部服务与管理．广州：广东旅游出版社，2000.

7. 刘伟．现代饭店前厅部服务与管理．广州：广东旅游出版社，1998.

8. 余炳炎．现代饭店房务管理．上海：上海人民出版社，1998.

9. 陈雪羽．劳务的社会化使用．中国旅游报，2005-6-29.

10. 冯少辉．酒店客房如何实现平稳提价．酒店培训与服务，2010（6）.

11. 候兴起．如何挖掘酒店前厅服务潜力．中国旅游报，2011-9-21.

12. 庄周．“网评”是提高服务质量的一面镜子．饭店世界，2015.

13. ［美］Michael L. Kasavana，Richard M. Brooks. 前厅部的运转与管理．6 版．包伟英，译．北京：中国旅游出版社，2002.

14. ［美］Georgina Tucker. 等．旅游饭店客房管理．杭州：浙江摄影出版社，1992.

15. ［美］James A. Bardi. 饭店前厅管理．5 版．曾国军，赵永秋，等，译．北京：中国人民大学出版社，2014.

16. ［美］David K. Hayes，Jack D. Ninemeier. 饭店经营管理．2 版．北京：中国人民大学出版社，2013.

17. James A. Bardi，Hotel Front Office Management，5rd ed. New York：John Wiley & Sons，Inc.，2011.

18. David K. Hayes，Jack D. Ninemeier，Hotel Operations Mananagement，2nd ed. Pearson Education Inc，2003.

19. Michael L. Kasavana，Richard M. Brooks. Managing Front Office Operations，7th ed. the Educational Institute of the American Hotel & Lodging Association，2005.

20. Margaret Kappa，CHHE，Alita Nitschke，CHA，and Patricia Schappert，Managing Housekeeping Operations – Second Edition，the Educational Institute of the American Hotel & Motel Association，1997.

附图 1　北京瑞海姆田园度假村大堂(本书作者与大堂迎宾小天使)

附图 2　由 40 吨黄金打造、被誉为“八星级”的阿布扎比酋长宫殿酒店客房

附图 3　海南博鳌金海岸温泉大酒店：豪华套房

附图 4　中国饭店金钥匙组织专业委员会主任孙东先生(右 1)
与国际金钥匙组织主席、副主席、秘书长等在一起